Qur'ānic Studies

IQSA Studies in the Qur'an

Edited by
David S. Powers

Volume 4

Qurʾānic Studies

Between History, Theology and Exegesis

Edited by
Mehdi Azaiez and Mokdad Arfa-Mensia

DE GRUYTER

ISBN 978-3-11-221499-2
e-ISBN (PDF) 978-3-11-105156-7
e-ISBN (EPUB) 978-3-11-105225-0
ISSN 2752-0501

Library of Congress Control Number: 2023937885

Bibliographic information published by the Deutsche Nationalbibliothek
The Deutsche Nationalbibliothek lists this publication in the Deutsche Nationalbibliografie; detailed bibliographic data are available on the internet at http://dnb.dnb.de.

This volume is text- and page-identical with the hardback published in 2023.
Typesetting: Integra Software Services Pvt. Ltd.
Printing and binding: CPI books GmbH, Leck

www.degruyter.com

Dedicated to the memory of Massimo Campanini (1954–2020) and Hichem Djaït (1936–2021)

Acknowledgements

Conference proceedings are a collective adventure. This book is the result of the close and unprecedented cooperation between three major international institutions (Beit al Hikma, International Quranic Studies Association, Katholieke Universiteit Leuven). These institutions generously supported this event, demonstrating again their dedication to research in the fields of Islamology in general and qurʾānic studies in particular. The editors would like to thank all the scholars who, through their knowledge and generosity, participated in the colloquium held between 4 and 7 July 2017 in Carthage (Tunisia). This event could not have taken place without the continuous support of Mr. Abdelmajid Charfi, President of Beit al Hikma, and his staff. We also express our gratitude to IQSA's members, especially Emran al Badawi, Gabriel Said Reynolds, Mun'im Sirry and Gerald Hawting, who actively participated in and facilitated the execution of this event.

This book would never have been published without David S. Powers' patient and precise editing. We owe him a huge debt of gratitude עד מאה ועשרים שנה (*Ad mê-āh wə-ʿeśrîm šānāh*). We thank our publisher De Gruyter for the coordination and publication of the final manuscript.

Finally, we express our deepest gratitude to our families and friends for their patience and their love.

Mehdi Azaiez
Mokdad Arfa Mensia
Louvain-la-Neuve, January 2023

https://doi.org/10.1515/9783111051567-202

عبد المجيد الشرفي

تصدير السيد رئيس المجمع التونسي "بيت الحكمة"

باسم المجمع التونسي للعلوم والآداب والفنون "بيت الحكمة" يسعدني ويشرفني أن أصدّر أعمال الملتقى المتعلق بالدّراسات القرآنية من حيث المناهج والسياقات والرّهانات. وقد انعقد هذا الملتقى حول موضوع ليس جديدا في الحقيقة، ولكنّه موضوع راهن كذلك. فالقرآن كتاب مليار ونصف من المسلمين وقد شغل ويشغل وسيشغل في المستقبل كلّ المؤمنين بهذا الكتاب وكل المهتمين بالدّراسات الدينية.

ولهذا الملتقى خصوصية أريد أن أنبّه إليها، ذلك أن الاهتمام بالنصّ القرآني بدأ في فترة مبكّرة، كما هو معروف لدى المختصين، وكان ذلك مع أوائل المفسّرين من أمثال مقاتل بن سليمان وابن سلّام والطبري، ثم تطوّرت الدّراسات القرآنية مع المختصين في علوم القرآن بالخصوص مع ابن مجاهد والنحاس والواحدي: ابن مجاهد في تحديده للقراءات السبع والنحاس في كتابه عن الناسخ والمنسوخ والواحدي في اهتمامه بأسباب النزول. وكانت الفترة الثانية فترة كبار المفسّرين من أمثال الزمخشري والرّازي وأمثالهما. وفي مرحلة ثالثة كانت هناك عملية جمع لما توصّل إليه المسلمون فيما يتعلق بهذا النص من مختلف جوانبه، وأحسن مثال لذلك ما كتبه الزركشي في البرهان والسُيوطي في الاتقان.

لكن منذ القرن العاشر الهجري /السادس عشر الميلادي نلاحظ أن هناك ركودا في عملية التأليف فيما يخصّ النصّ القرآني، وينبغي أن ننتظر شاه ولي الله والسيد أحمد خان أي مفكرين مسلمين من الهند لنشهد مبادرات تجديدية في هذا المجال، والدّفع الذي عرفته الدراسات القرآنية إنّما جاء في الحقيقة من الدّراسات الاستشراقية في القرن التاسع عشر، بالخصوص مع نولدكه Nöldeke في كتابه الذي لم يترجم إلى العربية إلاّ منذ سنوات قليلة عن تاريخ القرآن، نولدكه وتلامذته وغيرهم من المستشرقين كانوا سباقين على هذا الصعيد. ويمكن أن نعتبر أن القرن التاسع عشر والنصف الأوّل من القرن العشرين لم تكن فيهما للمنحدرين من سُنّة ثقافية إسلامية إسهامات تذكر أو هي إسهامات هامشية طفيفة، لكن الظاهرة التي نلاحظها في العقود الأخيرة هي أن المنتسبين إلى الثقافة العربية الإسلامية أصبحوا يشاركون في البحث في النصّ القرآني بوسائل تختلف لا محالة عن الوسائل التي كانت متاحة للأجيال السّابقة. وملتقانا هذا يندرج في هذه الظاهرة الإيجابية الجديدة، وهي مشاركة مختصّين من مختلف البلدان ومن مختلف البيئات الثقافية في البحث فيما يتعلق بالنصّ القرآني.

لهذا فإنّني سعيد بأن يندرج هذا الملتقى في اهتمامات مجمعنا وكّل المجامع في الحقيقة، لأنّ وظيفة المجمع هي رصد الإسهامات والاكتشافات والنظريات الجديدة في مجال من المجالات، وبالنسبة إلى مجمعنا في مختلف الميادين العلوم والآداب والفنون. ففي هذا النطاق يندرج اهتمام المجمع التونسي بالدّراسات القرآنية. ولهذا فلا يسعني إلاّ أن أشكر المشاركين في هذا الملتقى وأخصّ بالذكر الضيوف الذين تجشّموا عناء السفر وقدموا إلينا من بلدان أجنبية، أحيانا بعيدة، فإليهم جميعا وإلى المشاركين أتوجّه بأحرّ عبارات الشكر، وبالخصوص الأستاذين مهدي عزيز ومقداد عرفة منسية اللذين سهرا على تنظيم هذه الندوة وكذلك الجمعية الدولية للدراسات القرآنية (IQSA) وجامعة لوفين ببلجيكا. وإنّي على يقين من أن أعمال هذا الملتقى أعمال متّسمة بالإضافة وبعيدة عن المماحكات التي تعرفها أحيانا التظاهرات التي تتعلّق بالنص القرآني أو بغيره من القضايا الخاصّة بالشؤون الدينية. ورجائي أن تحظى لدى المجموعة العلمية بما هي جديرة به من الاهتمام.

https://doi.org/10.1515/9783111051567-203

Foreword

Gerald Hawting (IQSA President Elect for 2017)

The conference to which Professor Abdelmajid Charfi graciously welcomed us was the third in which the International Quranic Studies Association (IQSA) has joined with other scholarly institutions to promote the academic study of Islam's scripture. These conferences are a bi-annual complement to the annual ones that have been regularly held each autumn in the USA in conjunction with the meeting of the American Academy of Religion. Following conferences at St. Andrews (Scotland) and Jogjakarta (Indonesia), this meeting at Carthage was our first in an Arabic speaking country, and on behalf of members of IQSA I thank the *Beit al-Hikma* (The Department of Islamic Sciences) of the Tunisian Academy of Sciences, Letters and Arts for its willingness to join with us to host the conference in the beautiful Zarrouk Palace on the shores of the Mediterranean.

In its mission to foster qur'ānic studies scholarship across a variety of academic disciplines, IQSA greatly values the building of bridges with communities of scholars and scholarly institutions throughout the world, and this opportunity to meet and discuss with our Tunisian colleagues was especially welcome. Papers were given by scholars from a variety of countries in Arabic, English or French, representing approaches to the study of the Qur'ān from different disciplines and perspectives.

The fifteen papers collected in this volume represent about half of those delivered. Those papers not included here represented work in progress not yet completed, or research projects results of which are intended for publication elsewhere. It is to be hoped that the scholarly co-operation and investigation that took place in the various sessions of the conference benefited all of the participants and that some of contributions will appear in a different form elsewhere.

We especially appreciate the time and effort that Mokdad Arfa and Mehdi Azaiez devoted to planning the academic programme and making the practical arrangements for the transportation and accommodation of participants from different corners of the world. They then gave their care and attention to the editing of the papers collected here. To the staffs of the Beit al-Hikma and the Zarrouq Palace who made the sessions of the conference so pleasant and comfortable for all the participants we also offer our thanks. Of course, the conference would not have been possible at all without the generous financial support of the Tunisian Academy, IQSA and the Catholic University of Leuven (KU Leuven, Belgium). To these institutions and to all those who made the conference possible, IQSA, is very grateful.

https://doi.org/10.1515/9783111051567-204

Contents

Acknowledgements — VII

تصدير السيد رئيس المجمع التونسي "بيت الحكمة" — IX

Foreword — XI

Contributors — XV

Mehdi Azaiez
Introduction — 1

Mehdi Azaiez
1 Sharing Qur'ānic Meanings: Outlines for a Dialogical Hermeneutic — 5

Part I: **Context**

Andrew J. O'Connor
2 "Warn Them of the Day of the Impending": Imminent Eschatology and Rhetoric in the Qur'ān — 25

Gerald Hawting
3 "Al-Ṣafā and al-Marwah Are among God's Signs": Q al-Baqarah 2:158 and Its Interpretations — 49

Jacqueline Chabbi
4 Récits bibliques vus du Coran, le cas d'Élie — 59

نادر الحمّامي
5 "المصحف وقراءاته" السياق والرهانات — 77

Part II: **Forms and Structures**

Thomas Hoffmann & Johanne Louise Christiansen
6 Paradoxes, Loopholes, and Invitations in Qur'ānic Polemic — 89

Michel Cuypers et Sami Larbes
7 La composition rhétorique de Q al-Tawbah 9 — 101

Part III: **Interpretations**

Johanna Pink
8 **Ibn Taymiyyah, the Bible and the Qur'ān: From Polemics to Scriptural Hermeneutics — 123**

Massimo Campanini
9 **Beauty and the Qur'ān: A Philosophical Approach — 141**

Hmida Ennaifer
10 **Trois lectures récentes du Coran en contextes islamiques — 153**

Nejmeddine Khalfallah
11 **Consigner le Coran au premier siècle de l'islam. Un récit au XXe siècle — 165**

Mokdad Arfa Mensia
12 **Deux grandes théories sur *mutashābih al-Qur'ān* dans l'Islam classique: Ibn Taymiyyah et Ibn Khaldūn — 177**

إيمان المخينيني
13 **المنظور الأخلاقي في الدّراسات القرآنيّة: قراءة في فكر طه عبد الرّحمان — 203**

محمد بو هلال
14 **تيبولوجيا القرآن في جواهر القرآن للغزالي (ت 1111/505) سؤال القرآن ماضيا وحاضرا — 213**

عبد الرحمن حللي
15 **الإمام الشافعي وتقعيد قراءة النصوص: دراسة في نشأة مصطلح "السياق" في مدونة الشافعي — 219**

Bibliography — 233

Index of Qur'ānic References — 243

Index of Foreign Terms — 249

Contributors

Mokdad Arfa Mensia is Professor Emeritus of Islamic Philosophy at the Faculty of Humanities and Social Sciences at the University of Tunis. He is a Member of the Tunisian Academy of Sciences, Literature and Arts and Head of its Department of Islamic Sciences. His publications include: "Dogmatics, Theology, and Philosophy in Averroes," in *Interpreting Averroes* (Leuven: Peters, 2019), and he edited *Fī al-falsafah al-ʿArabīyah: al-falsafah al-siyāsīyah wa-falsafat al-tārīkh: aʿmāl nadwah muhdāh ilā rūḥ al-faylasūf al-ʿArabī Muḥsin Mahdī* (Tūnis: Dār al-Tanwīr li-l-Ṭibāʿah wa-l-Nashr, 2000).

Mehdi Azaiez is Professor of Islamic Studies at the UCLouvain in Belgium. His main fields of research are Qur'anic Studies and early Islam. He published *Le Contre-discours coranique* (Berlin: De Gruyter, 2015) and co-edited *The Qur'ān Seminar* (Berlin: De Gruyter, 2016). He is one of the contributors to *Le Coran des Historiens* (Paris: Le Cerf, 2019). He edited: *Le Coran : de la Tribu à l'Empire. Autour de l'oeuvre de Jacqueline Chabbi* (Louvain-La-Neuve: Presses Universitaires de Louvain, 2023).

Muḥammad Būhlāl is Professor of Arabic Civilization at the Faculty of Arts and Human Sciences (University of Sousse, Tunisia). He is also a Member of the Supreme Islamic Council of the Republic of Tunisia and former Director General of the Center for Research and Studies for the Dialogue of Civilizations and Comparative Religions in Sousse. His is the author of several books on interactions between religion and politics. He published: *Khiṭāb al-ṣaḥwah al-Saʿūdīyah: muqārabah li-mawqifihā min al-ʿalmānīyah wa-l-dīmuqrāṭīyah wa-l-mukhālif al-fiqhī wa-l-ʿaqadī* (Beirut: al-Markaz al-Thaqāfī al-ʿArabī, 2014) and *Jadal al-siyāsah wa-al-dīn wa-al-maʿrifah* (Beirut: Jadāwil, 2011).

Massimo Campanini (1954–2020) was a Member of the Ambrosian Academy of Milan. He was a Lecturer at the Universities of Urbino and Milan, Assistant Professor at the Oriental University in Naples, and Associate Professor of Islamic Studies at the University of Trento. He wrote more than 100 articles and 40 books. In the field of qur'ānic studies, he published *The Qur'ān: the Basics* (London: Routledge 2007, 2nd ed. 2016); *The Qur'ān: Modern Muslim Interpretations* (London: Routledge, 2011) and *Philosophical Perspectives on Modern Qur'ānic Exegesis* (Sheffield: Equinox Publishing, 2016). His *Introduzione alla filosofia islamica* (Rome: Laterza, 2004) has been translated into English (Edinburgh UP, 2008), Spanish, and Portuguese-Brazilian.

Jacqueline Chabbi is Honorary Professor of Arabic Studies at the University of Paris 8 Vincennes-Saint-Denis. Over the last thirty years, she has developed and applied a historical-anthropological approach to the Qur'ān. She published four books on the origins of Islam: *Le Seigneur des tribus: l'islam de Mahomet* (Paris: Noésis, 1997, CNRS, 2013); *Le Coran décrypté: Figures bibliques en Arabie* (Paris: Fayard; Cerf, 2014); *Les Trois piliers de l'islam: lecture anthropologique du Coran* (Paris: Seuil, 2016) and *On a perdu Adam: la création dans le Coran* (Paris: Seuil, 2019).

ʿAbd al-Majīd Sharfi was Professor of Islamic Studies at the University of Manouba and President of Beit al Hikma (Carthage, Tunisia). He is the editor *al-Muṣḥaf wa-qirāʾātuh* (Rabat: Mu'minūn bi-lā Ḥudūd li-l-Dirāsāt wa-l-Abḥāth, 2016). He published *al-Fikr al-Islāmī fī al-radd ʿalā al-Naṣārā ilā nihāyat al-qarn al-rābiʿ/al-ʿāshir* (Beirut: Dār al-Madār al-Islāmī, 2007), and *L'islam entre le message et l'histoire*, English translation *Islam: Between Message and History* (New York: Central European University Press, 2005).

https://doi.org/10.1515/9783111051567-206

Johanne Louise Christiansen is Assistant Professor of History of Religion, University of Southern Denmark (SDU). Her recent publications include: "God Loves not the Wrongdoers (*ẓālimūn*): Formulaic Repetition as a Rhetorical Strategy in the Qur'ān", *Journal of Qur'ānic Studies* 22/1 (2020); and "Stay up during the night, except for a little" (Q 73:2): The Qur'ānic Vigils as Ascetic Training Programs", *Religion* 49/4 (2019).

Michel Cuypers is a Belgian scholar who lives in Cairo where he is a researcher at the Dominican Institute for Oriental Studies (Cairo). He focuses on the rhetorical analysis of the Qur'ān. He published *Le Festin: Une lecture de la sourate al-Mâ'ida* (English translation: *The Banquet: A Reading of the Fifth Sura of the Qur'ān* [NY: Convivium Press, 2009]); *La Composition du Coran.* نظم القرآن (English translation: *The composition of the Qur'ān* [London: Bloomsbury, 2015]); and *Une apocalypse coranique: Une lecture des trente-trois dernières sourates du Coran* (English translation: *A Qur'ānic Apocalypse*: *A Reading of the Thirty-Three Last Sūrahs of the Qur'ān* [Pendé: Gabalda, 2014]).

Ḥmīda Ennaifer was Professor of Theology at the University of Zaytuna from 1981–2004. His publications include: *Al-Insān wa-l-Qur'ān wajhan li-wajh* (al-Dār al-Bayḍā: Nashr al-Fanak, 1997), and *Les commentaires coraniques contemporains: analyse de leur méthodologie* (Rome: Pontificio instituto di studi arabi e d'islamistica, 1998).

ʿAbd al-Raḥmān Ḥilalī is a Postdoctoral Research Fellow at the Goethe University Frankfurt. His recent publications include: "Taghyīr al-khalq wa-aḥkām al-taṣṣaruf bi-l-badani: Dirāsah naqdīyah fī aqwāl al-mufassirīn wa-l-fuqahā'", *Journal of Islamic Ethics* 3/1–2 (2019); and *Risālāt al-Anbiyā': Dīn wāḥid wa-sharā'iʿ ʿiddah: Dirāsah Qur'ānīyah* (Beirut: Markaz Namā' li-l-Buḥūth wa-l-Dirāsāt, 2015).

Nādir Ḥammāmī is Assistant Professor at the Higher Institute of Languages in Nabeul, Tunisia. His main fields of research are Islamic thought and Qur'ānic Studies. His publications include *Ṣūrat al-ṣaḥābī fī kutub al-ḥadīth* (Beirut: al-Markaz al-Thaqāfī al-ʿArabī, 2014); *al-Muṣḥaf wa-qirā'ātuh*, edited by Abdelmajid Charfi (Rabat: Mu'minūn bi-lā Ḥudūd li-l-Dirāsāt wa-l-Abḥāth, 2016); and *Fī al-mutakhayyal al-tārīkhī al-Islāmī: naḥwa al-khurūj min ma'āziq al-ta'ṣīl* (Tunis: Manshūrāt Nīrfānā, 2020).

Gerald Hawting is Professor Emeritus in the Department of History, School of Oriental and African Studies, University of London. He studies the emergence and early development of Islam. His publications include *The Idea of Idolatry and the Emergence of Islam* (London: Cambridge University Press, 1999). He edited *The Development of Islamic Ritual* (London: Routledge, 2017).

Thomas Hoffmann is Professor Med Særlige Opgaver (i.e. with special responsibilities) in Qur'ānic and Islamic Studies at the Faculty of Theology, University of Copenhagen, Denmark. He studies literary and critical theories and their application to Qur'ānic Studies. He is the director of a collective project, "Ambiguity and Precision in the Qur'ān", funded by The Independent Research Fund Denmark. His most recent articles include: "Taste My Punishment and My Warnings (Q. 54:39): On the Torments of Tantalus and Other Painful Metaphors of Taste in the Qur'ān", *Journal of Qur'ānic Studies* 21/1 (2019); and "The Appealing Qur'ān: On the Rhetorical Strategy of Vocatives and Interpellation in the Qur'ān", *Journal of Qur'ānic Studies* 22/1 (2020).

Samy Larbès is an independent scholar whose research focuses on the rhetorical analysis of the Qurʾān.

Imān Mkhīnīnī is Lecturer of Civilization at the Faculty of Arts in Sousse. She focuses on gender studies in the Qurʾān and Islamic civilization and culture.

Andrew J. O'Connor is Assistant Professor of Theology & Religious Studies at St. Norbert College in De Pere, Wisconsin. He completed his Ph.D. at the University of Notre Dame in 2019. His current research interest is the Qurʾān's engagement with Jewish and Christian traditions, and the cultural/religious environment of Late Antiquity, with special attention to prophetology and eschatology.

Johanna Pink is Professor of Islamic Studies at the University of Freiburg, and Principal Investigator of a European Research Council Project (GloQur's). She studies qurʾānic exegesis and Qurʾān translations, with a focus on transregional dynamics in the modern period. Her publications include *Muslim Qurʾānic Interpretation Today: Media, Genealogies and Interpretive Communities* (Sheffield: Equinox, 2019). She was guest editor of the *Journal of Qurʾānic Studies on Translations of the Qurʾān in Muslim Majority Contexts* (London: Centre of Islamic Studies, School of Oriental and African Studies, University of London, 2015). She is general editor of the *Encyclopaedia of the Qurʾān Online*.

Mehdi Azaiez

Introduction

During a meeting with Abdelmajid Charfi, Mokdad Arfa and Mehdi Azaiez at the magnificent Beit al Hikma Palace in Carthage, the idea emerged of organizing an international conference that would bring together qur'ānic studies experts from across the globe. A willingness to collaborate and build global bridges is now shared by many scholars, organizations, and academic institutions. For this reason, Beit al Hikma, the International Quranic Studies Association and KU Leuven became partners in the planning and implementation of an international conference held in Carthage between 4 and 7 July 2017. The present volume, *Qur'ānic Studies: Between History, Theology and Exegesis*, brings together fifteen contributions in English (7), French (5) and Arabic (4), twelve based on papers delivered at the conference. The volume is divided into three parts: (I) Context, (II) Forms and Structures and (III) Interpretations.

In an introductory essay, "Sharing Qur'ānic Meanings: Outlines for a Dialogical Hermeneutic" (Chapter 1), Mehdi Azaiez identifies and discuss three qur'ānic modes of interpretation: Genealogic, Anatomic and Anagnostic. He argues that the limitations of each mode of interpretation create an opportunity for fruitful collaboration and question each of them.

In Part I, the essays by O'Connor, Chabbi, Hawting, and Ḥammāmī all address, in one way or another, the emergence of the Qur'ān. In "'Warn them of the Day of the Impending': Imminent Eschatology and Rhetoric in the Qur'ān" (Chapter 2), O'Connor argues that the function of qur'ānic apocalyptic language and eschatological themes is not to predict exactly when the Hour will occur, but to warn qur'ānic readers or listeners of its imminence. Drawing upon the Qur'ān's use of biblical and para-biblical texts, he argues that this material is best understood as polemical and rhetorical. In "'Al-Ṣafā and al-Marwah are among God's Signs': Q al-Baqarah 2:158 and its Interpretations" (Chapter 3), Hawting focuses on one of the few instances in which the Qur'ān refers by name to features of the Muslim sanctuary in Mecca. He asks why the Qur'ān appears to regard the ritual as a "harmless" concession rather than an obligation. He cites several stories and arguments in the Muslim tradition to explain this singularity. According to Hawting, "The impact of the Qur'ān on ritual practice was late and had limited consequences." In "Récits bibliques vus du coran, le cas d'Élie" (Chapter 4), Jacqueline Chabbi examines the figure of Elias and its representation in the Qur'ān. Analyzing the biblical figure and vv. 123–132 of Q al-Saffat 37, she argues that the Qur'ān transforms the biblical Elijah by placing him in the cultural context of Arabia at the time of the Prophet. According to Chabbi, Muslim commentators re-establish connections to the biblical corpus thanks to Jews and

https://doi.org/10.1515/9783111051567-001

Christians who converted to Islam. In "The *Muṣḥaf* and its Readings: Context and Challenge" (Chapter 5, Arabic), Ḥammāmī introduces a recent book, *Al-muṣḥaf wa qirā'ātuhu*, edited by Abdelmajid Charfi and his research group which worked on a critical study of variant readings of the Qur'ān. Ḥammāmī outlines the core ideas of the research group and places this project within the context of recent qur'ānic studies in the West. According to Ḥammāmī, *Al-muṣḥaf wa qirā'ātuhu* contributes to the debates over the chronology of the Qur'ān, the coherence and unity of suras, and the history and interpretation of qur'ānic readings.

The essays in Part II (Forms and Structures) use rhetorical and structural methodologies to highlight hermeneutical issues. Two sets of co-authors, Thomas Hoffmann and Johanne Louise Christiansen, and Michel Cuypers and Samy Larbes, examine polemics in the Qur'ān. In "Paradoxes, Loopholes, and Invitations in Qur'ānic Polemic" (Chapter 6), Hoffmann and Christiansen note that the Qur'ān makes broad generalizations and refers to antithetical and antagonistic worldviews. They argue that the Qur'ān repeatedly and subtly subverts and modifies many of its self-confident and uncompromising stipulations. They discuss several examples, such as the *ṭā'ifatun min* ("a group of" or "a party of") formulation, which add nuance to polemical exchanges in the Qur'ān. In "La composition rhétorique de Q al-Tawbah 9" (Chapter 7), Cuypers and Larbes argue that this sura has an elaborate structure composed of three concentric sequences (A/B/A' or 1–37/38–85/86–129) and forms a coherent unit with Q al-Anfāl 8. They argue that the call to battle in Q al-Tawbah 9 refers to the violation of an agreement between polytheists and followers of the Prophet, and that only five verses out of 127 concern People of the Book.

The essays in Part III (Interpretations) present hermeneutical reflections on several Muslim theologians and philosophers, including al-Ghazālī, Ibn Taymiyyah, Ibn Khaldūn, Ibn ʿĀshūr, and Ṭāha ʿAbd al-Raḥmān. In "Bringing the Bible and the Qur'ān into Conversation: From Interreligious Polemics to Scriptural Exegesis" (Chapter 8), Johanna Pink analyzes Ibn Taymiyyah's use of the Hebrew Bible. Pink argues that Ibn Taymiyyah had a broad hermeneutical vision and opened space for creative scriptural exegesis. In "Beauty in the Qur'ān: An Aesthetical Approach" (Chapter 9), the late Massimo Campanini discusses the relation in the Qur'ān between image and reality and representation and truth. He argues that an "Islamic" aesthetics must be based not only on "perception" (*aesthesis*) but also on ethics. In "Trois lectures récentes du Coran en contextes islamiques" (Chapter 10), Hmida Ennaifer discusses contemporary Qur'ān scholars who seek to transcend orthodox exegesis, with special attention to Muḥammad Abū al-Qāsim Ḥājj Ḥamad (1941–2004), Muḥammad Shaḥrūr (1938–2019), and Sayyid Ḥusayn Naṣr (1933–). In "Consigner le Coran au premier siècle de l'islam. Un récit au XXe siècle" (Chapter 11), Nejmeddine Khalfallah introduces the Tunisian exegete Ibn ʿĀshūr, who defends the coherence of the traditional narrative about the compilation of the Qur'ān. In "Deux grandes théories sur *mutashābih al-Qur'ān* dans l'Islam classique: Ibn Taymiyyah et Ibn Khaldūn", (Chapter 12), Mokdad Arfa analyzes Ibn Taymiyyah's and Ibn Khaldūn's answers to a fundamental crux: The Qur'ān addresses humans and refers to itself as a "Book whose verses are set clear." Why then is it ambiguous? According to Arfa, Ibn Rushd, Ibn Khaldūn and Ibn Taymiyyah present philosophical, mystico-philosophical and traditional answers to this question, based on their respective uses of reason. In "The Ethical Perspective in Qur'ānic Studies: A Reading of Ṭaha ʿAbd Al-Raḥmān's Thought" (Chapter 13, Arabic), Imān Mkhīnīnī introduces the Moroccan philosopher Ṭāha ʿAbd al-Raḥmān (1944–). Mkhīnīnī examines ʿAbd al-Raḥmān's assessment and critique of what has been achieved in qur'ānic studies from an ethical perspective, and his attempt to establish a hermeneutical-ethical alternative to qur'ānic studies approaches based on Islamic moral values. In "Typology of the Qur'ān in the *Jewels of the Qur'ān* by al-Ghazālī (d. 505/1111)" (Chapter 14, Arabic), Muḥammad Būhlāl argues that in his *Jawāhir al-Qur'ān*, al-Ghazālī reads the Qur'ān from a mystical perspective. According to Būhlāl, al-Ghazālī defines true religious knowledge as a journey to God that develops and perfects spiritual and moral qualities. In "Al-Imām al-Shāfiʿī and the Rules of Reading Texts: A Study of the Genesis of the Term 'Context' in al-Shāfiʿī's writing'" (Chapter 15, Arabic), ʿAbd al-Raḥmān Ḥalalī discusses the emergence of the concept of *siyāq* or "context" in the first centuries of Islam, with special attention to al-Shāfiʿī. According to Ḥalalī, *siyāq* signifies an elaborate hermeneutical theory in which qur'ānic words and verses are explained by their textual and linguistic context and by their relations to similar occurrences in the Qur'ān.

Qur'ānic Studies: Between History, Theology and Exegesis brings together essays written by Western and North African scholars. One of the goals of this collaboration is to encourage dialogue between scholars in the disciplines of History, Theology and Philosophy, based on academic rigor. The challenge is immense, but it deserves to be taken up. Let us hope that this volume will stimulate further research in this direction.

Mehdi Azaiez

1 Sharing Qur'ānic Meanings: Outlines for a Dialogical Hermeneutic

In "The Qur'ān, a Text of Late Antiquity", Angelika Neuwirth argues that

> at a time when pervasive globalization is leading to fertile encounters and cultural dialogues in art, literature and music (not to mention the economic sphere), it is curious how Arabic studies undertaken in the West and in the East are conducted in mutual ignorance of one another. Do students on both sides of these academic worlds have nothing to share and offer each other? Is the idea of a collaboration to which each academic tradition would bring its expertise unthinkable? These questions, which are desiderata, are today the concerns of many colleagues from international and academic institutions.[1]

In the field of contemporary qur'ānic studies, the possibility of dialogue between these two academic worlds faces a double challenge. On the one hand, Western scholars lament that in Islamic universities critical methodologies are ignored or condemned. On the other hand, Muslim scholars denounce those methodologies as an ideological enterprise,[2] a new form of intellectual colonialism that seeks to undermine the foundations of the Islamic faith based on a partial and biased knowledge of the Arabic language, Arabic culture and the Islamic heritage.[3] Although both arguments are lacking in nuance, they are effective and undoubtedly hinder cooperation. The application of historical-critical methods practiced in biblical studies is obviously one of the most challenging questions. The presuppositions and methods of investigation, which include, among other things, identifying the different redactional layers of the Qur'ān, postulating interpolations in the text, and suggesting that the founding text

---

1 Angelika Neuwirth, "Le Coran, texte de l'Antiquité tardive," in Mehdi Azaiez, *Le Coran. Nouvelles approches* (Paris: CNRS éditions, 2013), 142.
2 On Muslim denunciations of Western Islamic studies, see Majid Danesghar, *Studying the Qur'ān in the Muslim Academy* (Oxford: Oxford University Press, 2020), 34–38.
3 On this double challenge, Majid Danesghar proposes the term of "Islamic Apologetics," which he defines as follows: "a set of entrenched scholarly approaches and practices within the worldwide Muslim academy that effectively shield Muslims from critical thinking about Islam and the Qur'ān. More specifically, Islamic Apologetics means an argument or a rhetorical forensic that substitutes a defense of identity or orthodoxy for critical methodology, analysis, or research." Majid Danesghar, *Studying the Qur'ān*, 2.

https://doi.org/10.1515/9783111051567-002

of Islam is the product of a collective entreprise,[4] radically contravene Islamic doxa. It is thus easy to understand the difficulty of bringing these two academic worlds into dialogue.

Yet, there is reason to hope that a dialogue between Islamic and Western scholars will develop in the years to come, for several reasons. In the last two decades, the publication of numerous books and articles on the Qur'ān[5] has increased opportunities for exchange and debate. One of the most tangible signs of this development is the translations of several scholarly works written in the West.[6] Thanks to the internet, Muslim scholars now have immediate and unprecedented access to these translations.[7] Many websites support scientific databases relating to the qur'ānic text,[8] bibliographic directories of Western scholarship,[9] polemical and inter-religious studies,[10] and books[11] on recent developments in qur'ānic studies.

4 Claude Gilliot, "Reconsidering the Authorship of the Qur'ān: Is the Qur'ān Partly the Fruit of a Progressive and Collective Work?" In Gabriel Said Reynolds (ed.), *The Qur'ān in its Historical Context* (London: Routledge, 2007), 88–108.

5 On developments in qur'ānic research, see Gabriel Said Reynolds, "The Golden Age of Qur'ānic Studies," in Gabriel Said Reynolds (ed.), *New Perspectives on the Qur'ān: The Qur'ān in its Historical Context 2* (London: Routledge, 2012), 1–21. See also Mohammad Ali-Amir Moezzi and Guillaume Dye, eds. *Le Coran des Historiens*, vol. 1 (Paris: Le Cerf, 2019).

6 See, for example, Nacer Benrajeb's translations of Guillaume Dye's articles: "Why and how is a canonical text made?" in Arabic *Limādhā wa kayfa yuṣbiḥu al-nās muqaddas^{an}?*; "The Night of Destiny and the Night of the Nativity," in Arabic *Laylatu al-Qadr hiya umm laylatu al-mīlād?* These translations are available at https://www.ahewar.org/m.asp?i=3480. See also Benrajeb's translation of Paul Neuenkirchen's article, "La fātiḥa: une introduction liturgique à la prière commune ?", under the title *Sūrah al-fātiḥah hal hiya madkhal shaʿīrat li-ṣalāt al-jamaʿati.* Nacer Benrajeb has also translated Jacqueline Chabbi's *Le seigneur des Tribus. L'islam de Mahomet*, under the title of *Rabb al-Qabāʾil. Islām Muḥammad* (Beyrut: Dār al-Jamal, 2020).

7 Andrew Rippin, "Cyberspace and the Qur'ān," in Oliver Leaman (ed.), *The Qur'ān: An Encyclopedia*, 160.

8 An excellent electronic resource dedicated to the qur'ānic text is the Quranic Arabic Corpus (https://corpus.quran.com), "an annotated linguistic resource which shows the Arabic grammar, syntax and morphology for each word in the Holy Qur'ān. The corpus provides three levels of analysis: morphological annotation, a syntactic treebank and a semantic ontology. . .".

9 Mehdi Azaiez's website, *Qur'ān and Early Islam, Texts: Contexts and Readings*, regularly lists all publications in Western languages on qur'ānic studies as well as scholarship published after 2010 related to the early centuries of Islam (www.mehdi-azaiez.org).

10 See the Islamic-Awareness website, which seeks "to educate Muslims about the questions and issues frequently raised by Christian Missionaries and Orientalists. You will find a variety of excellent articles and responses to missionary and orientalist writings. The material on this website is frequently updated with new articles, references and arguments."

11 For recent research on qur'ānic studies, see Mohammad Ali Amir-Moezzi and Guillaume Dye (eds.), *Le Coran des Historiens*, 3 vols. (Paris: Cerf, 2019); Nicolai Sinai, *The Qur'ān: A Historical-Critical Introduction* (Edinburgh: Edinburgh University Press, 2017).

In addition, a new generation of students and teachers is emerging, some of them immigrants from formerly colonized Muslim countries. These scholars facilitate initiatives and cooperation between Western and Islamic universities.[12]

I Three Modes of Interpretation

In this new global context, three modes of interpretation of the Qur'ān intersect and challenge each other. I call them "Genealogic", "Anatomic," and "Anagnostic." Each mode centers on one pole of the hermeneutic spectrum, i.e. Author, Text or Reader.[13] I shall now define them.

The Genealogic mode of interpretation centers on the Author and is characterized by scientific skepticism. Its practitioners openly and systematically acknowledge contradictions in the Qur'ān and their interpretative traditions. They critically examine the master narratives, question the text, and seeks its sources. They analyze the text in its original state, as reflected in manuscripts. They attempt to recover the intentions of the author (or editors).[14] They compare the text with "outside texts" whose themes, literary genres, and/or date of composition are close to those of the Qur'ān. The outside texts include the religious and liturgical literatures of late antiquity,[15] pre-Islamic poetry and texts written by the first interpreting communities.[16] Practitioners of the Genealogic mode also contextualize the qur'ānic corpus by analyzing literary forms and genres and their theological functions. They attempt to determine the different editorial layers of the text and to reconstruct the history of the qur'ānic corpus before its canonization. They treat the Qur'ān as a historical document that reflects the social, political, economic and cultural environment of its author(s).

12 Mun'im Sirry, who was born in Indonesia, is an example of this new generation of scholars whose dual culture facilitates building bridges between Western and Islamic academic institutions. See Mun'im Sirry (ed.), *New Trends in Qur'ānic Studies: Text, Context, and Interpretation* (Bristol/USA: Lockwood Press, 2019).

13 For a similar categorization, see W. Randolph Tate, *Biblical Interpretation: An Integrated Approach*, 3rd ed. (Grand Rapids, MI: Baker Academic, 2008).

14 For research that attempts to recover the intentions of the author (or editors) of the New Testament, see Raymond Brown, *Que sait-on du Nouveau Testament* (Paris: Bayard, 2000), 73.

15 According to Gabriel Said Reynolds: "The Qur'ān should be appreciated in light of its conversation with earlier literature, in particular Biblical literature (by which I mean the Bible, apocrypha, and Jewish and Christian exegetical works)." See Gabriel Said Reynolds, *The Qur'ān and Its Biblical Subtext* (London: Routledge, 2010), 2.

16 See Claude Gilliot, "Les débuts de l'exégèse coranique," *REMMM* 58 (1990), 82–100.

The Anatomic mode of interpretation centers on the Text. The perspective is synchronic. Drawing upon discourse analysis, practitioners of this mode call into question formal and composition dynamics in the Qur'ān. Numerous scholars have applied semiotic, narrative, semantic and rhetorical methods to the Qur'ān. For example, using Greimas' semiotic square,[17] scholars have established the deep structures of Q Yusuf 12 and the relationships between the 'actants' (persons who play active roles in a narrative). By contrast, a rhetorical analysis of the same Sūrah exposes a narrative composed of "a section composed of twelve sequences, distributed in a specular manner in two sub-sections of six sequences (ABCDEF/ F'E'D'C'B'A')".[18] In studies like these, scholars draw on the methods and vocabulary of literary discourse analysis such as intertextuality, intratextuality, metatextuality, and "counter-discourse", i.e. discourse of the qur'ānic opponents as reported in the text. The notion of "counter-discourse" highlights an internal qur'ānic paradox. How does the founding book of Islam deal with speech that it rejects? To address this paradox, the Qur'ān uses multiple compositional and rhetorical strategies that explain its polemics.[19] Practitioners of the Anatomic mode of interpretation treat the Text as a "monument" of human speech.[20]

The Anagnostic mode of interpretation centers on the Reader. In his "Éloge de la lecture et de l'écriture," Paul Ricoeur argues: "The text, orphaned from its father, the author, becomes the child of the community of readers. Unable to help itself, it finds its *pharmakon*[21] in the act of reading.[22] Thus, the text "awaits and calls for a reading."[23] The process of reading is dynamic, a repeated back and forth between text and reader. The text unfolds, recreates, and reconfigures the reader's world.[24] The reader mobilizes his as her skills, identity, history and individual

17 Jacques Berque, "Yûsuf ou la sourate sémiotique," in Herman Parret and Hans-George Ruprecht (eds.), *Exigences et perspectives de la sémiotique. Recueil d'hommages pour A.J. Greimas. / Aims and Prospects of Semiotics: Essays in honor of A.J. Greimas* (Amsterdam: John Benjamins Publishing Company, 1985), 847–861, at 854.

18 Michel Cuypers, "*Structure et interprétation de la sourate Joseph*", in Roland Meynet and Jacek Oniszczuk (eds.), *Studi del quinto convegno RBS : Rhetorica Biblica et Semitica XI* (Leuven: Peters, 2017), 295–309.

19 Mehdi Azaiez, *Le contre discours coranique* (Berlin: De Gruyter, 2015), 8–9.

20 Élisabeth Parmentier, *L'écriture vive: Interprétations chrétiennes de la Bible* (Geneva: Labor & Fides, 2004), 132.

21 Ricoeur uses the Greek word *pharmakon*, here a "cure."

22 Paul Ricoeur, "Éloge de la lecture et de l'écriture," *Études Théologiques et Religieuses*, 64:3 (1989), 395–405 at 403. See Parmentier, *L'écriture vive*, 21.

23 Ibid., 152.

24 On interactions between text and reader, see Claude Geffré, *Croire et interpréter. Le tournant herméneutique de la théologie* (Paris: Cerf, 2001), 21; Paul Ricoeur, *Temps et récits*, 3 vols. (Paris: Seuil, 1991), 2:12.

experiences. This encounter produces a cooperation[25] or conversation[26] that allows the reader to create meaning that is potentially in the text. As Umberto Eco states: "The functioning of a text (even a non-verbal one) can be explained by taking into consideration (. . .) the role played by the addressee in its comprehension, its actualization, its interpretation, as well as the way in which the text itself provides for his participation."[27] In qur'ānic studies, the Anagnostic mode of interpretation is illustrated by the scholarship of Nasr Abu Zayd. In his essay, "Towards Understanding the Qur'ān Worldview", the Egyptian author describes the "worlds of the text" that emerge from the different hermeneutical orientations of the Islamic tradition, e.g., theology, mysticism, law and philosophy. He links his analysis to his personal intellectual journey and his encounters with the qur'ānic text. The open nature of the founding text of Islam and the many communities of readers who interpret the text according to their specific historical, social and cultural situations make a multiplicity of interpretations possible.

These three modes of interpretation presuppose a search for the meaning of the text that privileges either context (the Genealogic mode), the formal and structural singularities of the text (Anatomic mode), or the relationship between text and reader (Anagnostic mode). In other words, each mode of interpretation focuses on one aspect of the hermeneutical spectrum:[28] Author, Text, Reader (past and present). No single mode embraces the entire spectrum. Each mode criticizes the limitations and shortcomings of the other modes. The Anatomic mode criticizes the extra-textual analysis of the Genealogic mode, while the latter criticizes the former for neglecting historical context. Similarly, the Anagnostic mode reproaches the other two modes for ignoring the reading process.[29]

In my view, the inherent limitations of each mode of interpretation create an opportunity for fruitful collaboration. These limitations may be the privileged place in which the three modes may interact with each other. Let me now define the conditions and possible relationships of what I shall call the Hermeneutic Triangle.

---

25 Umberto Eco, *Lector in Fabula ou la coopération interprétative dans les textes narratifs* (Paris: Grasset, 1985), 7.

26 Claude Geffré, *Croire et interpréter*, 21.

27 Umberto Eco, *Les limites de l'interprétation* (Paris: Grasset, 1992), 22.

28 W. Randolph Tate, *Biblical Interpretation: An Integrated Approach*, 5–7.

29 Daniel Madigan, "Preface," in Gabriel Said Reynolds (ed.), *The Qur'ān in its historical context*, (London: Routledge, 2007), xii–xiii.

II The Space for a Dialogue Between the three Modes: The Hermeneutic Triangle of the Qur'ān

I shall represent the possibility of a dialogue between these three modes of interpretation as a triangle (Fig. 1). Inside this figure, there are three smaller triangles located at the three corners. The triangle represents the entire hermeneutic spectrum: Author (Genealogic mode), Text (Anatomic mode) and Readers (Anagnostic mode), both past and present. Each mode shares a common area: the area of the triangle minus the area of the space occupied by the three modes. The common area represents the space where the three modes may meet, recognize each other, and question each other. Let me describe the properties of this common space.

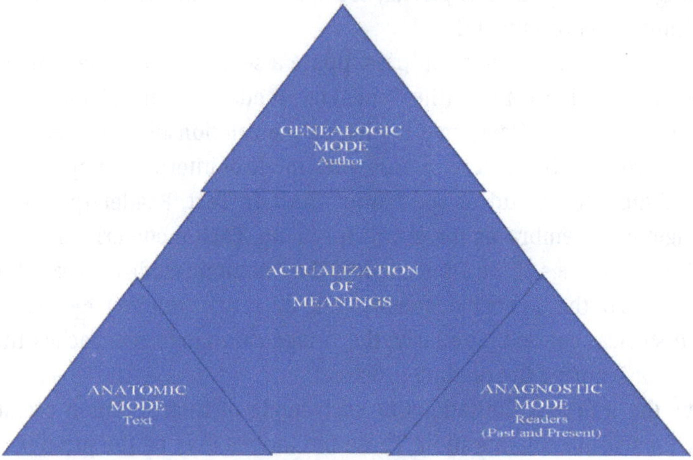

Figure 1: The three modes of interpretation of the Qur'ān.

As noted, the presuppositions and methods of each mode of interpretation are different. However, they all seek to do justice to the meaning of the text. And they face a triple hermeneutical constraint: the distancing, mediation and actualization of meaning. Whichever mode one chooses, the hermeneutical task must deal with distance. As Jean Yves Lacoste reminds us: "Hermeneutics is a product of the cultural or chronological distances that interfere with the understanding of texts."[30] It is this temporal separation between author and reader that makes the search for meaning possible. This separation is the gap between a written text that has become canon-

30 Jean Yves Lacoste, "Hermeneutics," in Jean Yves Lacoste (ed.), *Encyclopedia of Christian Theology*, 3 vols. (New York: Routledge, 2005), 1:688.

ical and the inaugural moment when the creative event occurred. To reduce the distance between these two points in time, an act of mediation is required.[31] The reduction of distance between today's readers and past readers is performed by the interpreter (or hermeneuticist). Each mode of interpretation has its own mediator: the historical exegete (Genealogic/Author); the literary critic, narratologist, semiotician or rhetorician (Anatomic/Text); all readers, collective or individual, believers or not (Anagnostic/Readers).[32] Mediation becomes possible only through the will of a reader who attempts to determine the meaning of a text, "an operation by which one makes present a unit of language in a given linguistic context."[33]

With respect to distancing and mediation, the three modes share a common purpose: to give meaning to the text. With this objective in mind, the three modes of interpretation meet in the space that I call the "space of actualization of meaning." This common space represents the complex dialogue between the three modes of interpretation. Under what conditions are these encounters possible, what are their modalities and procedures, and what are the goals to be achieved?

III Four Conditions for Dialogue Between the Three Modes of Interpretation: Autonomy, Equality, Recognition and Freedom

The common space has several characteristics that condition the relationships it establishes between and among the three modes of interpretation.

First, each mode has a clearly delimited space in which presuppositions, methodologies and aims are fully affirmed and legitimized. This autonomy means that each mode preserves its originality: the hermeneutical contribution of one mode does not interfere with that of another.

Second, the distances between the three modes are equal, thereby preserving their specificity, dignity and importance. Although one might consider one of the

31 Friedrich D. E. Schleiermacher argues that the Greek word *hermeneuein* may signify either 'to express', 'to explain', or 'to translate from one language to another.' To avoid confusion between these three meanings, he suggests that hermeneutics should be "recognized in the notion of mediation in order to produce an intelligible message." Friedrich D. E. Schleiermacher, *Hermeneutics*, translation and introduction by Marianna Simon (Geneva: Labor et Fides, 1987), 5.

32 Umberto Eco, *Lector in Fabula*, 67.

33 Algirdas J. Greimas and Joseph Courtès define "actualization" as follows: "an operation by which a unit of language is rendered present in a given linguistic context." Cf. Algirdas J. Greimas and Joseph Courtès, *Sémiotique: Dictionnaire raisonné de la théorie du langage* (Paris: Hachette Université, 1979), 9.

modes to be more effective or legitimate, in my proposed dialogic hermeneutic approach, each mode is of equal importance.

Third, the equidistance between the three modes reflects a concern for mutual recognition. Each mode is invited into a space in which meaning is actualized in a threefold process. First, practitioners of each mode must be familiar with the other modes and their presuppositions, methodologies and aims. The acquisition of this knowledge may lead to new knowledge. That is to say, each mode confronts, and may be challenged by, the other modes without abandoning its own presuppositions, methodologies and aims.

Fourth, practitioners of each mode are free to express their positions both internally and externally without fear of censorship or limitation of its freedom of expression.

On the basis of autonomy, equality, mutual recognition and freedom, these three modes of interpretation may engage in a fruitful and constructive dialogue. If these four conditions are met, it may be possible to identify a relational typology between the three modes.

IV A Relational Typology: Indifference, Antagonism, Complementarity

In my proposed hermeneutic model, the meaning of a text, as established by practitioners of one or another mode of interpretation, interacts in the space of actualization of meanings. When the three modes meet, their interactions produce three categories of relationship: indifference, antagonism or complementarity.

(1) Indifference occurs when it is impossible to refute or validate a particular interpretation. For example, in the Genealogic mode of interpretation, what can the historian say about the angel Gabriel's participation in the transmission of the Qur'ān, as described by Muslim exegetes (Anagnostic mode/Past Readers)? The historian cannot say anything about the reality or otherwise of this angel, but can only investigate its appearance in Islamic sources.

(2) Antagonism occurs when two modes of interpretation conflict. There is a fundamental division between the Genealogic mode and Anagnostic mode (Past readers).[34] According to the former, the Qur'ān is the product of a collective entreprise and is no longer linked solely to Muḥammad's prophetic mission.

34 Mehdi Azaiez, "Lectures confessantes vs lectures historico-critiques du Coran: Quelles relations envisagées ?" *Les Cahiers du Littoral* 2:18 (2019): 163–176.

Practitioners contextualize the Qur'ān through the lens of Late Antique religious texts. In other words, the "qur'ānic fact" is severed from the "Islamic fact."

(3) Complementarity occurs when there are points of contact between two or three modes of interpretation. This complementarity may produce a better (and perhaps unexpected) understanding of one's own interpretation of the text.

V Outline for a Dialogical Hermeneutic: Q al-*Ikhlāṣ* 112:1

1 The Text: Q al-Ikhlāṣ 112:1

Located near the end of the *muṣḥaf*, *Sūrah al-Ikhlāṣ* (Tab. 1) concisely defines the Oneness of God, the core of Islamic faith and dogma. I will propose a synthetic illustration of my dialogical hermeneutics. I proceed in three stages. First, I examine the major interpretations of Q al-Ikhlāṣ 112:1 according to each mode of interpretation. Second, I identify the points of indifference, antagonism, and complementarity between the three modes. Third, I evaluate the potential benefits of a confrontation between these modes and their implications for one another.

Table 1: Q al-Ikhlāṣ 112:1.

Arabic	English	Transliteration
قل هو اللـه أحد {١}	(1) ***Say: "He, Allah [is] One!"***	**(1) *qul huwa llāhu aḥad^{un}***
اللـه الصمد {٢}	(2) *Allah, al-ṣamad.*	(2) *allāh^{u} al-ṣamad^{u}*
لم يلد ولم يولد {٣}	(3) He did not beget and was not begotten	(3) *lam yalid wa-lam yūlad*
ولم يكن له كفوا أحد {٤}	(4) And equal to Him is not any One	(4) *wa-lam yakun lahu kufuw^{an} aḥad^{un}*

2 Three Modes of Interpretation: Genealogic, Anatomic, Anagnostic

a. Genealogic Mode

According to practitioners of the Genealogic mode of interpretation, it is possible to reconstruct the intention of the author(s) and to identify the sources to which the Sūrah refers. Q al-Ikhlāṣ 112 has recently been analyzed by three scholars: Manfred Kropp, Angelika Neuwirth and Holger Zellentin. I will focus here on their respective analyses of v. 1 (Tab. 2), with special attention to the term *aḥad*. With regard to v. 1, Neuwirth writes:

A fact cannot escape us. "Say: 'God is one'", *qul, huwa allāhᵘ aḥad*, echoes the Jewish creed, "Listen, Israel, the Lord our God is One", *Shema Israël adonay elohenu adonay ehad*. The Jewish text continues to resonate in the qur'ānic version which – against grammatical norms – adopts, for rhyme, the term *aḥad* into Hebrew sounds rather than the adjective *wāḥid*, which one would have expected. This "agrammaticality", a notion developed by Michael Riffaterre, merits attention. It points to the embarrassment caused by a textual moment that refers, from a semiotic point of view, to another text that provides the key to its decoding. The other text, in this case, is the Jewish creed. This striking translinguistic quote is part of a strategy in which the Qur'ān attempts to appropriate the Jewish creed. The qur'ānic transcription of the creed modifies it in order to universalize it (it is no longer addressed exclusively to Israelites, but to all believers). However, the qur'ānic transcription continues to benefit from the authority of the old text. The new version sounds like a challenge addressed especially to Jewish listeners whom the new movement sought to win to its cause during the first years of the Medinan period.[35]

Table 2: (By Angelika Neuwirth).

Niceno- Konstantinopolitanum		**Deut. 6:4**		**Q al-Ikhlāṣ 112:1**	
Translation	**Greek**	**Translation**	**Hebrew**	**Translation**	**Arabic**
We believe in one God.	Πιστεύομεν εἰς ἕνα Θεὸν	Hear, O Israel! The Lord is our God, the Lord is one!	שמע ישראל יהוה אלהינו יהוה אחד	Say : Him, Allah, One.	قُلْ هُوَ اللَّهُ أَحَدٌ

Building upon Neuwirth, Holger Zelletin has identified a potential source of this verse:

> The verse is rightfully understood by Neuwirth as engaging both the *Shema Israel*, the Biblical (see esp. Deut 6:4) and rabbinic declaration of God's oneness, and the Nicene Creed, the Christian declaration of God's triune nature. Moreover, Neuwirth rightly holds that the Qur'ān's peculiar use of the rare grammatical form *aḥad* must surely be heard in the context of the cognate word in the *Shema* in the Bible's Hebrew (*'ḥd*, which is equally preserved in the Aramaic translation of the *Shema* in Targum Onkelos, as *ḥd*, and in the Syriac Peshitta, equally as *ḥd*). Yet it is again the Clementine Homilies which show us how the Qur'ān's audience may have been prepared for the Qur'ān's integration of Jewish and Christian faith. In effect, the Clementine Homilies emphatically and repeatedly quote the *Shema*, along with cognate verses: "As I live, says the Lord, there is no other God but me. I am the first, I am after this; except me there is no God" (see Is 44:6, 45:21, and 49:18). And again: "You shall fear the Lord your God, and Him only shall you serve" (see Deut 6:13). And again: "Hear, O Israel, the Lord your God is one Lord" (see Deut 6:4, CH 16:7).[36]

---

35 Angelika Neuwirth, "Le Coran. Un texte de l'Antiquité Tardive," in Mehdi Azaiez (ed.) & Sabrina Mervin (collab.), *Le Coran. Nouvelles Approches*, 137–140.

36 Holger Zellentin, "Q 112," in Mehdi Azaiez et al. (eds.), *Qur'ān Seminar* (Berlin: De Gruyter, 2016), 455–456.

Manfred Kropp confirms the parallel with Deut 6:4:

> Notwithstanding, the root of the word *aḥad* is very common in Arabic and other Semitic languages, in general meaning "one." The specific form *aḥad*, frequently used in the Qur'ān (compare to Q al-Ikhlāṣ 112:4!)- has the meaning "anyone"; in negative clauses it can mean "none; nobody." The sense of "the only one, unique" occurs with *(Allāh) wāḥid* – as in some of the canonical variants – and when the root appears as an accusative adverb: *Allāh waḥda-hū*. Thus *aḥad* is peculiar in this context. One could adduce the necessary rhyme *-ad* (instead of *-id* as in *wāḥid*) as an argument; but the qur'ānic *fāṣila* is not as strict as poetic rhyme and would tolerate this alternative. When considering this awkwardness with the syntactical anomalies, one cannot but think of foreign influence, first of all of *shemaʿ Yisrā'ēl Yahweh elohē-nū Yahweh eḥ(ḥ)ād* (Dt. 6:4), and, eventually, of its Aramaic – Jewish and Christian-parallels.[37]

This Genealogic interpretation finds support in epigraphic sources. Frédéric Imbert has discovered an inscription with an original version of Sūrah 112, albeit with some differences compared to the canonical text. He writes:

> In the Qāʿ Banī Murr locality in Arabia, we discovered a strange version of these verses: *Allāh aḥad ṣamadan (sic) lam yalid wa-lam yūlad kāna awwal kull šay' wa-huwa l-bāqī ḥattā lā yakūn šay' baʿdahu*, "God is one, unaccessible; he neither begets nor is begotten. He is the beginning of all things, the one who abides so that there is nothing after him." The similarity between this surah and the *Muṣḥaf* is about 50% and the final part is different from the text as it is known. *Kāna awwal kull šay'* is absolutely unknown in the Qur'ān. As for the divine name, al-Bāqī it is also not present in this form in the Qur'ān; it is in fact extrapolated from Q 55:26: *wa-yabqā wağh rabbika ḏū-ğalāl wa-ikrām*. This divine name enshrined in late tradition is nevertheless present in the "Qur'ān of the stones."[38]

b. Anatomic Mode of Interpretation

Let us now turn to the Anatomic mode of interpretation, which focuses on the formal and compositional nature of Q al-Ikhlāṣ 112:1 by looking only at the final state of the text. As Paul Neuenkirchen points out, "the most natural division of the Sūrah is an antithetical bipartition between a positive definition of God's oneness (i.e. God is. . .) over the first two verses, and a negative one (i.e. God is not. . .) over the last two."[39] This division is confirmed by the rhetorical analysis proposed by Michel Cuypers, who argues that the text has four members. Each member can be grouped into two bi-member segments that are synonymous, but antithetical to each other (1–2 // 3–4, both synonymous and antithetical). In this configuration,

37 Manfred Kropp, "Tripartite formulas in the Qur'ānic corpus," in Gabriel Reynolds (ed.), *New Perspectives on the Qur'ān: The Qur'ān in its historical context 2* (London: Routledge, 2011), 251.
38 Frédéric Imbert, "Q112," in Mehdi Azaiez et al. (eds.), *Qur'ān Seminar*, 451.
39 Paul Neuenkirchen, "Sourate 112 *al-Ikhlāṣ* (la pureté [de la foi])," in Mohammad Ali Amir-Moezzi and Guillaume Dye (eds.), *Le Coran des Historiens*, 3:2312.

the first verse is closely related to the second verse. According to Cuypers, *ṣamad*, which is a hapax, is complementary to *aḥad*. He adds that "*huwa* as subject, Allah in the second verse would be another predicate of *huwa*, with *al-ṣamad* (definite) as an appositive."[40] Noting that "the extreme members, with their correspondences, perfectly complete the set of the four members,"[41] the author considers the term *aḥad* to be a synonym of *ṣamad*.

Cuypers draws attention to a rhetorical connection between Q Masad 111 and Q al-Ikhlāṣ 112. This connection is based on paronomasia or homonymy between the terms *masad* (Q Masad 111:5) and *ṣamad* (Q al-Ikhlāṣ 112:2). In addition to the sonic relationship (rhyme), there is a "semantic relationship of opposition between the two words: *masad*, the fibre rope, leads Abū Lahab's wife to her final ruin in Hell, whereas *ṣamad*, the protective Rock, ensures the salvation of believers." Cuypers adds:

> Perhaps there is also an ironic opposition between Abū Lahab, the "father of the flame," who only engenders the fire which burns him in Hell, and God, who does not engender (Q 112:3) because He is the Absolute Unity. The fact that Abū Lahab has a wife is opposed to God, who has no female mate to be able to procreate! Certain interpretations see *kufuwan* as an equivalent to *ṣāḥibah*, "companion." At any rate, Abū Lahab has found no help "from his wealth and what he has piled up" (Q 111:2), for God alone is the Rock of succor.[42]

According to this reading, the meaning of the word *aḥad* emerges from a formal and structural analysis of Q Masad 111 and Q al-Ikhlāṣ 112. On the basis of a rhetorical analysis of those Sūrahs, Cuypers juxtaposes these results with the multiple Muslim traditions that describe the historical context in which these Sūrahs were 'revealed.'

c. Anagnostic Mode of Interpretation

First, a personal note. Coming from a traditional Muslim family, my first contact with Q al-Ikhlāṣ 112 took place when I was a child. In this Anagnostic mode, I 'met' and then 'experienced' this text through what Starobinski calls a "critical relationship."[43] First, I learned the text orally, from a confessional perspective. As we know, this Sūrah is recited by many Muslims as part of daily prayer. Subsequently, I began to question the text, as Mustapha Bentaiba expresses it: "from fascination to intimacy, from doubt to uncertainty, from simple explanation to an attempt at autonomous

40 Michel Cuypers, *A Qur'ānic Apocalypse: A Reading of the Thirty-Three Last Sūrahs of the Qur'ān* (Bristol, USA: Lockwood Press, 2018), 286.
41 Ibid.
42 Ibid., 294.
43 Jean Starobinski, *La relation critique* (Paris: Gallimard, 1970).

reflection. And to each of these stages corresponded not only a different description, but a different relationship to the text."[44] Throughout Islamic history, reading communities have brought a wide range of experiences, assumptions, methodologies, interests and skills to their reading.

The Anagnostic mode produced a polyphony of interpretations that include grammatical and contextual explanations. Muslim reading communities interpret Q al-Ikhlāṣ 112 in the context of a theological prerequisite, namely, it is a revelation from God transmitted to His prophet (Muḥammad).[45] Thus, *Qul* in v. 1 is God's command to Muḥammad to reply to his opponents and proclaim the divine Oneness. To establish the meaning of the Sūrah, Muslim reading communities pay attention to language and context. Muslim exegetes define and differentiate divine names: *huwa allāh aḥad*. They ask: why is *aḥad* used instead of *wāḥid*, which is grammatically more appropriate? Exegetes answer that *wāḥid* implies the possibility of adding numbers to a sequence. *Aḥad* does not, thereby affirming the absolute Oneness of God. Theologians also categorize divine names according to whether they relate to God's essence or His attributes.

According to Muslim reading communities, Q al-Ikhlāṣ 112:1–4 was revealed to the Prophet in response to questions put to him by pagans, Jews or Christians who questioned the nature and identity of the Prophet's God. According to Muqātil b. Sulaymān (d. 150/767), these three religious communities are linked to the context and purpose of the Sūrah:

> The Arab polytheists (*mushrikūn*) claimed that the angels were the daughters of al-Raḥmān, [in the same way that] the Jews claimed that Ezra (*'Uzayr*) was the son of God, and the Christians that Jesus (*al-Masīḥ*) was the son of God. God, however, mighty and majestic, proved them to be liars and dissociated Himself from their claims by stating that He neither begot, meaning, that He does not have a child, and nor was He begotten, as Jesus, Ezra and Mary were; nor is there anyone equal to Him, meaning that there is none to match Him, nor can He, blessed and greatly exalted, have a likeness among any God.[46]

Applied to v. 1, my presentation of the Anagnostic mode of interpretation does not do justice to the richness of other interpretations within this mode (mystical, for example) and reminds us that the Islamic tradition is polyphonous. The Anagnostic

44 Mustapha Bentaibi, *Quelques façons de lire le texte coranique* (Limoges: Editions Lambert-Lucas, 2009), 17.

45 For a commentary on Q 112 by Muslim exegetes, see Feras Hamza, Sajjad Rizvi and Farhana Mayer, "Q. 112:1–2. Say: He is God, One, God, the Everlasting Refuge," in Feras Hamza, Sajjad Rizvi and Farhana Mayer, *An Anthology of Qur'ānic Commentaries, Volume 1: On the Nature of the Divine* (Oxford: Oxford University Press, 2010), 491–495.

46 Translation by Hamza, Rizvi and Mayer, "Q. 112:1–2. Say: 'He is God, One, God, the Everlasting Refuge'", 498–499.

mode does, however, highlight the liturgical, theological, polemical and inter-religious dimensions and importance of the verse and the Sūrah.

3 The Genealogic, Anatomic and Anagnostic Modes, Compared

Let us now compare the three modes of interpretation and identify points of indifference, antagonism and complementarity (Tab. 3). I will focus on Q al-Ikhlāṣ 112:1. For the sake of clarity, I present a synoptic table.

Table 3: Summary of themes dealt with in the three modes of interpretation.

Q al-Ikhlāṣ 112:1		
Genealogic mode	**Anatomic mode**	**Anagnostic mode**
Point 1. Context: reformulation of the Jewish creed (v. 1) and the Christian creed (vv. 3–4)	Point 1: synonymous, but antithetical segments (1–2 // 3–4)	Point 1: Context (*asbāb al- nuzūl*): inter-religious polemic against pagans, Jews, and Christians.
Point 2. *Qul:* editorial addition	Point 2. Rhetorical links between Q Masad 111 and Q al-Ikhlāṣ 112.	Point 2: *Qul*: Marker of God's revelation to His Prophet; ritual and liturgical dimension of the Sūrah.
Point 3. *huwa, allāh, aḥad,* an echo of Deut 6:4	Point 3. Agrammaticality of the term *aḥad*	Point 3. Use of *aḥad* instead of *wāḥid*
Point 4. Reappropriation of Q al-Ikhlāṣ 112's wording, as attested in epigraphic sources	Point 4. Complementarity between *ṣamad* and *aḥad*	Point 4. *Huwa, allāh, aḥad* (Divine names)

Note, first, a point of indifference: the metaphysical interpretations in the Anagnostic mode cannot be refuted or validated by the Genealogic and Anatomic modes. Second, according to the Genealogic mode, the imperative *qul* is a redactional marker. By contrast, according to the Anagnostic mode (past readers), *qul* is a marker of revelation.[47] Note also that the three modes share two common fields of enquiry: the context in which the text was produced, and linguistic questions relating to the meaning of the terms. These two points of intersection and complementarity merit attention.

47 Guillaume Dye, "Q 112," in Mehdi Azaiez et al. (eds.), *Qur'ān Seminar*, 450.

4 Complementarity between the Genealogic, Anatomic and Anagnostic Modes

Three kinds of interaction are possible between and among the three modes: Author v. Reader, Author v. Text and Text v. Reader. In a dialogue, scholars can use all three, two of three, or one of three relationships. Nevertheless, the dialogue between these modes allows them to confirm, complement, and enrich their own interpretations.

a. Interactions between Genealogic and Anagnostic Modes

According to the Genealogic mode, Shema Israel is a source of Q al-Ikhlāṣ 112:1. This conclusion has three implications. First, the Sūrah reiterates the idea of divine uniqueness, albeit universalized. As a prayer recited daily by Muslims, the Islamic act of worship reappropriates the Jewish act of worship. Second, the Qur'ān is responding to Jewish and Christian texts: Deut. 6,4 for vv. 1 and 2, and the Council of Nicaea for vv. 3 and 4. Third, the fact that the wording of Q al-Ikhlāṣ 112 is attested in an inscription found at Qāʿ Banī Murr shows how the Muslim community, as readers of the text, reappropriated the meaning of the Sūrah.

b. Interactions between Genealogic and Anatomic Modes

The Genealogic-Anatomic relationship is based on Riffaterre's notion of agrammaticality. Here, agrammaticality is produced when the reader encounters a linguistic anomaly. This "sign of scrambling" evokes the question asked by Muslim exegetes: why is *aḥad* used instead of *wāḥid*, which is grammatically more appropriate. To answer this question, the reader must find another text that provides the key to its decoding. According the Genealogical mode of interpretation, this other text is Deut 6:4.

c. Interactions between the Anatomic and Anagnostic Modes

According to Cuypers, it will be recalled, v. 1 is closely related to v. 2: the hapax *ṣamad* is complementary to *aḥad*. Furthermore, the rhetorical connection between Sūrahs 111 and 112 allow us to reconcile Cuypers' rhetorical interpretation of the Sūrah with a traditional interpretation.[48] Cuypers justifies this relationship as follow:

48 See Uri Rubin, "*Al-Ṣamad* and the high God: An interpretation of *Sūrah* CXII," *Der Islam* 61:2 (1984): 197–217.

> This interpretation appears satisfactory from a rhetorical point of view. The solemn proclamation of the unicity of God (Q 112) would be a perfectly logical antithetical follow up to the announcement of the ruin of polytheism (Q 111). And the antithesis of the paronomasia *masad/ṣamad* becomes particularly suggestive. The pagan charm – treated as a "rope of palm leaf"; we would say "piece of string"! – is unable to protect the devout wife of ʿAbd al ʿUzzâ; God alone is the protecting Rock of believers. There would thus be two assonant images to designate the divine protection: one totally illusory, the other very real.
>
> According to the interpretation of Rubin, the connection between *Sūrah* 111 and Sūrah 112 appears so strong that it is legitimate to think that this was the way this Sūrah was understood when the book received its final compilation.[49]

In Q al-Ikhlāṣ 112, the points of contact between the Genealogic, Anatomic and Anagnostic modes of interpretation provide an opportunity for these three modes to engage with one another. The most obvious example is the biblical intertext. Stimulated by criticism of the sources (Genealogic mode), confirmed by textual analysis and agrammaticality (Anatomic mode), the traditional Muslim reading (Anagnostic mode/Past Reader) questions again the use of *aḥad* instead of *wāḥid* in Q al-Ikhlāṣ 112:1. To the "numerical" argument, the Anagnostic mode (Past Reader) adds an intertextual argument to refine its understanding of the verse and identifies a theological continuity between the Qurʿān and the Hebrew Bible. This complementarity also operates in the reverse direction. The rhetorical link between Sūrahs 111 and 112, identified by Cuypers, is reflected in the Anagnostic mode of interpretation (Past Reader). The relationship between the three modes of interpretation also defines spaces of exclusion or indifference. For example, a metaphysical explanation of divine names (Anagnostic mode/Past Reader) cannot be refuted or validated by Genealogical and Anatomic modes of interpretation.

VI Conclusion

My conclusion about a dialogical hermeneutic is partial and provisional. The three modes of interpretation and their schematization as a triangle deserve further elaboration. Unsurprisingly, the dialogue between these three modes raises questions: To what extent can this approach be applied to the entire qurʾānic text? Is the simultaneous mobilization of three modes overly ambitious, given the size of the corpus? Be that as it may, my proposed dialogical hermeneutic, (1) introduces students to hermeneutics; (2) does justice to the three hermeneutical modes, conferring equal

49 Michel Cuypers, *A Qurʾānic Apocalypse*, 295.

dignity on each one; and (3) promotes a dialogue in which each mode of interpretation confronts its own presuppositions, methods and aims. This dialogical hermeneutic implies a historical continuum between a last reader and a first author and promotes a critical and fruitful contribution to a better understanding of the qur'ānic text.

Part I: **Context**

Andrew J. O'Connor

2 "Warn Them of the Day of the Impending": Imminent Eschatology and Rhetoric in the Qur'ān

One feature of the Qur'ān that is receiving increased attention and traction in recent scholarship is its apocalyptic or eschatological message. That is, numerous passages in the text seem to imply that the *End* is imminent – indeed, some suggest that the text's initial addressees would witness the arrival of the Last Day.[1] Eschatological language pervades much of the text, which frequently speaks of the impending eschatological "Hour" (*al-sāʿah*) or "Day" (*al-yawm*). The argument that the Qur'ān's core message is inherently apocalyptic, or that Islam began as an apocalyptic movement, has been made by Paul Casanova, Tor Andrae, Fred Donner and, more recently, Stephen Shoemaker, among others.[2]

1 On the Qur'ān's eschatological and apocalyptic language, see David Cook, *Studies in Muslim Apocalyptic* (Princeton, NJ: Darwin Press, Inc., 2002), 270–274. See also Robert G. Hoyland, "Early Islam as a Late Antique Religion," in *The Oxford Handbook of Late Antiquity*, ed. Scott Fitzgerald Johnson (Oxford and New York: Oxford University Press, 2012), 1053–1077, at 1066–1067.

2 In this essay I use the terms "apocalyptic" and "eschatology" to refer to the cataclysmic end of history or the end of the present order of things. The two terms, of course, have different meanings. "Eschatology" signifies discourse on the "end" (Greek ἔσχατος), which for the Qur'ān encompasses the Day of Resurrection, Judgment, and the afterlife. "Apocalypse" refers to a general revelation of God's will (ἀποκάλυψις means "revelation" or "uncovering"). In contemporary usage, however, it refers specifically to revelations about the end of time, and scholars use "apocalypticism" to signify the belief that this end is imminent. It is this latter signification that is intended here. It is also important to distinguish between apocalypse as a literary genre and apocalypticism as a religio-historical phenomenon. When I use the term "apocalyptic," I am referring to belief in an imminent end, rather than to an apocalyptic literary genre.

Aknowledgment: This essay was originally presented (under the title "'When is this Victory, if you are Truthful?': Apocalyptic as Polemic in the Qur'ān") at the 2017 International Meeting of IQSA, co-hosted by Beit al-Hikma (Académie Tunisienne des Sciences, des Lettres et des Arts; Département des Sciences islamiques) in Carthage, Tunisia. I would like to thank the Institute for Scholarship in the Liberal Arts (ISLA) and the Notebaert Professional Development Fund at the University of Notre Dame for helping to make that trip possible. I also thank Mehdi Azaiez for organizing this conference and his helpful feedback on this essay. I am grateful to John McManaway for answering questions about the Syriac material. Fred Donner and Gabriel Reynolds were kind enough to offer insightful comments and saved me from many errors.

https://doi.org/10.1515/9783111051567-003

Between the second/eighth and the tenth/fifteenth centuries, Muslim exegetes (*mufassirūn*) often interpreted this material – particularly that which emphasizes the imminent punishment of unbelievers – as referring to the conquest of Mecca (*al-fatḥ*) or the Battle of Badr. This can be seen, for example, in Ibn Qutayba's and al-Ṭabarī's exegeses of the final verses of Q al-Sajdah 32.[3] For many exegetes, the conquest of Mecca and subjugation of unbelievers was the punishment allotted to those who rejected Muḥammad's message, whereas the Day of Judgment itself would arrive in the indeterminate future.

Without precluding the possibility that some apocalyptic passages may indeed refer to the conquest of Mecca or, alternatively, to a belief in the impending End of Days, I propose that it is more fruitful to understand such material as a polemical or rhetorical tool. That is to say, the eschatological fervor of the Qur'ān is not concerned with *what* the impending worldly punishment would be, or *when* it would befall certain members of its audience. Rather the Qur'ān utilizes this motif to encourage an immediate response from its audience, deliberately exaggerating the temporal proximity of punishment to incite angst and fear among its interlocutors. The Qur'ān's hyperbolic eschatology constitutes a form of *tarhīb* (inspiring fear) that encourages its audience not to remain idle or indifferent to its message. As scholars have noted, the Qur'ān appropriates and re-works earlier apocalyptic texts and motifs for its own theological purposes, and even polemicizes against Christian and Jewish interpretations thereof. I will argue that this intertextuality – along with other elements of the Qur'ān's rhetoric – lends weight to an interpretation of the Qur'ān's eschatological claims as hyperbolic rhetoric intended to persuade its audience to follow the Prophet and believe in his message.

This essay has three parts. In Part I, I summarize the apocalyptic/eschatological theme in the Qur'ān, and recent scholarly interpretations of this theme. In Part II, I review the interpretation of this apocalyptic material by several classical exegetes. In Part III, I argue that this material is best understood as polemical, more concerned with rhetorical effect and chastising its interlocutors than in predicting the time of judgment.

---

3 See Part II, "Exegetes and Eschatological Language."

I Imminent Eschatology in the Qur'ān

The proximity of the Day of Judgment (*yawm al-dīn*) is emphasized in numerous passages in the Qur'ān, especially in the so-called "Meccan" Sūrahs.[4] According to Nicolai Sinai, these eschatological motifs are among the earliest elements of the qur'ānic proclamations.[5] These verses present a forceful articulation and warning of the impending judgment. The Appendix below includes some of the most prominent examples of verses and passages that illustrate the Qur'ān's apocalyptic claims and the text's emphasis on the temporal proximity and imminence of the Hour. The Qur'ān gives great weight to this point. The root *q-r-b* (nearness, closeness, proximity, etc.) appears frequently, as in the verb *iqtaraba* "to draw near" (Q al-Anbiyā' 21:1; al-Qamar 54:1), the adjective *qarīb* "near, close at hand" (Q al-Aḥzāb 33:63; al-Maʿārij 70:7; al-Naba' 78:40), and the comparative adjective *aqrab* "nearer, closer" (Q al-Naḥl 16:77). The last of these appears in a context suggesting that the Hour may be closer than the blink of an eye – strong language indeed![6] Q al-Maʿārij 70:6 suggests that the text's audience may have regarded the Day of Judgment to be in the distant future (*baʿīd*), but v. 7 clarifies that it is very near.[7] Other significant words are the verb *radifa* "to be very close to, next to, to be the very next thing" (Q al-Naml 27:72),[8] the active participle with emphatic particle *la-wāqiʿ* "[it] will surely come to pass" (Q al-Ṭūr 52:7; al-Naml 27:7), and the root *'-z-f* "to draw near, to approach, be imminent," (e.g. *azifat al-āzifah,* Q al-Najm 53:57; al-Ghāfir 40:18), all attempts to inspire apocalyptic anxiety.[9]

---

4 All quotations from the Qur'ān in English are based on the translation of Alan Jones, with occasional modifications (for example, I generally remove the superscripts that he uses to differentiate between the singular and plural forms of "you"). Alan Jones (trans.), *The Qur'ān: Translated into English* (Cambridge: Gibb Memorial Trust, 2007). All Arabic quotations from the Qur'ān are taken from the 1924 Cairo edition (the reading of Ḥafs *ʿan* ʿĀṣim).

5 Nicolai Sinai, "The Eschatological Kerygma of the Early Qur'an," in *Apocalypticism and Eschatology in Late Antiquity: Encounters in the Abrahamic Religions, 6th–8th Centuries*, ed. Hagit Amirav, Emmanouela Grypeou, and Guy Stroumsa (Leuven: Peeters, 2017), 219–266. See also idem, *The Qur'an: A Historical-Critical Introduction* (Edinburgh: Edinburgh University Press, 2017), 162–169.

6 This idiom, "the blink of an eye," is close to a biblical expression (cf. 1 Cor 15:52), although a better translation of the qur'ānic phrase, *lamḥi al-baṣar*, is "a glance of an eye," rather than "blink" or "twinkling."

7 It is also possible that the Qur'ān's audience did not actually express skepticism concerning the Day of Judgment, and the Qur'ān may instead be deploying its own "counter-discourse." See Mehdi Azaiez, *Le contre-discours coranique* (Berlin: De Gruyter, 2015).

8 Arne A. Ambros and Stephan Procházka, *A Concise Dictionary of Koranic Arabic* (Wiesbaden: Reichert, 2004), 111.

9 Ibid., 24. Here Ambros translates *al-āzifah* as "the Doomsday catastrophe."

Indeed, the wars between the Byzantines and the Sasanian Persians between 603 and 628 CE – which overlap with the life of Muḥammad (570–632 CE) – fostered apocalyptic speculation amongst Christian (and other) communities, who interpreted the conflict through the lens of biblical material from Daniel and Revelation.[10] Many Arabs participated in these battles, serving as clients of one of the two sides, and if the Qur'ān's apocalyptic language or angst is any indication, concern for the impending eschaton must have run high in its milieu.[11] The Qur'ān seems at home in such a context.

Apocalyptic material in the Qur'ān led Paul Casanova to argue that Muḥammad and the earliest Muslims believed that the world would end in their own lifetimes. This was a "*doctrine fondamentale*," and Muḥammad's death therefore came as a shock:

> This doctrine. . .is that the times announced by Daniel and Jesus having come, Muḥammad was the last prophet chosen by God to preside over the universal resurrection and the Last Judgment – along with Christ, returned to the earth for this purpose at the end of the world.[12]

According to Casanova, Muḥammad was an eschatological prophet, come to rule during the End Times. He did not come merely to warn his people of the end of the world, the resurrection, and the judgment, but to preside over (*présider*) or reign *during* these events (here Casanova adds that Muḥammad would preside over these events with Christ),[13] suggesting that Muḥammad and his audience would live to see the arrival of these times. Casanova attempted to reconstruct this "*doctrine initiale de l'Islam*," and argued that after the Prophet's death his early followers modified the Qur'ān and Muḥammad's teachings to downplay his initial eschatological emphasis. To convince others of the veracity of his claims, Casanova argued, Muḥammad appealed to a doctrine shared by Christians and Jews:

---

10 The first few verses of Q al-Rūm 30, ("The Romans" or "The Greeks"), seem to refer to an apocalyptic atmosphere associated with the Byzantine-Sasanian conflict, giving the Romans (Byzantines) a place in this apocalyptic drama.

11 Cf. the discussion below of the Syriac *Alexander Legend*, which uses the Rome-Persia wars to engage in its own eschatological speculation.

12 Paul Casanova, *Mohammed et la fin du monde* (Paris: Paul Geuthner, 1911), 8.

13 The qur'ānic evidence for Jesus' role in the Hour is modest. According to A.J. Droge, there is a variant vocalization of Q al-Zukhruf 43:61, i.e. *'alam li-l-sā'ah* instead of *'ilm li-l-sā'ah*. The variant suggests that Jesus (cf. v. 57) is a sign or portent of the Hour. See A.J. Droge (ed. and trans.), *The Qur'ān: A New Annotated Translation* (Bristol, CT.: Equinox Publishing, Ltd., 2013), 332, n.61. The idea that Jesus would return at the end times appears in post-qur'ānic *ḥadīth* and traditions. See, for example, Nu'aym b. Ḥammād al-Marwazī, *Kitāb al-Fitan*, ed. Suhayl Zakkār (Makkah: al-Maktabah al-Tijārīyah, 1991). On traditions referring to al-Dajjāl, a figure who resembles the anti-Christ, see Cook, *Studies in Muslim Apocalyptic*, 92–109.

Does he [viz., Muḥammad] not have, moreover, to support his words and strengthen his mission, the people of Scripture, these Jews and Christians who may differ on the time or on some circumstantial details, *but know that the time must inevitably come*?[14]

By appealing to a belief held by many Christians and Jews, the Qur'ān persuades its audience to believe in its message and the Prophet's claims.

Following Casanova's lead, several scholars have explored the emergence of Islam as an eschatological or apocalyptic movement. In 1955, Tor Andrae argued that Muḥammad's "*piété eschatologique*" was "the most important expression of his religious personality."[15] He continued:

One gets a precise impression of the preaching of the Judgment by Muhammad, the oldest revelations in particular: he thought that the last day was absolutely imminent. He speaks of the catastrophe of the Judgment in a gripping present tense, as if it were there already; he feels like a 'plain warner [*le simple avertisseur*],' who at the last moment announces the coming of misfortune.[16]

According to Andrae, the eschatological immediacy of many qur'ānic materials (especially, in his view, the earlier material) represents Muḥammad's view that the Last Day was "absolutely imminent." Indeed, he asserts, the Prophet speaks as if the End is already unfolding. In *Mohammed, sein Leben und sein Glaube*, Andrae argues:

The basic conviction of Mohammed's preaching, and the heart of his prophetic message [*der Kern seiner prophetischen Botschaft*], is the certainty that he alone, in the midst of a light-headed and thoughtless generation, sees the fateful event that awaits all of those who are now jesting and laughing so carelessly. The threatening storm-cloud that already darkens the horizon. . . is the *last day* – the Day of Judgment and retribution [*der Tag des Gerichts und der Rechenschaft*].[17]

Andrae adds that, "For him [viz., Muḥammad] the Day of Judgment is not an occurrence far off in the hazy uncertain future. . . It is a reality that is threateningly

---

14 Casanova, *Mohammed et la fin du monde*, 74. Emphasis added.

15 Tor Andrae, *Les Origines de l'Islam et le Christianisme* (Paris: Librairie d'Amérique et d'Orient – Adrien-Maisonneuve, 1955), 68. Translated into French from the original German: Tor Andrae, *Der Ursprung des Islams und das Christentum* (Uppsala: Almqvist and Wiksells, 1926). Griffith notes that the original German term here was *Frömmigkeit*. Sidney H. Griffith, "Christian Lore and the Arabic Qur'ān: The 'Companions of the Cave' in *Sūrah Al-Kahf* and in Syriac Christian Tradition," in *The Qur'ān in Its Historical Context*, ed. Gabriel Said Reynolds (London and New York: Routledge, 2008), 109–137, at 111.

16 Andrae, *Les Origines de l'Islam*, 68.

17 Tor Andrae, *Mohammed, sein Leben und sein Glaube* (Göttingen: Vandenhoeck & Ruprecht, 1932), 43. English translation: *Muhammad: The Man and His Faith*, trans. Theophil Menzel (London and New York: Routledge, 2008 [1st edition 1936]), 53.

near."[18] This eschatological piety – and eschatological conviction – was the very impetus for the Qur'ān's early proclamations.

Fred Donner has also suggested that the early community of Believers (*al-mu'minūn*)[19] expected the Hour to arrive soon or, perhaps, "believed that the 'beginning of the End' was already upon them."[20] According to Donner, the Qur'ān's "unmistakable emphasis on the Last Judgment" is closely connected to the Believers' intense focus on piety, living righteously, and rigorous observance of religious laws, which, they hoped, would ensure their safety in the event that Judgment Day overtook them.[21] He adds that there is no contradiction between believing that the Hour is nigh and strict adherence to laws relating to marriage, inheritance, or food consumption, since early Muslims believed that their very salvation was at stake.[22] He also suggests that the establishment of the *ummah* in Medina may have marked the formation of a righteous community that would usher in the End.[23] Donner likewise suggests that the Believer's early focus on piety and living righteously flowed from their conviction that the Hour was imminent, and he links this eschatological fervor to the early conquests.[24] This eschatological mindset, he notes, also contributed to uncertainty around the question of political succession following the death of the Prophet.[25]

Similarly, Stephen Shoemaker argues that belief in impending judgment held an "axial position,"[26] which is clear from "the unmistakable and pervasive evidence of imminent eschatological belief lying at the very heart of earliest Islam."[27]

---

18 Ibid.

19 Donner prefers "Believers" over "early Muslims". See Fred M. Donner, *Muhammad and the Believers: At the Origins of Islam* (Cambridge, MA: Harvard University Press, 2010), 90–144. Cf. Donner, "From Believers to Muslims: Confessional Self-Identity in the Early Islamic Community," *Al-Abḥāth* 50–51 (2002): 9–53.

20 Donner, *Muhammad and the Believers*, 78.

21 Ibid., 79–80.

22 Ibid., 80. "Indeed, one who believes that the End is nigh and that one's salvation in the afterlife depends on the righteous conduct of his community would, for this very reason, pay meticulous attention to the details of social conduct in the community. The very prevalence of these 'here and now' rulings in the Qur'an, in other words, may be merely another reflection of an end-time mentality among the early Believers." Ibid.

23 Ibid., 81.

24 Ibid., 82, 97.

25 Suggested in Fred Donner, *Narratives of Islamic Origins: The Beginnings of Islamic Historical Writing* (Princeton: The Darwin Press, Inc., 1998), 46.

26 Stephen J. Shoemaker, *The Death of a Prophet: The End of Muhammad's Life and the Beginnings of Islam* (Philadelphia: University of Pennsylvania Press, 2012), 165.

27 Stephen J. Shoemaker, *The Apocalypse of Empire: Imperial Eschatology in Late Antiquity and Early Islam* (Philadelphia: University of Pennsylvania Press, 2018), 117. For an earlier version of

Indeed, Shoemaker may be the strongest contemporary advocate for understanding the Qur'ān, Muḥammad, and early Islam as elements of an apocalyptic movement.[28] In his *The Death of a Prophet*, he discusses the historiographical problems surrounding the death of the Prophet Muḥammad and the themes of eschatology, confessional identity, and sacred geography in the early Muslim community. He begins with an assessment of modern approaches to the study of Muḥammad and his religious mission, criticizing scholars who accept the traditional Islamic account at face value, disregard the hermeneutics of suspicion, and fail to subject the sources to critical analysis.[29] According to Shoemaker, Muḥammad was an eschatological prophet who believed that a great cataclysmic event was a heartbeat away, and he suggests that this eschatological immediacy was downplayed by the Prophet's followers after the eschaton failed to take place during his lifetime.[30] Shoemaker warns (correctly, in my view) against harmonizing later traditions with the Qur'ān's own emphasis on the nearness of the End:

> The Qur'ān repeatedly proclaims the threatening immediacy of the eschatological Hour, and the directness with which it warns urgently against an impending doom demands that one take this imminent eschatology seriously on its own terms, rather than seeking to harmonize it with the later tradition, as many modern biographers have done.[31]

Shoemaker concludes that Muḥammad was not a "pragmatically minded social reformer"[32] but an apocalyptic preacher. In light of the qur'ānic evidence, he adds "it is difficult to avoid the conclusion that Muhammad and his earliest followers ardently believed themselves to be living in the shadow of the eschaton, in the

---

Shoemaker's argument, see Stephen J. Shoemaker, "'The Reign of God Has Come': Eschatology and Empire in Late Antiquity and Early Islam," *Arabica* 61 (2014), 514–558.

28 See also Stephen J. Shoemaker, "Muḥammad and the Qur'ān," in *The Oxford Handbook of Late Antiquity*, ed. Scott F. Johnson (Oxford: Oxford University Press, 2012), 1078–1108.

29 Shoemaker discusses methodologies developed in the field of biblical studies and the study of early Christianity, including, but not limited to, form criticism (*Formgeschichte*), literary criticism (*Literaturkritik*), and the criterion of embarrassment. Shoemaker reads the Qur'ān against the traditional narratives of Islamic origins, rather than with them, in an attempt to identify elements of the Qur'ān that are in tension with the traditional *sīrah* literature, and to find "hermeneutical gaps between the sacred text and tradition." Shoemaker, *The Death of a Prophet*, 118–119. Cf. idem, *The Apocalypse of Empire*, 118–124.

30 Cf. Shoemaker, *The Death of a Prophet*, 167–169ff. Shoemaker suggests "minor interpolations," the result of which "was not some sort of deliberate falsification, but rather a gradual, perhaps even subconscious, transformation to effect the harmonization of revealed truth with the dissonant experience of the Hour's postponement." Ibid., 169.

31 Ibid., 160. Cf. Shoemaker, *The Apocalypse of Empire*, 125.

32 Shoemaker, *The Death of a Prophet*, 188.

waning moments of human history."[33] Shoemaker also notes that this approach to the Qur'ān and the Prophet is not inconsistent with the unfolding events of the early conquests and the development of an Islamic polity. He highlights the broad political and religious context of the late antique Near East, with attention to Byzantine Christianity, Sasanian Zoroastrianism, and late antique Judaism. In all three communities, imperial eschatology had a considerable presence.[34]

Belief in the End helped motivate Believers to engage in military action and to root out unbelief. The Qur'ān capitalizes upon a sentiment that encouraged eschatological expectation and conquest. Scholars should thus give due consideration to the probability that imminent eschatological expectation permeated the religious atmosphere in which the Qur'ān was proclaimed.[35] Proclamations such as *azifat al-āzifah* (Q al-Najm 53:57) suggest that Muḥammad and the early community believed that they were in the shadow of Doomsday. Subsequently, however, classical exegetes approached this eschatological material from a different perspective, which I treat in the next section.

II Exegetes and Eschatological Language

One of the primary concerns of exegetes (*mufassirūn*) was to relate qur'ānic material to the life of Muḥammad, and thus to explain ambiguous proclamations and identify unclear designata. They asked: "To what events do these cataclysmic verses refer"? "To whom are they directed"? Exegetes often recognize the apocalyptic import of these verses, but many (with one exception) say little about the immediacy or implications of the Qur'ān's forceful language. One common strategy of these authors is to explain language about imminent punishment by connecting such punishment with events in the life of the Prophet Muḥammad (e.g., the Battle of Badr or the conquest of Mecca).

I will note here just a few examples of the standard exegetical approach to this material. Muqātil b. Sulaymān (d. 150/767) states that the *ʿadhāb qarīb* in Q al-Naba' 78:40, the final verse in the Sūrah, refers to the killing (*al-qatl*) at Badr and the destruction of previous nations. He explains that the Qur'ān uses the word "*qarīb*" because these punishments were closer than the Last Day ("*qāla qarīb*^{an} *li-annahā*

33 Ibid.
34 On imperial eschatology in Late Antiquity, see Shoemaker, *The Apocalypse of Empire*.
35 Ibid., 132.

aqrab min al-ākhira").[36] He isolates this verse from the rest of the Sūrah, which clearly describes the Day of Resurrection. Abū Jaʿfar b. Jarīr al-Ṭabarī (d. *ca.* 310/923), referring to Q al-Maʿārij 70:6–7, says that the "associators" (*mushrikūn*) of Mecca believed that judgment was "far off" (*baʿīd*) because they did not believe in it. To this the Qurʾān replied that it is "close" because "everything that is coming is close" (*wa-kullu mā huwa ātin qarīb*).[37] Al-Ṭabarī occasionally identifies the person against whom a particular threat was aimed. For example, he identifies Q al-Qiyāmah 75:34–35 with Abū Jahl.[38] Ibn Kathīr (d. 774/1373) comments tersely that Q al-Nabaʾ 78:40 emphasizes that the Day of Resurrection is inevitably coming.[39] *Tafsīr Jalālayn* (by Jalāl al-Dīn al-Maḥallī, d. 864/1459, and his student, the well-known Jalāl al-Dīn al-Suyūṭī, d. 911/1505) explains that much of the eschatological material is directed specifically at the "associators" of Mecca, informing them of the coming military victories of the Muslim community. This is the case, for example, with Q al-Anbiyāʾ 21:1 and Q al-Nabaʾ 78:40.[40] The two Jalāls also relate that Q al-Mursalāt 77:7–16 refer to the destruction of the Meccans and that the phrase *radifa lakum* in Q al-Naml 27:71–72 refers to the Battle of Badr.[41] Thus in all these examples the exegetes prioritize historicizing revelations.

Ad Q al-Anbiyāʾ 21:1, Fakhr al-Dīn al-Rāzī (d. 606/1209), in his *Tafsīr Mafatīḥ al-Ghayb*, divides his discussion into six perspectives or questions (sg. *masʾalah*), two of which are relevant here. Why does the Qurʾān say that the reckoning "was drawing near" when approximately 600 years had passed without Judgment Day arriving? He offers three perspectives (*wujūh*) or possible solutions.[42] First, he notes that "nearness" here does not refer to time as it is experienced by humankind, but to

36 Muqātil b. Sulaymān al-Balkhī, *Tafsīr Muqātil b. Sulaymān*, ed. Aḥmad Farīd, 3 vols. (Beirut: Dār al-Kutub al-ʿIlmīyah, 2003), 3:444. Simple glosses are a prominent feature of Muqātil's *tafsīr*. See Nicolai Sinai, "The Quranic Commentary of Muqātil b. Sulaymān and the Evolution of Early *Tafsīr* Literature," in *Tafsīr and Islamic Intellectual History: Exploring the Boundaries of a Genre*, ed. Andreas Görke and Johanna Pink (London: Oxford University Press, 2014), 113–143, at 114, 130–131.

37 Abū Jaʿfar Muḥammad b. Jarīr al-Ṭabarī, *Tafsīr al-Ṭabarī al-musammā jāmiʿ al-bayān fī taʾwīl al-Qurʾān*, 12 vols. (Beirut: Dār al-Kutub al-ʿIlmīyah, 1992), 12:228–229. Note that al-Rāzī uses this same idiom (*wa-kullu mā huwa ātin qarīb*), for example, *ad* Q al-Nabaʾ 78:40.

38 Ibid., 12:351.

39 Abūʾl-Fidāʾ Ismāʿīl b. ʿUmar Ibn Kathīr, *Tafsīr al-Qurʾān al-ʿaẓīm*, 8 vols. in 4 (Beirut: al-Kitāb al-ʿĀlamī li-l-nashr, 2012), 8:249.

40 Jalāl al-Dīn al-Maḥallī and Jalāl al-Dīn al-Suyūṭī, *Tafsīr al-Jalālayn*, trans. Feras Hamza (Amman, Jordan: Royal Aal al-Bayt Institute for Islamic Thought, 2007), 353, 719. Hereafter, "*al-Jalālayn.*"

41 Ibid., 712–713, 438.

42 On al-Rāzī's use of the organizational categories of *masʾalah* and *wajh*, see Tariq Jaffer, "Fakhr al-Dīn al-Rāzī's System of Inquiry," in *Aims, Methods and Contexts of Qur'anic Exegesis (2nd/8th–9th/15th C.)*, ed. Karen Bauer (Oxford: Oxford University Press, 2013), 241–261.

God's vantage point vis-à-vis time (citing Q al-Ḥajj 22:47 in support of this position).[43] Second, he notes, citing poetry, that all times are "short" if a person measures time with a proper perspective. Third, he constructs a hypothetical situation in which someone receives a year-long term for something, such as a contract. After one month has passed, this person would not say that the term is almost up or "near." This is because more time remained on the term (eleven months) than the time that had already passed (one month). However, one might say "near" when more time had passed than remained. Thus, the Qur'ān says "near" because less time remained between the time of the proclamation of this verse and the Day of Resurrection than had passed before it.[44] In all three instances, al-Rāzī avoids the implication that the Qur'ān was suggesting an imminent end to history.

In another "question" about this passage, al-Rāzī comments that God revealed Q al-Anbiyā' 21:1 for the benefit of those who had religious obligations so that they might abandon sinful behavior and be on guard. For the fifth perspective, he adds that God refers to the "Day of Resurrection" as "their reckoning (*ḥisābuhum*)" in order to inspire fear of its arrival.[45] In these instances, al-Rāzī emphasizes the rhetorical impact of the Qur'ān's eschatological language, thereby anticipating my argument below. However, in his commentary on other verses, such as Q al-Naml 27:71–72, al-Rāzī, like earlier exegetes, dismisses their apocalyptic implications by linking the revelation with the Battle of Badr, i.e., by historicizing the revelation.[46]

Attempts by exegetes to associate apocalyptic material with events in the life of the Prophet feature prominently in verses containing the noun *al-fatḥ*. The etymology and definition of this term has attracted the attention of both classical and modern scholars,[47] and it has long been associated by exegetes with the conquest

---

43 Fakhr al-Dīn Muḥammad b. ʿUmar al-Rāzī, *al-Tafsīr al-kabīr aw Mafatīḥ al-ghayb*, 32 vols. in 16 (Beirut: Dār al-Kutub al-ʿIlmīyah, 1990), 22:121.

44 Ibid., 22:121–122.

45 Ibid., 22:122.

46 Ibid., 24:184.

47 Al-Iṣfahānī defines *fatḥ* as "opening a door" as well as "conquest" or "victory" (with the synonyms *al-naṣra*, *al-ẓafar*, and *al-ḥukm*). Al-Rāghib al-Iṣfahānī, *Mufradāt alfāẓ al-Qur'ān* (Damascus: Dār al-Qalam, 2011), 621–622. See also Fred Donner, "Arabic *Fatḥ* as 'Conquest' and Its Origin in Islamic Tradition," *al-ʿUṣūr al-Wusṭā* 24 (2016), 1–14. Rudi Paret defines *fatḥ* as "rendering judgment" or "resolving a dispute between two parties." Rudi Paret, "Die Bedeutungsentwicklung von arabisch *Fatḥ*," in *Orientalia Hispanica Sive Studia F.M. Pareja Dicata, Vol I: Arabica-Islamica Pars Prior*, ed. J.M. Barral (Leiden: Brill, 1974), 537–541. Arnes Ambros proposes the "decision (of God), esp. His favorable decision," or "success (granted by Him)", pointing to Q al-Sajdah 32:29 and *yawm al-fatḥ*, "on judgment day." Ambros, *A Concise Dictionary*, 207. Arthur Jeffery notes that the verb *fataḥa* is genuine Arabic, meaning "to open," but that the Qur'ān seems to be using a technical form of this root, meaning "judgment", borrowed from Ethiopic (Geʿez). Arthur Jeffery, *The Foreign Vocabulary of the Qur'ān* (Boston: Brill, 2007), 221–222. A similar observation was made by Josef Hor-

of Mecca. Now, I do not wish to argue that *none* of the verses containing this term refer to this event – indeed, of the nine or so in which the word occurs, some verses do seem to refer to some sort of armed struggle (e.g., Q al-Nisāʾ 4:14, al-Anfāl 8:19; al-Ḥadīd 57:10). However, as Fred Donner has argued, "nowhere in the Qurʾān does the word *fatḥ* seem to mean 'conquest,'" and even the definition of "victory" appears to be "no more than an intelligent guess at the meaning of *fatḥ* based on its context."[48] Donner seems to favor an interpretation that severs the term from the Last Judgment, pointing to verses which suggest that the *fatḥ* has already occured (e.g., Q al-Anfāl 8:19; al-Fatḥ 48:1, 18, 27; al-Ḥadīd 57:10).[49] In my view, however, in these verses – all Medinan – the term *fatḥ* is used in a sense different than its use in Meccan verses (e.g. Q al-Sajdah 32, on which see below).[50] It is thus possible that the meaning of the word shifted over time.[51]

Elsewhere, *fatḥ* frequently has an eschatological or apocalyptic connotation. For example, in Q al-Shuʿarāʾ 26:118, Noah requests of God: *"fa-ftaḥ baynī wa baynahum fatḥ^{an} wa najjinī wa-man maʿī min al-muʾminīn"* ("Judge decisively between me and them, and save me and those of the believers who are with me").[52] The victory or judgment (*fatḥ*) here is a cataclysmic event, the Deluge, even though the Final Judgment remained in the indeterminate future. In this verse, *fatḥ* signifies a world-shattering or world-altering event, perhaps world-ending. However, the eschatological overtones (and their immediacy) are sometimes lost when exegetes link this term with events in the life of the Prophet. Consider, for example, Q al-Sajdah 32:28–30:

ovitz, *Koranische Untersuchungen* (Berlin and Leipzig: W. de Gruyter & Co., 1926), 18, n.2. However, the root *f-t-ḥ* is attested with the meaning "to decree, to render judgment" in South Arabian, so the root's association with "judgment" may indeed be native to Arabic. See Donner, "Arabic *Fatḥ*," 3–4.

48 Donner, "Arabic *Fatḥ*," 7. Donner argues that *fatḥ*'s association with "conquest," particularly the early conquests of Arabia and the Near East, was an innovation introduced by later generations of Muslim historians who sought to emphasize that "this expansion was an act of God's favor, a divine blessing upon His prophet and those faithful Believers who followed him." It was thus part of the "salvation-historical agenda of nascent Islamic historiography" and the "Quranicization of Islamic discourse." Ibid., 8, 9.

49 Ibid., 6.

50 There are two distinctive corpora of texts within the Qurʾān. Both classical and modern scholars have classified these two corpora geographically, labelling them "Meccan" and "Medinan," even if the exact chronological relationship between the two sets is contested. See, for example, Sinai, *The Qur'an: A Historical-Critical Introduction*, 161–187 and 188–214. For an alternative perspective, see Gabriel Said Reynolds, "Le problème de la chronologie du Coran," *Arabica* 58 (2011): 477–502.

51 On the different uses of *fatḥ* in the Qurʾān, see Donner, "Arabic *Fatḥ*," 4–5.

52 Jones translates Q al-Shuʿarāʾ 26:118 as follows: "Make an opening between me and them." Droge has: "so disclose (the truth) decisively between me and them, and rescue me and those of the believers who are with me."

28 And they say, "When is this victory (*al-fatḥ*), if you are truthful?"
29 Say: "On the Day of Victory (*yawm al-fatḥ*), their belief will not benefit those who disbelieve, nor will they be spared."
30 So turn away from them, and wait;[53] surely they (too) are waiting.[54]

The question posed in v. 28 (whether it is a verbatim quotation from a real historical figure, or a rhetorical counter-discourse)[55] suggests that the victory was expected soon – an assumption supported by the fact that the next verse warns that delaying belief until the Day of Judgment will not avail anyone. The question is answered with a threat – the reality of the impending Judgment is so close that the interlocutors must respond soon or risk responding too late.

Exegetes explain this passage in several ways. Muqātil glosses *al-fatḥ* as an allusion to the Resurrection and he treats v. 28 as a direct quotation from the Prophet's opponents. However, he interprets v. 30 as instructing Muḥammad to wait until the Meccan polytheists had been punished, as happened at Badr. He adds that the "turning away" (*al-iʿrāḍ*) in v. 30 was abrogated by the sword verse (Q al-Tawbah 9:5): "*āyat al-sayf nasakhat al-iʿrāḍ.*"[56] His disregard for the eschatological import of v. 30 is odd in light of his explanation that vv. 28–29 allude to the Resurrection. Ibn Qutayba (d. 276/889) glosses *al-fatḥ* as an allusion to the capture of Mecca, without commenting on the eschatological scenario suggested by the verse.[57] Al-Ṭabarī relates two traditions that refer to the capture of Mecca, but mentions other interpretations which indicate that it alludes to the Day of the Resurrection (*yawm al-qiyāmah*), without commenting on its imminence.[58] Similarly, al-Rāzī treats Q al-Sajdah 32:28–30 as a reference to fighting.[59] By contrast, Ibn Kathīr explicitly rejects the idea that this passage refers to the conquest of Mecca. He notes that at this event (*al-ṭulaqāʾ*) those Meccans who remained polytheists until the surrender of the city *did* become Muslims, i.e. their belief *did* benefit them in the end.[60] Most exegetes of this (admittedly small) sample, however, prioritize the historicization of eschatological threats.

---

53 Both commands are directed to a singular person, such as the Prophet.

54 My translation.

55 Again, see Azaiez, *Le contre-discours coranique.*

56 Muqātil, *Tafsīr*, 3:31. *Al-Jalālayn* likewise notes that the command "to turn away" was issued before the command to fight the Meccan polytheists. *Al-Jalālayn*, 395.

57 ʿAbd Allāh b. Muslim Ibn Qutayba, *Tafsīr gharīb al-Qurʾān*, ed. Aḥmad Saqr (Beirut: al-Maktabah al-ʿIlmīyah, 2007), 347. Ibn Qutayba adds that v. 29 refers to those Meccan polytheists killed by Khālid b. al-Walīd during the conquest of Mecca.

58 Al-Ṭabarī, *Tafsīr*, 10.:253.

59 Al-Rāzī, *al-Tafsīr*, 25:163.

60 Ibn Kathīr, *Tafsīr*, 6:264.

In short, the aforementioned exegetes do not shed much light on the Qur'ān's imminent eschatology. These verses suggest that the end is nigh and that people should stop asking frivolous questions and repent while the Prophet and his followers await vindication. Eschatological statements similar to Q al-Sajdah 32:30 (e.g., Q al-Anʿām 6:158) emphasize the inefficacy of belief in the Last Day (act now!) and urge the audience to await its arrival. Indeed, the command "wait," *wa-ntaẓir*, adds weight to the threat of the impending Last Day. However, this urgency need not imply that the Qur'ān is foretelling the arrival of Judgment Day within the lifetime of its audience. As I will argue in the following section, the Qur'ān is interested in the audience's *reaction* to its eschatological warnings, not in predicting when this might take place. We find a striking parallel in Syriac Christian eschatological homilies, which also are more concerned with eliciting a response than in predicting the precise timing of the eschaton.

III Hyperbolic Eschatology and Apocalyptic as Polemic

My argument is that we should take seriously the emphaticness of the Qur'ān's eschatological message, while recognizing that the Qur'ān employs a hyperbolic eschatology.[61] In other words, the text's emphasis on the temporal proximity of the Day of Judgment is part of its rhetoric. The Qur'ān is less concerned with historicizing the Reckoning (and indeed, often reiterates that this knowledge is with God alone, e.g., Q al-Aʿrāf 7:187; Luqmān 31:34; al-Zukhruf 43:85), than with *alarming* its audience and facilitating acceptance of its message and Messenger. The text employs eschatological language to inspire fear, *tarhīb*, and to encourage addressees to believe in its revelation. The Qur'ān employs phrases such as *azifat al-āzifah* and *radifa lakum* to instill auriophobia – a fear of tomorrow – in those who doubt its message. I am reminded of the German term *Torschlusspanik*: anxiety or panic that time is running out, often regarding an important opportunity (here, acting to secure one's place in the afterlife before Judgment Day). It is my contention that it is primarily for the sake of such *feelings* that the Qur'ān uses such strong eschatological language rather than declaring that the eschaton would arrive in the lifetime of its initial audience. Tor Andrae did in fact hint at this conclusion in remarking

61 Attention to hyperbolic eschatology has long been a feature of biblical scholarship. Cf. Richard Bauckham, "Eschatology," in *The Oxford Handbook of Systematic Theology*, ed. John Webster, Kathryn Tanner, and Iain Torrance (Oxford: Oxford University Press, 2007), 306–322.

that the Prophet "speaks as a messenger whose purpose is to awaken and to grip (*aufrütteln und ergreifen will*) his listeners."[62]

Gabriel Said Reynolds argues that the Qur'ān often caricatures its opponents to make them appear less reasonable, e.g. by depicting the Trinity as Father, Son, and Mother.[63] He notes that the Qur'ān is "a creative work, a work which purposefully exaggerates and satirizes the views of its opponents in order to refute them more effectively."[64] Reynolds adds that "we should generally be sensitive to [the Qur'ān's] creative use of rhetorical tools such as irony and hyperbole."[65] We witness an example of satire related to eschatology in Q al-Naml 27:71–72:

> [71] They say, "When is this threat (*al-wa'd*) [coming], if you speak the truth?"
> [72] Say, "Perhaps some of that which you seek to hasten is bearing down on you (*radifa lakum*)."

By exaggerating the proximity of the eschaton, the Qur'ān parodies its opponents' heedlessness and mocks their apparent indifference to the coming judgment. The Qur'ān is a rhetorically creative text; one need not posit that the Prophet himself thought that the world was ending, or – like some exegetes – that its apocalyptic threats apply only to the Prophet's opponents in Mecca. The Qur'ān capitalizes upon eschatological anxiety to attract followers.

The apocalyptic genre can serve a polemical function: it is a means to argue with opponents and dissuade them from their path, redirecting them to one's own position. The Qur'ān responds to obstinacy to its message with threats of the Final Reckoning. Indeed, the issuance of eschatological warnings was a deep-rooted literary technique and polemical device in antiquity, and the Qur'ān echoes or appropriates earlier apocalyptic and eschatological motifs for its own theological purposes. This is evident from a comparison with contemporary Syriac Christian religious works.[66]

---

62 Andrae, *Mohammed, sein Leben und sein Glaube*, 44 (English: *Muhammad: The Man and His Faith*, 54).

63 There is little or no evidence that any Christians ever interpreted the Trinity in such a manner. Richard Bell associated Q al-Mā'idah 5:116 with a lost, Mary-worshipping sect known as the Collyridians (from the Greek word for cake, *kollurida*, which they were said to bake for Mary). According to Epiphanius (d. 403), this sect resided in Arabia. Richard Bell, *The Origin of Islam in Its Christian Environment* (London: Cass, 1968), 20.

64 Gabriel Said Reynolds, "On the Presentation of Christianity in the Qur'ān and the Many Aspects of Quranic Rhetoric," *Al-Bayān* 12 (2014), 42–54, at 47.

65 Ibid., 54.

66 One of the first to draw a connection between the Qur'ān and Syriac Christian literature was Alphonse Mingana, "Syriac Influence on the Style of the Ḳur'ān," *John Rylands Library Bulletin* 11 (1927): 77–98. See now Joseph Witztum, "The Syriac Milieu of the Quran: The Recasting of Biblical Narratives" (Ph.D. Dissertation, Princeton University, 2010); idem, "Joseph Among the Ishmaelites:

We find a similar strategy of galvanizing an audience through eschatological language in Syriac homiletic literature. In a sermon attributed to Ephrem the Syrian (d. 373 CE),[67] for example, the author uses hyperbolic eschatology to encourage his audience to repent:

From the reading of the Scriptures
and from the explanation of their words,
And from the times and their vicissitudes
[it is evident that][68] the end of the world is near (*ḥarṯā d-ʿālmā qerbat lāh*),
And the children of men are deprived of
the service of justice,

Q 12 in Light of Syriac Sources," in *New Perspectives on the Qur'ān: The Qur'ān in Its Historical Context 2*, ed. Gabriel Said Reynolds (London and New York: Routledge, 2011), 425–448. Sidney H. Griffith, "Syriacisms in the 'Arabic Qur'ān': Who Were Those Who Said 'Allāh Is Third of Three' According to Al-Mā'ida 73?", in *Christmas in the Koran: Luxenberg, Syriac, and the Near Eastern and Judeo-Christian Background of Islam*, ed. Ibn Warraq (Amherst: Prometheus Books, 2014), 119–144;); idem, "Christian Lore and the Arabic Qur'ān." Similarly, Emran el-Badawi argues for the Qur'ān's "dogmatic re-articulation" of Aramaic/Syriac gospel traditions: Emran Iqbal el-Badawi, *The Qur'ān and the Aramaic Gospel Traditions* (London and New York: Routledge, 2014). Gabriel Reynolds has shown that common themes, e.g. that the Jews were "killers of the prophets," were inherited from motifs that occur in Syriac Christian texts. Gabriel Said Reynolds, "On the Qur'ān and the Theme of Jews as 'Killers of the Prophets,'" *Al-Bayān* 10 (2012): 9–34. Witztum's analyses are persuasive, and in light of the shared motifs, structures, concerns, and concepts (to which the Qur'ān selectively responds or appropriates for its own purposes), I find the likelihood of the Qur'ān being in creative dialogue with such literature to be high. Important in this regard are studies by Patricia Crone and Gerald Hawting, who suggest that the Qur'ān's opponents (especially the *mushrikūn*) sometimes appear to be biblically-minded monotheists rather than polytheistic "pagans." Patricia Crone, "The Religion of the Quranic Pagans: God and the Lesser Deities," *Arabica* 57 (2010): 151–200; Gerald Hawting, *The Idea of Idolatry and the Emergence of Islam* (Cambridge: Cambridge University Press, 1999). Arabian polytheists may have adapted many elements of Jewish and Christian beliefs and practices, and there were likely a greater number of Christians in the Qur'ān's initial environment than is suggested by early Islamic historiography. Cf. Sinai, *The Qur'an: A Historical-Critical Introduction*, 62–72.

67 I am bracketing the question of the veracity of this sermon's attribution to Ephrem. Whether it was penned by Ephrem himself or by a pseudo-Ephrem has little bearing on my present argument.

68 I am here following Beck's suggestion to insert this parenthetical, even though the Syriac has only "the end of the world has come near." Considering the list of signs in the previous stanza, the insertion of the phrase "so we know that" or "so it is clear that" seems appropriate. Beck translates this clause into German as *"(erhelt, daß) das Ende der Welt nahegekommen ist."* Edmund Beck (ed. and trans.), *Des Heiligen Ephraem Des Syrers Sermones III*, Corpus Scriptorum Christianorum Orientalium vol. 321 (Louvain: Secretariat du Corpus Scriptorum Christianorum Orientalium, 1972), 18.

> The Day is at the door [*yawmā 'al tar'ā qdam*],[69] but they are still going on for years.
> Injustice, liars, and sin
> they rule in creation, Justice and righteousness
> are abandoned and not sought.[70]

Like the Qur'ān, Ephrem uses the Semitic root *q-r-b* (e.g., Q al-Anbiyā' 21:1; al-Qamar 54:1; al-Naba' 78:40) to emphasize the nearness of the end of the present world, and he uses "Day" (*yawmā*) in the sense of the Last Day or Day of Judgment – as in the Hebrew Bible,[71] New Testament,[72] and the Qur'ān.[73] Whether or not Ephrem believed that the world was about to end is not the point; the preacher – like the Qur'ān – incites fear of judgment in order to spur his audience to repent.

Similar eschatological sermons are attributed to Jacob of Sarug (d. 521 CE), many of which have been collected into one volume and translated into French by Isabelle Isebaert-Cauuet.[74] In these homilies, she notes, Jacob frequently emphasizes that the end is near: "it is a speech pronounced urgently, for the end is imminent."[75] Jacob also uses the root *q-r-b* to argue that the end is nigh:

> Judgment approaches (*qreḇ leh dīnā*) but repentance is far from us!
> The world has come to an end and it is for us incessantly beginning sin!
> The end is at our door (*ḥarṯā b-tar'ā*) and penitence is outside the door![76]

In another homily (Bedjan, #192), Jacob of Sarug uses this root three times, stating that the end has drawn near (*qerbat ḥartā*), that the "coming is near (*qarīḇā*)," and that the

69 The term "door" is a biblical idiom. Cf. James 5:9 (the judge is at the door) and Revelation 3:20 (Christ is at the door).

70 Edmund Beck (ed. and trans.), *Des Heiligen Ephraem Des Syrers Sermones III*, Corpus Scriptorum Christianorum Orientalium vol. 320 (Louvain: Secrétariat du Corpus Scriptorum Christianorum Orientalium, 1972), 12.

71 Common, for example, in the book of Isaiah (e.g., Isa 2:12, 3:7, 4:2, 5:30).

72 E.g., Rom 2:16; 1 Thess 5:2; Eph 4:30, 6:13; Phil 1:6, 10, 2:16.

73 In addition to all the uses of "Day" (*yawm*) in construct form in locutions such as the Day of Resurrection (*yawm al-qiyāma*), Day of Judgment (*yawm al-dīn*), and the Day of Distinguishing (*yawm al-faṣl*), the term often appears by itself, e.g., Q al-A'rāf 7:53; al-Naḥl 16:111; al-Ṣaffāt 37:33 ("on that day"); 40:17.

74 Jacques de Saroug, *La Fin du monde : Homélies eschatologiques*, ed. and trans. Isabelle Isebaert-Cauuet (Paris: Migne, 2005). Isebaert-Cauuet collects eight homilies, which correspond with Paul Bedjan's numbers 31, 32, 67, 68, 192, 193, 194, and 195.

75 Ibid., 198.

76 Paul Bedjan, ed., *Homilies of Mar Jacob of Sarug (Homiliae selectae Mar-Jacobi Sarugensis)* vol. 1 (Piscataway, NJ: Gorgias Press, 2006), 510 (French: Jacques de Saroug, *La Fin du monde*, 33–34 [ll. 249–251]).

end has approached.[77] Elsewhere Jacob speaks of "the coming which is not far [away] (*lā raḥīqā*") from destroying the earth.[78] Many other examples could be adduced here.[79] Clearly, it would not suffice to posit that Jacob of Sarug expected the end to arrive in the lifetime of his immediate audience. As Isebaert-Cauuet notes, the reason for his accentuation of this theme is its intended impact on his audience: "Jacob's discourse has no other *raison d'être* than its *utility*, understood as its capacity – by the description of the cataclysm of the Last Day – to *bring about conversion* and to *incite to good* those who listen to it. A *call to conversion* and an *exhortation to practice virtue* are expressed more than once in our texts."[80] Jacob of Sarug's use of eschatological language to spur his audience toward belief anticipates the same strategy in the Qur'ān.

Eschatological expectation is a prominent feature in the writings in Aphrahat "the Persian Sage" (d. *ca.* 345 CE). As Adam Lehto notes, eschatological expectation "pervades the whole of" his *Demonstrations*.[81] In Demonstration 8, "On the Resurrection of the Dead" (*d-ḥayat mītē*), Aphrahat suggests that the time for the Earth to "birth" its dead (i.e., release the dead who have been buried to be resurrected in new bodies) is drawing near (*wa-qreb zban mawlādāh*).[82] Adding to this sense of immediacy, Aphrahat asserts that one single shout from God will precede the Resurrection (paragraphs 8.13–8.15): "By one word of God [*maḥad petgāmā d-alāhā*], sent forth through His Christ, all the dead will rise up quickly, in the blink of any eye."[83] This statement echoes those verses in the Qur'ān which declare that a single shout or cry (e.g., Q Yā Sīn 36:49, 53) will precede the Resurrection, which will occur in a blink or "twinkling of an eye" (e.g., Q al-Naḥl 16:77; cf. 1 Cor 15:52). In Demonstration 22, Aphrahat likewise emphasizes that death and judgment may take place at any moment, exhorting his audience to nourish their faith and live righteously.

The Qur'ān adopts the same rhetorical strategies – and homiletic techniques – to elicit a response from its audience or readers. Such an approach was commonplace in the *Kulturkreis* of the Late Antique Near East. In at least one case the Qur'ān draws explicitly and directly upon the Syriac apocalyptic tradition: the story of Dhū l-Qarnayn in Q al-Kahf 18:83–102.[84] Dhū l-Qarnayn, "He of the two horns,"

77 Bedjan, 5:849, 850 (French: Jacques de Saroug, *La Fin du monde*, 123–124 [ll. 272, 274, 303]).

78 Bedjan, 5:887 (French: Jacques de Saroug, *La Fin du monde*, 181 [l. 24]).

79 See the sample list in Jacques de Saroug, *La Fin du monde*, 198.

80 Ibid., 198. Italics in original.

81 Adam Lehto, *The Demonstrations of Aphrahat, the Persian Sage* (Piscataway, NJ: Gorgias Press, 2010), 46.

82 Ibid., 224. Syriac: Ioannes Parisot, *Aphraatis Sapientis Persae Demonstrationes*, vol. 1, Patrologia Syriaca 1.1 (Paris: Firmin-Didot, 1894), 371 (paragraph 8.6).

83 Lehto, *The Demonstrations*, 229–230 (Syriac: Parisot, *Demonstrationes*, 387).

84 Kevin van Bladel, "The *Alexander Legend* in the Qur'ān 18:83–102," in *The Qur'ān in Its Historical Context*, ed. Gabriel Said Reynolds (London and New York: Routledge, 2008), 175–203. Tommaso

is never given a proper name in the Qur'ān, and the identity of this figure has long puzzled classical and modern exegetes, but the epithet seems to derive from a late antique Syriac legend about Alexander the Great. The *Alexander Legend* (the Syriac title is *Neṣḥāna dileh d-Aleksandros*) tells a story about Alexander the Great, albeit with Christian themes, detailing his journeys to the east and west and subsequent prophecies about the impending end of the world. The *Alexander Legend* is an apocalyptic text in which Alexander is portrayed as pre-figuring the Byzantine Emperor Heraclius and prophesying the return of Christ.[85] The Qur'ān adopts this story as part of its mythos, and retains many of its general contours, including allusions to Gog and Magog (Ya'jūj and Ma'jūj, v. 94) – figures with eschatological connotations in Christian and Jewish tradition.[86] However, the Qur'ān removes the pro-Byzantine and explicitly Christian characteristics of the prophecies, transforming them into generic warnings against unbelievers. Instead of suggesting the imminent return of the Messiah, the Qur'ān warns of God's judgment "on that day (*yawma'idhin*)" (v. 99), when there will be a blast on the trumpet[87] and people will be gathered together. At that moment hell (*Jahannam*) will be shown to the unbelievers (v. 100) and to those whose "eyes were covered against My reminder [*dhikrī*; i.e., the Qur'ān]" (v. 101). Thus, the Qur'ān reimagines and re-construes a Christian apocalypse to threaten its detractors.

The Qur'ān's use of apocalyptic imagery and eschatological threats draws upon and modifies Christian homiletic literature.[88] The Qur'ān never seems to *quote* the Bible directly and there is no conclusive documentary or textual evidence of an Arabic translation of the Bible in pre-Islamic Arabia. However, there is significant evidence that the Qur'ān's audience was aware of biblical material and traditions – likely through the stories, liturgies, and homilies of Syriac Christians or other communities.[89] This intertextuality is central to the Qur'ān's religious message: Angelika Neuwirth characterizes Christian and Jewish traditions in the Qur'ān as an "almost

---

Tesei, "The Prophecy of Ḏū-l-Qarnayn (Q 18:83–102) and the Origins of the Quranic Corpus," *Miscellanea Arabica 2013–2014* (2014), 273–290. The connection between the Syriac story and the qur'ānic retelling proposed by van Bladel and Tesei is contested in Marianna Klar, "Qur'anic Exempla and Late Antique Narratives," in *The Oxford Handbook of Qur'anic Studies*, ed. Muhammad Abdel Haleem and Mustafa Shah (Oxford: Oxford University Press, 2020), 128–139.

85 Van Bladel, "The *Alexander Legend*," 183.

86 Cf. Ezek 38:2–3, 39:6; Rev 20:8.

87 Cf. 1 Thess 4:16, 1 Cor 15:52, and Matt 24:31.

88 On the Qur'ān's use of the Bible, see Sidney Griffith, *The Bible in Arabic: The Scriptures of the "People of the Book" in the Language of Islam* (Princeton: Princeton University Press, 2013), 54–96; Gabriel Said Reynolds, *The Qur'ān and its Biblical Subtext* (London and New York: Routledge, 2010), 230–258; Sinai, *The Qur'an: A Historical-Critical Introduction*, 138–157.

89 Griffith, *The Bible in Arabic*. 41–42ff.

continuous web of intertexts underlying the text."[90] Indeed, the Qur'ān's hyperbolic eschatology finds an antecedent, *mutatis mutandis*, in the Bible.

In the Gospels, Jesus issues eschatological forewarnings to incite faithfulness. For example, when Jesus begins his ministry, he proclaims: "'Repent, for the kingdom of heaven has come near'" (Matt 4:17).[91] Elsewhere he says: "Therefore you also must be ready, for the Son of Man is coming at an unexpected hour" (Matt 24:44), and "Keep awake therefore, for you know neither the day nor the hour" (Matt 25:13). According to Paul, the Resurrection will occur in "a moment, in the twinkling of an eye" (1 Cor 15:52, cf. Q al-Naḥl 16:77; al-Qamar 54:50) with the sound of a trumpet, both of which are elements of qur'ānic eschatology (Q al-Anʿām 6:73; al-Kahf 18:99; Ṭā Hā 20:102; al-Zumar 39:68; al-Ḥāqqah 69:13; al-Muddathir 74:8). Paul uses the immediacy of the eschaton to urge his addressees at Thessalonica to be on guard: "For you yourselves know very well that the Day of the Lord will come like a thief in the night" (1Thess 5:2).

The Qur'ān shares much of the hyperbolic and imaginative eschatological *topoi* found in the Book of Revelation: trumpets (Q al-Zumar 39:68; Q Qāf 50:20; cf. Rev 8:6, 13), falling stars (al-Mursalāt 77:8; al-Takwīr 81:2; cf. Rev 6:13), moving mountains (Q al-Raʿd 13:31; al-Kahf 18:47; al-Naml 27:88; al-Ṭūr 52:10; al-Ḥāqqah 69:14; al-Takwīr 81:3; cf. Rev 6:14, 16:20), earthquakes (Q al-Aʿrāf 7:78, 91; Hūd 11:67, 94;[92] cf. Rev 11:13), and the sky "rolling up like a scroll" (Q al-Anbiyā' 21:104; al-Zumar 39:67; cf. Rev 6:14).[93] In Q al-Naml 27:82, the Qur'ān references the "Beast from the Earth": "And when the word (*al-qawl*) falls upon them [the unbelievers], we shall bring forth for them a beast from the earth (*dābba min al-arḍ*) to speak to them: the people did not believe in our signs."[94] The text does not say more about this creature, but an audience familiar with biblical and Christian tradition would recognize it as

90 Angelika Neuwirth "The Qur'ān and the Bible," in *The New Cambridge History of the Bible*, ed. Richard Marsden and E. Ann Matter (Cambridge: Cambridge University Press, 2012), 735–752, at 737.

91 Bible verses are taken from the NRSV. The Greek verb in the second part of Matt 4:17 is ἐγγίζω, often used in the Septuagint to render the Hebrew root *q-r-b*; e.g., 1 Kings 2:1, which mentions that David's day of [death] "drew near."

92 Note, however, that these allusions to earthquakes are found in the context of the "punishment narratives," where they cause the destruction of the people of Thamūd and Midian for rejecting the messages of Ṣāliḥ and Shuʿayb, respectively.

93 David Brady, "The Book of Revelation and the Qur'ān: Is There a Possible Literary Connection?" *Journal of Semitic Studies* 23:2 (1978): 216–225, at 219ff. *Pace* Brady, I argue that the connection is indirect and mediated by oral tradition. Cf. Cook, *Studies in Muslim Apocalyptic*, 274. Note also the motif of Gog and Magog (Q al-Kahf 18:94; al-Anbiyā' 21:97–97) discussed above.

94 My translation.

the "Second Beast" that emerges from the earth in Revelation 13:11.[95] The imagery of Revelation often serves a polemical purpose, as evidenced in the letters sent to the local churches in Rev 2–3 and in the text's harsh critique of the Roman Empire. Similarly, the Qur'ān seeks to shock its audience into believing, not to predict the imminent end. Clearly, the Qur'ān develops eschatological motifs inherited from the Bible and biblical tradition to serve its own eschatological mission.

Nicolai Sinai has recently argued that (1) eschatology constituted one of the earliest principal themes – if not *the* earliest core – of the qur'ānic proclamations; (2) qur'ānic eschatology exhibits strong resonances with biblical and Syriac Christian literature; and (3) qur'ānic eschatology is moralistic rather than apocalyptic. He argues regarding the second point:

> Our best hypothesis is that the early Meccan surahs arose from and spoke to a cultural habitat that had for some time been exposed to Christian missionary preaching yet had so far proved largely impervious to it. This preaching, probably delivered in Arabic, would have drawn inspiration from Syriac homiletic literature *in stoking fear of eternal damnation.*[96]

As for his third point, I take him to mean that the Qur'ān is more interested in reforming its audience than in locating Judgment Day in history. Unlike the biblical book of Daniel, the Qur'ān "exhibits almost no concern with predicting the final chapters of history that would usher in the end of the world," and it refrains from

---

95 Revelation 13:11: "Then I saw another beast that rose out of the earth (θηρίον ἀναβαῖνον ἐκ τῆς γῆς); it had two horns like a lamb and it spoke like a dragon." Q al-Naml 27:82 states that the beast will "speak" to the unbelievers (*tukallimuhum*). In Revelation, all apocalyptic beasts are associated with the act of speaking. The "beast rising out of the sea" has a "mouth uttering haughty and blasphemous words" (Rev 13:5) and the Beast from the earth in 13:11 "spoke like a dragon" (ἐλάλει ὡς δράκων). Surprisingly, Brady ("The Book of Revelation and the Qur'ān," 224) concludes that the qur'ānic *dābba* is not related to the Beast of Revelation. However, the reference to the *dābba* is likely a deliberate invocation of the Beast from the well-known biblical apocalypse. The text places the Beast in close conjunction with other imagery from Revelation – such as the gathering of nations (Q al-Naml 27:83; Rev 7:9), the blowing of the trumpet (Q al-Naml 27: 87, Rev 8–11 and *passim*), and mountains being ripped from their places (Q al-Naml 27:88; Rev 6:14). It is not surprising that the Beast became an element in oral apocalyptic motifs heralding the end of days. This creature was one of the stock figures associated with the eschaton, and the Qur'ān drew upon it for its premonitory purposes. The text does not refer to any of the activities associated with the biblical beast, such as miraculous signs to deceive the nations and convincing them to worship an image of the first Beast, but this absence is consistent with the Qur'ān's allusive style; it leaves out most details, relying on the audience's knowledge of the relevant narratives.

96 Sinai, *The Qur'an: A Historical-Critical Introduction*, 167, emphasis added. He adds that the Qur'ān removes explicitly Christian resonances and doctrines from Syriac eschatological traditions.

commenting on the precise timing of the end.[97] The Qur'ān does not foretell the signs of the end times, it merely warns its audience to be on guard.

IV Concluding Remarks

The Qur'ān uses hyperbolic eschatology to instill trepidation and uncertainty in the hearts of its interlocutors, thereby encouraging them to believe in the Qur'ān *qua* divine revelation and to accept the prophetic claims of its Messenger. By instilling fear (*tarhīb)* and fostering eschatological angst, the Qur'ān encourages not only moralistic living, but also loyalty to the new revelation and its Prophet. Q al-Aḥzāb 33:66, for example, provides a glimpse into the future, depicting unbelievers as lamenting that they had not obeyed the Prophet on Judgment Day.[98]

When interpreting eschatological or apocalyptic material in the qur'ānic corpus, we should be attentive to the "primacy of imagination in eschatological thought."[99] Stock formulae, *topoi*, and symbolism are hallmarks of the apocalyptic genre. The efficacy of apocalyptic language and eschatological themes hinges not on its ability to correctly predict the Hour, but on shaking up its readers or listeners. Even verses that promise unbelievers that they will witness the Last Day are intended to scare them into reevaluating their positions. For example, Q Maryam 19:75 promises that when those in error see either punishment or the Hour (*immā l-ʿadhāba wa-immā al-sāʿata*), "they will know who is in worse position (*sharr*^{un} *makān*^{an})."

Apocalyptic fervor was pervasive in Late Antiquity.[100] That the Qur'ān capitalizes upon this situation should come as no surprise. But like the Syriac authors with whom the text shares a cultural and religious milieu, the Qur'ān uses apocalyptic language primarily to instill a sense of auriophobia or *Torschlusspanik* – and polemic against its opponents – not to locate the End within the lifetime of its addressees or to historicize its eschatological threats. Eschatology and apocalyptic sentiment

97 Ibid., 168.

98 Sinai remarks: "The rhetorical effect thus achieved should be credited with a significant role in ensuring that the Qur'anic proclamations proved capable of inspiring the formation of at least a small community of eschatologically minded God-fearers around Muhammad, who would then become the nucleus of the Islamic *ummah*." Ibid., 169.

99 Bauckham, "Eschatology," 317.

100 On Christian eschatological expectations in Late Antiquity, see Averil Cameron, "Late Antique Apocalyptic: a Context for the Qur'an?" in *Visions of the End: Apocalypticism and Eschatology in the Abrahamic Religions, 6th–8th Centuries*, ed. Hagit Amirav, Emmanouela Grypeou and Guy G. Stroumsa (Leuven: Peeters, 2017), 1–20. Cameron is skeptical that "apocalyptic spirit" of Christians influenced the Qur'ān.

were used to attract followers and build a community of believers, *Gemeindebildung*. The text is more interested in engendering apocalyptic sentiment than in declarative statements about when the End would arrive. Like a good homily, the Qur'ān keeps its audience in a state of anxiety about their fate at the Reckoning. This anxiety impels them to heed the Prophet's call and, in its initial milieu – following Donner and Shoemaker – spurred conquest and empire. Of course, it is difficult (or perhaps impossible) to interpret the precise intention behind the use of apocalyptic or eschatological rhetoric in a text that emerged over a millennium ago. Nonetheless, I propose that a comparison with the eschatological language of Syriac homiletic texts suggests that the Qur'ān is participating in the age-old practices of good preachers seeking to reach and shake their audience.

Appendix: Eschatological Material in the Qur'ān

Q al-Naḥl 16:77:

> To God belongs the invisible of the heavens and the earth; and the matter of the Hour is like the twinkling of an eye or nearer (*aqrab*). God has power over everything.

Q al-Anbiyā' 21:1:

> Reckoning has drawn close (*iqtaraba*) to the people, whilst they are turning away in heedlessness.

Q al-Ḥajj 22:55–57:

> 55 Those who do not believe will continue to be in doubt about it[101] until the Hour comes to them suddenly, or the torment of a barren day (*yawm ʿaqīm*) comes to them.
> 56 Sovereignty on that day belongs to God. He will judge between them. Those who believe and do righteous deeds will be in Gardens of Bliss,
> 57 And those who do not believe and deny the truth of Our signs – they will have a humiliating torment.

Q al-Naml 27:71–72:

> 71 They say, "When is this threat (*al-waʿd*) [coming], if you speak the truth?"
> 72 Say, "Perhaps some of that which you seek to hasten is bearing down on you (*radifa lakum*)."

101 The pronoun "it" (the suffix *-hu*) likely refers either to the Qur'ān or to the Day of Judgment.

Q al-Aḥzāb 33:63–66:

[63] The people ask you about the Hour. Say, "Knowledge of it is only with God. What will give you knowledge? Perhaps the Hour is nigh (*qarīban*)."
[64] God has cursed the unbelievers and prepared a Blaze for them.
[65] They will remain in it for ever; and they will find no protector or helper.
[66] On the Day when their faces are turned over in the Fire, they will say, "Would that we had obeyed God and obeyed His messenger!"
Q Yā Sīn 36:48–49:
[48] They say, "When is this promise, if you are telling the truth?"
[49] They are waiting only for one shout, which will take them whilst they are disputing.

Q al-Ghāfir 40:18:

Warn them of the Day of the Imminent (*yawm al-āzifah*), when hearts are in throats, [and] they choke with anguish. Those who do wrong have no friend nor any intercessor who will be heeded.

Q Muḥammad 47:18:

Do they expect anything except the Hour – that will come on them suddenly. The portents for it have come (*fa-qad jāʾa*). So when it comes, how can their reminder [help] them?

Q al-Ṭūr 52:7–8:

[7] The punishment of Your Lord will surely come to pass (*la-wāqiʿ*).
[8] There is nothing that can ward it off.

Q al-Najm 53:57:

The Imminent is imminent (*azifat al-āzifah*)!

Q al-Qamar 54:1–2:

[1] The Hour has drawn near (*iqtarabat al-sāʿah*) – the moon has been split.
[2] But if they see a sign, they turn away and say, "Never-ending magic."

Q al-Maʿārij 70:1–3, 5–9:

[1] A questioner has asked questions concerning a punishment about to fall (*bi-ʿadhāb wāqiʿ*),
[2] On the ungrateful – which none can avert,
[3] From God, Lord of the stairways,
. . .
[5] So be patient with a fair patience.
[6] They see it as far away (*baʿīd*);
[7] We see it as near (*qarīb*).
[8] On the day when the sky will be like molten copper,
[9] And the mountains will be like tufts of wool.

Q al-Qiyāmah 75:34–35:

34 Nearer to you and nearer (*awlā laka fa-awlā*),
35 Then nearer to you and nearer.

Q al-Mursalāt 77:7–16:

7 That which you are promised will fall (*la-wāqi'*).
8 When the stars are effaced,
9 When the sky is split,
10 When the mountains are scattered,
11 When the messengers are brought to their appointed time,
12 –For what day is their appointment made?
13 For the Day of Decision (*yawm al-faṣl*).
14 And what can give you an idea of what the Day of Decision is?
15 Woe on that day to those who deny the truth.
16 Did not We destroy the ancients?

Q al-Naba' 78:40:

We have warned you of a punishment that is near (*'adhāban qarīban*), on the Day when a man will see what his hands have sent forward and the unbeliever will say, "Would that I were dust."

Gerald Hawting

3 “Al-Ṣafā and al-Marwah Are among God’s Signs”: Q al-Baqarah 2:158 and Its Interpretations

Q al-Baqarah 2:158 is notable as one of the few instances in which the Qur’ān refers by name to features or places associated with the Muslim sanctuary at Mecca or with the rituals of Pilgrimage (Ḥajj) and ʿUmrah (the minor pilgrimage):

> Al-Ṣafā and al-Marwah are among the signs of God. Whoever makes *ḥajj* to the House (i.e., the Kaʿbah) or *ʿumrah*, there is nothing wrong in his circumambulation of them. Whoever voluntarily performs a good deed, God is grateful and knowing (*inna ʾl-Ṣafā wa-ʾl-Marwah min shaʿāʾir*^{i} *ʾllāh*^{i} *fa-man ḥajja ʾl-bayt*^{a} *aw*^{i} *ʿtamara fa-lā junāḥ*^{a} *ʿalayhi an yaṭṭawwafa bi-himā fa-man taṭawwaʿa khayr*^{an} *fa-inna ʾllāh*^{a} *shākir*^{un} *ʿalīm*^{un}).

The verse mentions al-Ṣafā and al-Marwah, two small hills (some describe them today as little more than rocks) in Mecca, which are the two terminals of a ritual performed as part of both Ḥajj and ʿUmrah. Both the ritual and the site where it takes place are referred to as *al-saʿy* (the run) but sometimes, as in verse 158, the ritual is designated as circumambulation (*ṭawāf*, to be distinguished from circumambulation of the Kaʿbah). The ritual involves passing seven times between the hills while praying and calling God to mind. It is widely accepted that part of the journey between them should be performed at a faster than walking pace, and that seems to be the origin of the name *al-saʿy*. The pace of the faster section is sometimes referred to as “tripping” (*ramal*).[1]

Comments on Q al-Baqarah 2:158

It is difficult to relate Q al-Baqarah 2:158 to its immediate context in the Qur’ān – it seems disconnected from both the preceding and following verses, and it is the only time in the Qur’ān that al-Ṣafā and al-Marwah are mentioned by name or alluded to. They appear here without any explanation – the text assumes that reader/hearer knows what they are.

1 B. Joel, “al-Ṣafā”, and T. Fahd, “Saʿy” in *EI*^{2}. On *saʿy* as “place of worship” in Q al-Ṣāffāt 37:102 and elsewhere in the Qurʾān, see Norman Calder, “The *Saʿy* and the *Jabīn*: some notes on Qur’ān 37:102–3”, *Journal of Semitic Studies* 31 (1986), 17–26. In this essay, I refer to the ritual as *saʿy*, except when citing a source that uses a different term.

https://doi.org/10.1515/9783111051567-004

In the Qur'ān, the phrase *lā junāḥ*[a] *'alā* (and related formulae) appears frequently in connection with the granting of permission for certain legal or ritual practices about which there may be moral or ethical uncertainty. For example, Q al-Baqarah 2:198 says that there is nothing wrong in pursuing trade (seeking an increase or benefit – *faḍl* – from your Lord) while making Ḥajj, and Q al-Baqarah 2:230 says that there is nothing wrong if a previously married couple remarry, once the former wife has been married to and divorced by another man. Similarly, in Q al-Baqarah 2:158 the phrase suggests a situation of doubt about the *sa'y* ritual.[2]

The word *sha'ā'ir* is apparently the plural of the singular *shi'ār*, "sign" or "banner", a concept that occurs frequently in the Qur'ān, although this word appears only in one other place there: in Q al-Ḥajj 22:36 the animals brought to the sanctuary for slaughter (the *budn*) are *min sha'ā'iri llāhi*. In Q al-Baqarah 2:198 those making Ḥajj are urged to call God to mind by the sacred ritual place (*al-mash'ar al-ḥarām*), commonly understood to refer to al-Muzdalifah, on the border of the *ḥaram* midway between 'Arafah and Minā.[3]

Outside the Qur'ān – in *ḥadīth*, *fiqh*, *tafsīr*, and histories of Mecca – one finds frequent references to al-Ṣafā and al-Marwah, why they are holy and how the rituals involving them should be performed. Some of that material is clearly in the tradition of Jewish and Christian elaboration of biblical materials, generally called *midrash*. Best known are the accounts of how Hagar ran, distractedly, between the two hills because she could not bear to see her child die of thirst after Abraham had left her with Ishmael in Mecca and their water supply ran out. They were saved when an angel appeared and caused the spring of Zamzam to burst forth.[4] This narrative is clearly related to the story told in Genesis 21 and its developments in

2 The English translation of Q al-Baqarah 2:158 in the article by Fahd cited in the previous note ("Whoever accomplishes it (*ḥadjdja*) or visits it (*i'tamara*) will never commit a sin, if he makes the course between the two hills") is misleading, suggesting that performance of the ritual will guarantee freedom from commission of a sin. Al-Ṭabarī, in his commentary on Q al-Baqarah 2:158, glosses *junāḥ* as *ḥaraj* or *ma'tham*.

3 On "signs" in the Qur'ān and biblical prophetic literature, see John Wansbrough, *Quranic Studies: Sources and Methods of Scriptural Interpretation*, with foreword, translations, and expanded notes by Andrew Rippin (Amhurst, NJ: Prometheus Books, 2004; revised ed. of Oxford: Oxford University Press, 1977), 3–5.

4 See, e.g., Abū Bakr 'Abd al-Razzāq b. Hammām al-Ṣan'ānī, *al-Muṣannaf*, ed. Ḥabīb al-Raḥmān al-A'ẓamī, 12 vols. (2nd ed., Beirut: al-Majlis al-'Ilmī, 1403/1983), 5:105–107; Abū 'l-Walīd Muḥammad b. 'Abd Allāh al-Azraqī, *Akhbār Makkah*, ed. Rushdī Ṣāliḥ Malḥas, 2 vols. (Beirut: Dār al-Andalus, 1389/1969) 1:54–56; Muḥammad b. Jarīr al-Ṭabarī, *Ta'rikh al-rusul wa'l-mulūk*, ed. M.J. de Goeje et al., 3 series in 15 vols (Leiden: Brill, 1879–1901) series 1:280–285.

Jewish and Christian re-workings, which, of course, do not mention Mecca, al-Ṣafā or al-Marwah, but refer to Paran, Beersheba, and Sinai.[5]

Apart from the biblical narrative, it is difficult to relate al-Ṣafā and al-Marwah to anything outside Islam. On the Internet one can find claims that al-Marwah is the Arabic name of the place that appears in the Hebrew Bible as Moriah (Heb. Mōriy-yāh), where Abraham was ordered by God to sacrifice his son. It is well known that in later Jewish tradition, the name Moriah came to be associated with the Temple in Jerusalem, and that the site of the aborted sacrifice came to be located there. There is also the suggestion that al-Ṣafā is the Arabic form of Har ha-Ṣōfīm (Mt. Scopus) in Jerusalem.[6] I do not know where these claimed identifications originated.

The Issue

The primary issue regarding Q al-Baqarah 2:158 is that the dominant view among exegetes and jurists is that the *saʿy* ritual is obligatory, or at least an accepted custom (*sunnah*), whereas the wording of the Qurʾān suggests that there may be something questionable about it and that it is merely tolerated. For most *madhhabs* (legal schools), omission of the ritual requires a compensatory animal offering (*hady, dam*), and for some schools the whole Ḥajj or ʿUmrah is invalidated.[7] In practice, too, the *saʿy* between the two hills is an integral part of Ḥajj and ʿUmrah: whatever legal status a particular *madhhab* might place upon the ritual – oblig-

5 Genesis 21:9–21; Galatians 4:24–5; Louis Ginzberg, *The Legends of the Jews*, 7 vols. (Philadelphia: The Jewish Publication Society of America, 1909), 1:264–265 and the sources referred to in vol. 5, notes 214–217.

6 See Robert M. Kerr, “The Original Islamic Hajj to Jerusalem,” *The Postil Magazine* (thepostil.com), 1 Feb. 2021.

7 Muḥibb al-Dīn al-Ṭabarī, *al-Qirā li-qāṣid Umm al-Qurā*, ed. Muṣṭafā al-Saqā (Cairo: Maktabah wa-Maṭbaʿah Muṣṭafā al-Bābī al-Ḥalabī wa-Awlādihi, 1390/1970), 362–363. Muḥibb al-Dīn, who supports the view that the *saʿy* is obligatory, says that the general view is that it is obligatory (*wājib*) and that someone who has not fulfilled the obligation may not desacralize (i.e. leave *iḥrām*). He ascribes that view to ʿĀʾishah, Ibn ʿUmar and Jābir [b. ʿAbd Allāh] among the Companions of the Prophet, and to Mālik, al-Shāfiʿī and Ibn Ḥanbal (according to one of the transmissions from him) among the jurisprudents. By contrast, Ibn Sīrīn, ʿAṭāʾ b. Abī Rabāḥ, and Mujāhid thought that the wording of the qurʾānic verses indicates that the “running” between the two hills is permissible (*yadullu ʿalā-l-ibāḥah*) rather than obligatory, and that so long as one circumambulates the Kaʿbah, desacralization is allowed. Abū Ḥanifah and Sufyān al-Thawrī held that *saʿy* is obligatory but not a fundamental part (*rukn*) of the Ḥajj ritual: thus, if someone omits it, he may compensate for that by making an animal offering (*dam*). According to the other transmission from Ibn Ḥanbal, *saʿy* is recommended but not obligatory.

atory (*wājib*), fundamental (*rukn al-ḥajj*), customary (*sunnah*) or recommended (*mustaḥabb*) – it seems that all pilgrims perform it.[8] For this reason, the wording of the verse is surprising and has been the subject of much exegetical discussion. Instead of saying that it is important to fulfil the ritual, the verse says that there is nothing wrong in doing so (*lā junāḥ^a ʿalayhi*), as if a concession were being made regarding an act about which there was some question.

In commentaries on the verse, we find three main elements in discussions of this apparent tension between its wording and the commonly accepted view that the *ṭawāf* of, or *saʿy* between, the two hills is an integral part of Ḥajj or ʿUmrah.[9]

First, according to some reports, the verse was revealed concerning a specific group of people in the time of the Prophet, not all Believers or all mankind. Some of the reports of that sort say that the expression *lā junāḥ^a ʿalayhi* concerns people who before Islam (in the *Jāhiliyyah*) had not made the *saʿy* between al-Ṣafā and al-Marwah since they thought that it was illegitimate or inappropriate; others that it refers to people who did perform the ritual previously but now, with the coming of Islam, had worries about it. Different reports identify different groups but, whether they had or had not made *saʿy* before Islam, when they explained the reason for their doubts about it to the Prophet, God revealed Q al-Baqarah 2:158, which includes the words, "There is nothing wrong in his circumambulation of them," in order to put their minds at rest. The report that the verse was revealed concerning a group who had avoided the ritual in the *Jāhiliyyah* is often attributed to ʿĀʾishah (d. 58/678).

The second element is a report in which ʿĀʾishah's nephew, ʿUrwah b. al-Zubayr (d. 94/713), reads Q al-Baqarah 2:158 in its obvious sense and deduces that, if there is "nothing wrong" in making the *ṭawāf* of al-Ṣafā and al-Marwah, it must follow that there is nothing wrong in not doing it. In other words, *lā junāḥ^a ʿalā* permits this activity but does not make it an obligation: it is "neutral" (*mubāḥ*) according to the commonly held classification of acts in Islamic law. ʿĀʾishah objects strongly to that interpretation and argues that if the verse did permit omission of the *ṭawāf* between al-Ṣafā and al-Marwah, it would have been formulated as follows: *lā junāḥ^a ʿalayhi allā yaṭṭawwafā bihimā* (he does no wrong if he does not circumambulate them). She then presented her account of the occasion for the revelation of the verse, that

8 Maurice Gaudefroy-Demombynes, *Le Pèlerinage à la Mekke. Étude d'histoire religieuse* (Paris: Paul Geuthner, 1923), 225–234, especially 231.

9 For the following see, e.g., Muqātil b. Sulaymān, *Tafsīr*, ed. Aḥmad Farīd, 3 vols. (Beirut: Dār al-Kutub al-ʿIlmiyyah, 1424/2002) 1:88–89 *ad* Q al-Baqarah 2:158; Muḥammad b. Jarīr al-Ṭabarī, *Jāmiʿ al-bayān ʿan taʾwīl āy al-Qurʾān (Tafsīr al-Ṭabarī)*, ed. Muḥammad Shākir, 30 parts in 16 vols. (Beirut: Dār Iḥyāʾ al-Turāth al-ʿArabī, 1421/2001), 2:53–64 *ad* Q al-Baqarah 2:158; Muḥibb al-Dīn al-Ṭabarī, *Qirā*, 361–363.

is, that it was revealed about a group of Believers who had not performed the *ṭawāf* before Islam and now had worries about its legitimacy.

The third element aims to show that ʿĀʾishah was wrong and that ʿUrwah was right. The qurʾānic codex (*muṣḥaf*) of Ibn Masʿūd (d. 32/652–653), it is claimed, did in fact read as ʿĀʾishah said it should: *lā junāḥ*[a] *ʿalayhi allā yaṭṭawwafā bihimā*. Accordingly, this *ṭawāf* is not obligatory.

The majority view – that *ṭawāf* between al-Ṣafā and al-Marwah is an obligatory part of Ḥajj and ʿUmrah – is thus supported by reports like that attributed to ʿĀʾishah, according to which the verse was addressed to a specific group of Believers who had doubts about the legitimacy of the practice, by the claim that it is *sunnah*, and by the argument that the verse would have been worded differently if its intention was to establish that the *ṭawāf* is optional. A minority view – that it is indeed optional – is supported by ʿUrwah's understanding of the expression *lā junāḥ*[a] *ʿalayhi* and by Ibn Masʿūd's codex, which supports ʿUrwah's interpretation.

ʿĀʾishah's argument about the formulation of the verse does not make much sense. In other places where the Qurʾān says that "there is nothing wrong" in doing something, the intention is always to allow the Believer to perform the activity, not to make it obligatory. The multiple variations in the reports cited to support ʿĀʾishah's view, some of them with details that directly contradict those in others, also make them less than convincing as reports about an historical event.[10] One might add that they reflect stereotypical images of the *Jāhiliyyah*, referring to various gods or idols. But, if people had doubts about al-Ṣafā and al-Marwah because they were associated with idolatry, the same would have been true regarding the circumambulation of the Kaʿbah.

In the end, those – the majority – who regard this circumambulation as obligatory fall back on the argument that it is *sunnah*, i.e., that the ritual was widely observed in the *Jāhiliyyah*, that it was part of the rites of the Ḥajj (*manāsik al-ḥajj*) that God made known to Abraham, and that the Prophet himself performed it and did so in an exemplary manner.[11]

---

10 Al-Ṭabarī, in his *Tafsīr* on Q al-Baqarah 2:158, cites several reports in support of the view that the verse was addressed to a group or groups that performed the circumambulation between al-Ṣafā and al-Marwah during the *Jāhiliyyah* because they worshipped idols placed there. Usually, the idols are identified as Isāf (on al-Ṣafā) and Nāʾila (on al-Marwah). Some of the reports refer to suspicion of the ritual, on the grounds that it was a practice of the *Jāhiliyyah* without mentioning the idols. One says that during the *Jāhiliyyah*, spirits (*shayāṭīn*) played music in the valley between the two hills. Another says that the Helpers (Anṣār) who questioned the validity of the *saʿy* on the grounds that it had been a *jāhili* ritual performed by Quraysh. In one tradition it is suggested that the verse applies to both those who performed the ritual in the *Jāhiliyyah* and those who did not.
11 According to Muḥibb al-Ṭabarī, *Qirā*, 361, ʿĀʾishah, having argued that if the *ṭawāf* between the two hills is not obligatory, Q al-Baqarah 2:158 should have read, "there is nothing wrong if he does

Additionally, the last part of Q al-Baqarah 2:158, which refers to God's acceptance of a good act performed voluntarily, supports the commonsense view that the verse allows rather than prescribes the *ṭawāf* between the two hills. Those exegetes and others who insist that the ritual is obligatory must treat the final part of the verse as unconnected with the part referring to the *ṭawāf* between al-Ṣafā and al-Marwah.[12]

Finally, it seems obvious that the arguments attributed to ʿĀʾishah or cited to support her view concede that ʿUrwah's understanding of the verse is the obvious one. They are in fact defensive arguments which tacitly accept that the obvious meaning of the wording is, as ʿUrwah claimed, to make the ritual legally neutral. They then offer ingenious but not convincing ways to invert the verse's obvious meaning.

Chronology of the Dispute?

If we accept that the views referred to in the previous section were in fact those of the individuals to whom they are attributed, we must conclude that ʿĀʾishah and Ibn Masʿūd represent two very early positions, and that ʿĀʾishah was not aware of Ibn Masʿūd's reading. She told ʿUrwah that if he was right, then the verse should read *lā junāḥ*[a] *ʿalayhi allā yaṭṭawwafā bihimā*, the exact formulation in Ibn Masʿūd's *muṣḥaf*. If so, then the position attributed to ʿUrwah, who also would have been unaware of Ibn Masʿūd's reading, would represent a secondary development, calling into ques-

not circumambulate them," then said the Prophet had performed the circumambulation "for it was a *sunnah*." Her statement suggests that the Prophet accepted an evaluation of the ritual that was already established, not that he was creating a new *sunnah*. On p. 362 ʿAmr b. Dīnār is cited as saying that the Prophet made this circumambulation and that his behavior is exemplary (*wa-fī rasūl Allāh uswah ḥasanah*). For the passage between al-Ṣafā and al-Marwah as part of the rites of the Ḥajj imposed by God on Abraham, see e.g., Muḥammad b. Isḥāq al-Fākihī, *Akhbār Makkah fī qadīm al-dahr wa-ḥadīthihi*, ed. ʿAbd al-Malik b. ʿAbd Allāh b. Duhaysh, 7 vols. (Mecca: Maktabah al-Asadī, 5th impression 1430/2009), 2:209 (no. 1370), 212 (no. 1376).

12 al-Ṭabari, *Tafsīr*, 2:61 *ad* Q al-Baqarah 2:158 cites from Ibn Jurayj the view of ʿAṭāʾ that the verse means that if someone makes Ḥajj and fulfils all the obligatory rituals, apart from *saʿy*, and then has sexual relations (i.e., he desacralizes), he does not owe any compensation. Ibn Jurayj visited ʿAṭāʾ afterwards and said, "But he has abandoned the *sunnah* of the Prophet". To this, ʿAṭāʾ responded, "Have you not heard him say that God [will reward] whoever performs a good deed voluntarily (*fa-man taṭawwaʿa khayr*[an] *fa-inna llāha shākir*[un] *ʿalīm*[un])". ʿAṭāʾ refused to accept that any compensation should be imposed on that person. In other words, he understood the last phrase of the verse to refer to the voluntary nature of the previously mentioned circumambulation (*ṭawāf*).

tion something that previously had been generally accepted: should a practice generally regarded as obligatory in fact be treated as voluntary?

John Burton discussed Q al-Baqarah 2:158 and some of the legal and exegetical material concerning it in his *Collection of the Qur'ān* (1977).[13] He argued persuasively that the view that the circumambulation of al-Ṣafā and al-Marwah is obligatory developed independently of any qur'ānic text. He does not discuss how or why that view arose but refers to it as “the commonly agreed *Fiqh*,” by which he seems to mean the generally accepted understanding of the legal status of the ritual. That understanding was challenged when some exegetes or jurisprudents, represented in the tradition by ʿUrwah b. al-Zubayr, argued that this “commonly agreed *Fiqh*” is incompatible with the wording of Q al-Baqarah 2:158. It was then that the proponents of the obligatory nature of the circumambulation, represented in the tradition by ʿĀ'ishah, had recourse to the arguments that the *ṭawāf* is *sunnah* and that, had it been merely optional, the verse would have specified, “there is nothing wrong in his not circumambulating them.” Finally, the voluntarists responded by claiming that the codex of Ibn Masʿūd did indeed have those words.

Burton was interested chiefly in the Qur'ān's status as a source of law in Islamic legal theories and, especially, in discrepancies between certain legal rules and practices and the text of the Qur'ān. He argued that the latter had existed in a written form since the time of the Prophet. In this instance, he envisaged that an existing *sunnah* determined the interpretation of Q al-Baqarah 2:158 for those who supported the idea that the *ṭawāf* of the two hills is obligatory. Those who saw the circumambulation as merely optional, on the other hand, emphasized the plain meaning of the text and generated a variant reading of it in order to support their interpretation. Burton presumably saw the idea that the *ṭawāf* is obligatory as reflecting the pre-Islamic rituals that were performed in Mecca and carried over into Islam: a *sunnah* in the sense of an accepted custom taken over into Islam.

Why, then, should Q al-Baqarah 2:158 show a different evaluation of the *ṭawāf*? In the text itself there is nothing to explain why it was necessary to reassure readers or hearers about the legitimacy of the *ṭawāf*, nothing to show why some might have questioned that. The *ḥadīth* reports about the concerns felt by those new Believers who had not performed the ritual in the *Jāhiliyyah*, or others who had performed it but now had doubts about it after the coming of Islam, address that question. For the reasons already given, however, those reports are not convincing and seem to be defensive responses intended to deflect the arguments of those who held that Q al-Baqarah 2:158 is not compatible with the idea that the *ṭawāf* is obligatory.

13 John Burton, *The Collection of the Qur'ān* (Cambridge: Cambridge University Press, 1977), 12–13, 30–31, 41.

It is not clear why, in the verse, it was necessary to reassure the audience that "there is nothing wrong" in performing the ritual involving the two hills. The verse itself is not concerned with whether the ritual is obligatory or optional, but with its legitimacy. Apparently, questions were raised about a practice that was regarded as an integral part of the Ḥajj and ʿUmrah rituals. Why those questions arose is not clear.

A minimal conclusion, as Burton saw, is that the ritual developed independently of any qurʾānic stipulation and that a problem arose only at a secondary stage, when the ritual came to be considered in light of the qurʾānic verse. Here, as in other cases,[14] the connection between scripture, on the one hand, and doctrine and practice, on the other, was a secondary development. Although, doctrine and practice are not always based on scripture, they can be reassessed in its light. In this case, such a reassessment led a minority to favor the wording of the Qurʾān over the accepted practice, and to reassess the doctrine.

Although it is not difficult to envisage how the ritual became a fundamental part of the Ḥajj and ʿUmrah, it is difficult to understand how the qurʾānic verse relates to the ritual. If there was continuity between the pre-Islamic and Islamic rituals practiced in Mecca, why was it necessary to proclaim in Q al-Baqarah 2:158 that it is not wrong or sinful to make the *ṭawāf* between al-Ṣafā and al-Marwah? The various answers to that question that are given in the reports attributed to ʿĀʾishah and others do not seem convincing, to me, for reasons mentioned above. Furthermore, if, in the time of the Prophet, there had been concerns about the status of this *ṭawāf*, and if these concerns triggered the proclamation of Q al-Baqarah 2:185, it is difficult to understand why the ritual continued to be regarded as a required element of Ḥajj and ʿUmrah until, at a later date, some exegetes taught that the verse allows for it to be omitted. It seems that the status of the ritual as a required part of the pilgrimage continued regardless of the wording of the verse and the questions that had provoked it. That is hard to understand if the same person, the Prophet, is responsible for the wording of the verse and the regulation of the rituals.

The debate about the status of the *ṭawāf* between al-Ṣafā and al-Marwah reflects a reassessment of the view that the circumambulation is obligatory in the light of Q

14 Cf. the tension between Q al-Baqarah 2:196, which says that anyone "held back" (*in uḥṣirtum*) from completing an ʿUmrah or Ḥajj may not desacralize until the animal offering reaches the place where it is to be killed (understood to be the *ḥaram*), and the *sīra* reports which state that, when Quraysh prevented the Prophet from completing his intended ʿUmrah, at al-Ḥudaybiyyah, he ordered his Companions to slaughter their animals there and then desacralize. In legal discussions of what one should do if, having stated the intention of making ʿUmrah or Ḥajj, one is prevented from completing it (*iḥṣār*), jurists often try to reconcile the stipulation of the verse with the reports about what the Prophet did at al-Ḥudaybiyyah.

al-Baqarah 2:158. It is difficult to say when the debate occurred. The sources suggest that it began with discussions between ʿĀʾisha, who died in 58/678, and ʿUrwah b. al-Zubayr, who died in 94/713, but they may be figures who stand for later individuals or parties. The qurʾānic verse itself, which attests to uncertainty about the legitimacy of the *ṭawāf*, is difficult to relate to the importance which the ritual has in the Ḥajj and ʿUmrah ceremonies. It seems clear that on this issue the impact of the Qurʾān on ritual practice was late and had limited consequences.

Jacqueline Chabbi

4 Récits bibliques vus du Coran, le cas d'Élie

De la Bible au Coran, retrouver un principe de réalité historique

Chacun sait que le Coran contient dans son texte de nombreux thèmes dont il est pertinent de penser qu'ils sont issus du champ biblique, Jugement final, enfer, paradis, création. Mais le Coran affiche aussi de grandes figures qui sont passées dans l'usage commun comme représentant ce qu'on pourrait appeler une vitrine biblique qu'il s'agisse des figures primaires de la Genèse et de l'Exode, Noé, Abraham et Moïse (auquel est associé ou non son frère Aaron), puis de façon moins voyante quelques figures des Livres de Rois, David et surtout Salomon. De façon plus discrète, on rencontre aussi la descendance d'Abraham, d'abord exclusivement Isaac et Jacob[1] auxquels finit par se joindre Ismaël qui avait d'abord été traité isolément.[2] Seul Joseph se voit consacrer une sourate entière, la douzième. Les autres figures d'origine biblique mentionnées dans le Coran sont moins marquantes, telles celles de Elie, Elisée, Jonas, Job ou encore Saül. Elles sont présentes soit avec un appui narratif minimal soit dans de simples listes de noms comme répondant à un effet accumulatif à vocation référentielle ou confirmatoire. Par contre, les grands prophètes bibliques tels Isaïe, Jérémie, Ézéchiel, sont absents. La tradition musulmane postérieure les fera apparaître. En dehors de Joseph qui n'est guère présent que dans la sourate qui lui est consacrée, les autres figures sont souvent nommées dans des récits multiples et

1 Q Ṣād 38:45 ; Q al-Ṣāffāt 37:112–113 (ce passage qui nommé Isaac intervient après celui qui évoque le sacrifice du fils non nommé ; la tradition exégétique musulmane débattra longtemps sur l'identité du *dhabīḥ*, « celui qui (était promis) au sacrifice » avant de conclure (à l'encontre des données coraniques) qu'il s'agissait d'Ismaël ; à l'époque de Ṭabarī (m. 923) on en débattait encore ; Q al-ʿAnkabūt 29:27 ; Q al-Anbiyāʾ 21:72 ; Q Maryam 19:48–50.

2 Q Ṣād 38:48 ; Q al-Anbiyāʾ 21:85 ; Q Maryam 19:54 (comparer avec Q Maryam 19:49–50 qui donne à Abraham, Isaac et Jacob comme deux fils et non pas le fils et le petit fils). Par contre dans Q Ibrāhīm 14:39 (et les autres passages à présumer médinois, Q Āl ʿImrān 3:84 ; Q al-Baqarah 2:133, 136, 140), Ismaël est inclus avant Isaac dans la lignée abrahamique sans qu'il soit fait d'ailleurs la moindre allusion à son ascendance maternelle différente selon la Bible de celle d'Isaac. Dans Q al-Baqarah 2:125, 127, Ismaël est associé à Abraham dans la construction de la Kaʿbah. Le lien est fait par une simple coordination sans qu'aucun rôle lui soit attribué, ce qui peut laisser penser à une interpolation.

https://doi.org/10.1515/9783111051567-005

parfois contradictoires[3] tout au long du texte à la thématique éclatée du Coran. Cela va du récit construit qui peut être relativement long surtout concernant les figures majeures de Noé, Abraham et Moïse aux micro-récits, tels ceux qui concernent Elie, Jonas ou Job, voire à la simple mention dans une liste de noms. Les figures purement chrétiennes se réduisent à Zacharie,[4] Marie et Jésus. Mais le nom de celui-ci ne se rencontre qu'à partir d'une période à présumer médinoise si on tente d'inscrire le texte coranique dans la chronologie évidemment hypothétique des deux périodes, la mekkoise et la médinoise.[5] Les apôtres, de Jésus ne sont nommés que collectivement et également en période à présumer médinoise sous la dénomination de *Ḥawwāriyūn* qui semble venir du guèze, l'éthiopien classique.[6]

Face à cette présence biblique qui occupe une bonne partie du champ de vision pour quiconque aborde le Coran, on pourrait penser que ce texte offrirait une approche dupliquée où les éléments narratifs bibliques se refléteraient comme dans un miroir. Or c'est loin d'être le cas. S'il devait partir de ce point de vue, le lecteur non historien mais familier du corpus biblique ne tarderait pas à ressentir déception voire frustration. Face à une impression de grand désordre, de découpage anarchique et d'amputation des récits bibliques il pourrait en venir à considérer la production coranique comme frustre et terriblement dégradée par rapport au corpus d'origine. On osera dire que cette impression touche certes de plein fouet les lecteurs ordinaires et non avertis mais aussi de façon sans doute moins avouée ou plus insidieuse les lecteurs porteurs d'un savoir académique et se donnant pour objectif de mettre en oeuvre ce savoir pour traiter du Coran. Cela semble en tout cas conduire les uns comme les autres – fut-ce à leur insu – à regarder le Coran de haut à partir de ce qu'on pourrait appeler leur promontoire biblique. Mais ni les uns ni les autres ne semblent se rendre compte que pour étudier un objet historique, il faut répondre aux impératifs de l'histoire. Or ceux-ci commencent par exiger une temporalité, une spatialité et des hommes qui sont inscrits au croisement de ces coordonnées. Pour parler du Coran il faut donc impérativement partir

3 Concernant la reprise coranique de l'épisode du veau (d'or), *al-ʿijl*, comparer le passage de Q Ṭā Ḥā 20:85 qui dans la faute n'implique que le « samaritain », *al-sāmirī*, et celui de Q al-Baqarah 2:51 ; Q al-Nisāʾ 4:153 ; Q al-Aʿrāf 7:152, qui met en cause le peuple entier des Banū Isrāʾīl.

4 Il s'agit évidemment du Zacharie père de « Jean » (le Baptiste, cité sous le nom de Yaḥyā dans Q Maryam 19:7) du Nouveau Testament et des Évangiles apocryphes de l'Enfance, et non le Zacharie mentionné dans l'Ancien Testament.

5 Dans le passage de Q Maryam 19:19, le « messager » *rasūl*, qui ne porte d'ailleurs pas le nom de Gabriel (identification faite seulement par la tradition exégétique musulmane postérieure) promet à Marie un « garçon », *ghulām*, auquel aucun nom n'est donné.

6 Wolf Leslau, *Comparative Dictionary of Ge'ez*, (Wiesbaden: Harrassowitz, 1987), 249. La racine *HWR* a le sens de base de « voyager ». Le pluriel *Ḥawareyān* peut désigner les « voyageurs » mais aussi les « Apôtres ».

du Coran et non de la Bible. On rencontre alors un problème qui est celui de donner une identité historicisée à l'objet Coran. En effet, à défaut de réussir à définir cette identité propre, on risque de manquer la cible visée. Croyant parler du Coran on ne parlera en fait que de la Bible en allant comme l'ont fait certains à considérer le Coran comme un avatar biblique tardif et dégradé. Il est vrai que dans la polémique coranique elle-même, le compliment est retourné.[7] Je ne parle même pas de la représentation musulmane très commune aujourd'hui qui, faute de la moindre historicisation du passé premier de l'islam, s'ancre sur des convictions – d'autant plus fortes qu'elles sont sans alternative – et qui fantasme sur le caractère d'emblée universel du Coran pour ne pas dire intemporel du Coran en l'opposant aux livres « falsifiés » par une intervention humaine que seraient la Tora et l'Évangile (au singulier).[8]

La question de l'historicisation du Coran en tant que texte doit être d'abord abordée à partir de lui-même en tant que corpus contenant des thématiques dont il faut dans chaque cas rassembler le corpus dispersé. On n'aboutit à rien, sinon à verser dans une extrapolation généralisée, si on se contente d'y butiner des éléments à partir d'un point de vue extérieur sans prendre d'abord en considération l'ensemble des éléments de la thématique concernée tels que le texte même du Coran les exprime. Cela seul permet d'échapper au grave défaut qui obère le raisonnement historique quand un élément est sorti isolément de son contexte textuel et donc séparé de la thématique à laquelle il appartient pour être mis en parallèle et en dépendance d'un élément extérieur auquel ne le relie aucune temporalité ni aucune spatialité partagée. Le lien qui est fait dans ce cas est celui que produit celui qui prend en main le texte comme observateur extérieur à partir de son propre background culturel. Alors, sans même s'en rendre compte il ne fait que fabriquer un contexte imaginaire qui se substitue au contexte historique qu'il aurait dû s'efforcer de reconstituer.

Or ce à quoi un texte du passé fait écho quant à son insertion historique datée, cela ne s'invente pas à travers des comparaisons passe muraille qui enjambent les siècles pour produire des rencontres improbables que la réalité du terrain historique n'autorise en aucun cas. Retrouver un terrain historique, c'est s'interroger

---

7 Cette polémique supposée de période médinoise est conjoncturelle et donc datée (Q al-Baqarah 2:79). Elle était absente en période à supposer mekkoise où c'est tout l'inverse qui se représentait dans un cadre également conjoncturel et daté (Q al-Jāthiya 45:16).

8 Dans son statut de mot au singulier *al-injīl* devient le *qur'ān* de Jésus, celui qu'il est censé avoir transmis aux Banū Isrā'īl de son temps pour les remettre sur le chemin droit avant que ne survienne Aḥmad le « très louangé » (Q al-Ṣaff 61:6). Ce dernier verset est très suspect et pourrait bien être rattaché à la période omeyyade dans la continuité des inscriptions antichrétiennes et surtout antitrinitaires de la Coupole du Rocher (692).

sur une socialité datée qui s'inscrit sur un territoire à la fois dans son agir et dans son imaginaire collectif. Le biblisme du Coran s'inscrit forcément dans un cadre qui suppose cet ancrage et cette pratique de terrain. C'est cela seul qui permet à une étude de s'appuyer sur un principe de réalité. Face aux éléments d'origine biblique qui s'affichent dans le Coran la question primordiale consiste donc à se demander à quoi servent ces éléments manifestement importés dans le Coran lui-même. Dans quelle stratégie interne au texte sont-ils intégrés ? A quoi servent-ils ? Pourquoi est-on mis en présence à la fois de récits empruntés mais partiels et non d'une fidèle copie ? Il est clair que la réponse n'est pas à retrouver dans le corpus biblique une fois qu'ont été reconnus les récits sources qu'il s'agisse des textes canoniques ou des apocryphes. La réponse à trouver quant au caractère à la fois parcellaire et déformant des emprunts au champ biblique est à retrouver dans le Coran lui-même.

La question n'est donc nullement celle souvent mise en avant de supposées influences de la Bible sur le Coran. En l'occurrence c'est le Coran seul qui est acteur. Il prend dans les corpus extérieurs dont il a pu avoir connaissance – par des voies qui nous échappent largement – ce qui nourrit ses propres besoins argumentaires. C'est aussi pour cette raison qu'il délaisse ce qui ne lui convient pas. Quand on a compris cela la difficulté est alors de démêler les objectifs propres du Coran, autrement dit les enjeux qui sont les siens dans la production de l'expression qui est la sienne. De ces enjeux, l'emprunt n'est que le symptôme celui qui apparaît à la surface du discours mais qui ne nous dit rien directement sur la mécanique interne du texte ni sur les arrières plans qui mobilisent ce discours et lui donnent la nécessité de se dire de la façon dont il se dit. Partir de la Bible pour parler du Coran c'est donc prendre les choses à l'envers. On ne peut que constater que c'est pourtant la pratique habituelle. Nous allons donc ici nous efforcer de procéder autrement c'est-à-dire tout à l'inverse en ciblant un des récits mineurs d'inspiration biblique du Coran, celui qui met en scène la figure du prophète Elie.

De la coranisation tribale à la mutation postérieure des imaginaires

Les passages coraniques mentionnant la figure d'Elie se limitent à quelques bribes narratives dispersées. Toutes semblent être à situer dans le biblisme coranique de période mekkoise. Mais, comparés aux récits majeurs de période équivalente, ceux de Moïse, Abraham ou Noé, les récits d'Elie sont à la fois secondaires et d'une grande brièveté puisqu'ils ne comptent au mieux que quelques versets. Ces récits sont néanmoins très caractéristiques de ce que je nommerai le processus de coranisation. Ce processus est sans nul doute à objectif intégratif. Il est mis en oeuvre pour adapter les récits d'origine biblique à l'imaginaire coranique et aux enjeux de son discours. Mais il ne faut pas se leurrer quand je parle d'imaginaire coranique, je ne veux pas dire que cet imaginaire existerait *ex nihilo*. L'imaginaire coranique est en fait celui de la société du Coran, celui des tribus arabes du 7e siècle, tel qu'il s'exprime notamment dans leur langue dont il faut reconnaître les usages spécifiques en évitant de se laisser aller à déhistoriciser le sens des mots, c'est-à-dire à leur ôter leur signification datée en tombant immédiatement dans la banalisation et au final dans l'impropriété du sens.[9] Or cet imaginaire premier, celui de la société d'origine semble demeurer actif au moins jusqu'à la fin du 7e siècle, à l'apogée de la période omeyyade. Ce qu'on appelle l'islam continue alors de s'inscrire de manière quasi exclusive dans le registre de l'alliance entre les hommes et avec le divin et non pas dans le registre de la religion postérieure et largement hybridée qui ne s'est pas encore inventée. En effet, axé avant tout sur le politique et la gestion des terres conquises, l'islam omeyyade avait bloqué efficacement l'accès à l'alliance d'Allah des populations extérieures à l'Arabie dans ce qui était devenu un empire. Il ne faut jamais oublier en effet que le régime du *walā'*, le rattachement par entrée dans une tribu, seule voie d'accès à un ralliement à l'islam tribal, ne devient progressivement obsolète qu'à partir de la rupture abbaside. On voit que les limites et les frontières ne sont en rien données par les acteurs en cause comme celle qui à l'intérieur même du Coran oppose une supposée *jāhiliyya* à l'irruption salvatrice de la parole coranique.[10]

Cette limite est reprise non seulement par les exégètes musulmans médiévaux – ce qui était attendu de leur part – mais aussi de façon surprenante, *ad nauseam* et de façon très naïve, par nombre d'analystes modernes. C'est tout au contraire à l'historien de repérer les mutations et les frontières et le fait qu'à un certain moment et dans des conditions à déterminer on passe d'un champ de représentation à un autre. Or cela se fait généralement à l'insu des acteurs sociaux en cause qui cherchent le plus souvent à s'inscrire dans une continuité à moins que, dans les moments de crise comme c'est le cas aujourd'hui, ils ne cherchent des légitimations à leurs actions présentes dans un passé fantasmé et totalement irréel qu'ils voudraient faire revivre. Les franchissements de limites sont un fait constant dans le déroulement de la temporalité historique et dans l'évolution des sociétés. Mais ils ne s'inscrivent nullement dans la continuité rêvée que lui prêtent souvent les grandes croyances collectives à commencer par les religions. Ces ruptures d'imagi-

---

9 Voir *infra* note 11.

10 Voir les passages polémiques à présumer médinois de Q Āl ʿImrān 3:154 ; Q al-Māʾidah 5:50 ; al-Aḥzāb 33:33 ; al-Fatḥ 48:26.

naire accompagnent généralement les grandes mutations sociétales. Or s'il est un exemple en la matière qui peut passer pour un cas d'école c'est bien l'islam des premiers siècles qui voit des tribus, structurées socialement sur un mode segmentaire, sortir brusquement de la péninsule arabique pour que se forge au bout d'environ deux siècles, avec la participation active des populations extérieures, une société d'empire multiculturelle. Cette société commence à se mettre en place au début de la période abbaside quand, faisant sauter les verrous tribaux, se sont ouvertes les portes de l'intégration pour des populations qui étaient totalement étrangères à la péninsule arabique. La rupture avec le passé tribal s'avoue cependant d'autant moins que l'hétérogénéité de la nouvelle société est profonde. C'est donc dans ces situations sociétales mutantes que s'inventent prioritairement les mythes unificateurs et intégrateurs que l'on dit de fondation quand il s'agit de conjoindre le différent et le disparate. Le premier siècle abbaside en offre un magnifique exemple à travers ces deux modèles que sont le chiisme et le sunnisme comme productions idéologiques rivales. Elles n'appartiennent évidemment en rien à la première époque. Pourtant, tout autant l'une que l'autre, elles se dotent d'un passé imaginaire remontant à la période tribale qui légitime leurs aspirations et leurs enjeux dans le présent des neuvième et dixième siècles.

L'emprunt coranique comme grille sélective

Ces préliminaires méthodologiques étant posés, revenons à Elie. Face à un récit d'origine biblique tel que celui de l'Elie coranique, il est important de noter ce qui se dit par rapport au récit biblique et peut-être plus encore ce qui ne se dit pas. En effet, on va le voir, l'emprunt est fondamentalement sélectif. Il n'entre nullement dans un processus de reproduction à l'identique mais, au contraire, dans un processus d'appropriation qui peut aller jusqu'à effacer presque totalement le récit d'origine. Cela signifie que, sans se soucier des enjeux proprement bibliques, le récit coranique ne prend pour lui que ce qui lui importe, pour l'intégrer dans le schéma argumentatif qui est le sien. Ce schéma consiste le plus souvent à mettre le récit antérieur en position de symétrie avec la situation de Muḥammad face aux siens. C'est par exemple le cas lorsqu'il s'agit de tenter de compenser les sarcasmes qui accablent celui qui se dit « avertisseur », *mundhir*, *nadhīr*, de sa tribu durant la période mekkoise. Les figures bibliques invoquées sont alors montrées comme ayant eu, elles aussi, à subir pareilles avanies. Soulignons encore au passage que, pour aboutir à un résultat pertinent par rapport à ce qu'on peut appeler les intentions de signification du Coran, il est absolument indispensable de toujours travailler par corpus en regroupant dans chaque cas étudié toutes les occurrences concernées par le sujet que l'on traite. Ainsi, concernant la moquerie et les sarcasmes, il faut faire un repérage de l'ensemble des notions concernées comme *khawḍ, la'ib et lahw* avec le sens de ne pas prendre au sérieux un signe divin, *āya* ou *istahza'a* et *sukhriyya,* avec le sens de se moquer.[11] Le procès d'intégration du récit d'Elie est différent de ces récits à vocation compensatoire. Si le l'ai choisi, c'est d'ailleurs moins pour m'intéresser à ce qu'il dit que pour m'interroger sur ce qu'il ne dit pas. Il s'agit de tenter de comprendre pour quelle raison se trouve effacée la quasi-totalité du scénario biblique à commencer par le massacre des prophètes de Baʿal qui fait le clou du récit biblique dans 1 Rois 18. On verra que cela ne tient en rien à un oubli mais vraisemblablement à une incompatibilité anthropologique qu'il nous faudra identifier.

Listings référentiels et discordances entre le Coran et la Bible

Elie apparaît dans le Coran sous le nom de Ilyās.[12] Cette dénomination proviendrait de Elias qui est la forme grecque de son nom[13]. Le nom en hébreu, Eli-yahou signifie « El mon dieu est Yahveh ». Ce nom figure dans 1 Rois 17 et au début de 2 Rois. La fin du long récit biblique qui lui est consacré se poursuit ensuite avec son disciple Elisée.

Le Coran cite à deux reprises le nom al-Yasaʿ qui serait à assimiler à Elisée. Mais aucun développement narratif n'est lié à ce nom. Dans les deux cas concernés (Q Ṣād 38:48 et, Q al-Anʿām 6:86) al-Yasaʿ figure dans des suites de noms bibliques qui sont présentés comme des figures de référence dont il convient de « se souvenir ».[14] Ces figures mémorables reçoivent une véritable caution divine pour s'être bien conduits en ce monde. Ainsi dans Q Ṣād 38:48, trois figures, celles de Ismā'īl

11 Voyez notamment les passages de Q Yā Sīn 36:30 et Q al-Anbiyā' 21:41.

12 Q 37:123. Dans la suite du même passage le nom Ilyās devient Il-Yasīn au verset 130 pour des raisons de rime. L'autre mention du nom Ilyās est celle de Q al-Anʿām 6:85.

13 Selon Josef Horovitz, la forme grecque de ce nom utilisée dans les milieux chrétiens de Palestine serait descendue en Ethiopie sous la même forme, cf. Horovitz, « Jewish Proper Names and Derivatives in the Koran », *Hebrew Union College Annual,* 2, (1925): 171. On serait donc en présence d'une remontée indirecte par l'intermédiaire des milieux biblisés du Yémen.

14 Certaines listes sont introduites par l'impératif *udhkur* (racine *dh-k-r*) (Q al-Aḥqāf 46:21 ; Q Ṣād 38:17, 41, 45, 48 ; Q Maryam 19:16, 41, 51, 54, 56) qu'il faut vraiment comprendre au sens fort. Il est donc opportun de traduire par « fais souvenance » en tant qu'il s'agit de garder en mémoire ce qui est utile collectivement et qui devient donc mémorable. Il faut donc éviter le sens moderne banalisé de « mentionner » pour rendre compte des usages de ce verbe en contexte coranique.

(Ismaël) de al-Yasaʿ (donc Elisée) puis celle de Dhū-l-Kifl (« Celui à la part double »[15]) sont-ils qualifiés « d'hommes de vertu », *akhyār*[16], dont il faut donc se souvenir *(dhikr)* pour avoir eu une conduite exemplaire tant vis à vis des leurs que vis à vis du divin et de la voie qu'il a tracée pour eux et les leurs. Du point de vue biblique, le Coran est donc déjà dans une première discordance d'importance, puisque la figure d'Elisée n'est en rien reliée à celle d'Elie, effaçant le long récit des rapports entre les deux figures qui sont relatées dans les textes de 1 Rois 19, 15–21 et 2 Rois 2, 1–18. Le long scénario de la fin du premier Livre des Rois et celui du début du second Livre des Rois échappe complètement au Coran et ne l'intéresse en rien.

Qu'advient-il donc alors de l'Elie coranique amputé de son disciple Elisée ? On peut d'abord noter que comme d'autres figures bibliques dont celle de al-Yasaʿ mais indépendamment de lui, Elie est nommé dans les énumérations coraniques de figures présentées comme référentielles, une fois sous le nom de Ilyās et peut-être une deuxième sous le nom de Idrīs. Nous ne traitons pour le moment que de ces listes avant d'aborder ensuite la partie narrative de la sourate 37 qui met en scène Elie dans un bref récit.

C'est dans la sourate sixième que l'on retrouve la liste de figures référentielles qui comporte la plus longue énumération. Elle s'étale sur plusieurs versets, (Q al-Anʿām 6:83–86) et semble représenter la somme de toutes les figures nommées durant la période à présumer mekkoises, à l'exception des figures féminines et des

15 On s'est interrogé sur la figure biblique qui serait à retrouver derrière cette dénomination. Élisée est souvent évoqué du fait de la promesse que lui fait Élie avant d'être enlevé au ciel dans 2, Rois 2, 9 (« que me revienne une double part de ton esprit »). Mais c'est incompatible avec le présent passage puisque le nom d'al-Yasaʿ y figure. Une autre hypothèse désignerait Job que l'on rencontre sous le nom de Ayyūb dans des listes (Q al-Anʿām 6:84 ; Q al-Nisā' 4:163) ou dans de brefs passages narratifs (Q Ṣād 38:41–44 ; Q al-Anbiyāʾ 21:83–84). Si on devait retenir cette seconde option il y aurait donc reprise de la même figure sous un autre nom à quelques versets d'intervalle (de Q Ṣād 38:41–48). Dans le texte biblique de Job 42, 10, la situation de Job est rétablie au double de ce qu'elle était. Dans le Coran la bienveillance divine, *raḥma*, lui est rendue ainsi qu'à sa famille après l'épreuve (Q Ṣād 38:43; Q al-Anbiyāʾ 21:84). Dans le cas des deux sourates, le nom dhū-l-Kifl apparaît dans une liste qui suit le bref récit (pour Q al-Anbiyāʾ 21:83–85). Dans ce deuxième passage, la liste se compose de Ismaël, Idrīs et dhū al-Kifl. Cela pose d'ailleurs un autre problème car Idrīs, figure énigmatique, est identifiée tantôt à Élie (Dhū-l-Kifl pouvant dès lors renvoyer à Elisée) tantôt à Hénok (les deux ayant été élevés au ciel selon le corpus biblique, Genèse 5, 24 pour Hénok et 2 Rois, 2, 1, 11 pour Elie). Les trois figures de la sourate 21 sont désignées comme des *ṣābirūn*, « ceux qui endurent les épreuves » (sans se détourner de la voie tracée par la divinité).

16 Dans le verset précédent, le qualificatif *akhyār* est aussi appliqué à Abraham, Isaac et Jacob au milieu d'autres louanges. On est alors dans une phase coranique où Ismaël est disjoint de la lignée abrahamique, *supra* note 2.

figures locales. Le fait a été relevé déjà par Josef Horovitz[17]. Il attribue par ailleurs l'absence des figures locales celles des « avertisseurs » attribués aux peuples d'Arabie dont la disparition avait fait légende, les ʿĀd et les Thamūd, au fait que les Médinois biblisés, autrement dit les juifs locaux, ne les associeraient pas à leurs propres référents. L'argument ne tient pas pour la période mekkoise où les noms de circonstance de Ṣāliḥ (le « Juste ») et Hūd (un dérivé de *yahūd*, le « Judéen » ?[18]) sont donnés aux « avertisseurs » des ʿĀd et des Thamūd comme par effet de miroir avec les noms des figures bibliques qui font récit. Par contre il est certain que c'est le Coran lui-même qui associe ces figures locales aux remontées bibliques sur lesquelles il argumente et qui, avant la période médinoise, lui arrivent de manière plus que vraisemblable des milieux biblisés du Yémen, sans d'ailleurs que soient distinguées les deux obédiences religieuses[19] que le Coran regroupe sous le nom collectif de « Fils d'Israël », Banū Isrāʾīl, même s'il perçoit confusément des divergences au sein de cet ensemble qu'il voit encore comme unique.[20]

Revenons donc aux listes de la sourate sixième pour voir comment s'y trouve placée la figure d'Elie. L'énumération commence au verset 84 dans la suite d'un récit qui met en scène Abraham dans un récit mixte mélangeant manifestement une entame mekkoise au verset 74 sur la rupture d'Abraham avec son père (nommé Āzār dans ce seul passage) et tout un développement (versets 75–83) qui semble interpoler une glose sur les signes célestes qui conduisent Abraham dans la voie du vrai dieu et qui semble apparentée aux écrits intertestamentaires tels le Livre éthiopien des Jubilés (XIV) ou l'Apocalypse d'Abraham (VII).[21] La liste des référents bibliques commence ensuite au verset 84 avec Isaac et Jacob qui semblent encore passer pour les deux fils d'Abraham sans qu'Ismaël ne leur soit rattaché. Avant

---

17 Josef Horovitz, *Koranische Untersuchungen* (Berlin: W. de Gruyter & Co, 1926), 37 : « die Frauen aber lässt die Liste völlig unberücksichtig ». Horovitz fait avant tout allusion à l'absence de Marie. Il note également qu'Adam n'est pas nommé alors qu'il l'est dans une liste à l'évidence, beaucoup plus tardive et de formulation plus ramassée celle de Q Āl ʿImrān 3:33.

18 On trouve Hūd en contexte médinois pour désigner les judéens, Q al-Baqarah 2:111, 135.

19 Il ne faut jamais oublier que les dénominations de judéens, *yahūd*, et de nazaréens, *naṣārā*, n'apparaissent qu'à partir de la période médinoise, de même que toute une terminologie nouvelle et qui devient de première importance à commencer par la dénomination *ahl al-kitāb* ou encore *tawrāt* et *injīl*. La période à supposer mekkoise ignore totalement cette terminologie.

20 Divergences, *ikhtilāf*, mentionnées par exemple dans Q Yūnus 10:93 ; al-Sajda 32:25 ; al-Zumar 39:3 ; al-Jāthiya 45:17.

21 Ce dernier écrit n'a été conservé que dans une traduction slave qui avait été précédée par un texte en grec lui-même basé sur un écrit précédent en hébreu On se rapportera à *La Bible écrits intertestamentaires*, XVI, textes présentés par Belkis Philonenko-Sayar et Marc Philonenko (Paris: Gallimard, 1987). Sur le passage coranique, lire Heinrich Speyer, *Die biblischen Erzählungen im Qoran* (Leipzig: Gräfenhainichen, Schultze, 1931), 124.

Abraham et ses fils il y a eu Noé – nous est-il dit dans le même verset – et ensuite sa descendance, *dhurriya*. L'énumération devient alors totalement hétéroclite du point de vue de la chronologie biblique. La descendance de Noé commence en effet avec David et Salomon (toujours au verset 84) pour continuer avec Job (Ayyūb), Joseph, Moise et Aaron. Au verset 85, figurent Zacharie, Jean (Baptiste donc Yaḥyā), Jésus, (ʿĪsā, non suivi de l'habituel complément fils de Marie), Elie (Ilyās). La liste se clôt au verset 86 avec Ismaêl, Elisée (al-Yasaʿ), Jonas (Yūnus) et Loth. Chacun d'entre eux est dit avoir été favorisé par la divinité parmi les peuples, *kullan faḍḍalnā ʿalā al-ʿĀlamīn*. Il faut comprendre chacun au sein de son propre peuple.[22]

Face à cette énumération qui reprend la presque totalité des noms auxquels, pour une grande partie d'entre eux, a été accolé un ou plusieurs récits de reprise, le discours coranique semble chercher à produire un effet rhétorique de massification et d'accumulation destiné à impressionner par le nombre des noms cités à la suite. On est là encore dans une stratégie propre à ce discours qui ne se soucie en aucune façon de ce à quoi il emprunte ses figures référentielles. Il ne faudrait pas d'ailleurs s'imaginer que l'emprunteur a en face de lui les livres ouverts des corpus bibliques qu'il s'agisse des textes canoniques, des diverses gloses de type targumique ou des multiples Apocryphes. Les conditions de la rencontre qui permet l'emprunt sont inconnues quoi qu'en disent les sources de la tradition musulmane qui d'un point de vue religieux ne peuvent se passer de réponses et d'identification personnalisée ou globale. On sait que le Coran répond à deux reprises sur ce point en ciblant à La Mekke une unique personne de naissance non arabe puisqu'elle est dite *aʿjamī*[23]. L'argument coranique consiste à dire que, de ce fait, elle ne saurait

22 On aura remarqué que je me distingue des traductions habituelles qui traduisent le pluriel *al-ʿālamūn* par les « mondes », aussi bien par référence au singulier de l'arabe *ʿālam* (qui ne se trouve pas dans le Coran) que par rapport au terme *ʿôlām* de l'hébreu auquel le Gesenius' *Hebrew-Chaldee Lexicon to the Old Testament* (Grand Rapids, MI: Baker Book House, 1947, 1988) donne, à la page 612, un sens avant tout temporel, celui de durée indéterminée, voire d'éternité ou d'ancien temps comme dans Genèse 6, 4 ; mais il peut s'agit également de la durée à venir sans limite comme dans Deutéronome 15, 17, Psaume 45, 7 ou 89; 37. C'est l'hébreu rabbinique qui semble évoluer vers le sens habituellement retenu par les traducteurs de l'arabe, celui de « monde ». Je ne suis pas de cet avis pour les usages coraniques dans lesquels le sens semble avoir évolué pour désigner les hommes qui occupent le temps et l'espace, autrement dit les peuples, les tribus ou les hommes comme groupes constitués selon une vision segmentaire des sociétés qui ressortit au modèle tribal.

23 Les deux passages de Q al-Furqān 25:5 et Q al-Naḥl 16:103 sont bien connus. L'autre argument consiste à dire que les récits étrangers arrivent par inspiration, *min anbāʾ al-ghayb* (Q Hūd 11:49), à partir du *kitāb*, l'Écrit surnaturel des événements utiles du passé dans lequel ils ont été consignés pour être dûment mémorisés et utilisés à l'occasion (on en a un exemple *supra*). Les récits ou thématiques d'inspiration étrangère, *asāṭīr al-awwalīn* (Q al-Muṭaffifīn 83:13 etc.) pourtant dûment reconfigurés en imaginaire coranique et tribal, sont disqualifiés par les Mekkois et relégués au niveau de récits inaudibles voire nuisibles car ils émanent « d'anciens » qui ne sont pas de généalogie

produire un discours en arabe clair, *mubīn*, tel que le Coran revendique de l'être pour être compris de ceux à qui le discours s'adresse, étant entendu de surcroît qu'on est clairement dans un contexte d'oralité (Q al-Naḥl 16:103).[24]

Il reste à régler le cas d'Idrīs. S'agit-il ou non d'un autre nom d'Elie ? Cette figure fait l'objet de deux mentions coraniques sans être jamais mise en concurrence avec le nom Ilyās dans le même passage. Le passage le plus ancien est sans doute celui de Q Maryam 19:56. Le contexte est rahamaniste. Cela signifie que l'on est dans un moment du discours coranique où la figure du dieu créateur n'est pas encore celle d'Allāh, mais exclusivement celle du Raḥmān. Ce terme qui évolue ensuite comme qualificatif est alors un nom divin à part entière.[25] Il entre dans le Coran comme remontée du Sud qui importe la figure du Raḥmānān créateur des cieux et de la terre d'abord dans le judaïsme local à partir du milieu du Ve siècle puis dans le christianisme yéménite du VIe siècle. Les inscriptions lapidaires relevées et datées témoignent sans équivoque de ces usages.[26]

C'est dans ce contexte qu'apparait le nom Idrīs. Il s'intègre dans une suite de récits commençant tous par la formule : « fais rappel dans l'Écrit », *udhkur fī-l-kitāb.* Il faut comprendre ici qu'il s'agit de l'écrit surnaturel qui est supposé conserver de façon sûre les événements du passé. Une longue première partie porte sur Zacharie et la naissance de son fils Jean (Yaḥyā) suivie de la naissance miraculeuse du « garçon de Marie ».[27] Le récit suivant moins long mais malgré tout assez substantiel

---

tribale et ne s'inscrivent pas dans la voie des pères de la tribu, *al-abā'* qui est la seule voie qu'il faut suivre (Q al-Zukhruf 43:22–23)

24 Un passage médinois de polémique contre les juifs locaux est très significatif et à haute valeur anthropologique. Il nous rappelle encore que la mise par écrit de main humaine de toute donnée vue comme révélatoire fait horreur, Q al-Baqarah 2:79.

25 Nos remarques sur le passage du rahmanisme à l'allahisme dans nos *Trois Piliers de l'islam*, chap. troisième (Paris : Seuil, 2016).

26 Relevé d'inscriptions contenant le nom divin Raḥmānān dans Iwona Gajda, *Le Royaume de Himyar à l'époque monothéiste*, Paris 2009, 227–230.

27 Le garçon, *ghulām*, de Marie, Q Maryam 19:19. Cette partie se termine par un passage qui nomme Jésus, ʿĪsā, mais que l'on peut penser interpolé donc plus tardif (Q Maryam 19:34) car Jésus n'est jamais nommé dans les passages de nativité à présumer mekkois comme Q al-Anbiyā' 21:91 (Marie n'est d'ailleurs pas non plus nommément citée dans ce passage qui pourrait être d'entrée de thème). Elle est dite « celle qui a préservé son sexe », *aḥsanat farja-hā*, ce qui ne veut pas dire que la figure féminine concernée est vierge mais qu'elle n'a pas copulé en dehors des règles de l'union tribale. La virginité apparaît par contre comme un des éléments majeurs dans la sourate 19 pour dire la naissance miraculeuse mise en acte par le divin. Mais si on respecte les règles de la lecture critique le sens d'un passage ne se reporte pas automatiquement sur un autre. Plus que dans aucun texte c'est le cas dans le Coran qui se présente globalement comme de construction non thématiquement synthétisée faisant coexister des ensembles totalement hétérogènes et lié chacun à une conjoncture d'expression qui lui est propre. Cette hétérogénéité ne se remarque que si on

(Q Maryam 19:41–50) relate la rupture d'Abraham avec le culte que son père voue à « ce » (*mā*) qui est inerte. Celui-ci menace de le chasser car son fils le détourne de ses « divinités », *āliha*. Abraham rompt avec son père, quitte les lieux et son Seigneur lui donne Isaac et Jacob qui passent donc pour ses deux fils. Viennent ensuite deux récits beaucoup plus courts, l'un concerne la mission de Moïse et l'autre la figure d'Ismaël (donc vu indépendamment d'Abraham). Ismaël est curieusement présenté comme un « messager », *rasūl* (porteur de message divin ; mais il n'est pas dit à qui et c'est un passage unique) et comme un prophète, *nabī*. C'est après cela qu'entre en scène l'évocation d'Idrīs. Elle ne comporte que deux versets.

Maryam 19:56–57
Verset 56 : « Fais rappel d'Idrīs (dont l'histoire) **se trouve dans l'Écrit** (surnaturel qui conserve la mémoire du passé), ***udhkur fī-l-kitāb Idrīs*** **; il fut certes un homme dans la juste voie et un prophète, *inna-hu kāna ṣiddīqan nabiyyan* ».**[28]
Verset 57 : « Nous l'avons fait monter dans un lieu élevé, *rafaʿnā-hu makānan ʿāliyan* »

Nous traduisons *rafaʿnā-hu* du verset 56 par « nous l'avons fait monter », pour éviter une répétition en français. Il faut bien voir cependant que le verbe *rafaʿa* renvoie à une « élévation instantanée » sans progressivité comme si on montait marche après marche sur une échelle, vision que l'anthropologie coranique récuse totalement.[29] La seule autre figure qui bénéficie de cet enlèvement au ciel est le Jésus non crucifié de Q al-Nisāʾ 4:158 et Q ʾĀl ʿImrān 3:55.

---

rassemble les éléments dispersés des corpus thématiques ce que la lecture traditionnelle ne fait pas sauf dans quelques cas flagrants qui ont produit chez les exégètes et surtout chez les juristes la théorie du *naskh*, la supposée « abrogation », ce à quoi l'emploi de mot dans le Coran (al-Baqarah 2:106) ne conduit nullement en tout cas pas de manière systématique au gré des lectures idéologiques postérieures. *Cf.* John Burton, *The Sources of Islamic Law: Theories of Abrogation* (Edinburgh: Edinburgh University Press, 1990).

28 La double qualification de *ṣiddīq* et *nabī* s'applique dans Q Maryam 19 également à Abraham (v. 41) ; en dehors de ces deux emplois au singulier, on a seulement la même qualification pour Joseph (Q Yūsuf 12:46), pour Marie, *ṣiddīqa* (Q al-Māʾidah 5:75), et des emplois de pluriel *ṣiddīqūn* (Q al-Ḥadīd 57:19 et Q al-Nisāʾ 4:69) ; ce qualificatif se rencontre en hébreu et araméen (la « droiture » dans Psaume 15, 2, *ṣedeq ;* voir également Horovitz, « Jewish Proper Names and Derivatives in the Koran », *Hebrew Union College Annual*, 2, (1925): 213 qui donne *ṣaddīq*, le juste). À la page 194–195 de son *Foreign Vocabulary* (Baroda : Gaekwad's Oriental Series, 1938), Arthur Jeffery indique qu'à partir du sens qualifiant l'homme « juste » on dérive dans les milieux rabbiniques postérieurs vers la « piété ». Il estime que c'est le sens pour Abraham et Idrīs dans le Coran. Ce n'est pas du tout mon avis au regard du substrat anthropologique auquel se rattache le Coran qui demeure obsédé par le suivi de la voie juste dont il ne faut pas s'écarter et non pas par le respect d'un ritualisme quelconque.

29 Voir la vision de l'ascension impossible pour un humain aussi puissant soit-il pour Pharaon, Q Ghāfir 40:36–37 ou encore la montée impossible grâce à un *sullam* de Q al-Anʿām 6:35. Lire nos remarques à ce sujet dans *Les Trois Piliers de l'islam*, chap. quatrième (Paris: Seuil, 2016). Cela exclut évidemment tout *miʿrāj* céleste pour Muhammad dans le Coran.

On a à l'évidence dans le verset de Q Maryam 19:56 une allusion biblique à un enlèvement au ciel de cette sorte. La question se pose de savoir de qui il s'agit. On est en présence de deux candidats soit Henôk de Genèse 5, 24, soit Elie dans le récit beaucoup plus prolixe de 2 Rois 2. La tradition musulmane postérieure a soutenu les deux hypothèses et d'autres encore dans son *ikhtilāf*, sa polémique interne. Mais au VIIe siècle, à l'époque du Coran, les corpus et les légendes débordent de très loin le strict canon qui est d'ailleurs différent selon les Églises, notamment l'éthiopienne, qui admet les livres de Henôk dans son canon. Le nom même d'Idrīs lié à la racine DRS, qui renvoie au midrash rabbinique (racine hébraïque équivalente DRCH) et qui dans les écrits apocryphes fait de Henôk un scribe avec le titre indéchiffrable de Meṭṭaṭrôn (avec l'emphatique hébraique *têt* curieusement redoublée) qui se tient au plus près du trône divin (3 Henôk, *sefer hêkalôt*) orienterait plutôt vers cette hypothèse plutôt que vers celle d'Elie. Le Coran ne souffle mot de cet imbroglio qui lui a manifestement complètement échappé sinon pour retenir un nom inconnu mais marquant.

Le second passage qui nomme Idrīs dans le Coran, celui de Q al-Anbiyāʾ 21:85 n'est pas plus éclairant. Il s'agit d'une liste voulant là encore produire un effet de masse. Idrīs s'y trouve placé entre Ismaël et Dhū-l-kifl. Cela pourrait faire revenir le balancier de l'hypothèse vers Elie si on considère que « celui à la part double » représente la figure d'Elisée au lieu de celle de Job. Les éléments à disposition dans le Coran ne permettent pas de résoudre l'énigme que nous nous posons car l'identité précise de ces figures reste une non question dans la stratégie coranique. Il ne faut donc pas substituer nos interrogations à celles du texte que nous étudions. Or ce sont ces dernières et elles seules qui sont pertinentes.

Le récit coranique d'Élie

En dehors de ces listes difficilement exploitables et du rôle de simple affichage que leur assigne le Coran, loin de toute préoccupation biblique, Elie se voit consacrer un récit coranique bref et unique. On est dans la sourate 37 dans une séquence de dix courts versets (Q al-Ṣāffāt 37:123–132). Mais si on se base du point de vue de ce qui constituerait une restitution du récit biblique, on peut dire que cette restitution est vraiment minimale. Elle se réduit en effet en tout et pour à deux mots Ilyās et le Baʿal. Tout le reste s'inscrit dans un argumentaire typiquement coranique qui n'a rien à voir avec les péripéties de la saga biblique d'Elie qui se déploie dans les deux Livres des Rois, à la fin du premier et au début du second. Nous allons donc détailler le bref scénario de cette unique séquence.

Ilyās est d'abord nommé au verset 123 comme faisant partie des *mursalūn*, ce qui le rattache d'emblée à une catégorie coranique surtout présente en période mekkoise. Il faut évidemment en examiner le corpus avant de tirer des conclusions. On peut dire en un mot que les *mursalūn* sont les porteurs du message divin qui ont mission de s'adresser à leur peuple pour permettre à ce peuple de sortir de la mauvaise voie dans laquelle il s'est engagé en lui promettant, s'il le fait, la prospérité et un bel avenir. De fait, Ilyās est présenté dans Q al-Ṣāffāt 37:124 comme s'adressant à son *qawm*, donc à son peuple.[30] Cela constitue d'entrée une nette rupture avec le schéma biblique qui, le plus souvent, met en scène des prophètes voyageurs qui vont alerter au nom de Yahveh, un roi dont ils ne sont pas les sujets ou un peuple qui n'est pas le leur. C'est justement le cas dans le récit biblique d'Elie. Mais, tout comme Muḥammad face aux siens, les *mursalūn* du Coran sont montrés comme affrontés au refus d'écoute de leur peuple. C'est le *takdhīb*, notion coranique récurrente.[31] Le verbe *kadhdhaba* figure effectivement dans Q al-Ṣāffāt 37:127.[32]

Le récit d'Elie s'inscrit donc dans une logique et un environnement clairement coranique. Cela se confirme avec la notion d'*ittiqā'* évoquée dans Q al-Ṣāffāt 37:124 qui appartient là encore à un important corpus coranique. Mais il ne faut pas se tromper sur le sens de cette notion qui est traduite le plus souvent de manière impropre par la crainte ou la peur ou, pire encore, comme chez Blachère, par la

30 « Quand il dit à son peuple, *idh qāla li-qawmi-hi* ». On retrouve en l'occurrence le schéma tribal qui traverse tout le Coran selon lequel un avertisseur, ou porteur de nouvelles, surtout mauvaises, a mission de s'adresser aux siens pour les prévenir et éviter qu'ils ne tombent dans le péril annoncé. On est anthropologiquement dans une stratégie de prévision dans un milieu social exposé constamment à des situations imprévues, aléatoires et mettant en péril la survie du groupe auquel on appartient.

31 Le rejet de la parole d'avertissement par la dénégation, *kadhdhaba*, « déclarer mensonge », est une thématique présente très rapidement dans le Coran dès lors que la parole de Muhammad n'est pas entendue. C'est pour contrer cette dénégation qui traverse tout le corpus coranique que l'on peut considérer hypothétiquement comme de consonnance mekkoise que se multiplient les tentatives argumentaires. Cela va des appels au raisonnement sur les *āyāt*, les signes visibles que tout le monde a sous les yeux, à l'accumulation de récits référentiels qui dépeignent des situations antérieures de rejet qui ont toutes mal tourné pour les dénégateurs. Le discours s'enfle d'autant plus que le rejet demeure inentamé jusqu'à la fin de la période à supposer mekkoise.

32 « Ils déclarèrent mensonge [ce qu'il leur transmettait], *fa-kadhdhabū-hu* ». Elie ne parle pas évidemment de son propre chef mais comme *mursal*, « chargé de transmettre au siens un message surnaturel ». On trouve une belle série de dénégations symétriques opposées à des figures de transmetteur dans Q al-Shuʿarāʾ 26:105 (Noé), 123 (Hūd, figure non biblique, l'avertisseur des ʿĀd, peuple supposé disparu d'Arabie), 141 (Sāliḥ, figure non biblique, avertisseur des Thamūd, peuple supposé disparu d'Arabie ; il ʻagit en réalité des vestiges architecturaux des Nabatéennes de Hégra, al-Hijr, actuellement Madā'in Ṣāliḥ), 160 (Loth considéré là aussi comme s'adressant à son peuple à l'inverse du scénario biblique de l'étranger dans une ville qui n'est pas la sienne).

piété. En ce qui concerne ses usages coraniques, on peut dire que la notion d'*ittiqāʾ* doit être ramenée à son substrat anthropologique. Il s'agit de la prudence qui amène tout homme de tribu sensé à « prendre ses précautions » ou « se prémunir » (sens de base dans la racine *w-q-y*) face à un avenir porteur de menace et donc à faire le bon choix tant qu'il en est encore temps. Cela renvoie indubitablement à une société dans laquelle il revient à chaque chef de parenté de prendre de lui-même les décisions qui engagent les siens sans qu'aucune contrainte extérieure ne puisse s'exercer sur lui puisque la société tribale ne dispose d'aucun organe de contrainte. Ilyās est donc installé dans un schéma qui renvoie non à la machinerie de son récit biblique mais indubitablement à celle de sa société d'accueil.

Que reste-t-il alors du récit d'origine ? En dehors du nom même de celui qui est donc devenu un *mursal* coranique. Un seul mot a survécu celui de Baʿal. Mais on va voir qu'il est lui aussi reconfiguré et inscrit dans un registre typiquement coranique. Le Baʿal apparaît en effet dans le verset suivant :

Q al-Ṣāffāt 37:125 : « Allez-vous invoquer un Baʿal en délaissant le meilleur des créateurs, *a-tadʿūn Baʿalan wa-tadharūn aḥsan al-khāliqīn* ? »

En dehors du terme Baʿal dont c'est la seule occurrence coranique, on retrouve dans ce verset une terminologie familière d'une part avec le *duʿāʾ* et d'autre part avec le divin déclaré « créateur », *khāliq*. On est à encore totalement en dehors du schéma biblique. Le *duʿāʾ*, comme invocation au divin pour demander une protection ou un secours se rencontre en période mekkoise dans ce que j'appelle la bataille des dieux lorsque la parole coranique cherche à imposer la représentation de la suprématie totale du dieu créateur contre les divinités locales. Ces *āliha* sont dénoncées comme totalement impuissantes et incapables d'apporter le moindre secours à ceux qui commettraient l'erreur de les invoquer et cela dans la mesure où il ne s'agit pas de divinités capables de « créer » quoi que ce soit.

Cette mise en scène commence avec les sourates qui présentent une figure divine créatrice, d'origine juive ou chrétienne, dont on est certain qu'elle est importée du Yémen, celle du *Raḥmān*, le « Bienveillant »[33], par exemple dans Q al-Zukhruf 43:86 ; Q Maryam 19:48. La mise en scène se prolonge ensuite avec « ce qu'on invoque en dehors d'Allah », *min dūni Allāh*. Ces divinités locales sont dites ne rien pouvoir faire pour ceux qui les invoquent car elles ne sont pas créatrices.[34] Contrairement à ces divinités autres, le texte ne manque pas de souligner combien le dieu créateur est utile aux hommes à travers le qualificatif, *aḥsan al-khāliqīn*. Ce n'est pas l'unicité qui,

---

33 *Supra* notes 25, 26.

34 Q al-Naḥl 16:20 ; Q al-Furqān 25:68 ; Q Luqmān 31:30 ; Q Fāṭir 35:40 ; Q Ghāfir 40:20 ; Q al-Aḥqāf 46:4–5.

dans ce cas, est mise en avant comme dans d'autres passages plus tardifs. Le *ḥusn* divin s'inscrit comme réponse efficace à un quotidien fragile et incertain. Ce *ḥusn* renvoie à ce que les hommes de tribu peuvent attendre du divin en tant que créateur de subsistance dans une société qui pouvait connaître la disette et la famine comme le rappelle le très ancien passage de Q Quraysh 106:3 qui évoque le *jūʿ*.[35] Quant à la mention du Baʿal dans ce contexte, on peut dire qu'elle cherche simplement à produire un effet d'exotisme et d'étrangeté comme si la situation mekkoise pouvait se projeter telle qu'en elle-même dans l'altérité de tout autre peuple dans lequel le dieu créateur aurait désigné un *mursal* et dont le dieu non créateur porterait le nom de Baʿal. Les mêmes causes seraient alors censées produire les mêmes effets.

On ne peut que constater qu'avec cet Elie entièrement coranisé et reconfiguré, on est à mille lieux du scénario biblique qui le confronte aux prophètes de Baʿal dans l'épisode du sacrifice du Mont Carmel. Aucun écho de cet épisode biblique majeur ne migre vers le Coran. Nous pensons que la raison en est purement anthropologique. On nous dit dans le texte de 1 Rois 18 que le sacrifice du taureau offert par les prophètes de Baʿal ne suscite aucune réponse de la part de leur dieu. Au contraire l'holocauste qui lui succède, offert par Elie à Yahveh, le dieu d'Israël, est dévoré tout entier par le feu divin, bien que de l'eau ait été versée d'abondance sur le bucher. Mais c'est surtout la suite qui est intéressante. Devant leur échec patent, Elie fait saisir les 450 prophètes de Baʿal et les ayant fait descendre dans le lit du torrent du Qishôn, il les égorge tous, tout comme on le ferait d'animaux voués au sacrifice. L'hébreu biblique utilise dans ce passage le verbe très explicite *shâḥaṭ* que l'on retrouve dans l'arabe *saḥaṭa* avec le même sens et qui signifie abattre des animaux en les égorgeant. Le texte biblique remplace ainsi la victime animale par leurs sacrificateurs en échec, mettant en scène ce que dans la Grèce antique on appelait une hécatombe, mot qui renvoie au sacrifice de cent boeufs, en grec *hecaton bous*.

---

35 Il ne faut jamais oublier que la cité de La Mekke a une base économique très étroite. Aucun moyen de subsistance n'est produit sur place. Tout doit venir de l'extérieur soit de la haute montagne de al-Ṭāʾif (1800 m et à 70 kms) soit de l'oued qui descend vers Jedda et qui suppose lui aussi un trajet significatif. La comparaison est édifiante entre Yathrib/Medine, grand espace oasien avec cinq tribus résidentes, situé qui plus est comme étape immémoriale sur la grande voie marchande qui descend du Proche Orient vers les terres à encens du Yémen, et La Mekke cité groupée autour d'un point d'eau abritant une seule tribu et située dans les montagnes de l'ouest à trois nuits de marche de la grande voie marchande. Il faut cesser de prolonger la fiction de La Mekke, grande cité caravanière qui rayonnerait sur toute l'Arabie. Les Mekkois n'ont été au mieux que de petits caravaniers qui seulement à la fin du VIe siècle auraient réussi à mettre sur pied le petit trafic régional que laisse entrevoir la sourate dite de Quraysh avec une caravane de printemps, *sayf*, le long de la côte (et non sur la grande route marchande intérieure) quand les oueds en crue ne barraient plus le passage et un autre voyage en hiver vers Najrān, profitant de la chute du royaume d'Abraha.

Du point de vue de la société tribale et donc du point de vue du Coran dans son contexte d'origine, un tel carnage était totalement impensable. Le récit biblique se heurte là à une impossibilité anthropologique et à ce qu'on pourrait appeler une frontière infranchissable de l'imaginaire tribal. Le texte biblique rédigé au miroir de conflits millénaires, était en mesure d'attribuer à l'un de ses prophètes l'exercice de cette violence extrême qui pouvait faire périr pour des raisons idéologiques et religieuses plusieurs centaines d'adversaires. Cela ne pouvait en aucun cas être un sort envisageable pour les *mukadhdhibūn*, les dénégateurs du Coran, aussi obstinés soient-ils.

Face à ce type de récit, s'il était advenu qu'il ait pu être connu, le silence coranique est intéressant à évaluer. Il démontre que, contrairement à ce que la tradition musulmane postérieure qui n'appartenait plus à ce contexte de société, imaginera ensuite, ce sont bien les règles collectives de sa société qui s'imposaient à la parole coranique et non l'inverse. La violence humaine massacreuse n'était pas de ce monde et de cette époque. La parole coranique en échec ne peut rien contre ses dénégateurs. Elle n'a alors d'autre ressource que de déporter cet échec vers une eschatologie du châtiment. Celle-ci se trouve souvent dépeinte sous les couleurs les plus effrayantes et les plus terrifiantes pour les hommes de tribu de ce temps et de ce lieu.[36] Mais ici la conclusion est beaucoup plus sobre. Elle tient en un seul mot :

Q al-Ṣāffāt 37:127 : « Ils ont été dénégateurs [de la parole d'Elie**],** ***fa-kadhdhabū-hu*****, ils seront donc de ceux qui seront forcés de comparaître**[37]**,** ***fa-inna-hum la-muḥdharūn*** ».

Ce qui est en cause c'est évidemment la perspective qui se voulait terrifiante du Jugement eschatologique. On peut douter cependant que cette menace qui était censée peser sur le peuple d'lie ait impressionné grand monde dans la société mekkoise qui, de la veille, ancrée dans sa tradition ancestrale et s'obstinant à ne pas dévier de la voie de ses pères, ne projetait son avenir dans aucune eschatologie. Le discours coranique se trouve ainsi comme en suspension dans un espace imaginaire qui n'est plus celui de la Bible mais qui n'a pas encore atterri dans un espace social qui se le serait approprié comme modalité de son champ de représentation. C'est le transfert forcé dans l'action médinoise qui sera une réussite qui avalisera, sinon un discours par trop innovant, du moins l'alliance tribale avec la divinité qui porte

---

36 Voyez par exemple les évocations infernales qui se prolongent encore en pleine période supposée médinoise, comme dans Q al-Nisā' 4:10 et Q al-Anfāl 8:50. Cette persistance est repérable notamment à partir de l'usage de terme *'adhāb*, le « tourment » (de la soif au sens étymologique).

37 On retrouve la terminologie du *iḥḍār* eschatologique le fait « d'obliger à être présent » (racine *ḤḌR* avec l'emphatique *ḍāḍ*) dans Q Maryam 19:68 ; Q al-Qaṣaṣ 28:61 ; Q Saba' 34:38 ; Q Yā Sīn 36:53. On peut comparer avec la notion de *hashr*, le rassemblement contraint en désordre et sans respect des préséances, Q Saba' 34:40 ; Q al-Furqān 25:17.

ce discours. Mais il faut bien se rendre compte que la véritable prise en compte du biblisme coranique sera à mettre en compte bien plus tard dans la société des convertis dans l'islam impérial du premier siècle abbaside. Ces entrants, nouveaux utilisateurs du discours coranique, s'efforceront de rétablir certains ponts avec le corpus biblique initial mais à la lumière d'enjeux nouveaux qui ne sont plus ni bibliques ni en regard de la société d'origine du Coran en raison de l'appartenance de ces nouveaux-venus à un nouveau champ anthropologique.

نادر الحمّامي

5 "المصحف وقراءاته" السياق والرهانات

يمثّل "المصحف وقراءاته" ثمرة تضافر جهود أساتذة وباحثين من الجامعة التونسيّة بإشراف الأستاذ عبد المجيد الشرفي، وتكوّن فريق العمل من الفقيد عبد القادر المهيري، ومنصف بن عبد الجليل، ونائلة السليني، وعبد الباسط قمّودي، والمنجي الأسود، ونادر الحمّامي، مع إسهام لكلّ من محمّد صلاح الدين الشريف وبسّام الجمل وهالة الورتاني ومحسن التليلي في بعض مراحله.

صدر العمل عن منشورات مؤمنون بلا حدود للدراسات والأبحاث، سنة 2016، في خمسة أجزاء: المجلد الأوّل خاص بالمقدّمة وهي في 199 صفحة، والمجلد الثاني شمل الجزء الأوّل من متن العمل في 570 صفحة، والمجلّد الثالث في 538 صفحة، والمجلد الرابع في 531 صفحة، والمجلّد الخامس في 488 صفحة.

السياق المعرفي:

يتنزّل "المصحف وقراءاته" ضمن مجال معرفيّ عامّ بات معروفا تحت اسم "الدراسات القرآنيّة"، وهو مجال ما فتئ يتطوّر ويأخذ أبعادا مختلفة منذ القرن التاسع عشر خاصّة بعد ظهور إنجيل هذه الدراسات ونعني كتاب "تاريخ القرآن" لتيودور نولدكه (Theodor Nöldeke) سنة 1860. والملاحظ أنّ تلك الدراسات القرآنيّة قد عرفت تراكمات متعدّدة وشهدت لحظات فارقة يمكن اعتبارها علامات بارزة على تطوّرها سواء ببناء بعضها على بعضها الآخر، أو كذلك باندراج جزء منها في إطار الردّ والنقد والمراجعة. وعلى الرغم من الوعي بما شهدته الدراسات القرآنية من تحولات خلال النصف الأوّل من القرن العشرين فإنّه بالإمكان الإقرار أنّ فترة السبعينات شهدت تحوّلا جذريّا في تلك الدراسات ببروز المدرسة الأنجلوسكسونيّة ممثّلة بالخصوص في أعمال جون إدوارد وانسبرو (John Edward Wansbrough) ومايكل كوك (Michael Cook) وباتريسيا كرون (Patricia Crone). وقد لا نبالغ إذا اعتبرنا أنّ مثل هذه المدرسة سيكون لها الأثر العميق في الدراسات التي جاءت بعدها، وستكون محلّ جدل بين متبنّ لمقولاتها ورافض لها، بل ربّما ستكون نواة لأعمال كثيرة ظهرت في بداية القرن الحادي والعشرين أكثرها شهرة كتاب كريستوف لوكسنبارغ (Christoph Luxenberg): "قراءة سريانيّة - آراميّة للقرآن: مساهمة في حلّ شفرة لغة القرآن" *Die Syro-Aramäische Lesart des Koran : Ein Beitrag zur Entschlüsselung der Koransprache*، ذلك الكتاب الذي سيكون له أثر في دراسات عديدة أخرى تهتمّ لا بالدراسات القرآنيّة فحسب وإنّما أيضا بنشأة الإسلام والسيرة والنبوّة والوحي. ونحسب أنّ دراسات كلود جيلّيو (Claude Gilliot) التالية لهذا الكتاب وألفريد لوي دي بريمار (Alfred-Louis de Prémare) واقعة تحت تأثيره على الرغم من أن كتاب لوكسنبارغ كان بدوره امتدادا لدراسات كلاسيكيّة قديمة مثل دراسات ألفونس مينجانا (Alphonse Mingana) وغينتار ليلينغ (GüntherLüling).

ما يمكن أن تكشف عنه هذه الملاحظة السريعة أنّ هناك تيارات متعدّدة في إطار الدراسات القرآنية وهي اتجاهات يمكن تصنيفها إلى ثلاثة اتّجاهات كبرى نعتمد هنا على تلخيصها المكتنز الوارد في أطروحة مهدي عزيّز في فصلها الأوّل:[1]

1 Mehdi Azaiez, *Le contre-discours coranique* (Berlin: De Gruyter, 2015) 13–27.

https://doi.org/10.1515/9783111051567-006

- الاتّجاه الأوّل وهو الاتّجاه الكلاسيكي القديم الذي دشّن عصرا جديدا من تلك الدراسات بعد قرون من الكتابات الجدالية وهو الاتّجاه التاريخي والفيلولوجي. وأهمّ ما يميّز هذا الاتّجاه الأوّل هو استناده إلى المصادر الإسلامية القديمة وتجميع المادّة منها وتبويبها ومحاولة الاستنتاج انطلاقا منها لتركيب ما يمكن اعتباره التشكل التاريخي للنصّ القرآني ومحيط نشأة الظاهرة القرآنية وتبلورها.

- الاتّجاه الثاني تركّز اهتمامه أساسا على البحث في السياق التاريخي لظهور القرآن والمؤثّرات المحليّة والخارجيّة في الأفكار والمفاهيم التي أتى بها النصّ القرآني، وعلاقة النصّ بالأديان الأخرى وخاصّة باليهودية والمسيحيّة، ومصادر الدعوة المحمّديّة والمحيط الاجتماعي والثقافي والبنى الذهنية التي أحاطت بتشكّل النصّ، وهل تمّت القطيعة مع الفترة السابقة للإسلام، وهل الدعوة الإسلامية استمرار لما سبقها أم انقلاب تامّ عليه أم هي تعديل لبعض الجوانب فيه.

- الاتّجاه الثالث الكبير هو ما تمثّله المقاربات الأدبية والأسلوبية والجماليّة وهي التي تستند إلى نظريات نشأت في محضن النظريات الأدبية أساسا من قبيل نظريات التلقي والتقبّل بالخصوص لتنظر من خلالها في النصّ القرآني باعتباره نصّا يمكن قراءاته في ضوء العديد من نظريات الأدب.

لم تتبلور هذه الاتّجاهات في إطار أعمال فرديّة فحسب، وإنّما مهّدت لظهور مشاريع كبرى في أوروبّا والولايات المتّحدة الأمريكيّة في إطار الدراسات القرآنيّة والبحوث في فترة الإسلام المبكّر وكان ذلك بالخصوص انطلاقا من السنوات الأولى للألفيّة الثالثة. ومن بين تلك المشاريع الجماعيّة الّتي أخذت شكل مراكز بحث وجمعيّات يمكن أن نشير سريعا، وعلى سبيل المثال لا غير إلى:

- مشروع "إنارة" (*Inārah*) الذي انطلق سنة 2007 في مدينة ساربروك الألمانيّة، وهو مشروع يستند إلى المناهج التاريخيّة النقديّة الغربيّة لمقاربة النصّ القرآني للوقوف على تشكّله وتطوّره مع الأخذ بعين الاعتبار للمحطّات التاريخيّة الرئيسيّة في التاريخ الإسلامي.

- الجمعيّة الدوليّة للدراسات القرآنيّة (International Quranic Studies Association: IQSA)، التي انطلقت في العمل سنة 2012 في الولايات المتّحدة الأمريكيّة بإدارة كلّ من عمران بدوي وغابريال رينولدز (Gabriel Reynolds)، بهدف ضمّ باحثين من مختلف بلدان العالم من اختصاصات مختلفة للنظر من زوايا متعدّدة في قضايا الدراسات القرآنيّة.

- مشروع "كورانا" (Corana) الإسباني الّذي عمل بين سنتي 2013 و2016 على وضع قاعدة معلومات حول المخطوطات القرآنيّة المتأخّرة في الغرب الإسلامي، أي المخطوطات التي تعود إلى الفترة الممتدّة بين القرنين الثاني عشر والسادس عشر. وضمّ هذا المشروع اختصاصات مختلفة للنظر في الطرق الّتي كُتب بها القرآن باعتبارها مدخلا من مداخل دراسة الذهنيّات والبنى الفكريّة وتحوّلاتها في شبه الجزيرة الإيبيريّة بالخصوص خلال الفترة المدروسة.

على الرغم من أهميّة مثل هذه المشاريع فإنّ المشروع الأكبر يبقى الموسوعة القرآنيّة الألمانيّة *Corpus Coranicum* وسنفيض فيه شيئا ما لعدّة أسباب في طليعتها أنّه تواصل في فترة ما مع أعضاء فريق "المصحف وقراءاته"، وتمّ عقد أكثر من لقاء بين الفريقين، ووجدت نيّة للتعاون العلمي المشترك لم تتواصل لاحقًا، ولكنّها تبقى قائمة بحكم إمكانيّات إفادة كلّ عمل ممّا اشتغل عليه الآخر، بقطع النظر عن الأهداف التي يروم كلّ عمل الوصول إليها.

انطلقت فكرة الموسوعة القرآنيّة الألمانيّة منذ سنة 2000 وشُرع في تنفيذها فعليّا في أواخر سنة 2005 إثر ندوة عقدتها المشرفة على المشروع أنجليكا نويفيرت (Angelika Neuwirth) ومعها مايكل ماركس (Michael Marx) في برلين، وكانت الندوة حاملة لاسم المشروع: Corpus Coranicum. وكان هدف الندوة الإعلان رسميّا عن الموسوعة التي ستحتضنها أكاديميّة براندنبورغ للعلوم (Berlin-Brandenburgische Akademie der Wissenschaften) بداية من سنة 2007، مع تنزيل العمل في إطار المشاريع الموسوعيّة المتعلّقة بتراث العصور القديمة المتأخّرة والعصور الوسطى

(Late Antiquity and the Middle Ages) ، أي الفترة التي تلحّ نوفيريت أساسا ومدرستها على وضع النصّ القرآني في سياقها. ولقي هذا المشروع ردود فعل متباينة وقتها تتراوح بين من رأى أنّ المشروع سيثير غضب المسلمين، ومن الآراء من نفى عنه كلّ جدّة، وكان هناك مرحّبون به. والمهمّ أنّ المشرفَيْن عليه لخّصا طموحه في نقطتين أساسيّتين هما:

- توثيق النصّ القرآني من خلال الرقوق والمخطوطات، وكذلك انطلاقا من القراءات التي تعتبر هنا مدخلا لدراسة التداول الشفوي للقرآن.
- وضع النصّ القرآني في سياق ظهوره ونشأته في التاريخ.

أمّا من الناحية المنهجيّة فقد تمّ الفصل بين أمرين، أي بين نظام كتابة المخطوطات والرقوق من جهة، والبحث المتعلّق بالقراءات من جهة أخرى، ولذلك فإنّ عرض المادّة في هذا المشروع كان مزدوجا لأنّه أخذ بعين الاعتبار ذلك الفصل .

وبالإضافة إلى ذلك، فإنّ من النقاط الأساسيّة في هذا المشروع الألماني، النظر إلى القرآن نظرة دياكرونيّة/ تاريخيّة (تعاقبيّة)، وهذا يرتبط بتوجّه في البحث وهدف في الآن ذاته وهو النظر في القرآن نصًّا (Qur'an as a Text) ، بمعنى أنّه نصّ نشأ وتطوّر في التاريخ، وهذا الأمر الوفيّ للتقاليد الألمانيّة منذ القرن التاسع عشر، يمكن الوقوف عليه حسب أصحاب المشروع بالانتباه إلى تطوّر الكتابة في الرقوق والمخطوطات وتغيّرها، وهو تغيّر يؤثّر في نظرهم في مستوى الدلالة والمضمون.

ومن النقاط الأساسيّة أيضا تمسّك أصحاب المشروع بالاختيار المتداول في الدراسات القرآنيّة الكلاسيكيّة والمتعلّق بوحدة السورة في المصحف، وبالخصوص وحدة السور المكّيّة، تلك السور الّتي رأوا فيها ثباتا في بنيتها، فمالوا إلى وحدتها البنائيّة الأدبيّة، فكانت السور المكّيّة أساسا قائمة عندهم على مقدّمة، وجوهر، وخاتمة.

من ناحية أخرى نقف على اختيار آخر مهمّ في هذا المشروع، ويتلخّص في محاولة الفهم والتفسير في إطار المقارنة أو الموازاة مع النصوص اليهو-مسيحيّة، ولئن كانت مثل هذه المقارنة قديمة بعدُ. فإنّ ما يلحّ عليه أصحاب المشروع هو اختلافهم الجذريّ مع القائلين بتأثّر القرآن سلبيّا بالأدبيّات اليهوديّة والمسيحيّة، فما ذهبوا إليه هو أنّ القرآن انتقى من تلك الأدبيّات وأعاد صياغتها حسب حاجيّات "الجماعة القرآنيّة" وسياقاتها التاريخيّة، كما أنّ القرآن أقام مع تلك الأدبيّات الكتابيّة جدَلاً أيضا.

إنّ ما يمكن ملاحظته أساسًا في مشروع *Corpus Coranicum*، وانطلاقا ممّا يعلنه أصحابه في مقالات كثيرة وورشات عمل وندوات، أنّه مشروع لا يخرج في جوهره عن تقليد ألمانيّ متجدّد، ونقصد تحديدا أنّه مندرج بشكل أو بآخر في إطار البحث عمّا يطلق عليه "النواة القرآنيّة" أو إن شئنا "ما قبل المصحف العثماني" وهو ما يعبّر عنه في اللغة الألمانيّة بـ (Ur-Qur'an) ، وهي العبارة التي تحيل مباشرة على ما طرحه غينتار ليلينغ مع فارق جوهريّ وهو أنّ لولينغ في أطروحته الشهيرة "حول النواة القرآنيّة" (Über den Ur-Qur'an)، الصادرة سنة 1974، والتي أجبر بسببها على مغادرة الجامعة، قد بحث عن تماثلات بين تلك النواة القرآنيّة الأصليّة والأدبيّات المسيحيّة والأدبيّات السابقة عن الإسلام للوقوف عمّا يعتبره أصل القرآن، في حين أنّ طرح نويفيرت، وإن قال بالتماثلات ونظر في التراتيل الدينيّة وقارنها بالقرآن، فإنّ هدفه الأساسي المعلن عنه مرارا: وضع النصّ القرآني في سياق العصور القديمة المتأخّرة، مع مقاربة النصّ مقاربة جماليّة أدبيّة في أغلب الأحيان، والإبقاء على ثابتة أساسيّة من ثوابت نويفيرت ونقصد وحدة السورة، وبذلك يكون *Corpus Coranicum* على الرغم من تعدّد المنتمين إليه، وامتلاكه لحوالي تسع آلاف صورة لمخطوطات قرآنيّة، وأكثر من ألف ومائة مخطوط لكتب إسلاميّة قديمة تعود إلى القرون الخمسة الهجريّة الأولى، فإنّه بقي مشروعا يدور في فلك أطروحة أنجيليكا نويفيرت، ويأخذ بالإضافة إلى ذلك سمة الردود في أحيان كثيرة على المقاربة المخالفة للتوجّه الألماني التقليدي.

إنّ الوعي بمثل هذه التيارات والاتّجاهات الفكرية والمنهجية وغيرها في مجال الدراسات القرآنية المقاربة للقرآن والوحي والمصحف مهمّ جدّا في تقديرنا حين نحاول تنزيل "المصحف وقراءاته" ضمن سياق معرفيّ مخصوص، إذ السؤال القائم هنا: إلى أيّ اتّجاه في الدراسات القرآنية ينتمي هذا العمل الجماعي؟ هل هو ينتمي إلى الاتّجاه التاريخي الفيلولوجي ؟ أم هو مساعد في تبين السياق التاريخي لنشأة النص وتطوّره؟ أم هو أقرب إلى المقاربات الأدبية والأسلوبيّة والجماليّة؟

وربّما علينا الإشارة، وإن بسرعة شديدة، إلى العمل الذي ظهر بعد "المصحف وقراءاته"، وتحديدا سنة 2019 في ثلاثة أجزاء ضخمة، ويتضمّن مشاغل تتعلّق بالمصحف وتشكّله والعديد من القضايا المرتبطة بشكل أو بآخر بالدراسات القرآنيّة، ونقصد "قرآن المؤرّخين" *(Le Coran des historiens)* ، وقد أشرف عليه كلّ من محمّد أمير معزّي وغيوم داي (Guillaume Dye) ، بمشاركة ثلاثين مختصّا في الدراسات القرآنيّة والتاريخ الإسلامي المبكّر. وتضمّن هذا العمل في جزئه الأوّل دراسات مرتبطة بسياق النصّ القرآني وظروف نشأته. في حين تضمّن الجزءان الثاني والثالث تحليلا وتعليقات على كلّ سور المصحف سُورة بسورة. ونرى أنّ أهمّ ما وجّه هذا العمل أمران:

- التركيز في مسألة السياقات التاريخيّة على التأثّر والتأثير الواقعين بين القرآن من جهة والأفكار الدينيّة والحضاريّة التي نشأ فيها، وهذا مرتبط بمواصلة ما دأبت عليه الدراسات الغربيّة أساسا، وخصوصا مدرسة أنجيليكا نويفيرت، بوضع القرآن ضمن نصوص فترة العصور القديمة المتأخّرة، ولكن مع اختلاف جوهريّ يرتبط أساسا بأحد المشرفيْن على المشروع وهو غيوم داي، الذي لا يمكن تصنيفه ضمن الخطّ الكلاسيكي الذي يواصل ما بدأه نولدكه، مثل نويفيرت وتلاميذها، ولكنّه يأخذ منه.

- بعض الميل، في الوقت نفسه، إلى المدرسة الأنجلوسكسونيّة وأساسا وانسبرو من جهة المنهج دون الوصول إلى التشكيك في المصادر الإسلاميّة برمّتها، وتأخّر تشكّل المصحف القرآني. وهذا الأمر واضح من خلال الكثير من أعمال غيوم داي وخصوصا في ما يتعلّق بالنقد الموجّه إلى مدرسة نويفيرت وتلاميذها المتبنّين للترتيب التاريخي للقرآن كما وضعه نولدكه.[2]

هل يمكن أن نضع المصحف وقراءاته في هذه السياقات؟

في الواقع لا يمكن تنزيل "المصحف وقراءاته" بدقة في أحد هذه التيّارات المعرفيّة والمنهجيّة التي أشرنا إليها بسرعة، وإن تنزّل بامتياز في إطار مباحث الدراسات القرآنيّة بالمعنى الدقيق لهذا الاختصاص وذلك لأسباب كثيرة تنطق بها رهاناته ومنهجه واهتماماته وهو ما سنحاول بيانه.

إنّ التيارات المشار إليها هي تيّارات فكرية غربيّة النشأة، وهذا لا ينفي مطلقا ضرورة الإفادة منها من جهة المضمون والمنهج، ولكن نقول ذلك تمييزا للعمل الذي نقدّمه، أي "المصحف وقراءاته"، من جهة منهجه وغاياته واهتماماته. ونقول ذلك على الرغم من الإفادة من تلك الاتجاهات المشار إليها بعد الاطلاع عليها، ولكن من المتأكّد الإلحاح على أنّ "المصحف وقراءاته" لا يندرج في إطار الاتّباع والانتصار لمنهج دون آخر، ولا هو منخرط في إطار الردّ والنقد المتبادل بين أعمال الباحثين أو بين المشاريع البحثيّة، مع الاعتراف بأهميّة ما قدّموه، وهو نتاج مشاغل فكريّة اهتمّ بها الباحثون في الجامعة التونسيّة تدور في فلك دراسة الفكر الإسلامي والحضارة العربيّة، ومن هنا بعض خصوصيّة العمل القائم على منهج مضبوط يرتّب مادّة ضخمة ومشتّتة في مصنّفات المسلمين القدامى بالخصوص بغاية تمكين الباحثين في الدراسات القرآنيّة من آليّة في البحث يستحيل على الباحث الفرد تحصيلها.

---

2 هذا الأمر واضح تماما لدى غيوم داي (Guillaume Dye) ويمكن الإحالة هنا على مقاله المطوّل في نقد العمل الجماعي الّذي أشرفت على إصداره أنجيليكا نويفيرت وتلميذاها نيكولاي سيناي (Nicolai Sinai) وميكائيل ماركس(Michael Marx):
"Le Coran et son contexte. Remarques sur un ouvrage récent", *Oriens Christianus* 95 (2011): 247–70.

ومن ناحية أخرى، فإنّ "المصحف وقراءاته" يستدرك نقائص محاولات أخرى في السياقات العربيّة والإسلاميّة حاول أصحابها جمع القراءات المختلفة، وكانت أعمالا فرديّة بالأساس. ومن بين تلك الأعمال "معجم القراءات القرآنيّة" لعبد اللطيف الخطيب، الصادر بدمشق سنة 2000، المعتمد على "تفسير البحر المحيط" لأبي حيّان الغرناطي، مع تكملة لما رآه المؤلّف من نقص في هذا التفسير من مصادر أخرى دون التزام بترتيب تاريخي معيّن في ضبط المادّة التي أكمل بها مدوّنته الأساسيّة. والملاحظ أنّه أثبت كلّ القراءات الّتي جمعها وإن وافقت رواية حفص وهي الرواية الّتي يعتمدها في إثبات الآيات، أي إنّه أثبت القراءات الموافقة والمخالفة للمصحف الّذي اعتمده. وبالإضافة إلى ذلك فإنّ الخطيب أرفق القراءات بالشروح والتعليل والمخارج اللغويّة ومدى موافقتها للعربيّة وأحكام المصنّفين لها أو عليها. ولئن كان كلّ ذلك مفيدا، خاصّة في جانبه اللغوي، وهو مجال اشتغال المؤلّف الأساسي، فإنّه يبقى من الاختلافات الجوهريّة مع "المصحف وقراءاته" الّذي التزم فيه أصحابه بذكر القراءات وأصحابها ومصادرها دون تجاوز ذلك.

هناك أعمال أخرى اقتصرت على القراءات الّتي عدّت متواترة من قبيل ما قامت به سمر العشّا البسط في القراءات العشر"، الصادر بدمشق سنة 2004. مكتفية فيه بالقراءات العشر كما وردت في "الشاطبيّة"، التي" حدّدت القراءات السبع، ومنظومة ابن الجزري الدرّة المضيّة، وهي في القراءات الثلاث المتمّمة للقراءات العشر، ملتزمة في كلّ ذلك بالطريقين الرئيسيّين لكلّ رواية حتّى لكأنّ العمل جمعٌ لما ترسّخ في التقليد الإسلامي العام لا أكثر.

إلى جانب هذه الأعمال المهتمّة بالقراءات سواء في مصادر مختلفة أو بتحديد صنف من القرّاء، أو اعتمادا على مصدر واحد، وقفنا على أعمال أخرى تحاول جمع الأخبار المتعلّقة بعلم آخر من علوم القرآن. ومن الأعمال ما ركّز على علم من علوم القرآن دون غيره.

إنّ الملاحظة البارزة في كلّ هذه الأعمال هو اختصاصها بنوع واحد من علوم القرآن، أو تحديدها لمصدر واحد، أو الاقتصار على مجموعة من القرّاء إذا تعلّق البحث بالقراءات الّتي لا يقتصر فيها عادة على مجرّد الجمع بل يتعدّى الأمر إلى الإعراب والتفسير والاحتجاج والتعليل. وكلّ ذلك مجتمعا يعطي لـ" المصحف وقراءاته" ميزة الجمع بين أهمّ العلوم القرآنيّة من قراءات وأسباب نزول ونسخ ومكّي ومدني وتكرار ضمن متن واحد جامع للاختلافات والروايات، ممّا يسمح بالمقارنة ويوفّر مادّة غزيرة ومترابطة.

بذلك يمكن القول إنّ "المصحف وقراءته" هو عمل لصيق جدّا بتاريخ المصحف في حدّ ذاته، بل إنّه ليس من باب الادّعاء القول إنّه ألصق المشاريع بذلك، لأنّ كلّ المشاريع الأخرى، وعلى الرغم من الاختلافات بينها تلتقي في الحكم في نقطة أساسيّة وهي النظر في تاريخ المصحف بالمحيط التاريخي الديني والحضاري الذي يُفترض أنّه مؤثّر في تشكّل النصّ القرآني، ونقول "يُفترض" لأنّ الحكم التاريخي الصارم والدقيق على ذلك المحيط يبقى في أغلب الأحيان افتراضيّا يصعب الجزم بوثوقيّته، ويكفي الاطّلاع على الجدل القائم بين المدارس التاريخيّة المختلفة في هذا المجال للتأكّد من ذلك. ومن هنا فإنّ "المصحف وقراءاته" المعتمد على ما أنتجه المسلمون طيلة قرون وضمّنوه كتب علوم القرآن والتفسير واللغة وغيرها وترتيبه دون الحكم على ذلك الإنتاج أو تقييمه. ولئن بدا ذلك للبعض تجميعًا وتأليفا فإنّ أصحاب "المصحف وقراءاته" رأوه خطوة أولى وضروريّة وغير مسبوقة أيضا في وضع شتات مادّة كبيرة جدّا مرتّبةً بدقّة من مصادرها في عمل واحد، وهذا الأمر "يفرض علينا هنا بيان منهجيّة العمل المتّبعة قبل الحديث عن آفاق "المصحف وقراءاته ورهاناته المعرفيّة.

منهجيّة العمل:

تمّ تصدير متن "المصحف وقراءاته" بعدد من المقدّمات تناولت مواضيع أساسيّة تمسّ المصحف تاريخا وتشكّلا وتصوّرا، ذلك أنّه بعد بيان منهجيّة العمل ووضعه في سياقه العام، رأى أصحاب العمل التطرّق إلى جملة من القضايا من بينها التعرّض لتعريف علم القراءات القرآنيّة وأهمّ ما يطرحه من إشكاليّات، وكذلك قضيّة الرسم وأثره في اختلاف القراءات، ومسألة التكرار في المصحف، والقراءات المنسوبة إلى النبيّ، وما عُدّ من الآيات أو السور غير المثبتة في المصحف . وتمّ الحرص أيضا على إثبات ما وُجد في المصادر القديمة والدراسات الحديثة والمعاصرة فيما يتعلّق بالمكّي والمدني وعدد آيات السور ومحاولات الترتيب

التاريخي لسور القرآن، ليُختم التقديم العامّ بجرد لأسماء القرّاء الوارد ذكرهم في متن العمل مع بيان انتماءاتهم وعصورهم.

قام متن العمل على استخراج كلّ المعطيات الخاصّة بالقراءات المثبتة بالمصنّفات القديمة أساسا، والمصاحف المخطوطة الّتي توفّرت لفريق العمل، بالإضافة إلى عمل آرثر جيفري (Arthur Jeffery) الكلاسيكي الجامع للقراءات المنسوبة إلى مصاحف عدد من الصحابة والتابعين وكذلك بعض المصاحف غير المنسوبة.

وبالإضافة إلى القراءات تمّ الاهتمام بأخبار أسباب النزول ومسألة النسخ، وكذلك التكرار، سواء تعلّق بآيات برمّتها أو بأجزاء منها، بالإضافة إلى إثبات جملة من تقسيمات المصاحف إلى أحزاب وأنصاف وأرباع وأثمان. كلّ ذلك مع إيراد جملة من الملاحظات التي رأى فيها أصحاب العمل ما يفيد في تبيّن تشكّل المصحف أو ما يمسّ أحد العلوم القرآنيّة. ووفقا لهذا التصوّر العامّ جاء العمل خاضعا للبنية التالية:

1-مقدّمات السور:

،وضع مقدّمة عامّة لكلّ سورة تتضمّن ما تعلّق بمختلف أسمائها إذا تعدّدت، والمكّي والمدني، وعدد آياتها وترتيبها حسب النزول في المصادر القديمة وفي عدد من الدراسات الحديثة. وللتمثيل على ذلك يمكن هنا أن نورد ما أثبتناه في مطلع الأعراف7:

سورة الأعراف

(7)

تسمّى أيضاً الميقات والميثاق، **الفيروزآبادي 1/ 203-204.**

عن ابن عبّاس أنّها نزلت بمكّة فهي مكّيّة، **النحّاس 146.** وقيل: مكّيّة غير خمس آيات: 163-167، **القراءات الثماني 357.** وعدّت مكّيّة غير الآيات 163- 171، **الزمخشري 1/ 478.** وقال مقاتل: هي مكّيّة غير الآيات 163- 172، **ابن عطيّة 2/ 372.** وقيل: نزلت بمكّة إلّا الآية 163، **ابن سلامة 24.** وقال الرازي: هي مكّيّة غير الآيات 163- 170، وقد نزلت بعد سورة ص 38، **الرازي 14/ 18.** وذكر النيسابوري أنّها مكّيّة غير الآيات 163- 168، **النيسابوري 2/ 1352.** وتأخّر نزولها عن سورة النمل 27، **أبو حيّان 4/ 266، 337.** وقيل: فيها ثلاث آيات مدنيّة، **الفيروزآبادي 1/ 103.**

عدد آياتها: 205 آيات بصري وشامي، 206 في الباقين، **القراءات الثماني 371.**

ترتيبها حسب النزول: 38 حسب الزهري وابن النديم والسيوطي، 39 في المصحف، 87 حسب نولدكه، 89 حسب بلاشير، أي: إنّها من الفترة المكّيّة الثالثة.

Figure 2: مقدّمات سورة الأعراف في"المصحف وقراءاته"

Introduction of the sura al-'aʿrāf 7 in al-muṣḥaf wa qirā'ātuhu

2- إثبات كلّ آيات المصحف كاملة[3]:

تمّ الحرص على إثبات كلّ آيات المصحف، سواء تعلّقت بها اختلافات في القراءات وأسباب النزول والنسخ

3 All tables reproduced in this contribution are kindly authorized by Mu'minūn bi-lā Ḥudūd lil-Dirāsāt wa-al-Abḥāth's editor © Original: from *al-Muṣḥaf wa-qirā'ātuh* by Abdelmajid Charfi (éd.), Rabat, 2016.

والملاحظات وتقسيم المصحف أو لم تتعلّق بها أيّ ملاحظة. ومن المهمّ الإشارة إلى أنّه تمّ إثبات كلّ الآيات بطريقتين: الأولى هي خطّ المصحف برواية حفص عن عاصم، والثاني بالرسم الإملائي المتداول اليوم. ويمكن أن نقدم هنا أنموذجا لذلك من سورة الناس 114:

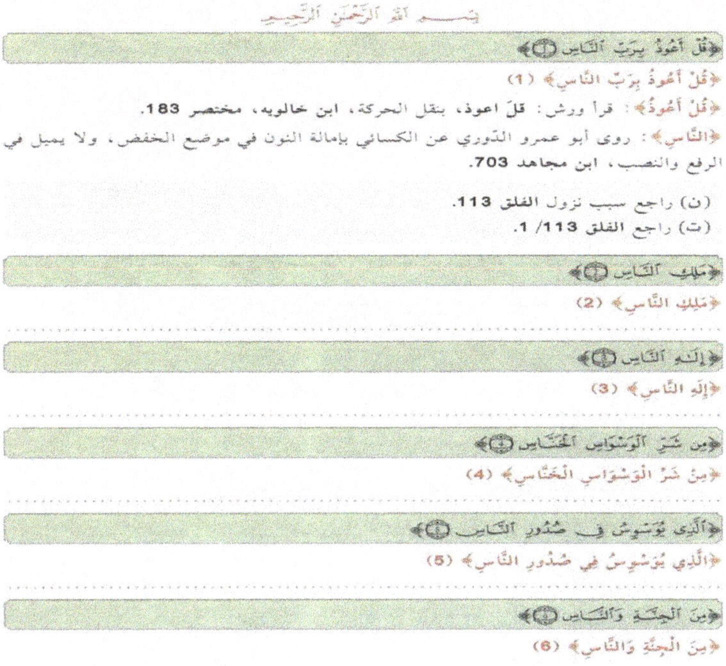

Figure 3: Analyse of sura al- nās 114 / تحليل سورة الناس

وقد كان إثبات الآيات بطريقتين لسببين رئيسيّين، الأوّل اهتمام المسلمين القدامى بمسألة رسم المصاحف ونقطها إلى غير ذلك، واعتبارهم رسم المصحف في كثير من الحالات عمدة في الحكم على القراءة بتصويبها أو رفضها، بل عمدة أيضا في التفسير وبيان المعنى وما يترتّب عن ذلك من تصوّرات وأحكام. أمّا السبب الثاني فيتلخّص في اعتبار بعض الدارسين المحدثين أنّ اختلاف رسم المصاحف وخلوّها من النقط كان سببًا رئيسيّا في اختلاف القراءات والمصاحف. وقد وجدنا أنّ مثل هذا الاعتبار لا يخلو من وجاهة، ذلك أنّ عدم ثبات الرسم في المصحف بالنسبة إلى بعض الحروف كالهمزة والتاء، ورسم الألف أو عدمه، وغياب التنقيط، وتقارب بعض الحروف في الرسم أثّر في القراءة. ويمكن هنا تقديم بعض الأمثلة على ما أشرنا إليه من عدم ثبات خطّ المصحف وما ينجر عن ذلك من أثر في اختلاف القراءات، ونورد هنا بعض النماذج، وفي مقدّمة "المصحف وقراءاته" نماذج أخرى:

- أمثلة من إثبات الألف وحذفها في آخر الأفعال:

إثبات الألف	موضع اللفظة	حذف الألف	موضع اللفظة
ءَامَنُوا	البقرة 2/ 9	جَآءُو	آل عمران 3/ 184
قَالُوٓا	البقرة 2/ 11	وَبَآءُو	البقرة 2/ 61
وَأَلْقَوْا	النساء 4/ 90	تَبَوَّءُو	الحشر 59/ 9
سَعَوْا	الحجّ 22/ 51	سَعَوْ	سبأ 34/ 5
يَعْفُوا[3]	البقرة 2/ 237	يَعْفُوَ	النساء 4/ 99

- أمثلة من حذف الألف وإثباتها في الأسماء والضمائر:

إثبات الألف	موضع اللفظة	عدم إثبات الألف	موضع اللفظة
مِائَةَ	البقرة 2/ 259	فِئَةٍ	البقرة 2/ 249
يَٰٓأَيُّهَا	البقرة 2/ 21	أَيُّهَ	النور 24/ 31
سَمَٰوَاتٍ	فصّلت 41/ 12	سَمَٰوَٰتٍ	البقرة 2/ 29
ٱلْمِيعَادَ	آل عمران 3/ 9	ٱلْمِيعَٰدِ	الأنفال 8/ 42
وَسِرَاجًا	الأحزاب 33/ 46	سِرَٰجًا	الفرقان 25/ 61
قُرْءَانًا	الرعد 13/ 31	قُرْءَٰنًا	يوسف 12/ 2

Figure 4: أمثلة على الاختلافات في كتابة القرآن

Examples of quranic orthographic variants (the case of the particule *ʾalif*)

3- ترتيب المادّة:

من الناحية المنهجيّة وقع الالتزام بترتيب المادّة والمعطيات الّتي تمّ جمعها ترتيبا تاريخيّا وفق وفاة المصنّف الّذي روى القراءة أو سبب النزول أو خبر النسخ إلى غير ذلك من المعطيات، مع تقديم عمل جيفري لأنّه العمل الكلاسيكي في مجال القراءات ولتعلّقه خاصّة بالمصاحف القديمة. وقد خوّل هذا المنهج في الترتيب تجنّب تكرار المعطيات نفسها من ناحية أولى، وسمح، من ناحية ثانية، بالوقوف على زمن نشوء قراءات ما أو أسباب نزول أو تطوّر نظرة معيّنة إلى النسخ. وهذا الترتيب التاريخي نفسه يمكن أن يكون دالاًّ على توجّهات المصنّفين القدامى واهتماماتهم، لا سيّما إذا تعلّق الأمر بالمفسّرين الّذين يتعرّضون إلى مختلف علوم القرآن. ولكن كلّ مفسّر يركّز على علم من العلوم ، فالقرطبي مثلا يركّز على الأحكام، وأبو حيّان على القراءات، والطبري على القصص والأخبار، والزمخشري على اللغة، وهذا يسمح لاحقا بتقييم المصادر المعتمدة، كما يسمح بالوقوف على تكاملها في ضوء المعطيات المتحصّل عليها.

.ومن مزايا الترتيب التاريخي للمادّة تمكين الباحثين من الوقوف على ترابط العلوم الإسلاميّة وتطوّرها فالقراءات على سبيل المثال مرتبطة بالفقه وعلم الكلام والتفسير. ثمّ إنّ ذلك الترتيب قد يسمح بتتبّع تطوّر القراءات وظهور أخرى في فترات معيّنة، وبالتالي ظهور طبقات من القرّاء متأخّرة نسبيّا، ويمكن أيضا تتبّع تطوّر الآراء المتعلّقة بالنسخ أو أسباب النزول، ممّا يحيل على إعادة النظر في الآراء الفقهيّة أو حتّى تمثّلات التاريخ الإسلامي وخاصّة فيما يتعلّق بالسيرة النبويّة ومجتمع التلقّي.

والجدير بالملاحظة أيضا أنّه تمّ إثبات كل القراءات المخالفة للمصحف برواية حفص عن عاصم دون تعليق عليها أو تعليلها أو توجيهها أو بيان وجوه موافقتها للعربيّة وتعديد طرقها، ممّا يجعل جمع تلك القراءات مادّة توفّر على الباحثين في الدراسات القرآنيّة الجهد في جمع مادّة غزيرة ومشتّتة في مصنّفات كثيرة وضخمة. وهذا الاختيار وجّه إلى حدّ كبير تحديد المصادر المعتمدة. ومثل هذا التوجّه يبرّر مثلا عدم الاعتماد الكبير على "كتاب الحجّة" لأبي عليّ الفارسي (ت377 هـ) لأنّه شرح لـ: "كتاب السبعة" لابن مجاهد (ت 324 هـ) وتعليل له. ولا يختلف الأمر كثيرا مع عدّة مصنّفات في نظام السبعة مثل كتاب "التيسير" لأبي عمرو الداني (ت444 هـ)، فهو على أهميّته التعليميّة بالخصوص لا يضيف بالنسبة إلى كتاب ابن مجاهد إلاّ التعليل، وتضخّم بالأسانيد، وهو خارج عن مجال اهتمام "المصحف وقراءاته". وكذا الأمر بالنسبة إلى النظم الشعريّ الكثير الجامع للقراءات السبع كما حدّدها ابن مجاهد، ونستحضر هنا أهمّ ما نظم في هذا الشأن ونقصد "حرز الأماني ووجه التهاني" المعروف بـ: "الشاطبيّة" لأبي القاسم بن فرّه (فيّره) الشاطبي (ت590هـ/1194م).

في الآفاق المعرفية

على الرغم ممّا أكدّنا عليه من خصوصيّات "المصحف وقراءاته" مقارنة ببقيّة المشاريع والبحوث في مجال الدراسات القرآنيّة فإنّه لا يمكن إنكار أنّه عمل يسمح بالتكامل مع أعمال أخرى اشتغلت على الرقوق والمخطوطات ممّا يمكّن من إنجاز أعمال تجمع بينه، وهو القائم على أدبيات التفسير وعلوم القرآن، وبين تلك الأعمال. ونحسب أنّ التفكير في مثل هذه المشاريع قد انطلق ونقدّر أنّ المضي فيه سيكون مثمرا إلى أبعد حدّ. إذ نرى أنّ العمل لا ينبغي أن يقتصر على الأدبيّات الإسلاميّة الّتي وصلتنا وحُقّقت وطُبعت، ولا على الرقوق والمخطوطات وحدها، ونقدّر أنّ وضع قاعدة معلومات تشمل كلّ هذه المصادر والوثائق قد يوصل إلى نتائج مهمّة.

ولكن على الرغم من هذا التكامل الضروري بين مختلف الأعمال، فإنّنا نرى أنّ "المصحف وقراءاته"، وعلى الرغم من أنّه كما أشرنا يمثّل جمعا وترتيبا لمادّة خام، فإنّ تلك المادّة قد تدعو إلى مراجعات أساسيّة أصبحت بمثابة المسلّمات البحثيّة في الدراسات القرآنيّة ويمكن أن نشير إليها في النقاط المختصرة التالية وقد تكون آفاق بحث على غير الأسس التي تمّ اتّباعها في الدراسات القرآنيّة ذات النزعة التاريخيّة بالخصوص، وهي المقصودة هنا:

- إعادة النظر بصورة جذريّة في ما يسمّى "الترتيب التاريخي للقرآن" وذلك لعدّة اعتبارات من بينها على سبيل المثال لا الحصر، أنّ ما يُقصد به "الترتيب التاريخي للقرآن" هو في حقيقة الأمر "الترتيب التاريخي للوحي" مع اشتغال على "المصحف". وهذا الأمر يكشف عن خلط مفهومي يؤدّي إلى التبنّي الضمني لمقولة اعتقاديّة إيمانيّة وليست علميّة بحثيّة ونقصد مقولة "التوقيف"، إذ لكأنّ المصحف لدى الدارسين يطابق الوحي ويطابق القرآن في حين أنّ الأمر يتعلّق بمستويات مختلفة. صحيح أنّ الاختلاف بين المسلمين والمستشرقين جوهريّ في هذا المجال، إذ ينطلق المسلمون عمومًا من البعد الإيماني، ولكن نحسب أنّ عدم التمييز بين الوحي والقرآن لدى الاستشراق لم يسمح له بالنظر مثلا في البعد الشفوي الخاصّ بمفهوم القرآن.
- وغير بعيد عن ذلك، نقف على تمسّك بوحدة السورة، ففي أغلب الأحيان يتمّ الاشتغال على هذا الأساس، على الرغم من الوعي بالتداخل الكبير بين المكّي والمدني، وكثافة التكرار في نصّ المصحف، وهما من المسائل المهمّة جدّا التي يكشف عنها "المصحف وقراءاته". فلا يُعقل عدم الانتباه إلى مسألة التكرار وأخذ ذلك بعين الاعتبار خاصّة وأنّنا نقف على مقاطع طويلة أحيانا مكرّرة، وهي مثبتة جميعها في "المصحف وقراءاته"، ولكن نقف لها على ترتيب تاريخي متباعد إلى حدّ كبير. وهذا ما لا يمكن إيجاد مبرّر علميّ مقنع له لا في الأسلوب ولا اللغة ولا قصر الآيات أو طولها، ولا حتّى في أحداث السيرة أو أسباب النزول، ولا يمكن للمخطوطات والرقوق أن تفيدنا في شأنه إذ أصبح من شبه المستحيل اليوم وجود مخطوطات أو رقوق كاملة تعود إلى ما قبل تشكّل المصحف العثماني مع افتراض دقّة هذا المصطلح.

- من المسائل المهمّة التي تكشف عن استقراء "المصحف وقراءاته" ما يتعلّق باستقراء القراءات وضبطها وتقنينها وخاصّة مع نظام السبعة الذي وضعه ابن مجاهد. غير أنّ النظر في القرّاء وأسمائهم وتواريخهم، وما تمّ استخراجه من المصادر يؤكّد أنّ الأمر لم يكن على تلك الصورة. فإذا ما تركنا قائمة القرّاء الذين لا نعرف تاريخ وفاتهم، وهي مثبتة في آخر مقدّمة "المصحف وقراءاته"، فإنّ القراءات استمرّت في الظهور إلى القرن السادس الهجري، ولا نقف لها على أصول قبلها، ولعلّ ذلك يمثّل إشارة إلى أنّ القراءات أخذت وقتا طويلا لتميل نحو الاستقرار، وبالتالي قد يكون ذلك مدخلا للقول بتأخّر استقرار المصحف، ليتكرّس حديثًا في مصحف القاهرة مع اختيار رواية حفص لأسباب كثيرة.

- وهنا نصل إلى ملاحظة أخرى تتعلّق بتحقيق المصادر التراثيّة وخاصّة التفاسير، إذ بات من الواضح، ومن خلال "المصحف وقراءاته"، أنّه لم يوجد مفسّر اعتمد قراءة موحّدة في تفسيره، وأنّ التفاسير تجمع بين قراءات متعدّدة، في حين أنّ المطبوع من تلك التفاسير يعتمد قراءة حفص عن عاصم، وهو أمرٌ أخلّ في كثير من الأحيان بين القراءة المثبتة والاتّجاه التفسيري من ناحية، وحجب خيارات المفسّرين ومواقفهم من ناحية أخرى. وربّما إعادة الاعتبار إلى مثل هذا الأمر ضروريّ، حتّى يكون المحقّقون أوفياء للمخطوطات، وحتّى لا يكون عملهم مستجيبا لما فرضته الاختيارات الثقافيّة والسياسيّة أيضا من فرض رواية حفص.

Part II: **Forms and Structures**

Thomas Hoffmann & Johanne Louise Christiansen

6 Paradoxes, Loopholes, and Invitations in Qur'ānic Polemic

alif lām mīm / dhālika l-kitābu lā rayba fīhi hudan li-l-muttaqīna

Alif Lam Mim / This is the Scripture in which there is no doubt, a guidance for those who are godfearing. (Q al-Baqarah 2:1–2)

Introducing a Qur'ānic Paradox

Following Q al-Fātiḥah 1, the seven-verse opening prayer of the Qur'ān, the reader immediately encounters Q al-Baqarah, the second Sūrah, and its so-called mysterious letters (also known as 'the disjointed letters' *ḥurūf muqaṭṭaʿāt*; 'the *Sūrah* openers' *fawātiḥ al-suwar* or 'the firsts of the Sūrahs', *awāʾil al-suwar*), followed by the statement that 'the scripture', *al-kitāb*, contains 'no doubt', *lā rayba.*[1] Thus, the Sūrah opens with an enigmatic and semi-glossolalic flow of letter exclamations that yield no comprehensible, conventional meaning. The *alif lām mīm* cluster in verse 1 does not represent any word or syntax, but seems rather to function as a premonition of intelligible language, the arbitrary alphabetic building blocks of linguistic meaning.[2] However, this enigmatic cluster of potential hyper-signification (understood as divine speech) is immediately qualified by a self-referential and self-confident assertion that the scripture is indeed without doubt, a message directed to a special

---

1 The rendering of the term *kitāb* as 'scripture' or 'book' is problematic, as the word can also signify concepts that are more oral than scriptural. On *kitāb*, see Daniel A. Madigan, *The Qur'ān's Self-Image: Writing and Authority in Islam's Scripture* (Princeton: Princeton University Press, 2001).
2 On the mysterious letters and an explanation of their possible functions, see Keith Massey, "Mysterious Letters," *Encyclopedia of the Qur'ān*, 2001; James A. Bellamy, "The Mysterious Letters of the Koran: Old Abbreviations of the Basmalah," *Journal of the American Oriental Society* 93:3 (1973): 267–285. See also Thomas Hoffmann, *The Poetic Qur'ān: Studies on Qur'ānic Poeticity* (Wiesbaden: Harrassowitz Verlag, 2007), 102ff.

Acknowledgement: This essay presents the outlines of the research project "Ambiguity and Precision in the Qur'ān", based at the Faculty of Theology, University of Copenhagen, and generously supported by the national "Danish Council for Independent Research".

https://doi.org/10.1515/9783111051567-007

group of people, the godfearing.[3] The resulting paradox of the verses 1 and 2 of Q all-Baqarah, the semantic volte-face from the first verse to the second, is characteristic of the Qur'ān's intricate configurations of semantic ambiguity and precision.

This example embodies a pattern that is found in various registers and intensities throughout the Qur'ān, first and foremost as linguistic, rhetorical, and narrative markers of ambiguity or precision. Why does the Qur'ān contain these paradoxes and strange, *gharīb*, configurations? Are they intentional and strategic and do they serve a function? To the last question, we will answer affirmatively, formulating the hypothesis that ambiguity and precision played an important role during the community-building phase in Medina, a phase in which polemical denunciations of the Other were performed by rhetorical rapprochements towards the very same Other, that is, potential converts and followers. This delicate balance is based in part on a rhetorical strategy that enables the Qur'ān to articulate legal and moral rules while allowing for loopholes that make it possible for the qur'ānic community to modify and adapt these rules.

Approaching the Paradox

The linguistic, rhetorical, and narrative markers of ambiguity and precision in the Qur'ān have often been neglected or misconstrued by scholars, either as generators of unfortunate confusion or as hyperclarity and generalization. By combining standard methods and theories from qur'ānic studies (such as Nöldeke's chronology) with the methods of religious, ritual, literary, and biblical studies, we attempt to turn the tables by showing how these two modes of qur'ānic language function as well-wrought and felicitous rhetorical strategies.

We also will argue that the polemical us-versus-them rhetoric employed in the Qur'ān is less polemical than usually thought. Our goal is to convince the reader that this seemingly uncompromising and polemical rhetoric sometimes reveals intriguing glimpses of invitation and appreciation, as well as an accommodating attitude to the monotheist Other of the qur'ānic milieu. The main function of this polemical rhetoric was, according to our hypothesis, community- and identity-construction, the development of an autonomous and distinct religious identity vis-à-vis other monotheist religious communities and traditions, especially Jews and Christians. Yet these glimpses of accommodation also served as subtle invitations for outsiders. We call them *loopholes*: while several qur'ānic passages polemicize

3 Patricia Crone, "Pagan Arabs as God-Fearers," in *The Quranic Pagans and Related Matters*, ed. Hanna Siurua (Leiden: Brill, 2016), 315–339.

against and denounce the very group or community with which they engage, the passages are often formulated in such a way that targeted subgroups receive an exemption from denunciation and blame.

For an emerging and struggling community, identity markers (and thus ontological borders), including polemics and criticism of the prevailing religious environment, are essential. The employment of mimetic tension, that is, a delicate balance of similarity and difference in relation to other religious traditions, is vital for an emerging religion that aspires to independence and a unique identity.[4] Early Muslim theologians elaborated on these conceptualizations and formulated concepts such as *mukhālafa* (loosely, 'the determination to act and be different than the others', especially Jews and Christians).[5] However, the borders must be permeable in order to allow for potential converts to enter the community as 'Believers'.[6] Translated to the language of social science, we might say that the Qur'ān employs a rhetoric of push and pull: a rhetoric against the Other (i.e. push), on the one hand, and a rhetoric that welcomes and acknowledges (i.e. pull), on the other.

The Paradoxical Qur'ān

The Qur'ān is a paradoxical text. On the one hand, the Qur'ān is enigmatic, difficult, and bewildering, with no transparent compositional order. Sometimes, it contradicts itself. These qualities, some argue, are due to the fact that there were several factions within the emerging qur'ānic community,[7] to obscure processes of compilation and editing,[8] or to *ad hoc* decisions by the Prophet based on caprice or oppor-

---

4 The term 'mimetic tension' is used by Reuven Firestone, "The Qur'ān and the Bible: Some Modern Studies of Their Relationship," in *Bible and Qur'ān: Essays in Scriptural Intertextuality*, ed. John C. Reeves (Atlanta: Society of Biblical Literature, 2013), 2. See also Roy A. Rappaport, *Ecology, Meaning, and Religion* (Richmond, CA: North Atlantic Books, 1979), 145–172.
5 See Antoine Fattal, *Le statut légal des non-musulmans en pays d'Islam* (Beirut: Dar el-Machreq, 1995); Meir Jacob Kister, "'Do Not Assimilate Yourselves . . .': *Lā tashabbahū*," *Jerusalem Studies in Arabic and Islam* 12 (1989): 321–371; Yohanan Friedmann, *Tolerance and Coercion in Islam: Interfaith Relations in the Muslim Tradition* (New York: Cambridge University Press, 2006).
6 Fred M. Donner, *Muhammad and the Believers: At the Origins of Islam* (Cambridge, MA: The Belknap Press of Harvard University Press, 2010).
7 Reuven Firestone, *Jihād: The Origin of Holy War in Islam* (Oxford: Oxford University Press, 1999).
8 See, e.g., John Wansbrough, *Quranic Studies: Sources and Methods of Scriptural Interpretation* (Oxford: Oxford University Press, 1977); idem, *The Sectarian Milieu: Content and Composition of Islamic Salvation History* (Amherst, N.Y: Prometheus Books, 2006); Patricia Crone and Michael Cook, *Hagarism: The Making of the Islamic World* (Cambridge: Cambridge University Press, 1977).

tunism.[9] Linguistically, the qur'ānic text lacks clear and steady deictic markers indicating clearly and consistently who says what to whom[10] displaying abrupt and striking shifts of topic, grammatical voice, and aspect, sometimes dismissed as stylistic infelicities[11] or linguistic errors.[12] The text contains few references to time or place and offers no details that prompt effects of verisimilitude. The Qur'ān expects its audience to intuit the relevant intertextual context (whether biblical or Arabian). Although the Qur'ān contains numerous biblical characters, *topoi*, stories, and allusions, it yields almost no authentic quotations from biblical texts.[13] The Qur'ān contains numerous (alphabetic) letters, words, idioms, puns, rhymes and stories that have been declared mysterious (e.g. the so-called 'mysterious letters', see above), 'strange' *gharīb*, 'ambiguous' *mutashābihāt*, 'difficult' *mushkil*, and 'unclear' *mubham*, as acknowledged by the Qur'ān itself (e.g. Q al-Naml 27:1), as well as by the exegetical tradition.[14] These linguistic phenomena are compounded by uncertainty about the emergence and composition of the Qur'ān. To sum up: in modern qur'ānic research, the Qur'ān is frequently characterized as a disordered, vague, and decontextualized text.[15]

On the other hand, the Qur'ān presents clear-cut antitheses, contrasts, symmetries and pairs, frequently expressed as generalizations, e.g. between this world and the next, Paradise and Hell, believers and disbelievers, and good and evil. Sabine

---

9 That the Prophet based his decisions on caprice or opportunism is perhaps the most standard position in early and early modern qur'ānic studies.

10 E.g. discussions regarding who speaks, e.g. God or angel(s), and discussions regarding the addressee(s), e.g., the Prophet, a local audience or a general audience?

11 E.g. Nöldeke's remark: "the grammatical persons change from time to time in the Qur'ān in an unusual and not beautiful way" (cited in Muhammad Abdel Haleem, "Qur'ān," in *Encyclopedia of Arabic Language and Linguistics*, ed. Kees Verstegh [Leiden, Boston: Brill, 2006], 21–31).

12 See e.g. John Burton, "Linguistic Errors in the Qur'ān," *Journal of Semitic Studies* 33:2 (1988): 181–196. The Islamic rhetorical tradition is sympathetic to these linguistic-stylistic shifts, called *iltifāt*. See Muhammad Abdel Haleem, "Grammatical Shift for Rhetorical Purposes: *Iltifāt* and Related Features in the Qur'ān," *Bulletin of the School of Oriental and African Studies* 55:3 (1992): 407–432.

13 That the Qur'ān does not cite directly from the Bible but nevertheless manifests a pervasive biblical presence may pose a challenge, or even a provocation, for the outside reader; but it does not necessarily imply a lacuna in the Qur'ān. On the Qur'ān's dialogue with biblical literature, see Sidney H. Griffith, *The Bible in Arabic: The Scriptures of the "People of the Book" in the Language of Islam* (Princeton: Princeton University Press, 2013).

14 On the Qur'ān's self-referentiality, see Stefan Wild (ed.), *Self-Referentiality in the Qur'ān* (Wiesbaden: Harrassowitz Verlag, 2006).

15 For examples of this understanding of the Qur'ān, see e.g. Navid Kermani, *Gott ist schön. Das ästhetische Erleben des Koran* (München: C.H. Beck, 1999), 125–127. It is noteworthy that this understanding is held by both Muslim scholars such as Seyyed Hossein Nasr and non-Muslim scholars such as John Wansbrough.

Schmidtke has called attention to the compositional functions of "any form of parallelism or repetition, pairs of synonymous, synthetic or antithetic terms or concepts, double divine epithets [. . .] as well as aspects of the number two or use of the dual form."[16] According to Todd Lawson, "[t]his interplay of opposition [is] ceaselessly expressed throughout the Qur'ān".[17] Yet, the Qur'ān is frequently characterized as a rigid and intransigent text that betrays a black-and-white outlook, what Toshihiku Izutsu called "the basic moral dichotomy" of the qur'ānic *Weltanschauung*.[18] The Qur'ān is also described as a polemical and disputatious text that has numerous paraenetic devices, such as exhortation, rebuke, arguments, challenges, threats, curses and woes.[19]

The Qur'ān is either 'too much' or 'too little', excessivly clear and judgmental or lacking clarity (referentiality, linguistic and narrative stability, and intertextuality). How to steer clear of this Schylla and Charybdis of dualism and perplexing disorder, of excess and scarcity? Let us begin by arguing that the Qur'ān contains a subtle rhetoric that bypasses its seemingly antithetical and symmetrical schemas by exploiting ambiguity as a rhetorical strategy. To that end, we direct our attention to the growing body of qur'ānic scholarship that has challenged the paradigm of a disordered and unintelligible Qur'ān, and that focuses on its intricate, yet intelligible, rhetorical, and narrative patterns and strategies.[20]

In the field of qur'ānic studies, scholars have addressed the issue of ambiguity, "but few studies address specifically the issue of certainty and ambiguity. . ."[21] Those scholars who have pursued this approach work in the fields of legal studies, exegesis, or reception history, usually in the classical period, not the formative stage of Islam.[22] Be that as it may, in 2004 the Arabist Thomas Bauer put forward a bold new interpretation of ambiguity as a deliberate and felicitous cultural strat-

16 Sabine Schmidtke, "Pairs and Pairing," *Encyclopedia of the Qur'ān*.

17 Todd Lawson, "Duality, Opposition and Typology in the Qur'an: The Apocalyptic Substrate," *Journal of Qur'anic Studies* 10:2 (2008): 23–49.

18 Toshihiko Izutsu, *God and Man in the Qur'an: Semantics of the Qur'anic Weltanschauung* (Kuala Lumpur: Islamic Book Trust, 2002 [1964]); idem, *Ethico-Religious Concepts in the Qur'ān* (Montreal: McGill Queens University Press, 2002 [1959]).

19 See e.g. Jane D. McAuliffe, "Debate and Disputation," *Encyclopedia of the Qur'ān*.

20 The claim that the Qur'ān is disordered and unintelligible has been challenged by several scholars, e.g. Angelika Neuwirth. See her *Der Koran als Text der Spätantike: Ein europäischer Zugang* (Berlin: Verlag der Weltreligionen, 2010).

21 Maribel Fierro, "*Idra'û l- Ḥudûd bi-l-Shubuhât*: When Lawful Violence Meets Doubt," *Hawwa* 5:2–3 (2007): 208–238, at p. 210, n. 5.

22 E.g. Leah Kinberg, "*Muḥkamāt* and *Mutashābihāt* (Koran 3/7): Implication of a Koranic Pair of Terms in Medieval Exegesis," *Arabica* 35 (1988): 143–172; idem, "Ambiguous," *Encyclopedia of the Qur'ān*.

egy in early and classical Islam.[23] Alas, Bauer does not deal with the semantics of the qur'ānic universe, the study of which remains a scholarly *desideratum*.[24] And whereas Bauer attempts to reconceptualize and rehabilitate classical Islamic culture, we seek to explain the earliest phases of *quranization* and how language, rhetoric, and narrative played a crucial part in this process.

We shall argue that the aforementioned characterizations of the Qur'ān ignore the text's rhetorical *modus operandi* and theological worldview; and that the Qur'ān not only includes generalizations and antithetical worldviews, but also repeatedly and subtly subverts and modifies its many confident and uncompromising stipulations. It does this, in part, in order to support and accommodate an emerging religious community and, in part, to encourage competing monotheist communities, primarily Jews and Christians, to join the new community of believers.

Qur'ānic Strategies of Ambiguity and Precision

With regard to vagueness and apparent imprecision, the Qur'ān uses at least four rhetorical forms or linguistic strategies. The first strategy involves the recurrent use of particles that indicate hesitation, uncertainty, and hope, especially the particle *laʿalla* (originally a verb but later fossilized as a particle),[25] and the verb *ʿasā*, both of which signify 'perhaps'. The first modern scholar who devoted attention to 'the grand perhaps' in the Qur'ān was Kenneth Cragg, who noted that *laʿalla* "occurs with impressive reiteration throughout the book, followed almost always by verbs having to do with intelligence, recognition, understanding, thankfulness and reverence."[26] For example, Q al-Aḥzāb 33:63, uses the apocalyptic 'perhaps':

> The people ask you about the Hour. Say, 'Knowledge of it is only with God. What will give you knowledge? *Perhaps* [our emphasis] the Hour is nigh.' [*laʿalla l-sāʿata takūnu qarīban*]. (cf. Q al-Nisā' 4:19, 99; al-Qalam 68:32)[27]

---

23 Thomas Bauer, *Die Kultur der Ambiguität: Eine andere Geschichte des Islam* (Berlin: Verlag der Weltreligionen, 2004). The book was published in English in 2021 by Columbia University Press.

24 Berque and Charnay made an early attempt to explore ambiguity, but it did not spark further interest in this subject, at least not in the English and German academy; Jean-Paul Charnay and Berque Jacques, *L'ambivalence dans la culture arabe* (Paris: Éditions Anthropos, 1968).

25 In linguistics, such fossilization is called grammaticalization, i.e. the transformation of a lexical category into a grammatical category or a hybrid/functional category, the latter being the case with *laʿalla*.

26 Kenneth Cragg, *The Mind of the Qur'ān* (London: Allen & Unwin, 1973), 147.

27 All translations of the Qur'ān follow, with minor modifications, Alan Jones, trans., *The Qur'ān* (Cambridge: Gibb Memorial Trust, 2007). Note that Jones uses a superscripted letter (^{P} or ^{S}) to indicate whether 'you' is in the plural or singular.

This *la'alla* makes its ill-omened rhetorical impact by low-key suspense. The implicit threats and portents of 'perhaps' may also be inverted and turned into a 'perhaps' of hopefulness and triumph, as in Q al-A'rāf 7:129, where Moses tells the weary Israelites that they may perhaps inherit the Promised Land:

> They [i.e., Moses' people] said, 'We have suffered hurt before you came to us and since you came to us.' He [i.e., Moses] said, '*Perhaps* [our emphasis] your Lord will destroy your enemy (*qāla 'asā rabbukum an yuhlika 'aduwwakum*) and make you successors in the land and see how you act.'

The second strategy of qur'ānic vagueness and imprecision is the use of the subjunctive (*naṣb*), which occurs when a verb (in combination with a particle) is used to express – among other things – "inclination or disinclination, order or prohibition, duty, effects, effort, fear, necessity, etc."[28] One example is Q al-Baqarah 2:214: "Or did you^{p} think that you would enter the Garden (*am ḥasibtum an tadkhulū l-jannata*) [. . .]?"

The third strategy is self-referential declarations that call attention to ambiguity.[29] The *locus classicus* is Q Āl 'Imrān 3:7: ". . .Some of its [i.e., the Book or *al-kitāb*, as specified earlier in the verse] verses are definite in meaning – these are the mother of the Scripture – and others are ambiguous (*wa-ukharu mutashābihātun*). . ."[30]

A fourth strategy is the revision of ritual stipulations, usually in the direction of leniency. For example, in Q al-Muzzammil 73, an initial injunction to pray most of the night in verse 2 ("keep vigil the night, except a little [*qumi l-layla illā qalīlan*]") changes to praying as much as is convenient in verse 20: "Therefore recite of the Qur'ān so much as is feasible [*fa-qra'ū mā tayassara minhu*]").[31]

As for the strategies of precision – which include an important rhetorical device for modification and invitation – the Qur'ān frequently introduces dispen-

---

28 W. Wright, *A Grammar of the Arabic Language*, 2 vols. (London: Cambridge University Press, 1951), 2:25.

29 Wild (ed.), *Self-Referentiality in the Qur'ān*. See also Anne-Sylvie Boisliveau, *Le Coran par lui-même. Vocabulaire et argumentation du discours coranique autoréférentiel* (Leiden, Boston: Brill, 2014).

30 Muslim exegetes acknowledge these qur'ānic ambiguities and have developed a complex methodology and vocabulary (e.g. *mutashābih, mubham, mushkil, khafī*) that sometimes overlaps with Western semantic categories. However, the aim of such Islamic interpretations is usually to eliminate the ambiguities in favor of a conclusion, often of a legal nature. See e.g. Sukri Husayn Ramic, *Language and the Interpretation of Islamic Law* (Cambridge: Islamic Texts Society, 2005).

31 Thomas Hoffmann, "Poetic-Prophetic Abrogation? An Experimental Reading of Q73," in *Micro-Level Analyses of the Qur'ân*, ed. Håkan Rydving (Uppsala: Uppsala University Library, 2014), 105–119; Johanne Louise Christiansen, "'Stay up during the night, except for a little' (Q 73:2): The quranic vigils as ascetic training programs," *Religion* 49:4 (2019): 614–635.

sations and exemptions, using *illā*-phrases, conditionals, theological riders,[32] and exculpatory (stock) phrases, e.g. *illā man uḍturra*, 'except for those who are compelled to do it', or *lā ithm*, 'there is no sin'.[33] The particle of exception, *illā*, occurs no less than 663 times in the Qur'ān, and is often connected to moral conduct and law. An example is found in Q al-Nisā' 4:92:

> A believer should not kill a believer, except if it happens by mistake (*illā khaṭa'an*). If any one (*wa-man*) kills a believer by mistake, then he must set free a believing slave and pay blood-money to the victim's family, unless they remit it as alms (*illā an yaṣṣaddaqū*). If (*fa-in*) the victim is from a people who are hostile to you^{p} but is [nevertheless] a believer, [the recompense is] the freeing of a believing slave. If (*wa-in*) he comes from a people with whom you have a covenant, then blood-money is to be handed over to his family and there must be the freeing of a believing slave. But if (*fa-man*) he does not find [the means for that], he must fast for two consecutive months, a penance from God. God is Knowing and Wise.

This verse, which specifies two exceptions to otherwise well-defined commands, illustrates the qur'ānic usage of the conditional particles *in*, 'if', and *man*, 'whosoever' (the apodosis is subsequently introduced with *fa-* 'then. . .' etc.). These conditional clauses clarify the initial exhortation, namely, that it is forbidden to kill a fellow believer. The strategy is "do x, unless y happens; if y happens, then do z; and if z is not valid, then do w". The particles *illā*, *man* and *in* make it possible for the Qur'ān to qualify rules of conduct and dispensations for the believer.[34]

These dispensatory and exculpatory phrases are elements of a theo-rhetorical strategy that seeks to provide flexibility during a period of community building – most likely the Medinan period, when the Prophet was faced with difficult legal dilemmas and had to make decisions that would have demanded legal pragmatism and flexibility.[35] The social and legal complexity of this period (mirrored in the complexity of the Medinan Sūrahs) called for a flexible and adaptable legal

32 Neal Robinson, *Discovering the Qur'an: A Contemporary Approach to a Veiled Text* (Washington: Georgetown University Press, 2003), 123.

33 On the legal aspects of "exculpatory language" in the Qur'ān, see Joseph E. Lowry, "Exculpatory Language in the Qur'an: A Survey of Terms, Themes, and Theologies," *Mélanges de l'Université Saint-Joseph* 66 (2015–2016): 97–120; Johanne Louise Christiansen, *The Exceptional Qur'ān: Flexible and Exceptive Rhetoric in Islam's Holy Book* (Piscataway: Gorgias Press, 2021).

34 These grammatical and rhetorical devices are well-known in qur'ānic studies, although we are not familiar with any systematic publication on this subject (see, however, Christiansen's forthcoming *The Exceptional Qur'ān*). Monique Bernards has written a short article on Sibawayhi's treatment of *illā*, but she does not deal with the particle beyond grammatical considerations. Monique Bernards, "Except for a Few. . . The Exception in Qur'ān 11.116," *The Arabist. Budapest Studies in Arabic* 15–16 (1995): 3–10.

35 Such legal and pragmatic flexibility is also corroborated by Lowry, "Exculpatory Language," 105.

and ethical economy. Such an economy had to encompass strict regulations and the establishment of a new Islamic order, as well as leniency and legitimate loopholes. Lowry calls this strategy 'natural legal dialectic':

> It is only natural that a text that exhibits systematic legislative content such as the Qur'an would have an array of strategies both for imposing obligations and for limiting the application of those obligations. [. . .] There is a dialectic here: the existence of many rules entails the existence of a well-defined set of techniques for creating exceptions.[36]

Lowry's "techniques for creating exceptions" are exploited by the Qur'ān's strategic rhetoric of leniency and loopholes. This rhetoric created a framework for promoting Islam as *dīn al-yusr*, 'the religion of ease', and for portraying God as a fair-minded divinity who "charges no soul beyond its capacity" (*lā yukallifu llāhu nafsan illā wusʿahā*) (Q al-Baqarah 2:286, see also Q al-Baqarah 2:143; Q Luqmān 31:19).[37] Lowry identifies a grand legal pattern:

> Certain recurring quranic themes cumulatively portray the divine law as something that diminishes in intensity over time, that is sensible and even minimal in some cases, that is easy to comply with, and that is not a cause of hardship for the quranic community.[38]

Q al-Muzzammil 73, mentioned above, exemplifies this grand pattern within a single Sūrah, albeit not always in a lenient direction. Consider, for example, the legal status of wine. In the Qur'ān, wine is mentioned in three places: Q al-Naḥl 16:67, which is thought to be Meccan,[39] appears to permit wine; Q al-Baqarah 2:219, thought to be early Medinan,[40] takes a middle position; whereas Q al-Mā'idah 5:90–91, thought to be late Medinan,[41] clearly states that wine is to be avoided. If one

36 Ibid., 106.

37 On the qur'ānic conception of leniency vis-à-vis Jews, see Ze'ev Maghen, *After Hardship Cometh Ease: The Jews as Backdrop for Muslim Moderation* (Berlin: Walter de Gruyter, 2012).

38 Lowry, "Exculpatory Language," 106.

39 Q al-Naḥl 16:67: "And of the fruits of the palm-trees and grapes (*thamarāti l-nakhīli wa-l-aʿnābi*), from which you take intoxicants and a good nourishment (*sakaran wa-rizqan ḥasanan*). In this there is a sign for people who understand."

40 Q al-Baqarah 2:219: "They ask you about wine (*al-khamr*) and *maysir* [arrow-shuffling]. Say, 'In both these is great sin (*ithmun kabīrun*), but some benefits to the people (*wa-manāfiʿu li-l-nāsi*); but the sin in them is greater than the benefit.' And they ask you[s] about what they should spend. Say, 'The surplus.' Thus God makes the signs clear to you[p], so *perhaps* [our emphasis] you will reflect (*laʿallakum tatafakkarūna*)."

41 Q al-Mā'idah 5:90–91: O you who believe, wine (*al-khamr*) and *maysir* [arrow-shuffling], idols and divining arrows are an abomination (*rijs*) that is of the work of Satan. Avoid it, so *perhaps* [our emphasis] you will prosper. Satan only desires to cause enmity and hatred among you through wine and *maysir* and to turn you from remembrance of God and from prayer. Are you going to desist?"

accepts that the revelations were sent down to Muhammad over a period of twenty-three years, the Qur'ān's position on wine seems to change from indifference in the Meccan period to a strict prohibition in the late Medinan period. Here, the strategy of flexibility and pragmatism is replaced by a strategy of rigor and inflexibility. These two strategies were essential for the optimal functioning of the Prophet's new community. A social and legal system must demonstrate flexibility in response to a rapidly changing environment.[42] If the principles of leniency and flexibility are too soft, the identity borders are jeopardized; if they are too rigid, the viability of the system is at risk. Be that as it may, if one finds him or herself in a situation of extreme necessity (*ḍarūrah*, cf. Q al-Baqarah 2:173; Q al-Mā'idah 5:3), one is still exempted from the principle that wine is prohibited.[43]

During this period of intensive and precarious community building, Lowry notes, the Qur'ān also uses the rhetoric of alleviation to provide a polemical contrast to the monotheist Other. The text characterizes the Jewish tradition as rigorous and inflexible (*dīn al-ʿusr*),[44] and it portrays the Christian tradition as too permissive and 'beyond' the law.[45] However – and this is a crucial point in our argument – this rhetoric not only strengthened identity borders, but also provided loopholes for those who might have felt excluded by the polemic rhetoric.

A Rhetorical Loophole in the Qur'ān

We call the dispensatory and exculpatory phrases that make it possible for the Qur'ān to make seemingly uncompromising and sweeping declarations "rhetorical loopholes", because they communicate a message that seems to go against the grain of polemical discourse in the Qur'ān. But we must also take into consideration several lexical qualifiers in the Qur'ān, what we call 'the little god in the detail.' Consider, for instance, the noun *baʿḍ*, 'some of', *baʿḍuhum*, 'some of them', *baʿḍukum*, 'some of you', which occurs 157 times in the Qur'ān (e.g. Q al-Baqarah 2:253); the phrase *ṭā'ifatun min*, 'a group of' or 'a party of', which occurs 16 times (see below);

42 Rappaport, *Ecology, Meaning, and Religion*, 145–172.
43 On *ḍarūrah*, see Wael B. Hallaq, *An Introduction to Islamic Law* (New York: Cambridge University Press, 2009), 116, 172.
44 The Jewish rules were interpreted as a burden and punishment for their transgressions against God. See Maghen, *After Hardship Cometh Ease*; Haggai Mazuz, "Menstruation and Differentiation: How Muslims Differentiated Themselves from Jews Regarding the Laws of Menstruation," *Der Islam* 87 (2012): 204–223.
45 On Christian law in the Qur'ān, see Holger Zellentin, *The Qur'ān's Legal Culture: The Didascalia Apostolorum as a Point of Departure* (Tübingen: Mohr Siebeck, 2013).

the root *k-th-r* 'many or most [of them]', which occurs 167 times (cf. Q al-Baqarah 2:109); and the noun *farīq*, 'a party [of them]', which occurs 33 times (cf. Q al-Baqarah 2:100). All of these are used to distinguish between different groups of people. These ostensibly innocuous qualifiers constitute the Qur'ān's 'loopholing' phraseology.

Consider as an example one of the *ṭā'ifatun min* phrases. Numerous qur'ānic passages refer to an escalating conflict between believers and other monotheists, especially Jews and Christians. However, this conflict and its apparently irreconcilable parties are often qualified by words and phrases that alleviate the tension. For example, instead of stating that 'the People of the Book long to lead you [i.e., the believers] astray... (*wadda ahlu l-kitābi law yuḍillūnakum*)', a reasonable position in terms of communicative simplicity and the formation of group-identity, the Qur'ān specifies that "*A* party of the People of the Book long to lead you astray... (*waddat ṭā'ifatun min ahli l-kitābi law yuḍillūnakum*)" (Q Āl-ʿImrān 3:69). Such a formulation adds nuance to polemical exchanges in the Qur'ān. In addition to making generalizations and placing people in groups, the Qur'ān often interpolates provisos, specifications, and exemptions that allow some members of an out-group to join the in-group. These prospective joiners are reassured and welcomed, even wooed, by the qur'ānic community. Such phrases function as specifications, the little god in the detail, the very opposite of a sweeping generalization or binary Othering.

Thus, these qualifiers create rhetorical loopholes that prevent monotheist Others (and perhaps some polytheists) from feeling alienated and ostracized *tout court*. Such rhetoric functions as a tacit invitation, a subtle *daʿwah*, in the midst of polemics. History seems to have confirmed that this rhetoric – in synergy with other factors – was highly efficacious.

Michel Cuypers et Sami Larbes

7 La composition rhétorique de Q al-Tawbah 9

La méthode mise en œuvre dans cet article pour explorer la composition de Q al-Tawbah 9 est celle de la rhétorique sémitique. Les principales caractéristiques en seront rappelées en introduction (M. Cuypers), puis appliquées à la structure générale de la sourate (S. Larbes), et ensuite, de manière plus détaillée, à son passage central (M. Cuypers). On conclura par quelques brèves remarques (M. Cuypers-S. Larbes).

Rappel des principales caractéristiques de la rhétorique sémitique

La rhétorique sémitique désigne la manière dont les scribes du Moyen-Orient antique composaient leurs textes d'une certaine importance, notamment les textes religieux et sacrés[1]. Elle n'a été redécouverte que tardivement et progressivement, à partir du milieu du 18e siècle, grâce à l'étude du bibliste anglais Robert Lowth (1710–1787) concernant la structure des textes poétiques hébraïques de la Bible sur la base de parallélismes[2]. Elle est aujourd'hui parfaitement théorisée par le bibliste jésuite Roland Meynet, et fait partie des outils de l'exégèse moderne de la Bible. L'analyse d'une quarantaine de sourates du Coran et de quelques textes pharaoniques a pu démontrer par ailleurs la pertinence de cette théorie dans la recherche de la composition de ces textes extra-bibliques, appartenant toutefois à des cultures en contact entre elles. Cette rhétorique a notamment l'avantage, pour l'exégèse du Coran, de considérer les versets dans leur contexte littéraire immédiat, et non pas de manière isolée, verset par verset, comme l'a souvent fait la tradition exégétique

1 Pour un exposé complet de la rhétorique sémitique du Coran, voir Cuypers, *La Composition du Coran* (Pendé: Gabalda-Peeters, 2012). Trad. anglaise, *The Composition of the Qur'an: Rhetorical Analysis* (London-New Delhi-New York-Sydney: Bloomsbury, 2015). Trad. arabe, *Fī naẓm al-Qur'ān* (Beyrouth: Dar el-Mashreq, 2018).

2 Dans ses *Leçons sur la poésie sacrée des Hébreux*, Praelectiones Academicae de Sacra Poesi Hebraeorum (Oxford, 1753). On trouvera l'historique de cette redécouverte de la rhétorique sémitique dans Roland Meynet, *Traité de rhétorique biblique* (Paris: Lethellieux-Peeters, 2007), 31–110. Trad. anglaise, *Treatise on Biblical Rhetoric* (Leiden: Brill, 2012).

https://doi.org/10.1515/9783111051567-008

islamique. On peut rattacher cette rhétorique à la science coranique ancienne de la composition (*al-naẓm)*, qu'elle développe cependant considérablement[3].

À la différence de la rhétorique gréco-latine, linéaire et progressive, la rhétorique sémitique est entièrement fondée sur le *principe de symétrie* : selon ce principe, une unité textuelle se présente donc généralement en relation de symétrie avec une autre. Cette symétrie peut prendre trois formes ou *figures de composition* :

1. *Le parallélisme*, quand des termes en relation sont disposés selon un même ordre : par exemple AB // A'B'. À la suite de Robert Lowth, on distingue le parallélisme synonymique, le parallélisme antithétique et le parallélisme synthétique (quand le deuxième élément du parallélisme complète simplement le premier).
2. *La composition spéculaire*, quand les termes en relation se présentent en ordre inversé : par exemple ABC // C'B'A' (on reconnaît le classique chiasme).
3. *La composition concentrique* ou *'ring composition'*, lorsqu'un élément central s'intercale entre les deux versants inversés du parallélisme : AB/x/B'A'.

Cette dernière figure de composition est extrêmement fréquente dans le Coran et explique pourquoi une lecture linéaire du texte paraît souvent brouillée. Les extrémités et surtout le centre des compositions concentriques ont toujours une importance sémantique particulière pour la compréhension de l'ensemble du texte.

Ces trois figures de composition peuvent se trouver à différents *niveaux textuels* que l'analyse devra soigneusement distinguer. En remontant à partir du niveau inférieur, on distinguera ainsi *le membre, le segment, le morceau, la partie, le passage, la séquence et la section*, avec parfois des sous-parties, des sous-séquences et des sous-sections. Une longue sourate comme Q al-Tawba 9, pourra être analysée selon une dizaine de niveaux textuels différents, chacun ayant sa propre structure de composition symétrique.

Les symétries d'une figure de composition sont signalées par des correspondances de termes, identiques, synonymiques ou antithétiques, soit encore de même rime ou assonancés, ou de même forme grammaticale.

Ces correspondances se trouvent principalement au début, au centre ou à la fin d'unités textuelles symétriques. On les appellera des *termes initiaux, centraux ou finaux*, ou encore des *termes extrêmes*, quand ils encadrent une unité textuelle, ou des *termes médians*, si le premier terme se situe à la fin d'une unité textuelle et le second au début de l'unité suivante.

---

3 Voir Cuypers, *Le Festin. Une lecture de la sourate al-Mâ'ida* (Paris: Lethielleux-Peeters, 2007), 399–407. Trad. anglaise, *The Banquet: A Reading of the Fifth Sura of the Qur'an* (Miami: Convivium Press, 2009), 493–502. Trad. arabe, *Fī naẓm Sūrah al-mā'ida* (Beyrouth: Dar el-Mashreq, 2016).

Les centres sont souvent caractérisés par certains procédés qu'on a appelés les « lois de Lund », d'après le bibliste américain qui les a théorisées, dans les années 1940. Signalons en particulier la « quatrième loi de Lund », que nous rencontrerons plusieurs fois plus loin : « Il existe de nombreux cas où les idées apparaissent au centre d'un système et aux extrémités d'un système correspondant, le deuxième système ayant été construit évidemment pour aller avec le premier. Nous appellerons ce trait 'la loi du déplacement du centre vers les extrémités' »[4].

De ce rapide survol théorique, retenons surtout que l'analyse de la structure du texte n'a pas d'autre but que de comprendre le sens du texte, à partir des unités sémantiques symétriques qui se renvoient les unes les autres.

Structure générale de Q AL-TAWBAH 9

Vu l'impossibilité de montrer le détail de l'analyse de la sourate dans les limites d'un article, on se contentera ici de résumer la construction des niveaux supérieurs qui la composent, à savoir, les séquences. Mais insistons sur le fait que tous les niveaux textuels se prêtent à une analyse détaillée semblable à celle qui sera faite plus loin (par. 3) sur le passage central de la sourate. Nous espérons publier l'analyse détaillée ultérieurement.

Q al-Tawbah 9 a la taille d'une section composée de trois séquences disposées de manière concentrique A/B/A'.

SEQUENCE A :
Appel au combat contre les polythéistes et les gens du Livre, et mise à l'épreuve des croyants 1–37

SEQUENCE B :
Châtiment des croyants qui ne se mobilisent pas sur le chemin de Dieu 38–85

SEQUENCE A' :
Appel à la mobilisation des Médinois et des Bédouins récalcitrants 86–129

Les deux séquences extrêmes A et A' se répondent et encadrent une séquence centrale B. Dans les deux séquences extrêmes A et A', Dieu interpelle les croyants et les met à l'épreuve en les appelant à combattre et à lutter pleinement avec leurs biens

4 Voir Cuypers, *La composition du Coran*, 125.

et leurs personnes contre, principalement, les polythéistes. Dans la séquence A, Dieu teste la foi des croyants dans leur engagement à combattre. Dans la séquence A', Dieu appelle les croyants à la vigilance et à se méfier des hypocrites et des mécréants qui les entourent.

Dans la séquence centrale B, Dieu lance un avertissement aux croyants hésitants qui ne répondent pas à l'appel, qui ont préféré la vie d'ici-bas et ses jouissances et qui ne luttent pas avec leurs biens et leurs personnes, et leur annonce, ainsi qu'aux hypocrites, un châtiment à la mesure de leur défection. Chacune de ces trois séquences est composée de trois sous-séquences disposées également en concentrisme.

On étudiera d'abord la composition de chacune des trois séquences et ensuite les correspondances entre les séquences qui composent la section.

Séquence A (1–37)

Appel au combat contre les polythéistes et les gens du Livre, et mise à l'épreuve des croyants

La séquence est composée de trois sous-séquences disposées en concentrisme : deux sous-séquences extrêmes A1 et A3 encadrent la sous-séquence centrale A2.

Sous-séquence A1 : Appel au combat contre les polythéistes qui ne respectent pas leur pacte 1–16

Sous-séquence A2 : Les polythéistes sont exclus des mosquées de Dieu. Les croyants ne doivent rien préférer à la lutte sur le chemin de Dieu et s'en remettre à Dieu qui leur promet le paradis 17–28

Sous-séquence A3 : Appel au combat contre les gens du Livre et les polythéistes qui ne respectent pas les mois sacrés du calendrier 29–37

Dans les deux sous-séquences extrêmes A1 et A3, Dieu appelle les croyants à combattre les polythéistes qui ne respectent pas les conventions sacrées : les pactes et les mois sacrés. La dernière sous-séquence A3 appelle en outre les croyants à combattre les gens du Livre. Elles encadrent la sous-séquence centrale A2, dans laquelle Dieu exhorte les croyants à s'en remettre totalement à Lui et leur promet le Paradis. Notons la place de la promesse eschatologique dans la sous-séquence centrale.

Les trois sous-séquences sont composées de trois passages chacune, disposés également en concentrisme.

Sous-séquence A1 : 1–16

Dieu et son Envoyé dénoncent les pactes conclus avec les polythéistes qui ont nuit aux croyants 1–4
Appel à tuer les polythéistes qui ne respectent ni alliance ni engagement, sauf s'ils se repentent 5–12
Appel au combat contre les polythéistes. Les croyants ne doivent pas craindre le combat et s'allier qu'à Dieu, son Envoyé et les croyants 13–16

Sous-séquence A2 : 17–28

Seuls les croyants peuvent entretenir les mosquées de Dieu, à l'exclusion des polythéistes. Supériorité de la lutte sur le chemin de Dieu 17–19
La lutte des croyants sur le chemin de Dieu, récompensée par le paradis eschatologique 20–22
Les croyants ne doivent rien préférer à la lutte sur le chemin de Dieu et s'en remettre à Dieu sur ce chemin. Les polythéistes à nouveau exclus des mosquées de Dieu 23–28

Sous-séquence A3 : 29–37

Appel au combat contre les gens de l'Écriture 29–33
Les moines et les rabbins et tous ceux qui thésaurisent plutôt que de dépenser sur le chemin de Dieu subiront le châtiment eschatologique 34–35
Appel au combat contre les polythéistes qui ne respectent ni calendrier ni mois sacrés 36–37

Les deux sous-séquences A1 (1–16) et A3 (29–37) sont liées par la quatrième loi de Lund (La loi du déplacement du centre vers les extrémités)[5]:

- des termes identiques : « les mois sacrés » (5a) figurent au centre de la sous-séquence A1 et à la fin de la sous-séquence A3, « quatre [mois] sacrés » (36c) ;
- une annonce identique aux infidèles, « et annonce à ceux qui sont infidèles un châtiment douloureux » (3h), apparaît au début de la sous-séquence A1 et au centre de la sous-séquence A3 : « alors annonce-leur un tourment douloureux » (34f) ;
- le terme « religion » se trouve au centre de la sous-séquence A1 (11d) et aux extrémités de la sous-séquence A3 (33b et 36d) ;
- un syntagme similaire figure au centre de la sous-séquence A1, « et attaquent votre Religion » (12b), et au début de la sous-séquence A3, « et ne pratiquent point la religion de Vérité » (29c).

Les centres des deux sous-séquences A1 et A3 sont liés par le syntagme « se sont alors écartés de Son chemin » (9b) et « s'écartent du chemin de Dieu » (34c).

5 Voir plus haut notre section « Structure générale de Q AL-TAWBAH 9 » et Cuypers, *La composition du Coran*, 125.

Par ailleurs, la séquence est encadrée par les termes extrêmes « terre » (2a et 36b), et « quatre mois » (2a) et « parmi eux [les mois], quatre sont sacrés » (36c)

Séquence B (38–85)

Châtiment des croyants qui ne se mobilisent pas sur le chemin de Dieu

La séquence B est composée de trois sous-séquences disposées en concentrisme : deux sous-séquences extrêmes B1 et B3 encadrent la sous-séquence centrale B2.

Sous-séquence B1 : Dieu rejette l'engagement de ceux qui hésitent à se mobiliser 38–57

Sous-séquence B2 : Dieu promet l'enfer aux hypocrites et des jardins aux croyants 58–80

Sous-séquence B3 : Rupture totale avec les hypocrites qui sont restés en arrière : ils ne participeront plus à la guerre, on ne priera pas sur eux s'ils meurent 81–85

Dans les deux sous-séquences extrêmes B1 et B3, Dieu rejette ceux qui ne répondent pas à son appel. Elles encadrent la sous-séquence centrale B2, dans laquelle Dieu promet les châtiments eschatologiques aux hypocrites et les récompenses aux croyants.

Les deux sous-séquence B1 et B2 sont composées de trois passages disposés en concentrisme.

La sous-séquence B3 est de la taille d'un passage.

Sous-séquence B1 : 38–57

Châtiments pour ceux qui ne se mobilisent pas sur le chemin de Dieu. Nouvel appel à la mobilisation 38–41

Faux arguments de ceux qui veulent rester 42–47

Leur refus de s'engager n'est que tentation et mensonge 48–57

Sous-séquence B2 : 58–80

Controverse avec les hypocrites 58–66

Châtiments des hypocrites et récompense des croyants 67–72

Dieu ne pardonnera pas aux hypocrites qui ont mécru après leur soumission 73–80

Sous-séquence B3 : 81–85

Rupture totale avec les hypocrites qui sont restés en arrière : ils ne participeront plus à la guerre, on ne priera pas sur eux s'ils meurent 81–85

Les deux sous-séquences extrêmes B1 et B3 abordent l'appel de Dieu à la mobilisation et la réponse de ceux parmi les croyants qui ne sont pas sincères et qui ont demandé de rester.

Les correspondances rhétoriques entre ces deux sous-séquences sont nombreuses :

- Les deux sous-séquences introduisent l'appel à la mobilisation par des syntagmes quasi identiques : « Et luttez avec vos biens et vos personnes sur le chemin de Dieu » (41b et 81c) et une antithèse entre ceux qui croient et « luttent avec leurs biens et leurs personnes » (44b) et ceux qui ont répugné « à lutter par leurs biens et leurs personnes sur le chemin de Dieu » (81c).
- Au centre des sous-séquences, il est fait mention de ceux qui demandent la permission de rester. Les parties centrales sont quasi-identiques (44–46) et (83). Après leurs tergiversations, Dieu désapprouva leur engagement : « Mais Dieu répugna leur engagement, alors il les découragea » (46c–d) et ordonna au Prophète de dire « Vous ne sortirez avec moi plus jamais et vous ne combattrez plus avec moi d'ennemis » (83d–e).
- À la fin des deux sous-séquences, Dieu qualifie ceux qui se comportent ainsi comme des « pervers » (53c) et (84e), qui ont mécru en Dieu et en son Envoyé (54b) et (84c), et se terminent par une injonction identique faite au Prophète : « Alors/Et que ne te plaisent ni leurs biens ni leurs enfants, Dieu ne veut que les châtier par leur biais dans la vie ici-bas et que s'échappent leurs âmes tout en étant mécréants » (55) et (85).

Les deux sous-séquences extrêmes B1 et B3 encadrent la sous-séquence centrale B2 où l'on retrouve encore dans le passage central qui la compose (67–72), les promesses eschatologiques que Dieu réserve aux hypocrites et aux croyants.

Séquence A' : 86–129

Appel à la mobilisation des Médinois et des Bédouins récalcitrants

La séquence A' est composée de trois sous-séquences disposées de manière concentrique : deux sous-séquences extrêmes A'1 et A'3 encadrent la sous-séquence centrale A'2.

Sous séquence A'1 : Les riches Arabes refusent de s'engager dans la lutte; les croyants qui s'engagent, eux, obtiendront le Paradis 86–93

Sous-séquence A'2 : Certains médinois et Bédouins croient et se mobilisent, d'autres non. Dieu promet le Paradis à ceux qui croient et s'engagent dans la lutte sur le chemin de Dieu 94–122

Sous-séquence A'3 : Nouvel appel à combattre les polythéistes qui refusent de croire. Affirmation de la mission de l'Envoyé 123–129

Dans les deux sous-séquences extrêmes A'1 et A'3, Dieu interpelle les croyants et les membres de leur communauté sur leur engagement et la sincérité de leur foi. Dans la sous-séquence centrale A'2, Dieu réitère sa promesse du Paradis faite aux croyants. Nouvelle promesse eschatologique au centre.

Les deux sous-séquences extrêmes A'1 et A'3 sont de la taille d'un passage chacune, alors que la sous-séquence centrale A'2 est composée de trois passages disposés en concentrisme.

Sous-séquence A'1 : 86–93

Les riches Arabes refusent de s'engager dans la lutte; les croyants qui s'engagent, eux, obtiendront le Paradis 86–93

Sous-séquence A'2 : 94–122

Parmi les Arabes et les Médinois, certains refusent de se mobiliser, d'autres croient 94–110
Dieu, Fidèle à son engagement, promet aux croyants le Paradis 111–112
Les croyants ne doivent pas implorer le pardon pour les polythéistes. Mais ceux-ci peuvent obtenir le pardon pour eux-mêmes, s'ils se repentent. Comment Médinois, Arabes et croyants doivent se mobiliser 113–122

Sous-séquence A'3 : 123–129

Nouvel appel à combattre les polythéistes qui refusent de croire. Affirmation de la mission de l'Envoyé 123–129

Les deux sous-séquences extrêmes A'1 et A'3 concernent l'appel fait aux croyants pour combattre les mécréants et la réaction de ceux qui reçoivent le message sous forme de sourate. Elles sont liées par la 4ème loi de Lund. Nous retrouvons aux extrémités de la sous-séquence A'1 des termes qui se trouvent au centre de la sous-séquence A'3 :

– « Et lorsqu'une sourate est descendue » (86a), au début de A'1, et « Et quand est descendue une sourate » (124a et 127a) au centre de A'3.

- « Et furent scellés leurs cœurs, et ils ne comprennent rien » (87c–d) et « Et Dieu a scellé leurs cœurs et ils ne savent pas » (93d–e), aux extrémités de A'1, et « Que Dieu détourne leurs cœurs, puisque ils sont un peuple [de gens] qui ne comprennent rien » (127e–f) au centre de A'3.
- « ils étaient satisfaits » (87a et 93c) aux extrémités de A'1, et le verbe de sens voisin « ils s'en réjouissent » (124f), au centre de A'3.

Leurs termes initiaux sont synonymes : « croyez en Dieu et luttez » (86b–c) et « Ô ceux qui croient, combattez » (123a–b). Les deux sous-séquences extrêmes A'1 et A'3 encadrent la sous-séquence centrale A'2 où il est une nouvelle fois question de récompense eschatologique.

La section 1–129

Structure générale de Q AL-TAWBAH 9

La section, soit la sourate entière, est composée de trois séquences disposées en concentrisme A/B/A', chacune d'elles étant à son tour composée de trois sous-séquences également disposées en concentrisme : A1/A2/A3, B1/B2/B3 et A'1/A'2/A'3.

1. Correspondance des centres des trois séquences A, B et A'

C'est un point significatif dans la construction de cette sourate, où les centres des trois séquences A, B et A', soit leurs sous-séquences centrales A2, B2 et A'2, se correspondent parfaitement.

Ces centres traitent des récompenses eschatologiques que Dieu réserve aux croyants en A2 et A'2, lesquels encadrent les récompenses et les châtiments eschatologiques que Dieu réserve respectivement aux croyants et aux hypocrites, en B2.

Dans les centres de A2 et A'2, il est en effet question des croyants qui « luttent/combattent sur le chemin de Dieu avec leurs biens et leurs personnes » (20c) et (111a). Dieu leur « annonce » (21a) ou ordonne au Prophète de leur annoncer (112d) « le Paradis/des Jardins où ils auront un délice permanent » (111b) et (21b).

En B2, Dieu promet aux croyants et croyantes qui obéissent à Dieu et à Son Envoyé sa miséricorde : « Et Dieu a promis aux croyants et aux croyantes des jardins sous lesquels coulent les ruisseaux, où ils demeureront immortels, et des demeures excellentes dans les jardins d'Éden. Et la satisfaction de Dieu est plus grande, c'est là le succès immense » (v. 72). Et en antithèse, Dieu promet des châtiments aux hypocrites : « Dieu a promis aux hypocrites, hommes et femmes, et aux mécréants, le feu de l'Enfer. Ils y demeureront immortels. C'est suffisant pour eux. Et Dieu les a maudits. Et pour eux, il y aura un châtiment permanent. » (v. 68).

	Sous-séquence A1 : Appel au combat contre les polythéistes qui ne respectent pas leur pacte 1-16
Séquence A : 1-37 Appel au combat contre les polythéistes et les gens du livre, et mise a l'epreuve des croyants	**Sous-séquence A2** : Les polythéistes sont exclus des mosquées de Dieu. Les croyants ne doivent rien préférer à la lutte sur le chemin de Dieu et s'en remettre à Dieu qui leur promet le paradis 17-28
	Sous-séquence A3 : Appel au combat contre les gens du Livre et les polythéistes qui ne respectent pas les mois sacrés du calendrier 29-37

	Sous-séquence B1 : Dieu rejette l'engagement de ceux qui hésitent à se mobiliser 38-57
Séquence B : 38-85 Chatiment des croyants qui ne se mobilisent pas sur le chemin de Dieu	**Sous-séquence B2** : Dieu promet l'enfer aux hypocrites et des jardins aux croyants 58-80
	Sous-séquence B3 : Rupture totale avec les hypocrites qui sont restés en arrière : ils ne participeront plus à la guerre, on ne priera pas sur eux s'ils meurent 81-85

	Sous séquence A'1 : Les riches Arabes refusent de s'engager dans la lutte; les croyants qui s'engagent, eux, obtiendront le Paradis 86-93
Séquence A' : 86-129 Appel a la mobilisation des Medinois et des Bedouins recalcitrants	**Sous-séquence A'2** : Certains médinois et Bédouins croient et se mobilisent, d'autres non. Dieu promet le Paradis à ceux qui croient et s'engagent dans la lutte sur le chemin de Die 94-122
	Sous-séquence A'3 : Nouvel appel à combattre les polythéistes qui refusent de croire. Affirmation de la mission de l'Envoyé 123-129

Figure 5 : Structure générale de Q. al-Tawbah 9.

Sous-séquence A2 : 17–28	Sous-séquence B2 : 58–80	Sous-séquence A'2 : 94–122
[17–19] [20a] Ceux qui croient [b] et émigrent [c] et luttent sur le chemin de Dieu avec leurs biens et leurs personnes [d] auront un rang plus considérable auprès de Dieu [e] et ceux-là sont les gagnants. [21a] Leur Seigneur leur annonce une miséricorde [venant] de Lui et une satisfaction, [b] ainsi que des jardins où ils auront un délice permanent, [22a] où ils seront immortels, à jamais. [b] Certes Dieu détient une rétribution immense. [23–28]	[58–66] [67a] Les hypocrites, hommes et femmes, les uns les autres se commandent le blâmable [b] et interdisent le convenable [c] et ferment leurs mains [d'avarice]. [d] Ils ont oublié Dieu [e] et alors Il les a oubliés. [f] En vérité, les hypocrites sont les pervers. [68a] Dieu a promis aux hypocrites, hommes et femmes, et aux mécréants, le feu de l'Enfer [b] ils y demeureront immortels [c] C'est suffisant pour eux [d] Et Dieu les a maudits. [e] Et pour eux, il y aura un châtiment permanent. [69–70] [71a] Et les croyants et les croyantes sont alliés les uns des autres. [b] Ils commandent le convenable [c] et interdisent le blâmable [d] et accomplissent la prière [e] et acquittent la *zakât* [f] et obéissent à Dieu et à Son Envoyé. [g] Ceux-là, Dieu leur fera miséricorde [h] car Dieu est puissant, sage. [72a] Et Dieu a promis aux croyants et aux croyantes des jardins [b] sous lesquels coulent les ruisseaux, où ils demeureront immortels, [c] et des demeures excellentes, dans les jardins d'Éden. [d] Et la satisfaction de Dieu est plus grande, [e] c'est là le succès immense. [73–80]	[94–110] [111a] Certes, Dieu a acheté des croyants, leurs personnes et leurs biens [b] pour qu'ils aient le Paradis. [c] Ils combattent dans le chemin de Dieu [d] et ils tuent, et ils se font tuer, [e] en promesse [faite] par Lui, en toute vérité dans la Thora, l'Évangile et le Coran. [f] Et qui est plus fidèle à son engagement que Dieu ? [g] Alors réjouissez-vous du contrat que vous avez contracté. [h] Et c'est là le succès immense. [112a] Ceux qui se repentent, qui adorent, qui louent, qui parcourent la terre, qui s'inclinent, qui se prosternent, [b] qui commandent le convenable et qui proscrivent le blâmable et [c] qui observent les préceptes de Dieu ; [d] et fais bonne-annonce aux croyants. [113–122]

2. Correspondance des séquences extrêmes A : 1–37 et A' : 86–129

1) Correspondance des sous-séquences A1 : 1–16 et A'1 : 86–93

Les deux sous-séquences sont liées par la 4ème loi de Lund :

- le début de la sous-séquence A'1 en son terme initial « Et lorsqu'une sourate est descendue » (86a) correspond au centre de la sous-séquence A1 en ses termes « la parole de Dieu » (6c), « les signes de Dieu » (9a) et « et nous précisons les signes » (11e) : Dieu transmet son message en faisant descendre des sourates.
- Les termes finaux des deux parties extrêmes de la sous-séquence A'1, « et ils ne comprennent rien » (87d) et « et ils ne savent pas » (93e), correspondent en antithèse aux termes situés au centre de la sous-séquence A1 : « un peuple qui ne sait point » (6e) et « un peuple qui sait » (11e).

2) Correspondance des sous-séquences A2 : 17–28 et A'2 : 94–122

Les passages centraux des deux sous-séquences ayant été analysés plus haut (correspondance des centres des séquences), nous n'analyserons ici que les passages initiaux (17–19 et 94–110) et les passages finaux (22–28 et 113–122).

Dans les passages initiaux, nous retrouvons le terme « mosquée » : (17b et 18a) et (19b) en A2, et (107a) et (108b) en A'2.

Au centre des deux passages, nous retrouvons le sujet de l'aumône : « et donne l'aumône » (18d) en A2, et « prélève sur leurs biens une aumône » (103a) et « et qui prélève les aumônes » (104c) en A'2.

Les deux passages ont des termes finaux identiques « Et Dieu ne guide pas le peuple des injustes » (19e) et (109d).

Dans les passages finaux (22–28 et 113–122), les termes initiaux sont en rapport avec les membres de la famille et de la communauté : « vos pères et vos frères » (23a), « vos pères et vos fils et vos épouses et votre clan » (24a), en A2, et « des parents » (113c) et « en faveur de son père » (114a) en A'2 ; le Prophète et les croyants sont appelés à ne pas les prendre pour affiliés ni implorer le pardon en leur faveur quand il devint évident qu'ils étaient des polythéistes (23c et 113b).

Au centre des deux passages, nous retrouvons des expressions identiques soulignant leur correspondance :

- « et vous était étroite la terre bien qu'elle fût vaste » (25d) et « la terre leur paraissait étroite, toute vaste qu'elle fût » (118b).
- « Ensuite, Se repend Dieu après cela à l'égard de qui Il veut et Dieu est Pardonneur, Miséricordieux » (27) et « Puis Il se repentit à leur égard pour qu'ils se repentent, car Dieu est le Repentant, le Miséricordieux » (118g–i).

3) Correspondance des sous-séquences A3 : 29–37 et A'3 : 123–129

La correspondance des deux sous-séquences est soulignée par plusieurs indices. Elles commencent avec des termes initiaux similaires qui expriment l'appel au combat : « Combattez ceux qui ne croient point en Dieu ni au Dernier Jour » (29a) et « Combattez ceux qui vous avoisinent parmi les mécréants » (123b).

Elles sont liées par la 4ème loi de Lund :

- Une sentence théologique exprimant le monothéisme absolu, en réponse à ceux ayant reçu l'Écriture, figure au centre de la sous-séquence A3 et à la fin de la sous-séquence A'3: « . . . que d'adorer un Dieu unique. Nul Dieu que Lui. Gloire à Lui au-delà de ce qu'ils (Lui) associent » (31d–f) et « Dieu me suffit. Il n'y a de divinité que Lui. En Lui je place ma confiance; et Il est le Seigneur du Trône immense » (129c–f).
- Une expression au centre de la sous-séquence A3 : « C'est Lui qui a envoyé Son Messager avec la guidance » (33a) correspond aux membres « Et quand est descendue une sourate » (124a et 127a) en tant que vecteur de transmission de cette guidance.
- Nous retrouvons le terme « année » à la fin de la sous-séquence A3 (37c et d) et au centre de la sous-séquence A'3 (126b).

Par ailleurs, au niveau des séquences A et A', en plus du développement ci-dessus, la 4ème loi de Lund lie les deux séquences par les termes suivants : il est fait mention de ceux ayant reçu l'Écriture, juifs et chrétiens, à la fin de la séquence A « et ne pratiquent point la religion de Vérité, parmi ceux ayant reçu l'Écriture » (29c), et aux Écritures, le Coran, l'Évangile et la Thora, au centre de la section A', « en promesse [faite] par Lui, en toute vérité dans la Thora, l'Évangile et le Coran » (111e).

3. Correspondance des séquences A : 1–37 et B : 38–85

En plus de la correspondance de leurs centres, les séquences A et B sont liées par la 4ème loi de Lund :

- dans la séquence centrale B, dans sa sous-séquence centrale (58–80), il est question des « aumônes » (58a, 60a et 79a) et de dépenses « sur le chemin de Dieu » (60d), correspondant au passage de la fin de la séquence A (34–35) qui fait allusion « aux moines et aux rabbins qui mangent les biens des gens vainement et s'écartent du chemin de Dieu et ceux qui thésaurisent l'or et l'argent et n'en font point dépense sur le chemin de Dieu » (34b–e).
- Les deux séquences évoquent le secours de Dieu en termes similaires, suivi de récits historiques sous forme de paraboles quasi-identiques, au centre de la séquence A et au début de la séquence B :
  - « Dieu vous a secourus » (25a) et « Dieu l'a déjà secouru » (40b). « Ensuite Dieu fit descendre Sa sérénité sur Son Envoyé et sur les croyants et Il fit descendre des armées que vous ne voyiez point et Il tourmenta ceux qui étaient

infidèles, et voilà la rétribution des infidèles. Ensuite, Dieu Se repent après cela à l'égard de qui Il veut, et Dieu est pardonneur, miséricordieux » (26–27).

- « Alors Dieu fit descendre Sa sérénité sur lui et le soutint avec des armées que vous ne voyiez pas et Il rendit la parole de ceux qui sont infidèles inférieure et la parole de Dieu, elle, fût supérieure. Et Dieu est Puissant et Sage » (40h–l).

4. Correspondance des séquences A' : 86–129 et B : 38–85

En plus de la correspondance de leurs centres, les deux séquences A' et B sont aussi liées par la 4ème loi de Lund :

- les termes extrêmes « Et lorsqu'une sourate est descendue » (86a) et « Et quand est descendue une sourate » (124a et 127a), dans la séquence A', correspondent au terme « que l'on fasse descendre sur eux une sourate » (64b), au centre dans la séquence B.
- Nous retrouvons un récit historique évoquant Abraham, dans la dernière partie de la séquence A' (114a et f) et au centre de la séquence B (70c) où il est également cité.

Au début des deux séquences, les passages évoquent ceux parmi les croyants qui n'ont pas suivi l'ordre de lutter (86c), de se mobiliser (38d) et qui étaient satisfaits de leur position : « ils étaient satisfaits d'être avec ceux qui se tiennent à l'arrière » (87a–b) et « Êtes-vous satisfaits de la vie ici-bas au détriment de l'au-delà » (38f).

Il y est aussi question des gens qui ont demandé permission de rester à l'arrière au lieu de lutter avec leurs biens et leurs personnes (43–44) et (93a).

L'analyse rhétorique de la structure générale de Q al-Tawbah 9 selon les principes de la rhétorique sémitique nous a permis de déterminer les différents niveaux textuels qui la structurent, et d'en définir les figures de composition. Il en résulte qu'aux niveaux supérieurs, à partir de la sous-séquence, la composition concentrique, dans sa forme élémentaire ABA', est la forme dominante qui caractérise la construction du texte.

Sur la base de cette construction, et après étude du vocabulaire, l'étape suivante pour l'étude de cette sourate consistera à proposer une interprétation, en passant éventuellement par l'intertextualité, c'est-à-dire par son interaction avec d'autres textes en rapport avec elle, soit à l'intérieur du Coran, soit dans des livres antérieurs, Bible ou autre, pour aboutir au final à une compréhension qu'on espère aboutie du texte.

Analyse du passage central de Q AL-TAWBAH 9:67–72

Il n'est pas possible d'exposer ici l'ensemble de la structure de Q al-Tawbah 9, dans tous ses détails. Mais puisqu'en rhétorique sémitique, le centre a toujours une grande portée sémantique pour l'ensemble du texte, nous présenterons l'analyse détaillée du passage central de la sourate. Ce passage compte trois 'parties' : v. 67–69, 70 et 71–72. En voici d'abord le schéma général ; la première partie sera ensuite présentée de manière plus détaillée.

Dieu promet le feu éternel de l'enfer aux hypocrites et aux mécréants (67–69)

Vous ergotez comme les riches l'ont fait avant vous, pour leur perte.
    Rappel historique des cités détruites (en forme de question)
Ils ont refusé les preuves évidentes apportées par les messagers. (70)

Dieu promet les jardins d'Éden aux croyants (71–72)

Le passage et composé de manière concentrique, selon un schéma A / BCB' / A'. Les deux parties extrêmes sont sémantiquement antithétiques. La partie centrale (v. 70) donne la raison de la condamnation des hypocrites et des mécréants : ce sont de riches avares qui ergotent plutôt que d'accueillir les preuves évidentes apportées par le Prophète, comme d'autres avant eux l'ont fait à l'égard des messagers qui leur étaient envoyés.

Cette partie centrale est à son tour construite de manière concentrique : les morceaux extrêmes se font suite, encadrant un morceau central donnant des exemples historiques de cités détruites, en forme de question.

Voici à présent le détail de la composition de la première partie (67–69). Elle est composée de deux 'morceaux' : v. 67 et 68–69.

Le premier morceau (v. 67) est composé de trois segments :

– *Le premier segment* compte trois membres, correspondant à trois propositions coordonnées. Nous traduisons de manière très littérale, mot-à-mot, afin de coller au maximum à la syntaxe arabe.

67a Les hypocrites, hommes et femmes, les uns les autres	***se commandent le blâmable***
b et	***interdisent le convenable,***
c et ferment leurs mains.	

Les deux premiers membres (67a et b) sont antithétiques, le troisième (67c) énonce la cause des deux premiers : les hypocrites sont avares. Les deux premiers membres sont donc sémantiquement plus proches et reliés entre eux, ce qui donne au segment une forme AA'B. Les segments à trois membres peuvent aussi éventuellement prendre les formes ABA' ou ABB', comme on le verra pus loin.

– *Le deuxième segment* est composé de deux membres parallèles, de forme grammaticale identique (verbe + complément) et dont le second énonce la conséquence du premier : c'est parce que les hypocrites ont oublié Dieu que Dieu les oublie.

67d Ils ont ***oublié***	Dieu
e *(fa)* alors Il a ***oublié***	eux.

– *Le troisième segment* ne compte qu'un seul membre. Il tire la conclusion des deux segments précédents : les hypocrites sont pervers.

f En vérité, les hypocrites sont les pervers.

L'ensemble du premier morceau (v. 67)

Au niveau du morceau, de nouvelles correspondances de termes apparaissent, soulignant la structure et la cohérence interne du morceau :

67a ***Les hypocrites, hommes*** et femmes, les uns les autres **se commandent le blâmable,**
b **et interdisent le convenable,**
c **et ferment leurs mains.**

d Ils ont oublié Dieu
e alors Il les a oubliés.

f En vérité, ***les hypocrites*** sont **les pervers.**

Le morceau est encadré par le terme extrême « les hypocrites » (au masculin). Le premier segment énonce leur agir mauvais les uns à l'égard des autres, le dernier, sa cause : ce sont des pervers. Le segment central, également bâti sur une relation de cause à effet, concerne l'attitude des hypocrites envers Dieu, ce qui confère à l'ensemble du morceau une forme concentrique ABA'.

Le deuxième morceau (68)

On n'analysera plus ici le détail des segments, mais seulement le morceau :

:: [68a] **Dieu a promis** aux hypocrites, hommes et femmes, et aux mécréants, ***le feu de l'Enfer.***
+ [b] Ils demeureront immortels en lui.
+ [c] C'est suffisant pour eux.

::[d] Et **Dieu** les **a maudits**.
:: [e] Et pour eux, [il y aura] un ***châtiment*** permanent.

Ce morceau ne compte que deux segments. Leurs premiers membres (68a et d) commencent par des verbes ironiquement synonymes (promettre / maudire) avec « Dieu » comme sujet (ce sont les termes initiaux des deux segments). Au « feu de l'Enfer » (68a) correspond le synonyme « châtiment » (68e), en termes extrêmes encadrant le morceau. À « immortels » (68b), au centre du premier segment, correspond le terme « permanent » (68e), de sens voisin, en fin du deuxième segment. C'est une application de la 4ème loi de Lund (voir plus haut).

L'ensemble de la première partie (67–68)

Les deux morceaux forment ensemble une partie, dont la structure est signalée par de nouvelles correspondances de termes. Chaque niveau a en effet sa propre configuration rhétorique.

[67a] **Les hypocrites, hommes et femmes,** les uns les autres se commandent le blâmable,
[b] et interdisent le convenable,
[c] et ferment leurs mains.

[d] Ils ont oublié **Dieu**
[e] alors **Il les a oubliés.**

[f] En vérité, les hypocrites sont les pervers.

[68a] **Dieu a promis** aux **hypocrites, hommes et femmes,** et aux mécréants, **le feu de l'Enfer.**
[b] Ils demeureront immortels en lui.
[c] Il est suffisant pour eux.

[d] Et **Dieu les a maudits.**
[e] Et pour eux, [il y aura] un châtiment permanent.

Les deux morceaux ont dans leur premier membre les mêmes termes initiaux : *al-munāfiqūn/munāfiqīn wa-l-munāfiqāt* (67a et 68a). Au centre du premier morceau, et aux extrémités du deuxième il est dit ce que Dieu fait à l'égard des hypocrites : il les a oubliés (67e), il leur a promis le feu de l'Enfer (68a) et il les a maudits (68d). Cela correspond encore une fois à la 4ème loi de Lund : le centre du premier morceau

(67d–e) correspond sémantiquement aux extrémités du deuxième morceau (68a et d), signalant ainsi que ces deux morceaux vont ensemble.

Les deux parties suivantes peuvent s'analyser de la même manière. Mais nous passons immédiatement au niveau supérieur, celui du passage.

Le passage entier, v. 67–72

67a **LES HYPOCRITES, HOMMES ET FEMMES,** les uns les autres se **COMMANDENT LE BLÂMABLE,** b **ET INTERDISENT LE CONVENABLE,** c et **ferment leurs mains.** d ***Ils ont oublié Dieu*** e alors Il les a oubliés. f En vérité, **les hypocrites sont les pervers.**
68a ***DIEU A PROMIS AUX HYPOCRITES, HOMMES ET FEMMES, ET AUX MÉCRÉANTS, LE FEU DE L'ENFER.*** b **Ils demeureront immortels en lui.** c Il est suffisant pour eux. d Et ***Dieu les a maudits.*** e Et pour eux, [il y aura] **un châtiment permanent**.

69a Comme ***ceux qui étaient avant vous*** : b ils étaient plus forts que vous en puissance c et avaient plus de biens et d'enfants. d Et ils jouirent de leur lot [en ce monde] e et vous avez joui de votre lot f comme ont joui ceux qui étaient avant vous de leur lot.
g Et VOUS AVEZ ERGOTÉ h comme ceux qui ERGOTÈRENT. i Ceux-là vaines sont leurs actions en ce monde et dans la vie-dernière j et ceux-là sont les perdants.
70a Est-ce que ne ***leur*** est pas parvenue l'histoire de ***ceux qui étaient avant eux*** : b **LE PEUPLE DE NOÉ ET DES 'ĀD ET DES THAMŪD,** c **ET LE PEUPLE D'ABRAHAM ET DES GENS DE MADYAN ET DES CITÉES SUBVERSÉES ?**
d ***Leur*** sont parvenus leurs messagers avec des PREUVES-ÉVIDENTES. e Ce ne fut pas Dieu qui leur fit du tort, f mais ils se firent tort à eux-mêmes.

71a **ET LES CROYANTS ET LES CROYANTES** sont alliés les uns des autres. b **ILS COMMANDENT LE CONVENABLE,** c **ET INTERDISENT LE BLÂMABLE** d et accomplissent la prière, e et **acquittent la zakāt** f et ***obéissent à Dieu et à Son Envoyé.*** g ***Ceux-là, Dieu leur fera miséricorde,*** h car Dieu est puissant, sage.
72a Et ***DIEU A PROMIS AUX CROYANTS ET AUX CROYANTES DES JARDINS*** b ***SOUS LESQUELS COULENT LES RUISSEAUX,*** c **dans lesquels ils demeureront immortels,** d et des demeures excellentes, e dans les jardins d'Éden. f ***Et la satisfaction de Dieu est plus grande*** [encore], g c'est là le **succès immense.**

Les termes qui se répondent, au niveau du passage sont soit identiques, soit synonymiques (parfois au sens large de « termes de sens voisin »), soit antithétiques. On remarquera la place particulière des termes surlignés en gris : au début, au centre ou en fin d'unités correspondantes.

Dans le Coran, les centres sont très souvent occupés par l'évocation du sort eschatologique antithétique des croyants et des impies, comme ici, dans les parties extrêmes du passage central. Ce sort est ici rapporté d'une part à l'attitude des hypocrites qui sont avares, entendons qui refusent de participer financièrement aux frais d'une campagne militaire ordonnée par le Prophète, et d'autre part à ceux qui ont une attitude contraire : les « croyants » qui « obéissent à Dieu et à son Envoyé ». Les premiers ne sont pas seulement menacés d'un châtiment dans l'autre monde, mais aussi en ce monde, comme en témoignent les cités détruites au cours de l'histoire, en raison de leur désobéissance à leurs prophètes.

Le centre, en rhétorique sémitique, est fréquemment occupé par une question ou un récit exemplaire, *mathal* : on a ici les deux réunis. Question et *mathal* sont destinés à faire réfléchir le lecteur/auditeur sur la gravité de la situation et à lui faire prendre position. Tel est donc le cœur sémantique de Q al-Tawbah 9, qui devrait en éclairer tout le sens.

Quelques remarques en guise de conclusion

L'étude des deux auteurs sur cette sourate étant encore en cours, ces remarques ont encore un caractère provisoire.

- L'application des principes de composition de la rhétorique sémitique à Q al-Tawbah 9 révèle un texte minutieusement construit, malgré une apparence souvent contraire que peut laisser une simple lecture linéaire.
- Une première analyse de Q al-Anfāl 8 (encore non publiée) semble confirmer le fait que les deux sourates Q al-Anfāl 8 et Q al-Tawbah 9 forment un ensemble, soit, en termes rhétoriques, une section composée de deux sous-sections. Ceci rejoindrait l'opinion de nombre d'exégètes, notamment en raison de l'absence de la formule *basmala* , en début de Q al-Tawbah 9. Elle rejoint aussi la thèse de l'exégète indo-pakistanais Amīn Aḥsan Iṣlāḥī (1904–1997), selon laquelle la plupart des sourates formeraient des paires[6].
- Replacés dans leur contexte littéraire immédiat, les versets incitant au combat concernent manifestement une situation historique datée et localisée, non universalisable. Jacqueline Chabbi arrive à la même conclusion, en considérant leur contexte anthropologique : le combat auquel sont appelés les « croyants » (qu'il faudrait plutôt appeler les « ralliés ») est une réponse à une attaque des polythéistes qui ont rompu leur pacte avec les partisans du Prophète[7].
- Une très grande partie de Q al-Tawbah 9 est faite d'invectives contre les hypocrites, ces faux croyants, qui pour diverses raisons refusent de se mobiliser.

6 Voir Mustansir Mir, "The Sūrah Pairs" in *Coherence in the Qur'ān: A Study of Iṣlāḥī's Concept of Naẓm in Taddabur-I Qur'ān* (Indianapolis: American Trust Publications, 1986), 75–84.

7 Voir Jacqueline Chabbi, *Les trois piliers de l'islam. Lecture anthropologique du Coran* (Paris: Seuil, 2016), 246–260.

Leur condamnation, au centre de toute la sourate, souligne l'importance de leur refus dans la sémantique de la sourate.

- En contraste, la place réservée à l'appel au combat contre les gens du Livre est remarquablement réduite : cinq versets sur 127 ! La tradition y voit une allusion à l'expédition de Tabūk. Mais ici, aucune motivation politique n'est donnée au combat, seulement des motivations théologiques. Ce qui rend l'appel au combat, dans cette sourate, à la fois problématique et dangereusement applicable à d'autres situations historiques de conflit entre musulmans et gens du Livre.
- Deux pistes d'interprétation se présentent ici. Il faut d'abord tenir compte du genre littéraire : toute la sourate est une suite de harangues martiales destinées à convaincre la communauté des partisans du Prophète à aller au combat. Ce genre de discours est par essence historiquement déterminé et son style est volontiers hyperbolique (d'où, entre autres, toutes les allusions à l'eschatologie).
- Une autre voie d'interprétation est le recours à l'intertextualité (ou plus exactement à intratextualité), par la mise en regard de ces cinq versets avec les versets de Q al-Mā'idah 5, plus tolérants à l'égard des gens du Livre et surtout des chrétiens (or c'est de ces derniers dont il s'agit principalement, dans Q al-Tawbah 9). On sait qu'en recourant à un principe douteux de pédagogie divine selon lequel les versets plus rigoureux abrogeraient les versets plus tempérés, certains exégètes ont voulu assigner la dernière place chronologique de la révélation, à Q al-Tawbah 9, celle-ci abrogeant, par ses versets combatifs, les versets plus ouverts et tolérants de Q al-Mā'idah 5. Cette chronologie paraît intenable, les événements de Q al-Tawbah 9 étant supposés se produire au moins un an avant la mort du Prophète, alors que Q al-Mā'idah 5 se situerait dans le cadre du pèlerinage d'adieu, peu de temps avant sa mort.[8] Mais la différence entre les deux sourates est aussi une différence importante de genre littéraire : Q 5 se présente comme un texte testament, stipulant les règles de conduite à l'intérieur de la communauté naissante des croyants et celles relatives aux autres communautés vivant en son sein. Le genre littéraire est par conséquent avant tout législatif, promulguant des lois et des règles durables. Ce que ne sont nullement les harangues de Q 9, suite d'invectives dans le cadre de deux conflits historiquement circonscrits, avec des Bédouins polythéistes d'une part ou des Byzantins chrétiens, d'autre part.

8 Sur cette question voir Cuypers, *Le Festin*, 390–392.

Part III: **Interpretations**

Johanna Pink

8 Ibn Taymiyyah, the Bible and the Qur'ān: From Polemics to Scriptural Hermeneutics

Taqī al-Dīn Aḥmad b. Taymiyyah (661/1263–728/1328), the famous – some might say infamous – Mamluk scholar, produced an enormous number of writings covering many genres of Islamic learning. He was and continues to be notorious for his refutations and polemics. However, his contribution to scholarship also includes an introduction to the principles of qur'ānic exegesis (*Muqaddimah fī uṣūl al-tafsīr*), part of which is reproduced in the introduction to the qur'ānic commentary by Abū'l-Fiḍā' Ismāʿīl b. ʿUmar b. Kathīr (d. 774/1373), Ibn Taymiyyah's disciple. In the *Muqaddimah*, which has only risen to prominence in the 20th century,[1] Ibn Taymiyyah outlines a highly idealized approach to the interpretation of the Qur'ān, emphasizing the authority of the *salaf*, the first generations of Islam. He denies the possibility of contradictions between the qur'ānic text and the body of authentic exegetical traditions about the Prophet, his Companions, and their Successors or of serious disagreement between any of these early authorities.[2]

Ibn Taymiyyah does not seem to have left a complete qur'ānic commentary (*tafsīr*) in which he put into practice the hermeneutical ideas formulated in the *Muqaddimah*. Their implementation is usually attributed to Ibn Kathīr and to al-Suyūṭī (d. 911/1505),[3] who wrote an exclusively hadith-based qur'ānic commentary, the *Durr al-manthūr fī tafsīr al-ma'thūr*.[4] As Younus Mirza has shown, however, Ibn Taymiyyah devoted himself repeatedly and explicitly to qur'ānic interpretation and, in doing so, applied hermeneutical strategies that reveal an intense and sustained engagement with the Qur'ān far beyond the idealized program he laid out in the *Muqaddimah*. He did not focus on the collection and authentication of exegetical traditions, as Ibn Kathīr and al-Suyūṭī did and as is often considered a prototypical Taymiyyan approach today; rather, he was concerned first and foremost with the qur'ānic text, its internal logic and coherence. By embedding this perspective

1 Walid A. Saleh, "Preliminary Remarks on the Historiography of *Tafsīr* in Arabic: A History of the Book Approach," *Journal of Qur'anic Studies* 12 (2010): 6–40.
2 Walid A. Saleh, "Ibn Taymiyya and the Rise of Radical Hermeneutics: An Analysis of *An Introduction to the Foundations of Qur'ānic Exegesis*," in Yossef Rapoport and Shahab Ahmed (eds.), *Ibn Taymiyya and His Times* (Oxford: Oxford University Press, 2010), 123–162.
3 Younus Y. Mirza, "Ibn Taymiyya as Exegete: Moses' Father-in-Law and the Messengers in *Sūrah Yā Sīn*," *Journal of Qur'anic Studies* 19 (2017): 39–71, 40–41.
4 S. R. Burge, "Scattered Pearls: Exploring al-Suyūṭī's Hermeneutics and Use of Sources in *al-Durr al-Manthūr fī'l-Tafsīr bi'l-Ma'thūr*," *Journal of the Royal Asiatic Society* 24 (2014): 251–296.

https://doi.org/10.1515/9783111051567-009

on the Qur'ān into a broader vision of prophethood and scripture, Ibn Taymiyyah was able to draw on the Bible[5] in order to interpret the Qur'ān[6] and to draw on the Qur'ān in order to interpret the Bible.

My investigation ties in with the broader question of the boundaries of the *tafsīr* genre and the nature of exegesis that is performed outside that genre.[7] I will explore the interaction between anti-Christian polemics and scriptural exegesis as it manifests itself in Ibn Taymiyyah's monumental *al-Jawāb al-ṣaḥīḥ li-man baddala dīn al-masīḥ* ("The Correct Reply to Those who Altered Christ's Religion").[8] In this text, Ibn Taymiyyah refutes the apologetic *Letter from Cyprus*, written by an anonymous Christian who presents evidence from the Qur'ān in support of Christian doctrine.[9] While the anti-Christian polemics in *al-Jawāb al-ṣaḥīḥ* have received some scholarly attention and have been partly translated,[10] this is barely the case with regard to its exegetical methods and hermeneutical strategies.[11]

In the following sections, I ask how Ibn Taymiyyah uses both the Qur'ān and the Bible for his polemical argument and what hermeneutical principles he applies when doing so. I also seek to elucidate the role of polemics in defining these hermeneutical principles, which might be used to demarcate the boundaries that separate the exegete from his opponents. The fact that *al-Jawāb al-ṣaḥīḥ* is not a qur'ānic commentary, I argue, frees Ibn Taymiyyah from adhering to genre conventions and

5 As a Muslim scholar, Ibn Taymiyyah, refers to the "Torah" and "the Gospel," without offering a precise definition of either. He quotes verses from the Hebrew Bible and New Testament that are mentioned in the *Letter from Cyprus* or were commonplace in Muslim polemics against Christians and Jews. While it is not clear whether he had access to the Bible or part of it, he maintained that both the Torah and the Gospels contain divine revelations.

6 Mirza, "Ibn Taymiyya as Exegete," 60–61.

7 On the *tafsīr* genre, see Norman Calder, "*Tafsīr* from Ṭabarī to Ibn Kathīr: Problems in the Description of a Genre, Illustrated with Reference to the Story of Abraham," in Abdul-Kader Shareef and G.R. Hawting (eds.), *Approaches to the Qur'ān* (London: Taylor & Francis, 1993), 101–140. On genre boundaries, see Jane Dammen McAuliffe, "The Genre Boundaries of Qur'ānic Commentary," in Jane Dammen McAuliffe, Barry D. Walfish, and Joseph W. Goering (eds.), *With Reverence for the Word. Medieval Scriptural Exegesis in Judaism, Christianity, and Islam* (Oxford: Oxford University Press, 2003), 445–461.

8 Taqī al-Dīn Aḥmad Ibn Taymiyyah, *al-Jawāb al-ṣaḥīḥ li-man baddal dīn al-masīḥ*, ed. ʿAlī b. Ḥasan b. Nāṣir, ʿAbd al-ʿAzīz b. Ibrāhīm al-ʿAskar, and Ḥamadān b. Muḥammad al-Ḥamadān, 7 vols. (Riyad: Dār al-ʿĀṣima, 1999).

9 David Thomas, "Apologetic and Polemic in the Letter from Cyprus and Ibn Taymiyya's *Jawāb al-Ṣaḥīḥ li-Man Baddala Dīn al-Masīḥ*," in Rapoport et al., *Ibn Taymiyya and His Times*, 247–265.

10 Aḥmad Taqī al-Dīn Ibn Taymiyyah, *A Muslim Theologian's Response to Christianity: Ibn Taymiyya's* Al-Jawāb Al-Ṣaḥīḥ, trans. Thomas F. Michel (Delmar, N.Y: Caravan Books, 1984).

11 Younus Mirza has discussed the treatment of qur'ānic narratives in *al-Jawāb al-Ṣaḥīḥ*. See Mirza, "Ibn Taymiyya as Exegete."

allows him to develop and apply a broader hermeneutical vision than he would have been able to apply in a standard work of *tafsīr*.

In a final step, I will address an issue that has received little or no attention to date, namely, the conditions under which exegetical ideas that are expressed outside the *tafsīr* tradition find their way into it – or, despite being relevant to the understanding of the Qur'ān, fail to find their way into it.

Al-Jawāb al-ṣaḥīḥ as an Exegetical Work

Al-Jawāb al-ṣaḥīḥ is the longest of Ibn Taymiyya's many writings that respond to Christianity and its doctrines, topics that he dealt with in fatwas and treatises throughout his lifetime. In *al-Jawāb al-ṣaḥīḥ*, a multi-volume work, he responds to an anonymous letter sent to him from Cyprus that is based on an earlier, widely known letter by Paul of Antioch, Bishop of Sidon, probably dating back to the late twelfth century CE. The author from Cyprus refashioned Paul's polemical text in order to make it acceptable to Muslim readers, but retained Paul's core argument that the Qur'ān affirms Christian doctrines, including the Trinity and the divine nature of Christ. The *Letter from Cyprus* was sent to Ibn Taymiyyah in 716/1316; thus, *al-Jawāb al-ṣaḥīḥ* must have been written after that date.[12] This was likely several years after the *Muqaddimah* was written. The hermeneutical statements found in *al-Jawāb al-ṣaḥīḥ* must therefore be read as a continuation or further development of the ideas put forward in the *Muqaddimah*, rather than as an earlier form of those ideas.[13]

Al-Jawāb al-ṣaḥīḥ is not a work of qur'ānic exegesis and the interpretation of scriptural evidence is not its only concern. Many of its arguments are theological and historical. For example, Ibn Taymiyyah argues at great length that the Bible underwent transmission and translation processes that make it inferior to the Qur'ān. Qur'ānic evidence is irrelevant to this type of argument. *Al-Jawāb al-ṣaḥīḥ* is a refutation and, as such, Ibn Taymiyyah reacts to the claims found in the *Letter from Cyprus*. Where he invokes the Qur'ān and the Bible for that purpose, this does not always involve an interpretive process. Moreover, the work is redundant, repeating similar or identical arguments to counter the *Letter from Cyprus* and, therefore, invoking the same qur'ānic verses again and again. It is important to note that Ibn Taymiyyah's hermeneutical moves in *al-Jawāb al-ṣaḥīḥ* are a by-product of his apologetic and polemical intent, not the central purpose of the treatise.

12 Thomas, "Apologetic and Polemic," 247–253.
13 Mirza, "Ibn Taymiyya as Exegete," 43.

His exegetical interventions are fragmented and scattered across his work. At the same time, they are remarkably systematic and coherent. He also achieves something that hardly any other *mufassir* attempts to do:[14] he brings the Bible and the Qur'ān into conversation with each other.

Unity between God and His Creatures: Polemics and Scripture

In *al-Jawāb al-ṣaḥīḥ*, Ibn Taymiyyah interweaves different strands of Muslim-Christian and Muslim-Muslim polemics in a nuanced and complex way. He draws on the Qur'ān to rectify perceived Christian misconceptions and he draws on the Bible to correct the alleged errors of Muslim practices and doctrines to which he is opposed.

One issue that exemplifies the interaction between anti-Christian polemics and attacks against specific Islamic trends or denominations is the doctrine of Trinity and its implication that God and Christ are one. The *Letter from Cyprus* makes a great effort to show that, since Jesus is God incarnate, it is possible for God to become one with a human. Of course, Ibn Taymiyyah counters this claim, repeatedly invoking some of the same qur'ānic and biblical verses. In doing so, he makes fundamental statements about beliefs in unity (*ittiḥād*) between God and His creatures, including those held by some Muslims.

> No prophet, nor Christ, nor anyone else has ever explicitly said that God united with any of His creation. Neither the Gospel nor anything else transmitted about any of the prophets contains anything along these lines. The utmost you can find in them are summary and ambiguous (*mutashābiha*) statements such as "I and my father are one" (John 10:30),[15] which is similar to what God said to Muḥammad: "Those who pledge loyalty to you in truth pledge loyalty to God" (Q al-Fatḥ 48:10) and "Whosoever obeys the messenger, thereby obeys God" (Q al-Nisā' 4:80).
>
> Thus, if some Muslim heretics such as the Shi'ah, the Sufis and so forth claim that God united with Muḥammad because of Q al-Fatḥ 48:10, that [claim] is the same type of argument as that of the Christians. The verse cannot serve as evidence of this [claim]. Rather, pledging loyalty to the messenger means pledging loyalty to God because the messenger commanded what God commanded and prohibited what God prohibited.[16]

---

14 A rare exception is Ibrāhīm b. 'Umar al-Biqā'ī (809/1407–885/1480). See Walid A. Saleh, "A Fifteenth-Century Muslim Hebraist: Al-Biqā'ī and His Defense of Using the Bible to Interpret the Qur'ān," *Speculum* 83 (2008): 629–654.

15 My English translation of this verse is based on Ibn Taymiyyah's Arabic translation: *Anā wa-abī wāḥid*. The Greek source text (εγω και ο πατηρ εν εσμεν) does not contain a possessive pronoun; thus, a more literal translation would be "I and the father are one."

16 Ibn Taymiyyah, *al-Jawāb al-ṣaḥīḥ*, 4:265–266.

One reason why Ibn Taymiyyah interprets the Qur'ān is apologetic. His Christian interlocutor cites qur'ānic references as evidence for the correctness of his beliefs and of his interpretation of certain biblical statements. In order to refute his interlocutor's argument, Ibn Taymiyyah must provide an alternative interpretation of these qur'ānic references. He goes further than that, though; he uses his discussion of the Qur'ān's meaning as an opportunity to attack certain opinions within Islam with which he disagrees.

Ibn Taymiyyah interprets the Bible in light of the Qur'ān and vice versa. First, he reads John 10:30 in light of Q al-Fatḥ 48:10 and Q al-Nisā' 4:80:

Q al-Fatḥ 48:10: "Those who pledge loyalty to you in truth pledge loyalty to God . . ."	*Inna l-ladhīna yubāyi'ūnaka inna-mā yubāyi'ūna Allāh . . .*
Q al-Nisā' 4:80: "Whosoever obeys the messenger, thereby obeys God."	*Man yuṭi' al-rasūla fa-qad aṭā'a Allāh.*

According to Ibn Taymiyyah, John 10:30 ("I and my father are one") does not indicate that Jesus and God are one, noting that the Qur'ān, in the above-mentioned verses, makes similar statements about Muḥammad which neither Christians nor mainstream Muslims understand to mean that Muḥammad is God incarnate. It follows that these statements are metaphors. Therefore, John 10:30 must be a metaphor as well. Ibn Taymiyyah is able to make this argument because he assumes that the Bible and the Qur'ān employ the same type of rhetoric and use metaphorical speech in similar ways.

Ibn Taymiyyah then extends his polemic to Sufis, Shi'is and unspecified esoteric groups that he accuses of advocating the unity of Muḥammad and God. The comparison with Christians serves to invalidate these groups' interpretation of the Qur'ān. Ibn Taymiyyah invokes a Muslim consensus that Christian doctrines of Trinity and incarnation are wrong and based on an erroneous interpretation of scripture, from which it follows that Muslims who hold a similar interpretation must also be wrong.

Some Sufi qur'ānic commentaries from Ibn Taymiyyah's time and earlier periods make the exact argument that Ibn Taymiyyah polemicizes against. The Persian Sufi Rūzbihān al-Baqlī (522/1128–606/1209), in his *tafsīr*, explains that Q al-Fatḥ 48:10 confirms that Muḥammad has reached the station of sharing God's attributes and of unity with God (*maqām al-ittiṣāf wa'l-ittiḥād*); "and he became Him" (*fa-ṣāra huwa huwa*).[17] Another Sufi commentator, 'Abd al-Razzāq al-Kāshānī

17 Abū Muḥammad Ṣadr al-Dīn Rūzbihān b. Abī Naṣr al-Baqlī, *'Arā'is al-bayān fī ḥaqā'iq al-Qur'ān*, ed. Aḥmad Farīd al-Mazīdī, 3 vols. (Beirut: Dār al-Kutub al-'ilmiyya, 2008), 3:318.

(d. 730/1329), whose *tafsīr* is often attributed to Muḥyī al-Dīn Ibn ʿArabī (560/1165–638/1240), says about the same verse:

> Pledging loyalty to him (Muḥammad) is pledging loyalty to God because the Prophet's existence ceases (*yafnā ʿan wujūdihī*) and he realizes God in His essence, His attributes, and His deeds. Everything that emanates from him and is attributed to him emanates from God and can be attributed to Him. Thus, pledging loyalty to him is pledging loyalty to God.[18]

Q al-Fatḥ 48:10 and al-Nisāʾ 4:80 are central to Ibn Taymiyyah's argument. In *al-Jawāb al-ṣaḥīḥ*, he repeatedly emphasizes that these two verses may not be read as evidence of an actual, essential union between God and one of His creatures, but rather of "a union of adherence to what God has commanded and enmity to what He has forbidden."[19] It was mainly his polemical intent that motivated him to propose this interpretation in an attempt to refute both the *Letter from Cyprus* and Sufi doctrines. Other Sunni exegetes, by contrast, including Ibn Kathīr, do not discuss unity between God and Muḥammad in their commentaries on Q al-Fatḥ 48:10, even in order to refute the idea. Rather, they tend to focus on the verse's occasion of revelation, which they say was the Pledge of Satisfaction (*bayʿat al-riḍwān*) prior to the treaty of Hudaybiyyah (6/628). The commentators make this connection because the verse mentions a pledge of loyalty. In contrast to Ibn Taymiyyah, they are mainly concerned with identifying the specific pledge to which the verse refers.

Q al-Nisāʾ 4:80 is discussed more frequently than Q al-Fatḥ 48:10 with regard to its theological implications, but again, Sunni exegetes do not refer to the question of unity between God and Muḥammad. Fakhr al-Dīn al-Rāzī (d. 606/1209), for example, reads the verse as a statement on obedience, which is owed to God and God alone even when some situations might be interpreted as if it is the Prophet who is obeyed. He also sees the verse as proof that the Prophet is protected from sin and error (*maʿṣūm*) in all his commands and prohibitions; otherwise, obedience to him would not be equal to obedience to God. Rāzī does not state that the verse may indicate unity between God and Muḥammad, but the existence of a controversy on this issue can be inferred from an occasion of revelation that he cites on the authority of Muqātil b. Sulaymān (d. 150/767). According to that narrative, mentioned by Zamakhsharī as well, Q al-Nisāʾ 4:80 was revealed in response to the hypocrites who

18 [ʿAbd al-Razzāq al-Kāshānī], *Tafsīr al-shaykh al-akbar al-ʿārif bi'llāh taʿālā al-ʿallāmah Muḥyī al-Dīn b. ʿArabī aʿāda Allāh ʿalaynā min barakātih āmīn*, 2 vols. (Cairo: Muṣṭafā al-Bābī al-Ḥalabī, 1899), 2:249.

19 Ibn Taymiyyah, *al-Jawāb al-ṣaḥīḥ*, 3:338–339; Ibn Taymiyyah and Michel (trans.), *A Muslim Theologian's Response to Christianity*, 291–292.

accused Muḥammad of wanting to attain the same status as Jesus has according to Christians.[20]

Ibn Taymiyyah is not concerned with this narrative here. Rather, he engages in an extensive philosophical discussion of the difference between a thing (*shay'*), the mental concept of that thing, its designation in language and its depiction in writing. He provides numerous examples to show how this difference is reflected in language and how speakers often use linguistic conventions that suggest a unity between two things or persons in a metaphorical manner, without making the claim that they are actually one. The hadiths he cites serve as examples for these linguistic conventions, not as evidence supporting his scriptural exegesis.[21]

Unlike exegetes who work within the boundaries of the *tafsīr* genre, Ibn Taymiyyah does not provide linguistic explanations of an individual verse, its occasion of revelation, or the interpretations of early authorities. Even when he cites hadiths, he typically does not use them as evidence for a particular qur'ānic interpretation, which would make any exegetical effort on his part superfluous since the interpretation would already be contained in the hadith. Rather, his use of hadiths is part of a more ambitious endeavor: he seeks to harmonize qur'ānic and biblical utterances as well as hadiths in an effort to establish the existence of a coherent and sacred system of meaning, rhetoric, and language. To this end, he frequently narrows down the analysis in the *Letter from Cyprus* to the use of a central term across scriptures, such as "creation".

The Dual Meaning of Creation

One qur'ānic argument in the Letter from Cyprus that Ibn Taymiyyah discusses extensively concerns verses in which Jesus is described as creating something. Consider, for example, the following segment of Q al-Mā'idah 5:110:

> *Idh qāla llāh yā ʿĪsā bna Maryama dhkur niʿmatī ʿalayka wa-ʿalā wālidatika idh ayyadtuka bi-rūḥi l-qudusi tukallimu l-nās fī-l-mahdi wa-kahlan wa-idh ʿallamtuka l-kitāba wa-l-ḥikmata wa-l-Tūrāta wa-l-Injīla wa-idh takhluqu mina l-ṭīni ka-hayʾati l-ṭayri bi-idhnī fa-tanfukhu fīhā fa-takūnu ṭayran bi-idhnī wa-tubriʾu l-akmaha wa-l-abraṣa bi-idhnī wa-idh tukhriju l-mawtā bi-idhnī…*
>
> When God said, "Jesus, son of Mary, remember My blessing to you and to your mother, when I strengthened you with the Holy Spirit [so that] you might speak to the people in the cradle and in maturity. And when I taught you the Scripture and Wisdom, the Torah, and the Gospel;

---

20 Muḥammad Fakhr al-Dīn b. Ḍiyāʾ al-Dīn ʿUmar al-Rāzī, *Tafsīr al-Fakhr al-Rāzī al-mushtahir bi-l-tafsīr al-kabīr wa-Mafātīḥ al-ghayb*, 32 vols. (Beirut: Dār al-Fikr, 1981), 10:199.
21 Ibn Taymiyyah, *al-Jawāb al-ṣaḥīḥ*, 3:340–345.

> and when you created from clay something in the shape of birds, by My permission, and blew into them and they became birds, by My permission; and [when] you cured the blind and the leper, by My permission; and you brought forth the dead, by My permission; . . ."

This verse, and Q Āl ʿImrān 3:49, which refers to the same story, raise a number of problems for Ibn Taymiyyah. For our purposes here, the decisive issue is the Qur'ān's summary reference to a story mentioned in apocryphal gospels of infancy in which Jesus, as a child, created birds from clay and brought them to life. The Arabic verb here, *khalaqa*, is from the same root as "creator" (*khāliq*), which, according to Islamic theologians, is one of God's exclusive attributes. The *Letter from Cyprus* cites the use of the verb *khalaqa* as evidence of the identity of Jesus and God because it links Jesus with one of the divine attributes.

Ibn Taymiyyah, of course, considers this interpretation of the Qur'ān to be flawed and he develops hermeneutical principles to make that argument. These hermeneutical principles bear little similarity to those that Ibn Taymiyya proposed in the *Muqaddimah*. Likewise, they are distinct from those on which conventional works of *tafsīr* are based.

Scriptural interpretation, Ibn Taymiyyah argues, requires context and cannot be limited to a single expression in an individual verse. All utterances by the same speaker must be taken into consideration and used to explain each other. To determine what a specific term means, one must consider all the instances in which the speaker uses it and examine what he means by it. This is the only way to deduce the speaker's intention. Ibn Taymiyyah refers to this context as the speaker's custom (*ʿāda*). If one interprets a term in one of the sacred scriptures in a sense that is not consistent with the speaker's – that is, God's – custom (*ʿāda*), one is guilty of falsifying scripture (*taḥrīf*) by implying that God contradicts Himself.

As for the meaning of *khalaqa* ("creating") in Q al-Māʾidah 5:110, Ibn Taymiyya lists several qur'ānic verses that use the verb *khalaqa* in relation to God to demonstrate that in these cases, the verb either has no object or a general object, such as "everything" (*kulla shay'in*). He adds that, in the Qur'ān, the divine attribute *khāliq* ("Creator") is often combined with other attributes that are exclusive to God and it never refers to any of His creation, including Jesus and other prophets.

By contrast, when the Qur'ān describes Jesus as creating, it mentions a specific object, namely, "something in the shape of birds." Thus, Ibn Taymiyyah contends that the verb *khalaqa* in Q al-Māʾidah 5:110 does not refer to divine creation from nothing but rather to sculpting (*taṣwīr*), an activity that any human can perform, albeit some with more skill than others. Ibn Taymiyyah comments that although it is legally forbidden for human beings to sculpt images of living creatures, God released Jesus from that prohibition. However, the miracle is not the act of "creating," i.e. sculpting, but rather breathing life into clay birds, which Jesus could only perform with God's permission, as he states himself in Q Āl 'Imrān 3:49 and as God confirms in Q al-Mā'idah 5:110. Thus, far from being a creator, Jesus was merely one of many prophets whom God enabled to perform miracles.[22]

There is nothing unusual about this interpretation of Q al-Mā'idah 5:110. What is unusual is the manner in which Ibn Taymiyyah compares the use of a specific term across the entire Qur'ān. This type of comparison is next to impossible in a conventional work of *tafsīr* in which the focus is on an individual verse rather than the broader context. What makes Ibn Taymiyyah's approach even more intriguing, however, is the fact that his search for the "speaker's custom" is not limited to the Qur'ān but includes the Bible.

God's Spirit in the Prophets' Speech

The *Letter from Cyprus* adduces biblical evidence for its defense of Christian doctrines. Despite his reservations about the Bible's transmission, Ibn Taymiyyah takes this evidence as seriously as he does the qur'ānic evidence. A case in point is his treatment of Job 33:4, which he translates as "God's spirit has created me and He is teaching me."[23] In the Bible, however, it is not Job who utters this sentence, but Elihu. The argument in the *Letter from Cyprus* is that God's spirit, as evidenced by the testimony of a prophet contained in a sacred scripture, is the creator and therefore is identical to God, which supports the doctrine of Trinity.

Ibn Taymiyyah produces a number of arguments to refute this claim. Job 33:4 does not mention the "Holy Spirit," as the Christians call this aspect of Trinity; rather, the text mentions a general "spirit" (*rūḥ*) that is somehow associated with God. Ibn Taymiyya points to the qur'ānic narrative of the annunciation of Christ (Q Maryam 19:17–19) as a comparable case. In that narrative, God, speaking in the first-person plural, says that He has sent sent "our spirit" (*rūḥ*) to Mary. That spirit then took the shape of a man who presented himself as a messenger of God, sent to bring Mary good tidings. Thus, Ibn Taymiyyah argues, in Job 33:4 "God's spirit" is an agent through whom God creates, just as He enabled Jesus to create birds. The spirit is attributed to God in the same way that "God's servants" (*'ibād Allāh*) are attributed to Him (Q al-Insān 76:6), not as part of Him but as something belonging to him.

22 Ibid., 4:43–47.

23 The New King James Version, the New Revised Standard Version, the New International Version and the New English Translation all render the verse along the lines of "The Spirit of God has made me and the breath of the Almighty gives me life."

It follows, according to Ibn Taymiyyah, that if Job 33:4 is an authentic utterance correctly transmitted and translated from the prophet, it refers to the divine act of creation by means of an angel. Ibn Taymiyyah supports this interpretation with a hadith as well as several biblical and qur'ānic quotations.[24] He concludes:

> If an utterance has a specific meaning in the speech of some of the prophets, and in their speech, we do not find the same utterance used with a different meaning, then it is more correct to render it according to that first meaning than to render it in a sense that differs from their speech. In their speech, there is no instance in which God Himself is called a spirit (*rūḥ*) and no instance in which His attributes create creatures.[25]

In Ibn Taymiyyah's system of scriptural hermeneutics, all prophetic speech emanates from the same source and is based on the same rhetorical and semantic patterns. Ibn Taymiyyah understood that no part of the Bible was revealed in Arabic and that the biblical texts available to him therefore did not contain verbatim prophetic speech. Nevertheless, he maintained that a specific term is used with the same meaning and in the same manner in all divine scriptures. A few biblical utterances might have been corrupted during the process of transmission and translation but, as a matter of principle, the Bible can and should be used to interpret the Qur'ān and vice versa.

> Prophetic speech is always true and trustworthy; it contains nothing that sound reasoning will understand as false and futile, even if it may contain some things that cannot be deduced by reason but can only be learned from prophetic utterances. Prophetic speech does not contradict something a prophet said somewhere else, nor does it contradict the speech of other prophets. Rather, everything the prophets reported is true and trustworthy and they confirm each other's truthfulness. . . . What is known by sound reasoning does not contradict what is known through authentic transmission from the prophets, and what is known by authentic transmission from some of them does not contradict what is known by authentic transmission from others, although there might be differences with respect to some laws, ordinances and prohibitions. However, what the prophets report about God, His angels, His books, His messengers, Judgment Day, and the like cannot be contradictory.[26]

If a Christian claim – for example, the belief in Trinity – contradicts the clear words of a prophet in any of the scriptures, Ibn Taymiyyah concludes, then Christians must confirm three things: First, that the prophetic statement upon which they base their claim has been correctly and verifiably transmitted; second, that its translation from Hebrew – which he assumes was the original language of the Bible – into Greek, Arabic or Syriac is correct; and third, that the prophet really meant what the

24 Ibn Taymiyyah, *al-Jawāb al-ṣaḥīḥ*, 3:248–251.

25 Ibid., 3:352.

26 Ibid., 3:238–239.

Christians claim he meant.[27] In his exegetical practice, Ibn Taymiyyah disregards the first two conditions for lack of relevant data and focuses on the third condition. Taking for granted the biblical verses cited in the *Letter from Cyprus*, he demonstrates that they cannot be understood as proof for unity between God and Jesus or any other aspect of Trinity, based on a comparison with other prophetic utterances from the Bible and the Qur'ān. He consistently applies this method to several scriptural problems such as biblical and qur'ānic references to the "word of God,"[28] the "spirit of God,"[29] the "appearance" (*ẓuhūr*) of God in Jesus or in the place where Jesus dwells,[30] and biblical references to God as Jesus' father.[31] In some instances, this method of contextual and cross-scriptural interpretation leads Ibn Taymiyyah to consider new and original approaches to exegetical problems in the Qur'ān.

The Fig, the Olive, the Prophets, and Their Scriptures

1 *wa-l-tīni wa-l-zaytūni*
2 *wa-ṭūri sīnīna*
3 *wa-hādhā al-baladi al-amīni*

Q al-Tīn 95 starts with an oath: "(1) By the fig and the olive, (2) and Mount Sinai, (3) and this secure city!" Verse 1, in particular, has triggered a large number of exegetical explanations. Some exegetes understand the fig and the olive as references to foodstuffs or to fig and olive trees; others interpret them as symbols of places, often based on traditions in which these words occur, sometimes loosely connected to prophets such as Noah and Elijah. However, during the first five centuries AH, no exegete attempted to identify a deeper logic behind the oath. This changed between the sixth/twelfth and the eighth/fourteenth centuries when some exegetes explained "the fig" and "the olive" as place names that represent sacred sites in which prophets received divine revelation, just like Mount Sinai, mentioned in verse two, and the "secure city," mentioned in verse three, which exegetes unanimously identify as Mecca. Some exegetes, such as Rūzbihān al-Baqlī, drew a connection to Deut. 33:2: "The Lord came from Sinai, and appeared from Sāʿīr, and he

27 Ibid., 3:239.
28 Ibid., 3:245–247.
29 Ibid., 3:134–136, 271–274.
30 Ibid., 3:137–144.
31 Ibid., 3:239–240.

shone forth from the mountains of Fārān (Paran)." Clearly, there was a remarkable interest, in this period, in the relationship between founders of religions and their revelations. Moreover, for the first time in the interpretation of Q al-Tīn 95:1–3, the Bible is quoted, which is unusual because it was not standard practice for exegetes to refer to the Bible. This increased engagement with pre-Islamic scripture may be the result of political and military confrontations with Christians and the ensuing intensification of apologetics and polemics.[32]

Ibn Taymiyyah 's treatment of Q al-Tīn 95:1–3 makes the polemical impetus obvious. It also demonstrates how the Bible can be used to produce a coherent interpretation of an enigmatic passage in the Qur'ān – or vice versa. Ibn Taymiyyah comments on Q al-Tīn 95:1–3 in two different places in his polemical work. In the first, he cites these three verses as an expansion on Deut. 33:2. He explains:

> God swore by these three places in the Qur'ān in His words, "By the fig and the olive, and Mount Sinai, and this secure city." The land of figs and olives is the Holy Land from which Christ was sent forth. The prophets from among the Children of Israel lived there, and Muḥammad made his night journey there, whereupon his prophethood became apparent. Mount Sinai is the place where God spoke to Mūsā b. ʿImrān [Moses] and "this secure city" is the city of Mecca where Muḥammad received his mission from God and the revelation of the Qur'ān.[33]

In the second passage, Ibn Taymiyyah discusses the rank of the Qur'ān as divine revelation in relation to the earlier divine revelations. He expands on his interpretation of the oath in Q al-Tīn 95:1–3, especially with respect to the status of Mecca, which is designated a "secure city," he argues, because Ishmael and Hagar were sent there and Abraham and Ishmael built the Kaʿba there.[34] In addition, he explores the logic behind the arrangement of the sacred places mentioned in the Bible and the Qur'ān, respectively:

> He swears by the three noble, exalted places in which His light and guidance manifested themselves and in which He sent down the three [scriptures]: the Torah, the Gospel, and the Qur'ān. Likewise, he mentions the three in the Torah: "God came from Sinai, and He shone forth from Sāʿīr, and He appeared from the mountains of Fārān." When He tells us about them in the Torah, he does so in chronological order, the earliest [revelation] coming first. In the Qur'ān, however, He swears by them in order to glorify what they signify, namely, the exaltation of His might, His signs, His books and His messengers. He swears by them in hierarchical

32 Johanna Pink, "The Fig, the Olive, and the Cycles of Prophethood: Q 95:1–3 and the Image of History in Early 20th-Century Qur'anic Exegesis," in Walid Saleh and Majid Daneshgar (eds.), *Islamic Studies Today: Articles in Honor of Andrew Rippin* (Leiden: Brill, 2016), 317–338, 318–323.
33 Ibn Taymiyyah, *al-Jawāb al-ṣaḥīḥ*, 3:374.
34 Ibid., 5:204–206.

> order, according to rank, concluding with the one that ranks highest. He swears first by the fig and the olive, then by Mount Sinai, and then by Mecca because the noblest of the three books are: [first] the Qur'ān, then the Torah, then the Gospel. The same is true for [the hierarchy of] the prophets.[35]

To support his argument, Ibn Taymiyyah provides examples of other oaths that follow a hierarchical order. He also constructs an argument to support the identification of Paran, or Fārān, with Mecca and with Hagar's and Ismāʿīl's place of refuge. The Bible, here, serves Ibn Taymiyyah as a means to interpret an obscure passage in the Qur'ān as a coherent, logical statement about prophets and their scriptures. Having established an exegetical connection between the Qur'ān and the Bible, Ibn Taymiyyah ingeniously draws on that connection to make an apologetic argument about the superiority of Islam and the inferiority of Christianity that perfectly matches his intention in *al-Jawāb al-ṣaḥīḥ*. At the same time, he demonstrates the Bible's fundamental coherence with the Qur'ān.

Ibn Taymiyyah's Exegesis and Its Entry into the *Tafsīr* Tradition

In the service of apologetics and polemics, Ibn Taymiyyah engages in considerable genuinely exegetical activity in *al-Jawāb al-ṣaḥīḥ*. In some cases, his exegesis is a variation on established interpretations, albeit in a more systematic and contextualized fashion than is found in classical *tafsīr* texts. In other cases, Ibn Taymiyyah's Bible-inspired approach to the Qur'ān and Qur'ān-inspired approach to the Bible yields new and surprising interpretations.

But did these interpretations make their way into the "genealogical tradition"[36] of *tafsīr*? And if they did, how was this accomplished? After all, when an exegete produces a *tafsīr*, he draws on an existing corpus of exegetical traditions and opinions that typically were contained in earlier *tafsīr* texts, sometimes adding his own interpretation. With regard to most of the qur'ānic verses I have examined or mentioned in passing here, no traces of the exegetical thought in *al-Jawāb al-ṣaḥīḥ*, which is not a *tafsīr* text, can be found in later qur'ānic commentaries, even in works that explicitly mention Ibn Taymiyyah's ideas. For example, *ad* Q al-Nisā' 4:80, Muḥammad Rashīd Riḍā (1860–1935) takes the phrase "Whosoever obeys the

---

35 Ibid., 5:207–208.

36 Walid A. Saleh, *The Formation of the Classical* Tafsīr *Tradition: The Qur'ān Commentary of Al-Thaʿlabī (d. 427/1035)* (Leiden: Brill, 2004), 16.

messenger, thereby obeys God" as a starting point for a lengthy discussion of *shirk* ("associating others with God") and its different types,[37] drawing on Ibn Taymiyyah's concepts, which were becoming popular at the time.[38] Rashīd Riḍā's arguments were taken up by the reformist exegete Aḥmad Muṣṭafā al-Marāghī (1883–1952),[39] but neither mentions Ibn Taymiyyah's discussion of the verse in *al-Jawāb al-ṣaḥīḥ*, although it is far more relevant to the interpretation of the verse than his general refutation of *shirk*.

In some instances, modernist exegetes probably would not have wanted to mention Ibn Taymiyyah's interpretation even if they had been aware of it, despite their general admiration for him. For example, with respect to the story about an infant Jesus who brought birds of clay to life with God's permission (Q al-Māʾidah 5:110; Āl ʿImrān 3:49), Rashīd Riḍā builds on Muḥammad ʿAbduh's exegesis, which categorically rejects the notion that Jesus was able to create actual, living birds, with or without God's permission[40] – a phenomenon that Ibn Taymiyyah sees no reason to doubt.

Against this backdrop, it is remarkable that one of Ibn Taymiyyah's interpretations did make its way into *tafsīr*: his explanation of Q al-Tīn 95:1–3 is quoted, for example, in the extensive qurʾānic commentary published by the Indonesian scholar Muhammad Quraish Shihab in the early 2000s.[41] It is unlikely that Quraish Shihab quoted Ibn Taymiyyah directly from *al-Jawāb al-Ṣaḥīḥ* since he based his *tafsīr* on other *tafsīr* books. The most obvious channel of transmission from Ibn Taymiyyah to Quraish Shihab would be Ibn Kathīr. However, Ibn Kathīr merely summarizes Ibn Taymiyyah's interpretation and vaguely attributes it to "one of the authoritative scholars (*baʿḍ al-aʾimma*)".[42] Why did Ibn Kathīr not mention Ibn Taymiyyah's name? Of course, Ibn Taymiyyah was a controversial figure, but if Ibn Kathīr had wanted to avoid being associated with him, he would not have cited the *muqaddimah* extensively in the introduction to his *tafsīr*. It is more likely that Ibn Kathīr wanted to hide the fact that Ibn Taymiyyah's interpretation was not part of the *tafsīr* tradition. Despite this move, however, he was not successful in introduc-

---

37 Muḥammad Rashīd Riḍā and Muḥammad ʿAbduh, *Tafsīr al-Qurʾān al-ḥakīm [Tafsīr al-Manār]* (Kairo: Dār al-Manār, 1906), 5:277.

38 Ahmad Dallal, "Appropriating the Past: Twentieth-Century Reconstruction of Pre-Modern Islamic Thought," *Islamic Law and Society* 7 (2000): 325–358.

39 Aḥmad Muṣṭafā al-Marāghī, *Tafsīr al-Marāghī* (Cairo: Muṣṭafā al-Bābī al-Ḥalabī wa-awlāduh, 1946), 5:99–100.

40 Riḍā and ʿAbduh, *Tafsīr al-Qurʾān al-ḥakīm [Tafsīr al-Manār]*, 3:311–312.

41 Muhammad Quraish Shihab, *Tafsir al-Mishbāh: Pesan, kesan dan keserasian Al-Qur'an*, 15 vols. (Jakarta: Lentera Hati, 2000), 15:372–377.

42 Abū l-Fidāʾ Ismāʿīl b. ʿUmar Ibn Kathīr, *Tafsīr al-Qurʾān al-ʿaẓīm*, ed. Sāmī b. Muḥammad al-Salāma, 8 vols. (Riyad: Dār Ṭība, 1999), 8:434–435.

ing it into that tradition. In subsequent centuries, several Qurʾān commentators regularly cited Ibn Kathīr, but none of them included his summary of Ibn Taymiyyah's exegesis of Q al-Tīn 95:1–3.

At the beginning of the 20th century, Jamāl al-Dīn al-Qāsimī (1866–1914), a Damascene scholar who was part of an emerging Salafi movement, played a role in the revival and publication of Ibn Taymiyyah's writings. He frequently included Ibn Taymiyyah's exegetical opinions in his Qurʾān commentary, *Maḥāsin al-taʾwīl*, in his quest to introduce readers to sources that had hitherto been disregarded in the *tafsīr* tradition. Al-Qāsimī may have been attracted to Ibn Taymiyyah's interpretation of Q al-Tīn 95:1–3 by way of Ibn Kathīr; but in his commentary on these three verses, he quotes Ibn Taymiyyah directly, by name, *verbatim*, and far more extensively than Ibn Kathīr had done. This was possible because al-Qāsimī, who was based in Damascus, had access Ibn Taymiyyah's writings in manuscript form.[43] It was through al-Qāsimī's posthumously published *Maḥāsin al-taʾwīl* that Ibn Taymiyyah's perspective on scripture and prophethood in Q al-Tīn 95 made its way into Quraish Shihab's Indonesian *tafsīr*.

Al-Qāsimī's incorporation of Ibn Taymiyyah's exegesis into his *tafsīr* was likely motivated by his interest in the type of fundamentalist hermeneutics that later came to be labeled as "Salafi,"[44] an interest that was shared by many others at the time and that led to the publication of Ibn Taymiyyah's *Muqaddimah* in 1936.[45] But there were other reasons for al-Qāsimī's attraction to Ibn Taymiyyah's exegesis of Q al-Tīn 95:1–3.

Approximately one century before al-Qāsimī, the Yemeni scholar Muḥammad al-Shawkānī (1173-1250/1760-1835) composed a complete commentary on the Qurʾān in which he applied fundamentalist hermeneutical principles, i.e. a type of exegesis that purports to be based purely on the Qurʾān and authentic hadiths.[46] Unlike al-Qāsimī, al-Shawkānī did not adopt Ibn Taymiyyah's interpretation or anything resembling it. Rather, he rejected all metaphorical interpretations of "the fig" and "the olive," preferring to interpret these terms literally as foodstuffs. According to al-Shawkānī, in the absence of a clear exegetical hadith, the wording

43 Pink, "The Fig, the Olive," 329–331.

44 On the history of the term "Salafi," see Henri Lauzière, *The Making of Salafism: Islamic Reform in the Twentieth Century* (New York: Columbia University Press, 2016).

45 Saleh, "Preliminary Remarks on the Historiography of *Tafsīr*," 10.

46 Johanna Pink, "Where Does Modernity Begin? Muhammad Al-Shawkānī and the Tradition of *Tafsīr*," in Johanna Pink and Andreas Görke (eds.), *Tafsīr and Islamic Intellectual History: Exploring the Boundaries of a Genre* (Oxford: Oxford University Press, 2014), 325–362.

of the Qur'ān trumps all other interpretations. To him, the Bible was not a source of qur'ānic exegesis.[47]

During al-Qāsimī's lifetime, however, Muslim scholars and intellectuals engaged in anti-Christian apologetics. They sought to refute Christian arguments against Islam and to demonstrate the superiority of the Qur'ān. To these scholars and intellectuals, Ibn Taymiyyah's argument that there is a hierarchy of prophets and their scriptures, with Muḥammad and the Qur'ān at the top, which he supports with his exegesis of Q al-Tīn 95:1–3 and Deut. 33:2, must have been highly appealing.[48]

Conclusion

In the 20th century, Ibn Taymiyyah became known as an exegete largely through his *Muqaddimah fī uṣūl al-tafsīr*, in which he focuses on the Qur'ān and authentic traditions about the Prophet and the first generations of Muslims. In doing so, he constructs an idealized image of a homogenous Islamic community of scholars with a single, coherent doctrine. His exegetical practice in *al-Jawāb al-ṣaḥīḥ*, however, embedded in a context of anti-Christian apologetics and polemics, manifests a broader understanding of scripture according to which the Bible and the Qur'ān emanate from a single source. Therefore, the preferred sources for the interpretation of the Qur'ān are those that go back to the same divine speaker, namely, the prophetic utterances contained in the Bible, on the condition that they are authentic.

While the hermeneutical principles that Ibn Taymiyyah proposes in *al-Jawāb al-ṣaḥīḥ* are different from and more daring than those of the *Muqaddimah*, both texts share a quest for coherence. In his view, any revealed and authoritative source must follow the same logic; one revealed source cannot contradict another. This is true not only for statements about theological doctrine but also for semantic, rhetorical and stylistic conventions, including the use of possessive pronouns. What follows from these principles is an approach that examines the entirety of divine scriptures comprehensively, rather than interpreting them verse by verse.

When comparing the concrete exegetical moves performed by Ibn Taymiyyah in *al-Jawāb al-Ṣaḥīḥ* to other Qur'ān commentaries, including those that manifest an interest in philosophical and theological argument, such as Rāzī's Qur'ān commentary, it becomes clear that Ibn Taymiyyah benefited from the absence of genre restraints. He need not confine himself to the issues raised by a particular verse and

47 Muḥammad al-Shawkānī, *Fatḥ al-qadīr al-jāmiʿ bayn fannay al-riwāya wa-l-dirāya min ʿilm al-tafsīr*, ed. ʿAbd al-Raḥmān ʿAmīra, 6 vols. (Cairo: Dār al-Wafā', 1994), 5:623.
48 Pink, "The Fig, the Olive," 336–338.

the material transmitted about it; rather, he was free to combine materials from the Qur'ān, the Hadith and the Bible that have a shared theme, term, or grammatical structure. His performance of exegesis outside the *tafsīr* genre, in a framework in which the use of the Bible was accepted and even expected, opened space for creative scriptural exegesis. Ibn Taymiyyah made ample use of that space. In a purely apologetic text, Ibn Taymiyyah might have limited himself to an *ad hoc* refutation of his opponent's claims. Instead, he endeavored to develop systematic hermeneutical principles on which he based his arguments. The main purpose of exegesis in *al-Jawāb al-Ṣaḥīḥ* is not explanation (*tafsīr*); it is coherence. The quest for coherence led Ibn Taymiyyah to be radically exclusive and unusually inclusive at the same time: while he categorically denied the legitimacy of esoteric approaches to the Qur'ān, he accepted and used the Bible as a source of scriptural exegesis that did not lose its relevance after the revelation of the Qur'ān.

Massimo Campanini

9 Beauty and the Qur'ān: A Philosophical Approach

All art is at once surface and symbol. Those who go beneath the surface do so at their peril. Those who read the symbol do so at their peril. All art is quite useless.

Oscar Wilde, *The Picture of Dorian Gray*

The mimetic [art] is far removed from the truth.

Plato, *Republic*, X, 598b

It may come as no surprise that the Sufi maxim, "God is beautiful and loves beauty," has no linguistic basis in the Qur'ān. The most common Arabic root for beauty (*j-m-l*) occurs only eleven times in the Qur'ān and on only one occasion does it signify 'beauty'. The verse is Q al-Naḥl 16:6: "You find beauty in them [viz., livestock], when you bring them home to rest and when you drive them out to pasture".[1] Here 'beauty' signifies a visual, sensible harmony and peace that produces comfort and serenity.

Neither *jamāl* nor *jamīl* is a 'beautiful name' of God. No treatise devoted to the Beautiful Names (*al-asmā' al-ḥusnā*) includes *jamīl* as one of the Names.[2] Some say that *jalīl* or 'sublimity', which is a 'beautiful name',[3] may be a 'substitute' for *jamīl:* but 'sublimity' is not identical to 'beauty'. Sublimity is greater than beauty; it may include beauty, but not necessarily. It signifies superiority and loftiness. Curiously, however, beauty may be connected to sin and wickedness: the figure of Dorian Gray in Oscar Wilde's novel is beautiful but wicked.

The absence of *jamīl* among the Beautiful Names may seem odd, but the Greek word *aìsthesis* originally signified sense perception.[4] God, of course, cannot be perceived by any of the five senses nor does He produce joy or pleasure in an aesthetic

Editor's note: This essay was revised by Mehdi Azaiez and David S. Powers.

1 *The Qur'an: English translation and parallel Arabic text*, translated by M. A. S. Abdel Haleem (Oxford: Oxford University Press, 2016).

2 Cf. al-Ghazālī, *The Ninety-Nine Beautiful Names of God*, trans. D. Burrell and N. Daher (Cambridge: Islamic Texts Society, 1997); Fakhr al-Dīn al-Rāzī, *Traité sur les Noms Divins*, ed. M. Gloton (Paris: Dervy-Livres, 1986).

3 Daniel Gimaret, *Les Noms Divins en Islam* (Paris: Cerf, 1988), confirms that *jamīl* is not qur'ānic, although the word does occur in the sense of 'beautiful' in a *ḥadīth* transmitted by Muslim (p. 215); Abū Ḥāmid al-Ghazālī (1056–1111) associated *jamīl* with *jalīl* (p. 216).

4 For Plato and Aristotle, the word *aìsthesis* signified knowledge attainable by the senses. It was not until the middle of the eighteenth century that the word came to signify a branch of philosophy or a discipline that deals with the principles of beauty and taste.

https://doi.org/10.1515/9783111051567-010

sense. God cannot be grasped or described as a phenomenon (*phaìnomai*, to appear or come into being), but only disclosed (*aletheia*) by phenomenological intuition.[5] No physical sense – sight, hearing or touch – can perceive God, who is not a phenomenon. God cannot be the object of perception, physical or aesthetic. Thus, He cannot be qualified as beautiful or handsome.

In Q Yūsuf 12, the omniscient narrator refers twice to Jacob's 'beautiful patience' (*ṣabr jamīl*) (vv. 18 and 83). Here 'beautiful' refers to Jacob's patient endurance of his sufferings. Keep in mind that in the Qur'ān, Joseph is the perfect realization of human beauty. Indeed, according to v. 31, when the friends of Potiphar's wife, Zulaykhā, see him, "they admired him" (*fa-lammā ra'aynahū akbarnahū*). The root *k-b-r* signifies greatness and magnificence, often with the nuance of presumption or hubris. Zulaykhā's friends experience a visual, sensible perception of beauty, and their reaction is admiration. Their experience of beauty is 'phenomenical', i.e. related to a *phaìnomenon*.

The root *ḥ-s-n* occurs 194 times in the Qur'ān, in twelve derived forms.[6] *Ḥusnā*, 'most beautiful' is one of the names of God, and Abdel Haleem translates *al-asmā' al-ḥusnā* as 'the best names'. The Form IV verbal noun *iḥsān* is associated with good behavior and 'the' Good in general, as in Q al-Naḥl 16:90: "Indeed, God commands justice and *iḥsān* [right behavior], benevolence towards neighbors, and prohibits indecency, misbehaving and outrage". *Iḥsān* is a key moral element in the thinking of Maḥmūd Ṭāhā (1909–1985)[7] and ʿAbd al-Salām Yāsīn (d. 2012),[8] two controversial, contemporary religious imams.

My goal is not to discuss the beauty of the Qur'ān but rather beauty *and* the Qur'ān, that is, beauty in relation to the Qur'ān from the perspective of philosophical aesthetics. I am not concerned here with the inimitability of language or its literary perfection[9] but rather with the relationship between image and reality, symbol and truth. Does image reflect reality? Does a symbol represent reality as it is? Does representation prevent us from perceiving Truth? These are not only literary questions but also philosophical ones. I begin with three remarks that will lead the way to my argument.

---

5 *Aletheia* or disclosure of God consists in Its being True and Real (*ḥaqq*) at the same time. I will return to the problem below. See my *Philosophical Perspectives on Modern Qur'anic Exegesis: Key Paradigms and Concepts* (Sheffield UK – Bristol CT: Equinox Publishing, 2016).

6 For a list of *ḥā-sīn nūn*-derivatives in the Qur'ān, see: https://corpus.quran.com/qurandictionary.jsp?q=Hsn#(12:3:4)

7 See, for example, Mahmoud Mohamed Taha, *The Second Message of Islam*, transl. A. al-Naʿim (Syracuse: Syracuse University Press 1987), 92 (and 77).

8 The name of the movement founded by Yāsīn is *al-ʿAdl wa-l-Iḥsān*.

9 In *God is Beautiful*, Kermani analyzes the Qur'ān's reception by different audiences. However, he examines the Qur'ān only to the extent necessary to determine whether it presupposes or suggests a specific aesthetic mode of reception (p. viii).

First, according to Friedrich Nietzsche, aesthetics conceals or masks reality.[10] In a sense, art is a deceit or a trick. Whether he is correct or not, the question is: to what extent does the artistic representation of reality reflect reality itself? Does the artistic representation of a beautiful object, person or landscape conceal, mask or betray the reality of things, their actual ontology? Of course, art may be realistic or symbolic. Renaissance art was far more realistic than Futurist art. Futurists did not represent reality as it is. These two genres of art had different patrons, different audiences, and different aims. The Renaissance Florence was very different from that of Boccioni's or Marinetti's Milan.

Second, beauty implies sensation and sense perception. As noted, *aìsthesis* signifies sense perception. According to Martin Heidegger, *aìsthesis* is 'subjective sense perception.' Aesthetics signifies 'to perceive'. Therefore, beauty is neither phenomenological disclosure (*aletheia*) nor noetics (the intelligible *eìde*), but rather sensitive perception of a phenomenon – phenomenicity. On a basic level, 'beauty' signifies a pleasant and enjoyable perception of what is manifest, that is, a phenomenon, through one of the five (or six) senses. Subjective perception does not 'disclose' the true nature of reality but remains at the surface of the *phaìnomenon*. Reflecting on Nietzsche's aesthetic thought, Heidegger argues that art is *mímisis* (μίμησις) and that *mímisis* is not simply reflection, but production (*herstellen*). As production, art leads an object to 'show itself' in something else – something that is fabricated.[11] Like al-Ghazālī, Heidegger invokes the metaphor of the mirror. A mirror does not produce the object in the mirror. However, if we understand a mirror as a means to transform one thing into another, then a mirror produces (*herstellen*) the mirrored object. Referring to Plato's *Republic*, Heidegger argues that a mirror produces an entity; but, he adds, "the mirrored things [the *phaìnomena*] are not entities present in disclosure (*aletheia*), but simply they have the aspect of. . .,"[12] i.e. they are only similar to . . . . Here, too, we cannot guarantee that the fabricated mimetic object is the same as the original.

Third, it is often said that Islamic culture is aniconic, that is to say, it avoids figural images. After the Prophet Muhammad conquered Mecca in 630, he entered the Ka'ba and instructed his Companions to destroy the idols. But he also instructed them to leave the image of Mary mother of Jesus on the walls of the sacred building.[13] This gesture, a sign of respect for Christianity, suggests that the Prophet did not

10 See G. Vattimo, *Il soggetto e la maschera. Nietzsche e il problema della liberazione* (Milan: Bompiani, 1979).
11 M. Heidegger, *Nietzsche*, Italian edition by F. Volpi (Milan: Adelphi, 1994), 175.
12 Ibid., 177.
13 See, for example, al-Isbahānī, *Dalā'il al-nubuwwa*, quoted in M. Lecker and R. Tottoli (eds.), *Vite antiche di Maometto* (Milan: Mondadori, 2007), 336–337.

Figure 6: The ascent of Muhammad to heaven: (*mi'rāj*). Source: *Khamsah* of Nizami, Or. 2265, fol. 195a, 1539–43. No changes were made to the picture.
(Source: https://en.wikipedia.org/wiki/File:Miraj_by_Sultan_Muhammad.jpg)

condemn figural representation. The purported aniconicity of Islam is a complex issue. Clearly, there was no total and absolute prohibition of figural images, or, if there was, it was never systematically applied.[14] Obviously, Muslims have represented the Prophet Muhammad many times in miniatures and paintings.[15] Consider the representation of Muhammad during the *Mi'rāj* or Night Journey, riding on the back of Burāq or teaching, surrounded by his Companions (Fig. 6). More recently, portrayed as a handsome young boy, he has become an icon of popular piety.[16]

Muslim calligraphers write God's name – *Allāh* – using silhouettes of women or animals, as in the zoomorphic *basmala*. The writing of God's name or its salvific invocation through the stylized figures of lions, birds or flowers produced some of the most beautiful and fascinating examples of Islamic calligraphy.

Classical Muslim scholars did not formulate a philosophical theory or hermeneutical paradigm of beauty that is useful for interpreting artistic work.[17] Rather, they discussed beauty in connection with the debate over God's attributes and creation. Their writings were based on the Hellenistic heritage of Neoplatonism. These scholars paid special attention to the psychological and cognitive foundations of aesthetic judgment, drawing on Aristotle's *Rhetoric* and *Poetics*, and Plato's *Republic*. Through poetry and rhetoric, they attempted to convey the truths of philosophy to the masses, whose intellectual capacities were presumed to be limited.[18]

Ibn Rushd (Averroes) (d. 594/1198) was unfamiliar with the Greek words 'tragedy' and 'comedy'. In a short story by Jorge Luis Borges, "Averroes' Search", the author imagines the very day on which the great philosopher encountered these words in Aristotle's *Poetics* and the exact moment on which he came up with a solution – albeit a flawed one. As the narrator tells the story:

> Averroes then spoke of the first poets, of those who in the Time of Ignorance, before Islam, had already said all things in the infinite language of the deserts. Alarmed, and not without reason, by Ibn-Sharaf's trivialities, he said that in the ancients and in the Koran all poetry is contained and he condemned as illiterate and vain the desire for innovation. The others listened with pleasure, for he was vindicating the traditional.

---

14 See, for example, S. Naef, *Y a-t-il une 'question de l'image' en Islam?* (Paris: Téraèdre, 2004).

15 See M. V. Fontana, *La miniatura islamica* (Rome: Edizioni Lavoro, 1998).

16 See Camilla Cuomo, "Images sacrées et représentations dans les traditions islamiques," Ph.D dissertation, defended 25 March 2011 at the University of Lyon 2.

17 There is little or no philosophy in Kermani's *God is Beautiful*. Contemporary Muslim scholars like Sayyid Qutb and Amīn al-Khūlī were more interested in literature than in philosophy. See O. Leaman, *Aesthetics in Islam: An Introduction* (Edinburgh: Edinburgh University Press, 2004), V. Gonzalez, *Beauty and Islam: Aesthetics in Islamic Art and Architecture* (London: I.B. Tauris and the Institute of Ismaili Studies, 2001).

18 Cf. http://www.muslimphilosophy.com/ip/rep/H020.

> The muezzins were calling the faithful to their early morning prayers when Averroes entered his library again. (In the harem, the dark-haired slave girls had tortured a red-haired slave girl, but he would not know it until the afternoon.) Something had revealed to him the meaning of the two obscure words. With firm and careful calligraphy, he added these lines to the manuscript: "Aristu (Aristotle) gives the name of tragedy to panegyrics and that of comedy to satires and anathemas. Admirable tragedies and comedies abound in the pages of the Koran and in the *mohalacas* [viz., *muʿallaqas*] of the sanctuary.[19]

In modern times, Muslim scholars have begun to address the subject of philosophical aesthetics. Recently, Valerie Gonzalez has argued:

> The topic [of contemporary Islamic aesthetics] constitutes a separate episteme requiring different parameters of knowledge. By no means complete, this section [of the Oxford Bibliographies Online] is only meant to acknowledge an emerging scholarship that crosses the border between Islamic art history and contemporary art criticism. Students and scholars interested in this complex topic of the Islamic dimensions in global art today ought to seek additional resources in this distinct domain of contemporary art criticism where, as general rule, the denominations "Islamic" or "Islam" are replaced by geocultural or national appellations such as "the Middle East" or "North Africa," "Pakistan," or "Arab world".[20]

To better understand the connection between phenomenon, reality, perception and divine manifestation, let us consider the term True/Truth (*ḥaqq*), one of the ontological names of God. The Qurʾān refers to God as *al-Ḥaqq* 100 times. *Al-Ḥaqq* signifies both *true* and *real.* No one other than God is true and real. The Truth of Reality and the Reality of Truth, in a metaphysical and ontological sense, cannot be grasped by figural images. Figural images, drawn in an effort to reproduce an object, can only 'mime' (*mimesis*) it. Michelangelo's frescoes in the Sistine Chapel do not represent God as It really is.[21] In this sense, art is useless. The closest Arabic words for 'representation' and 'reproduction' are *shibh* or 'likeness' and *mathal* or 'imitation'. Neither likeness nor imitation conveys True Reality, being as it actually is. A likeness may be realistic, but it is not an exact, physical reproduction of the original. A *mathal* moves an object from one level to another or from an original level to a fabricated level (if we understand *mathal* as *mímisis*).[22] Can a painting capture an idea? I suggest that Islam's aniconicity, at least regarding God, is related to the need to preserve what must be concealed of God, Its essence. If 'the' True (*ḥaqq*) with a capital 'T' is a symbol of the universe, then God as supreme Truth reflects

---

19 Jorge Luis Borges, "Averroes Search," in *Labyrinths: Selected Stories & Other Writings*, ed. Donald A. Yates & James E. Irby (New York: New Directions, 1962), 154–155.

20 "Islamic Aesthetics", in *Oxford Bibliographies Online* (downloaded 24 October 2017).

21 As God is neither male nor female, I use the neutral pronoun 'It'.

22 The closest equivalent of *mimesis* in modern Arabic is *muḥākāh*. I thank my colleague Ida Zilio-Grandi for the observation.

Itself in the universe: Q al-Rūm 30:27: "His is the loftiest exemplar (*al-mathal*) in the heavens and earth" – the image of Truth cannot be false. If I represent God with a sign, a drawing, a picture or a word, that is, with a *mathal*, I betray Its *ḥaqq*, Its metaphysical reality.

Ḥaqq is disclosure (*kashf*), that is to say, *aletheia*. Consider Q Fuṣṣilat 41:53: "We shall show them Our signs (*āyātinā*) in the material world and within themselves, until it becomes clear to them that It is the Truth (*al-ḥaqq*)". The signs of nature, books, and images point to God, but Its Truth is not equivalent to these signs. God's essence is simultaneously disclosed and concealed. The qur'ānic utterance means not only that there is a connection between the external and internal dimensions of man, but also that knowledge emerges from a disclosure of Truth inside and outside human 'spirit' or soul. Disclosure means not only to remove the veil that conceals the nucleus, but also, following Heidegger, the phenomenological showing (*ostensio*) and disclosing of Being (in this case God), whose essence remains concealed. As Maḥmūd Muḥammad Ṭāhā put it: the process leading the individual to transform him or herself from a believer (*mu'min[a]*) into a Muslim (*muslim[a]*) is based on a 'truth of certainty' (*'ilm ḥaqq al-yaqīn*) that points to God as the goal of our spiritual path.[23] According to Ṭāhā, one acquires truth of certainty not through sense perception but through the intuition of the soul. The certainty that truth (*ḥaqq*) has defeated falseness (*bāṭil*), as the Qur'ān affirms (e.g. Q al-Anbiyā' 21:18) implies that God created signs (*āyāt*) that reveal It in the cosmos, in the soul, and in the Book, without exposing Its essence to sense perception or reason. Although the perception of signs points to the Truth, that Truth is covered by the veil of appearance.

How can we understand God's 'similitude' or 'representation' on a philosophical or aesthetic level? Consider the story related by Abū Ḥāmid al-Ghazālī:

> An anecdote occurs in my mind that can stimulate weak intellects, which require concrete examples to acknowledge [the value of] rational truths and to understand how knowledge (*'ilm*) and action (*'amal*) differ from each other. It is reported that some Chinese and some Byzantines displayed their skill in the arts of painting and drawing in front of a king. The king decided to put at their disposal a room: the Chinese would paint one wall, the Byzantines the other. A curtain was hung so that one group could not see the work of the other. When the work was finished, the curtain would be lifted and the decorations examined, and it would be decided which of the two groups won the contest. It was done. The Byzantines painted their wall with wonderful, astonishing colors. The Chinese came into the room without adding any color. Instead, they began to wipe and clean the room. The people were puzzled because the Chinese did not use any colors. When the Byzantines said that they were finished, the Chinese said that they were too. Asked how they could have finished when they had not used any colors or started to paint, the Chinese answered: "Don't worry, lift the curtain and we will

23 Mahmoud Mohamed Ṭāhā, *The Second Message of Islam*, 46.

support our claim." The curtain was lifted and, lo! all the wonderful colors of the Byzantines were reflected on the wall of the Chinese. The Chinese had wiped and polished their wall until it became a mirror that reflected the beauty and brightness of the others' work.

[The story] illustrates that the soul is the substrate in which the divine sciences are painted. Two paths are now in front of you: the first is to paint as the Byzantines did; the second is to prepare yourself to receive the colors from outside. What lies outside is the Preserved Tablet[24] and the Lofty Spirits who are the actual and permanent source of the wonderful design of the true sciences. Similarly, the mind paints the Qur'ān's colors after memorizing it. The sciences are not a color that can be perceived by the senses, but an image that is denied to him who remains a prisoner of the sensible world without transcending it.[25]

This story, which is cited many times by al-Ghazālī as a metaphor for the soul, may also serve as a metaphor for God: The wonderful colors used by the Byzantines represent God and Its knowledge, while the wall polished by the Chinese represents the human soul that receives those colors, reflecting God exactly how It is, albeit without grasping Its essence, without absorbing It or assimilating It, without mystical union (*ḥulūl*) or inhabitation or physical transfer. God maintains Its Unity and Individuality in respect to the believer's heart, which, however, receives It as the Light of beauty.

Consider now the idea that man was created in the likeness of God. Muḥyī al-Dīn Ibn 'Arabī (d. 1240) writes as follows:

When the True Real (*al-ḥaqq*) – praise be to It! – through Its beautiful names (*al-asmā' al-ḥusnā*) – whose number cannot be calculated – willed to see Its own [essential] qualities (*a'yān*) – and, if you want, one may say that [God] sees Its own [essential] quality – It [viz., the True Real] did so by bringing together in a [single] comprehensive thing (*amr kulluhu*) all [Its modes of] being (*kawn jāmi'*) so that It might be characterized as [possessing] existence (*wujūd*). In so doing, It manifested (*yaẓhar*) Its secret to Itself. For the vision that a thing has of itself is not the same as the vision that the [same] thing has of itself in another [different] thing that serves as a mirror.[26]

Ibn 'Arabī suggests that God – the True Real – wished to see Itself or contemplate Itself in the primordial man, Adam, bringing together in him all the divine qualities, as if they were a single comprehensive entity. By doing this, God manifested Its existence and made clear to Itself Its own secrets. The primordial man is like a

---

24 The Preserved Tablet refers to the celestial archetype of the Qur'ān in which all knowledge is contained. See Q al-Burūj 85:22.

25 Al-Ghazālī, *Mīzān al-'amal*, ed. Muḥammad Muṣṭafā Abū al-A'lā (Cairo: Maktabat al-Jindī, 1973), Chapter 7, 47–48; for an Italian translation, see al-Ghazālī, *La Bilancia dell'azione ed altri scritti*, ed. Massimo Campanini (Turin: Utet, 2005), 135–136. The same anecdote occurs in chapter 21, *'Ajā'ib al-Qalb*, in *Iḥyā' 'ulūm al-dīn*.

26 Ibn al-'Arabī, *Fuṣūṣ al-ḥikam*, ed. Abū al-'Alā 'Afīfī (Beirut: Dār al-Kitāb al-'Arabī, n.d.), 18.

mirror in which God manifests Itself in a reproduction that is different from what It really is, but in such a way that It can recognize and acknowledge Its own being. In other words, God conceals Itself at the very same time as It manifests Itself in the primordial man. God remains hidden, albeit manifest.

Unlike a car, a person, the sun, or a landscape, God cannot be painted, photographed, or described, that is to say, It is not a phenomenon that can be represented. It can only be grasped intuitively, intellectually and spiritually through Its signs (*āyāt*). As Fazlur Rahman said, 'found' and 'pointed to', as *telos* and intention, is the goal of life and research: "According to the Qur'ān, once you think of the whence (and the whither) of nature, you must 'find God'. This is not a 'proof' of God's existence, for in the thought of the Qur'ān, if you cannot 'find' God, you will never 'prove' Him".[27]

The story of Joseph in the Qur'ān is an example of the representation of God through man. The Qur'ān refers to this story as the most beautiful story ever narrated (*aḥsan al-qaṣaṣ*), using the root *ḥ-s-n*, not *j-m-l*. The Persian mystic Farīd al-Dīn 'Aṭṭār (d. 627?/1230?), explains the episode in which Zulaykha's female friends slash their fingers with knives while gazing at Joseph. Joseph's beauty symbolizes God's beauty. God's loftiness compels "the creation to wound its hand by cutting the orange".

> As soon as the universe was full of His beauty, and the Inhabited Temple was full of Love for Him, God gave Saturn the golden fog of Heaven, and rightly He bestowed upon Jupiter the cloak of the *qāḍī*. He honored Mars by appointing it as His executor and with the braid [of Mars] He spread shadow over the Sun. To Venus, He granted sweet speech, and to Mercury preeminence in wisdom. God appeared Beautiful as Joseph to the Moon and it [viz., the Moon] cut its hand and the orange.[28]

Here, Joseph exists outside of time and space, separated from Israelites and Egyptians, and perhaps from the Qur'ān, insofar as the Holy Book has a historical dimension. Oliver Leaman explains this transformation in 'Aṭṭār's poem as follows:

> She [viz., Zulaykha] is now old and has white hair, but once [Joseph] acknowledges the sincerity of her feelings, and prays on her behalf, her beauty is returned to her. That is, she can participate in his beauty since she has become his mirror. She has accepted in her heart what has always existed in his heart, belief in God. Thus, when he looks at her, he for the first time sees a reflection of himself, albeit a partial reflection, and this is the appropriate time for them to be united in marriage. After all, they have now become the same sort of person, for in order for a mirror to reflect, it must be designed to perform that function. The world can represent the beauty of God, to a degree, since it consists of objects that are very beautiful. Similarly, Zulaykha can represent the beauty of Yūsuf, the paradigm of beauty, once she becomes spiritually pure.[29]

---

27 Fazlur Rahman, *Major Themes of the Qur'an* (Minneapolis: Bibliotheca Islamica, 1989), 3.

28 Farīd al-Dīn 'Aṭṭār, *Il poema celeste*, trans. Massimo Campanini, ed. M.T. Granata (Milan: BUR Rizzoli, 1990), 58.

29 Oliver Leaman, *Islamic Aesthetics*, 97.

Joseph is a symbol of God. At the highest level, he is the symbol of someone who, when he discovered the world's misery and meaninglessness, yearned to become one with God.[30] God listens to Joseph's prayer, and an Angel announces his death. Shortly thereafter, Zulaykha breathes her last breath. Nūr al-Dīn 'Abd al-Raḥmān Jāmī, a Persian mystic (d. 897/1492), describes Zulaykha's mourning for the beloved as follows: "Happy is the lover who breathes her last with the smell of union in her nostrils."[31] Here Jāmī is clearly referring to the mystic who meets God at the moment of annihilation (*fanā'*).

What are the key themes of the Joseph story? First, we must not confuse the secret, the esoteric and the hidden (*bāṭin*) with the external and superficial (*ẓāhir*). The emphasis here is on the refusal of idolatry. In Greek, *eìdolos* signifies 'image'. To refuse *eidolos* is to refuse the external image, the form, and to seek the substance, because worship of the form separates the believer from God. The story is a metaphor for monotheism: it juxtaposes what does not yet exist, but is only imaginary, and what or who always exists and will exist forever – God, whose essence is *ḥaqq*, i.e. Truth and Reality.

The Qur'ān, which is the foundation of 'Islamic' aesthetics, privileges ethical perception over visual perception (*aìsthesis*). Beauty is not simple and superficial enjoyment and pleasure. Beauty is *iḥsān*, proper behavior in society and politics and balance within ourselves. *Iḥsān* prevails over *jamāl*. Joseph's story is the most beautiful story because it teaches morality and ethics.

Again, Abū Ḥāmid al-Ghazālī may serve as our guide:

> If now you ask: What are the virtues of the body? – I respond: There is no doubt regarding the necessity of health, of making the body strong and of longevity. By contrast, beauty is of low value because it is sufficient to have a healthy body without illnesses that might impair the pursuit of virtue. In fact, beauty is of little use, although it may be included within goodness and happiness. As for the lower world, the matter is obvious. As for the afterlife, two questions must be considered.

Ugliness is reprehensible and repugnant to nature. It is easier for a handsome person to satisfy his desires. Like wealth, [beauty] resembles a wing that leads to a goal; and whatever satisfies the needs of this world is useful to satisfy the needs of the world to come, due to the fact that we arrive at the other world from the present world. Often, beauty discloses the inner virtues, because the soul's light, if perfectly bright, radiates on the body. The visible and the hidden are often dependent on one another. This is why physiognomists study the outward aspect [of a person]

---

30 Jāmī, *Yusuf and Zulaikha*, translated and abridged by David Pendlebury (London: Octagon Press, 1980), 131–132.

31 Ibid., 135.

to deduce that person's inner qualities. The eye and the face are mirrors of the soul; it is for this reason that the traces of anger and wickedness are manifest in them. The serenity of the face reflects that of the soul. No person on earth is more repugnant than the wicked. Once, the caliph al-Ma'mūn was inspecting his army and a very, very ugly man was introduced to him. The caliph sent him away, saying: "Really, the spirit enlightens the outer physiognomy and manifests itself in it". The Prophet said: "Seek what you need in people blessed with a handsome appearance, and, if you send a messenger, choose someone who has a pleasing appearance". The *'ulamā'* claim that if the candidates for the imamate possess the same level [of knowledge], the imamate should be bestowed upon the most beautiful. Having strengthened him [viz., the Prophet], God said: "[God] cause him to have greater knowledge and better stature" (Q al-Baqarah 2:247). By 'beauty', we do not mean something that stimulates [sensual] desire, because this is characteristic of women; rather, we mean height and demeanor, along with a harmonious body, the limbs and facial features of which are proportioned in a way that does not repel the gaze.[32]

In 2016, the Ambrosian Academy of Milan published a collection of articles on Indian, Chinese, Korean and Japanese art and literature. Most of the authors suggest that in a truly humanistic society, aesthetics would prevail over ethics.[33] Beauty, not ethics, will save the world. I am not persuaded. For one, as Schopenhauer and Nietzsche argued, art disguises reality; it is not therapy but a palliative of the Will (*Wille*). In addition, the argument for aesthetics puts the Muslim world on a collision course with Asian non-Muslims, who have a different way of viewing the world (*Weltanschauung*) and God (*Gottesschauung*). The Muslim worldview focuses on Allah, a Being whose essence can be neither masked nor made plural.

The artist must take great care not produce a false representation (*eìdolos*) of God. For this reason, the artist must not attempt to represent God.

Calligraphy – the highest Islamic art – is not the same as other arts. When a calligrapher writes the word *Allāh* or the *basmallah*, which invokes Its mercy, he produces a kaleidoscope of signs in the eye of the beholder (Figs. 7, 8).

---

32 *Mizān al-'amal*, chapter XXI, 87–88 (Italian translation, 188–189).

33 G. Boccali and M. Angelillo (eds.), *Arte e letteratura nelle società in Asia* (Rome: Bulzoni Editore for the Accademia Ambrosiana, 2016).

Figure 7: The Basmala: *bismi-llāhi al-raḥmāni al-raḥīmi*, 18th-century Islamic calligraphy from the Ottoman region, Thuluth script. No changes were made to the picture. (Source: https://commons.wikimedia.org/wiki/File:Basmalah-1wm.png).

Or

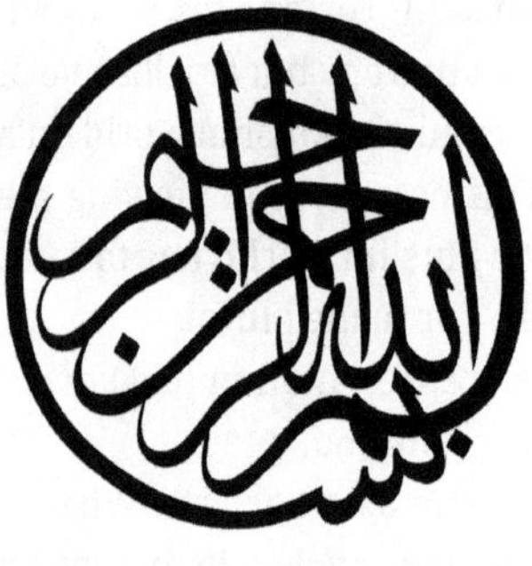

Figure 8: The Basmala: *bismi-llāhi al-raḥmāni al-raḥīmi.* No changes were made to the picture. (Source: https://commons.wikimedia.org/wiki/File:Bismillah.svg).

Signs are sources and vessels of beauty. In this case, representation does not change or alter the nature and the essence of the object.

Hmida Ennaifer

10 Trois lectures récentes du Coran en contextes islamiques

Introduction

Dans l'introduction de son monumental commentaire du Coran, Muḥammad al-Ṭāhir Ibn ʿĀshūr[1] (1296–1392/1879–1973) affirmait qu'une crise profonde frappait l'exégèse islamique contemporaine et que la tâche de produire une meilleure compréhension du texte fondateur de l'Islam n'épousait pas forcément les voies empruntées par les anciens (*salaf*).[2] Dans le prolongement de ce constat, l'auteur d'*al-Taḥrīr wa-l-Tanwīr* pris « le parti de présenter, au sujet de l'exégèse du Coran, quelques remarques tout à fait inédites, et d'assumer un rôle d'arbitre entre plusieurs groupes de spécialistes en la matière, soit pour approuver leurs thèses, soit pour les récuser ». Il ajoutait : « Se contenter de propos redondants entrave l'effusion (*fayḍ*) intarissable du Coran ».[3]

Cette conscience d'une « crise du *tafsīr* » s'est exprimée également sous la plume de Cheikh Sallāmī (1343–1440/1925–2019),[4] ancien Mufti de la République Tunisienne et auteur du *Nahj al-Bayān*.[5] Dans son introduction, il décrit les raisons qui motivèrent la rédaction de son ouvrage exégétique : « La plupart des commentateurs dont les publications connaissent une large diffusion et auxquels les musulmans se réfèrent souvent pour comprendre le Saint Coran, s'attachent à établir un lien entre le texte et les règles linguistiques en ayant recours à la grammaire, à la rhétorique et aux fondements du *Fiqh* (Droit islamique) ».[6] Il poursuit : « Ils se sont trop appesantis sur les détails de ces disciplines aux dérivés très enchevêtrés, rattachées à des terminologies en rupture avec la langue usuelle et aux règles et pratiques généralement admises, et ne sont accessibles qu'à peu de gens ayant une bonne connaissance des sciences fondamentales et linguistiques. Tout cela fait que

1 Muḥammad al-Ṭāhir Ibn ʿĀshūr, *Tafsīr al-taḥrīr wa-l-tanwīr* (Tunis: al-Dār al-Tūnisiyya li-l-nashr, 1973).

2 « Les exégèses du Coran, quoique nombreuses, dépendent dans leur grande majorité de celles qui les ont précédées ». Muḥammad al-Ṭāhir Ibn ʿĀshūr, *Tafsīr*, Préambule, 7.

3 Ibid., 7.

4 Muḥammad Mukhtār Sallāmī (1343–1440/1925–2019) était originaire de la ville de Sfax (Sud de la Tunisie). Il reçut un enseignement traditionnel à l'Université de la Zitouna (Tunis), puis il enseigna à cette même Université l'exégèse coranique et le Droit (*Fiqh*). Il fut membre de l'Académie Islamique Internationale du Fiqh basée à Djeddah en Arabie Saoudite.

5 Muḥammad Mukhtār Sallāmī, *Nahj al-Bayān* (Tunis: Imp. Reliure d'Art, 2015).

6 Ibid., 7.

https://doi.org/10.1515/9783111051567-011

les écrits de ces commentateurs ne sont pas à toutes les portées ».[7] Face à cette difficulté, l'ambition de Cheikh Sallāmī est pédagogique et didactique. Afin de saisir la substance du texte coranique, il considère indispensable de contourner « l'obstacle de la terminologie empêchant les lecteurs d'avoir une compréhension saine des préceptes du Coran qui puisse pénétrer leur pensée, leurs sentiments et leur âme ; resplendissant leur vie de quiétude, de bien être, de bonheur et de paix ».[8] Ainsi, la réflexion à laquelle s'assigne Cheikh Sallāmī consiste à réaliser une herméneutique qui, sans faire l'impasse sur l'héritage des œuvres des premiers exégètes[9], cherche à faire parvenir les significations coraniques vers un public large et curieux ayant une grande capacité de compréhension et d'assimilation. Les destinataires de ce travail sont entre autres :

> des ingénieurs, des médecins, des pharmaciens, des juristes. . . fortement attachés au Coran qu'ils lisent avec ferveur et dévotion, dont ils mesurent naturellement la sublime grandeur, et avec lequel ils entretiennent une relation symbiotique. Cette relation les prédisposant à s'imprégner de son message, à se laisser guider par son esprit, à croire en son appel à se remettre à Dieu, à accepter ses bienfaits et à régler leur comportement conformément aux principes fondamentaux de l'Islam.

Il conclut ce paragraphe par un constat lapidaire et instructif : « Mais je n'en ai trouvé nulle trace dans les écrits exégétiques dont j'ai connaissance ».[10]

Loin d'être la seule expression d'une insatisfaction face à l'exégèse classique en Islam, l'ouvrage *al-Muṣḥaf wa Qirā'ātuhu*[11] mené sous la direction du Professeur Abdelmajid Charfi et de son équipe tunisienne, tente de pallier lui aussi à un autre desiderata : la nécessité de contribuer à l'interprétation du Coran par une recherche scientifique rigoureuse et contextualisée. Dans cette perspective, *al-Muṣḥaf wa Qirā'ātuhu* vise, à l'appui des « science des lectures » (*'ilm al-qirā'āt*) à rassembler méthodiquement les différentes lectures coraniques (sept, huit ou quatorze lectures), ainsi que celles dites « anormales » ou « non conformes ». Ce travail inédit réunit donc des données auparavant dispersées dans des corpus anciens portant essentiellement sur les sciences coraniques et exégétiques. L'objectif premier est donc de proposer une matière pour la recherche contemporaine, qui ne peut être facilement accessible et utile par un simple effort de personnes non initiées à une

---

7 Ibid.

8 Ibid., 9.

9 « Il n'est pas dans mon intention de minorer l'intérêt à accorder à la rhétorique, à la grammaire et aux règles fondamentales qui aident à une compréhension approfondie du texte », Ibid., 8.

10 Ibid., 11.

11 Ouvrage collectif sous la direction de Abdelmajid Charfi, *al-Muṣḥaf wa Qirā'ātuhu* (Beyrouth: Mūminūn bi-l-Ḥudūd, 2016).

lecture exigeante du Coran, en vue de redonner un certain dynamisme aux études coraniques restées enfermées dans des postulats doctrinaires et idéologiques.[12]

Chacun à leur manière, qu'il s'agisse d'Ibn ʿĀshūr, Cheikh Sallāmī ou encore d'Abdelmajid Charfi et son équipe, tous soulignent l'inadéquation entre d'une part, un corpus exégétique classique, certes foisonnant et indispensable, mais à de nombreux égards inadaptés et idéologiquement marqués, et, d'autre part, les exigences d'une rationalité moderne et le besoin impérieux d'adaptation face aux attentes et aspirations de nouveaux lecteurs. C'est bien aux implications de cet écart entre une exégèse classique et une nouvelle orientation de l'exégèse contemporaine en contextes islamiques que cette contribution sera consacrée. On analysera ainsi quelques exégèses contemporaines du Coran. Ces dernières ont été choisies pour leur ambition d'échapper à une réitération de l'exégèse orthodoxe. On s'attachera à présenter ici trois auteurs portant haut la bannière du renouveau exégétique et dont les ouvrages soulèvent des interrogations centrales : Quelles peuvent être les présupposés, principes et méthodes pour une relecture du Coran ? Autrement dit, quelles herméneutiques coraniques proposent-ils ? Comment comprendre leurs motivations et de quelles manières leurs choix demeurent motivés par un souci constant d'adaptation aux enjeux de la modernité des sociétés islamiques contemporaines ? Dans cette contribution, on exposera en premier lieu une présentation des cadres et présupposés de ces exégèses contemporaines. Dans un second temps, on prolongera l'exposé par la présentation synthétique des travaux de trois intellectuels et exégètes musulmans.

I Le cadre et les présupposées de cette nouvelle exégèse : Un essai de synthèse

Les relectures du Coran par les exégètes musulmans contemporains peuvent s'articuler autour de présupposés déclinables selon des notions et dynamiques clés telles que l'« ouverture », la « revivification », l' « enrichissement et l' « unicité ». Cette première partie a pour objet de préciser chacun de ces termes.

Le premier terme d'« ouverture » postule que l'islam cherche objectivement à dépasser les données d'héritage et les contraintes d'ordre institutionnel ou d'expressions irrationnelles qui diminuent la portée du message religieux de l'islam dans sa relation avec l'Autre, le différent, et dans son appréciation de la spécificité valorisante de cet Autre. Le deuxième terme est celui de « revivification ». L'exégète novateur considère que la sacralité du texte à laquelle renvoie le message religieux signifie

12 Ibid., 7–9.

que le texte est unanimement attesté, qu'il est au centre d'une réflexion dynamique renouvelée, qu'il est une source intarissable de significations et d'hypothèses, si bien que tout un chacun qui l'aborde y trouve ce qu'il y cherche indépendamment de ses préoccupations. Le sacré qui imprègne le texte coranique fait que celui-ci est le fondement de tout renouvellement, que pour assurer sa conservation, il faut l'alimenter de ressources puisées dans la richesse de la communauté au plan des connaissances scientifiques et historiques. Le sacré trouve aussi son essence dans la capacité de la *Umma* d'œuvrer sans relâche, à travers toute son évolution, à sa revivification. C'est ce qui confère au Livre une texture d'éternité, ou, pour utiliser une expression courante, une validité pour tous temps et tous lieux[13]. Le troisième terme d'« enrichissement » postule que l'intemporalité du texte coranique (valable en tout temps) et sa vitalité ne sont pas envisageables sans un enrichissement du texte en termes de pensée et d'appréhension. Il s'agit de libérer le texte du joug cognitif qui l'enchaîne et mettre fin à cet espace clos dans lequel l'ont enfermé des « textes de second ordre ». Aussi la question centrale à laquelle l'exégète moderne est tenu de répondre est-elle la suivante : « que signifie le Coran pour les musulmans d'aujourd'hui ? ». Le quatrième et dernier terme est celui de l'« unicité ». Le texte coranique est un phénomène pourvu d'une unité structurelle fondée sur une logique interne et un système achevé. Cette unité exclut toute suprématie ou hégémonie d'une partie sur le tout. L'unité structurelle du livre coranique fait qu'on ne peut admettre qu'il y ait une formule de prédilection pour atteindre le sens de la parole d'Allah.

C'est à partir de ces quatre notions clés qu'il est possible de rendre compte synthétiquement de cette nouvelle exégèse contemporaine. Trois œuvres et exemples récents viendront illustrer la pertinence de ces notions.

II Muḥammad Abū al-Qāsim Ḥājj Ḥamad (1359–1424/1941–2004) : « la voie » de la relecture

À l'instar d'Ibn ʿĀshūr, Muḥammad Abū al-Qāsim Ḥājj Ḥamad[14] constate que la crise du *Tafsīr* « a fini par entraver l'effusion du Coran ». Dans son ouvrage inti-

13 Pascal Boyer et James V. Wertsch (eds.), *Memory Mind and Culture* (New York: Cambridge University Press, 2009) ; Jean Pouillon, « Plus c'est la même chose, plus ça change », *Nouvelle Revue de Psychanalyse* 15 (1977), 203–212.

14 Muḥammad Abū al-Qāsim Ḥājj Ḥamad était un intellectuel, écrivain et homme politique soudanais. Il a publié plusieurs ouvrages qui traitent de la reconstruction de la pensée religieuse en Islam : *al-ʿĀlamiyya al-Islāmiyya al-thāniya*, 2 vols. (Beyrouth: Dār Ibn Ḥazm, 1996) ; *Manhajīyāt al-Qur'ān al-maʿrifīyah* (Beyrouth: Dār al-Hādī, 2003) ; *al-Ḥākimīyah* (Beyrouth: Dār al-Sāqī, 2010).

tulé *La deuxième Internationale Islamique*, l'auteur estime qu'il est vain de vouloir s'en tenir strictement et exclusivement aux enseignements des anciens pour comprendre les préceptes religieux. De ces prémices résolument critiques à l'égard des exégèses antérieures, il procède à un rappel des caractéristiques foncières du corpus coranique qui lui permet d'envisager « la voie » (*al-manhaj*) nécessaire à une relecture contemporaine.[15]

Ainsi, l'auteur réaffirme les fondations théologiques qui définissent la singularité principale de son message : le dogme de l'unicité de Dieu et l'inimitabilité (*i'jāz*) du message coranique. Ces deux piliers sont par ailleurs compris en fonction d'une finalité éthique et contextuelle. Éthique, le dogme coranique de l'unicité invite les croyants à s'impliquer dans l'histoire pour contribuer à l'accomplissement de la sagesse humaine, révéler ses aptitudes et guider ses actes.[16]

Contextuelle, l'*i'jāz* n'est pas fondamentalement juridico-rhétorique, car la révélation signifie la présence divine dans l'histoire humaine quelles que soient ses évolutions politique, sociétale ou culturelle. Autrement dit, malgré son ancrage historique initial dans l'Arabie du 7e siècle et les circonstances précises de sa révélation, le Coran est compris comme une parole fondatrice. Il rappelle à l'homme qu'il s'inscrit dans la sphère de l'« *istikhlāf* » ou sa prise de conscience qu'il est le « vicaire » (*khalīfa*) de Dieu sur terre et qu'à ce titre il a une responsabilité éminente ici-bas et en tout temps.[17] Arrachée à la singularité d'un moment historique qui le fonde, le Coran est une source inépuisable pour un universalisme islamique qui doit accompagner l'homme dans ses expressions les plus diverses tout au long de son cheminement vers la vérité.[18]

De ces caractéristiques fondamentales du Coran, Muḥammad Abū al-Qāsim Ḥājj Ḥamad en déduit les conditions d'une lecture inédite qu'il envisage comme une voie (*al-manhaj*). Cette voie consiste à mettre en rapport la sagesse divine et les contingences du vécu de tout lecteur. Il s'agit de concevoir une conscience qui évolue entre deux pôles : la volonté divine et l'action vigilante de l'homme.[19] Au cours de l'histoire, cette conscience qui aspire à un universalisme complété et

---

15 « L'avènement de la deuxième Internationale Islamique, n'est pas un renouvellement de la première, mais elle énonce la suprématie de la seconde sur la première à partir de la critique coranique systématique. Ainsi on peut constater de façon évidente l'effondrement de la première Internationale Islamique après 1400 ans en découvrant les contradictions entre son savoir et ses acquis et la propre méthode du Coran. En effet, s'il n'y avait pas de contradiction, aucun effondrement n'aurait pu se réaliser ». *al-'Ālamiyya al-Islāmiyya al-thāniya*, vol. 2, 461.

16 Voir à ce propos l'annexe du chapitre 2 de la partie 3 : « Perspectives historiques de l'Expérience de Muhammad », *al-'Ālamiyya al-Islāmiyya al-thāniya*, vol. 1:97.

17 Ibid., 1:99.

18 Ibid., 1:120.

19 Voir à ce propos : « Eléments fondamentaux du projet », ibid., 1:38.

accompagné par les progrès des connaissances humaines affinant ainsi dans le temps présent notre compréhension de la pérennité du Coran. Cette pleine compréhension n'est en aucun cas l'exclusive d'une époque particulière, fût-elle originelle. En ce sens, une exégèse coranique nouvelle n'a pour objectif majeur que de revivifier la dimension universelle du message coranique.[20] Cette démarche ne néglige aucunement l'environnement intellectuel et civilisationnel dans lequel la révélation s'est accomplie. Le texte coranique est bien une révélation que Dieu a descendue sur son Prophète mais qui nécessite, pour être comprise, de respecter un cadre de compréhension défini selon trois postulats. Premièrement, il n'existe pas de révélation à l'état pur et absolu, purifiée de toute scorie humaine.[21] Deuxièmement, l'analyse méthodique s'opère par l'articulation entre l'unité et multiplicité, à rebours de la tradition exégétique traditionnelle qui présente les versets et les sourates sous une forme fragmentée.[22] Troisièmement, on ne peut concevoir une vision universaliste et unifiante du message coranique sans une démarche épistémologique et cognitive qui s'appuie sur des outils analytiques tels que les sciences du langage, de l'histoire, de la sociologie les proposent.[23]

III Muḥammad Shaḥrūr (1938–2019) : contextualiser la compréhension

Dans ses écrits sur les « études contemporaines de la révélation coranique », Muḥammad Shaḥrūr[24] entreprend ce qu'il appelle « une refonte totale de l'héritage » dont la finalité est de « rationaliser le texte sacré ». Dans cette perspective, il se fonde sur la seule source de législation qui est, selon lui, le « glorieux Coran ». Ce réexamen est développé dans ce qu'on peut considérer comme deux introductions suivies par deux axes complémentaires.

Dans sa première introduction, il rappelle qu'il n'y a pas une compréhension unique du Coran. Il y a des exégèses multiples généralement influencées par des courants dogmatiques et confessionnels. Les exégèses sont, comme le patrimoine,

20 Voir le chapitre 3 de la partie 4 : « Approche coranique et vitalité civilisationnelle », ibid., 1:421.

21 Voir annexe du chapitre 1, partie 3 : « Volonté divine et mouvement de l'histoire », ibid., 2:53.

22 Voir chapitre « Perspectives historiques de l'Expérience de Muhammad », *Al-ʿĀlamiyya al-Islāmiyya al-thāniya*, ibid., 2:77.

23 On retrouve cette démarche épistémologique dans le chap. 2 partie 4 « Regard sur la réalité contemporaine », ibid., 2:319–347. La conclusion du vol. 2 traite aussi de cette démarche à propos des conditions de « la naissance de l'Homme de la *Deuxième Internationale Islamique* », 2:544–547.

24 Voir *al-Kitāb wa-l-Qurʾān* (Damas: Dār al-Ahāli, 1990) ; http://shahrour.org/?page_id=9.

une production matérielle et intellectuelle en rapport étroit avec des situations culturelles, politiques et sociales prévalant à l'époque de leur réalisation. Dans sa deuxième introduction, il affirme qu'il n'y a pas de contradiction entre la connaissance théorique acquise à la lumière des réalisations scientifiques et surtout philosophiques, et ce que dit le Coran. Celui-ci apparaît comme le livre de demain ; un livre peut être destiné – les progrès de la science aidant – à une autre période que la nôtre. Ces considérations générales sont précisées et approfondies autour de deux axes : le premier définit la nature du texte coranique, le second propose une méthodologie de lecture.

Muḥammad Shaḥrūr insiste sur la nature particulière du texte coranique. Il est une parole de Dieu révélée aux hommes, de la première sourate (*al-Fātiḥah*), à la dernière, (*al-Nās*). Dans ce même contexte, il affirme que le Coran s'inscrit autour de trois principes théologiques. Le premier est la prophétie qui comprend la connaissance de l'invisible (*ʿilm al-ghayb*), déclinée sous ses formes ancienne et future. La seconde concerne le Message qui comporte les préceptes soumis à une dynamique d'évolution. La troisième comprend les préceptes sans équivoques qui sont la base du Livre (*umm al-kitāb*).

Fondée sur une compréhension renouvelée de la nature du Coran, l'intellectuel syrien propose « une lecture conventionnelle fondée sur les spécificités de la méthode sémantique et le recours à des outils cognitifs plus évolués que ceux appliqués au corpus exégétique classique. Il ne sert plus à rien aujourd'hui de recourir à des artifices de langue comme la synonymie, l'analogie et les dérivés qui renvoient à un âge d'or islamique révolu, se situant donc hors de l'histoire ».[25] L'auteur ajoute : « comparés à la science qui évolue en s'affinant, tous ces outils manquent de fiabilité ».[26] Face à ce constat, il précise sa lecture et propose de comprendre la révélation autrement, dans une optique d'évolution humaine, de culture et de progrès social. Ce qui importe est de comprendre comment la révélation coranique agit sur les problématiques de la société arabe au 7e siècle et les réponses qu'elle délivra aux défis du polythéisme (*shirk*), de l'esclavage, du commerce illicite et le fait de s'arroger le droit de détenir la vérité révélée. Cette compréhension contextualisée et intelligente garantit à la communauté (*ummah*) que son texte fondateur incarne un nouveau présent et un nouvel avenir, lui conférant une actualité pérenne et assurant sa contribution à la marche universelle vers le progrès. Selon Shaḥrūr, le Coran gagne ainsi en crédibilité à mesure qu'il s'éloigne du temps de sa révélation. La lecture fondée sur l'unité du Texte permet de sortir des carcans culturels

25 Ibid., 46–47.
26 Ibid., 31.

anciens. Le lecteur s'introduit dans l'esprit du texte, lui offrant une voie d'accès à notre monde, et donc la possibilité de participer pleinement à son avenir.[27]

IV Sayyid Ḥusayn Naṣr (1933–) : interpréter au service de la sacralité du texte

À travers l'œuvre de Sayyid Ḥusayn Naṣr, c'est la question centrale de la fonction du commentateur moderne du Coran qui est posée. S'agirait-il de préserver l'héritage exégétique garant de « l'unité de l'*ummah* » mais aussi de protéger la sacralité de son référent ? Ou s'agit-il de rendre la compréhension du texte sacré dynamique en intégrant l'héritage exégétique et les sciences humaines tout en reconnaissant l'impossibilité d'aboutir à une compréhension définitive du texte de la révélation. Sayyid Ḥusayn Naṣr opte sans aucun doute pour la seconde orientation.

Cette orientation et la lecture du Coran qui l'inspire se fondent sur une conception originale, c'est ce qu'il appelle « l'unité transcendante des religions ».[28] Cette expression consacre la pluralité religieuse comme un principe divin unique. Ce principe se manifestent de différentes manières, dans plusieurs langues, et sous plusieurs formes. La vérité divine et absolue est le dénominateur commun qui englobe l'ensemble. Pour illustrer cette conception, Sayyid Ḥusayn Naṣr compare la vérité à une montagne. Les croyants sont des escaladeurs. Tant que ces derniers gardent les pieds sur terre, ils demeurent éloignés, peut-être à très grandes distances, les uns des autres. Mais s'ils décident d'escalader la montagne et d'atteindre le sommet, alors les distances s'amenuisent au fur et à mesure qu'ils s'éloignent du sol et s'approchent du sommet. Arrivés au sommet, ils se retrouvent proches les uns des autres. Le commun des croyants et des adeptes de religions diverses se postent à différentes hauteurs par rapport à la surface du sol ; mais restant à bonne distance du sommet, les distances qui les séparent augmentent ou s'amenuisent. Ceux qui ont connaissance des religions s'assoient au sommet de la montagne ; cela veut dire qu'ils sont en position de connaître directement et de visu la vérité des vérités, c'est pourquoi ils sont proches les uns des autres.[29] En d'autres

27 Ibid., 45.

28 Sayyid Ḥusayn Naṣr, *Qalb al-Islām: Al-Qiyam al-khālida min ajl al-Insāniyya*, trans. *The Heart of Islam: Enduring Values for Humanity* (New York: HarperCollins, 2004), (Beyrouth: Center of Civilization for the Development of Islamic Thought, 2009), 7.

29 Sayyid Ḥusayn Naṣr se réfère à un nombre de versets coraniques qui traitent de la diversité des religions (Q al-Baqarah 2:62, 213, 256, Q al-mā'idah 5:48, 50, 69, Q al-An'ām 6/108, Q al-Kāfirūn 109:1–6) et lui permettent d'approuver la démarche ésotérique de Frithjof Schuon concernant

termes, Sayyid Ḥusayn Naṣr considère que les religions se rapprochent les unes des autres en Dieu ; elles s'éloignent les unes des autres en l'absence de Dieu. L'unité des religions ne se réalise qu'au niveau de « l'ordre transcendant », donc de Dieu. D'où l'intitulé de cette théorie : « l'unité transcendante des religions ». Cette vision particulière de la religion en général, et de l'Islam en particulier, est partagée par les adeptes de « l'école traditionnelle » née en occident au début du 20e siècle, et dont Sayyid Ḥusayn Naṣr fait siens les enseignements qui consacrent la « logique de la transcendance » (*manṭiq al-taʿālī*)[30] comme il le souligne dans ses ouvrages. Il s'agit d'une logique reconnue et consacrée en couronnement d'une interminable quête d'une « unité originelle » rassemblant les religions, définissant cette multiplicité religieuse, et conférant à chaque religion une légitimité issue précisément de cette unité originelle. Le but de Sayyid Ḥusayn Naṣr est de rechercher un pendant à la présence sacrée du glorieux Coran dans les autres religions, principalement le christianisme.[31]

Selon cette « logique transcendante », toute exégèse doit tendre à une approche qui soit issue d'une vision cosmopolite du monde et de l'existence d'où transparaît la finalité de l'existence dans toute sa plénitude, et la finalité de l'existence humaine. Elle doit en même temps répondre à une question fondamentale que le modèle cognitif actuel a superbement ignorée : Que signifie le Coran pour les musulmans ? Cet intérêt porté à la présence du sacré chez le croyant et à la manière dont ce sacré se manifeste, dépasse les approches comparatistes de forme appliquées aux religions cherchant entre elles des similitudes et des symétries qui dénaturent la spécificité irréductible de chacune. De telles approches risquent même d'ouvrir la voie aux jugements arbitraires, surtout quand elles aboutissent à des déductions attribuant à l'islam des origines bibliques, voire hellénistiques, faisant l'impasse sur la présence sacrée du Coran en islam et parmi les musulmans.

À partir de cette conviction d'une « origine unique primordiale », Sayyid Ḥusayn Naṣr se propose de rechercher les indices d'une présence dans les autres religions, le christianisme en particulier, d'une sacralité faisant pendant à cette « sacralité » coranique. Il passe ainsi en revue quatre symboles de premier ordre : « la Sainte

l'Unité transcendante des religions. Voir Seyyed Hossein Nasr (ed.), *The Study Quran: A New Translation and Commentary* (New York: Harper Collins, 2015), xxix.

30 *Manṭiq al-taʿālī* fait partie d'un courant de pensée « traditionnelle » de Frithjof Schuon et René Guénon qui distinguent la pensée métaphysique de la pensée philosophique en considérant la première comme une intuition intellectuelle qui permet une « prise de conscience directe de la vérité », F. Schuon, *De l'unité transcendante des religions* (Paris: L'Harmattan, 2014) ; Sayyid Ḥusayn Naṣr, *Islam: perspectives et réalités* (Paris: Buchet-Chastel, 1991), 16 ; Jean-Pierre Roux, « De l'unité transcendante des religions », *Revue de l'Histoire des Religions*, 197/3, (1980): 332–333.

31 Sayyid Ḥusayn Naṣr, *Qalb al-Islām*, 123.

Vierge Marie », le Christ, le Prophète analphabète/illettré, et « le livre de Dieu ». Il considère qu'il y a une similitude entre la virginité de Marie et l'illettrisme du prophète Mohamed dans la mesure où Marie a donné naissance au Christ « Parole de Dieu » sans que personne ne la touche. Le Prophète, malgré son illettrisme, a prononcé la révélation qui est le Coran. Cette approche fait que la Sainte Présence du Messie dans la chrétienté a son parallèle dans la présence du Coran en Islam. Le corps du Christ et son sang, qui sont la relique « naturelle » de Dieu selon un culte du christianisme orthodoxe d'Orient, font pendant à la présence coranique.[32] Sayyid Ḥusayn Naṣr considère dans le contexte de ce symbolisme que la langue de la révélation coranique, qui est l'arabe, est une langue sacrée et magique. C'est ce qui explique que le musulman – et même le non Arabe (*al-aʿjamī*) a le devoir d'apprendre l'arabe, en tout cas suffisamment pour pouvoir s'acquitter de ses obligations religieuses. Il n'a pas obligation de maîtriser cette langue. L'arabe est une langue rituelle, donc empreinte de « bénédiction divine » (*baraka*) ; ce qui est une manière de solliciter la présence du sacré.[33]

Le Coran exerce une double influence, souligne Sayyid Ḥusayn Naṣr. Il est le livre du commandement et de la législation. Il est rationnel par certains de ses côtés, mais il reste un livre sacré au sens magique du terme. Chaque lettre dans le Coran recèle une présence sanctifiée. C'est ce qui explique que la lecture du livre donne droit à une récompense divine, même en cas de difficulté au niveau de la maîtrise de la langue et de la compréhension du texte. Chaque lettre du Coran est sacrée et protectrice, tout comme la Croix (symbole du Christ) qui est sacrée. Le Coran, insiste Sayyid Ḥusayn Naṣr, n'est pas un simple sacerdoce à l'intention des esprits rationnels, soumis à une logique claire ; c'est, précise-t-il, un texte sacré qu'on ne peut comparer à aucun autre texte humain.[34]

Conclusion

Rappelons les spécificités des approches et des contributions exégétiques modernes à l'aune notamment des trois exemples présentés dans cette contribution. Cinq caractéristiques sont centrales.

Premièrement, les exégètes contemporains se sont démarqués des méthodes adoptées dans le cadre du modèle exégétique classique. Ils fondent leurs analyses

---

32 Ibid., 18 ; *The Study Quran*, 108.

33 Sayyid Ḥusayn Naṣr, *Qalb al-Islām*, 16–18.

34 Voir Sayyid Ḥusayn Naṣr, *Tafsīr fātiḥat al-Kitāb*, trad. ʿAbd al-Raḥmān Abū Dhikrā, http://tawaseen.com/?p=3221.

sur l'unité coranique, l'unité dans la multiplicité, à l'opposé des interprétateurs traditionnalistes qui fractionnent les sourates et les versets. Partant de là, la possibilité de dépasser la crise de l'exégèse suppose au préalable qu'il n'y ait point de contradiction entre le fait de dire que les significations du texte coranique ne se limitent pas à un lieu où à un espace et ne s'y appliquent pas exclusivement, et celui de considérer que le texte est indissociable du lieu de sa révélation qui est l'Arabie.

Deuxièmement, à l'appui de ces arguments dont se sont servis les exégètes, on est amené à poser la question suivante : Qu'entendons-nous au juste quand nous disons que le Coran est adapté à tous les temps et tous lieux ? Avons-nous en ligne de mire à travers cette affirmation la tendance du *salaf* à considérer que les contingences de la vie, les soucis humains sont indépendants des conditions spatio-temporelles, ou considérons-nous que cette adaptabilité signifie que la langue du livre sacré est une source intarissable de sens à travers le cheminement historique de l'homme, sa conscience, son existence sociale et sa marche vers le progrès ?

Troisièmement, la présence du sacré ou de la « vérité transcendante » dans la compréhension fondée sur la rationalité de l'islam, telle que prônée par les modernistes, revient à reconnaitre la nécessité de s'affranchir des archétypes normatifs conçus par l'homme, de cheminer vers la sainte vérité sous toutes ses facettes sans chercher à s'abriter derrière quelques prétextes en rapport avec des situations et des contingences. La sacralité permet une vision relativisée empêchant toute conceptualisation dogmatique définitive et fermée. Cela est de nature à empêcher l'appartenance religieuse de se transformer en une espèce de ghettoïsation communautaire, convertissant toute expérience ou tout moment de l'histoire en un système intellectuel et social clos, indépassable.

Quatrièmement, toutes ces voies de recherche modernes et contemporaines révèlent qu'aujourd'hui la culture islamique est porteuse de tension, d'une lutte qu'il ne convient pas d'étouffer. Cette culture n'est pas un bloc monolithe, ni un champ clos. Méconnaître cette vérité c'est se laisser abuser par le concept de « l'âme des peuples » qui a marqué un moment la pensée européenne et d'où a surgi le concept de « choc des civilisations », bâti sur l'idée qu'il y a des civilisations développées qui évoluent continûment, et d'autres ayant des spécificités figées et définitives ; les premières représentant le bien, tout le bien, les autres le mal, tout le mal.

Cinquièmement, nous n'en voulons pour preuve que ces manifestations de violence et de troubles répandues dans plus d'un pays arabo-musulman, qui conjecturent un blocage empêchant toute reconstitution de l'identité des musulmans au niveau de la conscience de soi et du comportement, ouvrant la voie vers la contemporanéité. La vérité de cette violence s'inscrit dans une perspective d'avenir dans la mesure où elle confirme l'importance du facteur culturel et intellectuel dans l'édification du monde de demain et où existent à côté du discours radical et fondamentaliste des lectures et des dynamiques intellectuelles sans aucun rapport avec la violence sous toutes ses formes. Cela doit favoriser des remises en question et des révisions profondes conceptuelles et méthodologiques. Les cultures locales sont parfaitement en mesure de s'intégrer dans leur environnement. Le fait qu'elles soient tiraillées entre de multiples valeurs et divers modèles de pensée est de nature à favoriser l'avènement d'un interculturalisme de bon aloi, d'un dialogue continu entre les peuples et entre les sociétés.

Nejmeddine Khalfallah

11 Consigner le Coran au premier siècle de l'islam. Un récit au XXe siècle

Né en 1879 et mort le 13 août 1973, l'exégète tunisien Muḥammad al-Ṭāhir Ibn ʿĀshūr appartient pleinement au XXe siècle. Or, une lecture, même rapide, de son œuvre exégétique, *al-Taḥrīr wa-l-Tanwīr*, en trente codex, nous indique que ses positions sont résolument ancrées dans la tradition islamique et ses textes les plus anciens. Il déclare, sans la moindre ambigüité, qu'il puise ses avis dans les œuvres classiques d'al-Ṭabarī (224–310/839–923), d'al-Zamakhsharī (467–538/1074–1143), d'Ibn ʿAṭiyya (480–540/1088–1146), d'al-Rāzī (544–606/1150–1210) et d'al-Qurṭubī (610–671/1214–1273).[1]

Dans le même temps, cet auteur s'inscrit dans le mouvement, intellectuel et politique de la *Nahḍa* arabe et du Réformisme musulman, conduit par M. ʿAbduh (1255–1322/1840–1905) et son maître Jamāl al-Afghānī (1253–1314/1838–1897). Cette appartenance, entre autres, permettrait de comprendre sa tendance rationnelle qui s'est traduite par la volonté d'Ibn ʿĀshūr de livrer un récit rationnel qui corrobore la cohérence de la version traditionaliste sur l'ensemble des principes de l'islam. Son récit consistera donc à critiquer les commentaires de ses prédécesseurs, à en bannir les ambiguïtés et, plus précisément, à en écarter les « contradictions ». Son œuvre exégétique se propose comme un bilan général qui corrige les positions peu logiques, contraires aux règles de la langue arabe et aux lois naturelles. Cette volonté rationnelle s'est traduite, avant tout, dans ses choix *para-exégétiques* qu'il a formalisés dans les dix *Muqaddimāt* (Prolégomènes) par lesquelles il a introduit son énorme commentaire. D'ailleurs, il a consacré les *Muqaddimāt* six et huit à l'examen des circonstances de la compilation du Coran, ses composantes et parties etc., et c'est ici qu'il a construit un récit linéaire afin de dissiper ce que l'orientalisme appelle « contradictions ».[2]

Dans cette étude, nous présenterons l'ensemble des avis ʿĀshūriens ayant trait à la consignation du Coran qui s'est progressivement produite, entre 610 et 660 (premier siècle de l'hégire). Nous tenterons d'analyser ensuite les principes régissant cette vision ; et tenterons enfin d'expliciter les arguments présentés par Ibn

1 Ibn ʿĀshūr, *al-Taḥrīr wa-l-Tanwīr*, 12 vols. (Dār Saḥnūn: Tunis, 1997), 1:7. Désormais : *Taḥrīr*.
2 Régis Blachère, *Le Coran* (Paris: Maisonneuve Larose, 1991), 56 ; Claude Gilliot, « Des indices d'un proto-lectionnaire dans le 'lectionnaire arabe' dit Coran », *Comptes rendus des séances de l'Académie des Inscriptions et Belles-Lettres Année*, 2011, 155/1, 456 ; Muhammad Ali-Amir Moezzi & Guillaume Dye (éds.), *Le Coran des Historiens* (Paris: Cerf, 2019), vol. 1, introduction.

https://doi.org/10.1515/9783111051567-012

ʿĀshūr pour défendre la cohérence du récit- mère traditionnel qu'il a lui-même poli et repoli. L'enjeu principal étant de défendre que le Coran actuel a été mis par écrit selon trois étapes que nous expliquerons en nous référons, de manière massive, à ses propres citations.

I Une histoire de la consignation du Coran selon Ibn ʿĀshūr

1 Préludes d'une recension écrite (610–632)

Ibn ʿĀshūr avance que la consignation du Coran a bel et bien commencé du vivant même du Prophète, et sur son propre ordre. Ses Compagnons ont appris le Coran, par cœur en l'entendant réciter. Et c'est en l'écoutant psalmodier des versets qu'ils l'ont mémorisé. Il écrit :

> Selon l'ordre de la récitation du Prophète, [écoutée] lors des prières à haute voix (*jahriyya*) et à d'autres nombreuses occasions, ont appris le Coran tous ceux qui l'ont appris, intégralement ou partiellement. Leur unique appui est la puissance de [leurs] mémoires. Ils ne s'appuyaient guère sur l'écrit. Les scribes de la Révélation écrivaient ce qui descendait, sur ordre du Prophète ; et ce par décret divin. Peut-être que la raison d'ordonner la mise par écrit est de s'y référer s'ils affrontaient un doute ou un oubli. Cependant, cela ne s'est pas produit. (*Muqaddimāt* : 171)

Ainsi, Ibn ʿĀshūr défend que l'oralité est la source principale de la transmission du Coran et nullement l'écrit. Les divergences qui se sont produites entre les lecteurs (*qurrāʾ*) sont de nature purement phonétique et orale ; elles ont bien précédé la mise par écrit du Coran. Il précise :

> Si les divergences entre les récitateurs précédaient la consignation du codex- guide, à l'époque de ʿUthmān, et qu'elles étaient la raison conduisant à réunir tous les Musulmans sur un même codex, il est, dès lors, établi que ces divergences ne provenaient pas de l'effort pour en lire les mots, hormis celles dues aux [divergences des] dialectes. (*Muqaddimāt* : 134)

Cette hypothèse met en question, à la fois, les anciennes thèses formulées par les détracteurs du Coran ; et les théories modernes qui doutent de la correction graphique de certains mots coraniques, à cause des fautes d'orthographe commises par les scribes.[3] D'un autre côté, Ibn ʿĀshūr confirme que certains Compagnons

3 Claude Gilliot, « Des indices d'un proto-lectionnaire dans le 'lectionnaire arabe dit Coran' », *Comptes rendus des séances de l'Académie des Inscriptions et Belles-Lettres*, 2011/155–1, 455–472 ; Christoph Luxenberg, qui a préconisé d'expérimenter les différentes manières de placer les signes diacritiques, tardivement ajoutés au texte le plus ancien qui fixe le squelette consonantique (*rasm*).

possédaient d'ores et déjà leurs propres exemplaires de Coran, sans préciser si ces derniers étaient complets ou partiels, ni expliciter la nature, la quantité et la qualité des matériaux primitifs utilisés alors. Il note :

> Les tous premiers codex que les Compagnons avaient rédigés pour eux-mêmes, du vivant du Prophète, étaient différents [du Coran actuel] dans l'ordre des sourates. Parmi ceux qui possédaient un codex : 'Abd Allāh b. Mas'ūd et Ubayy b. Ka'b. On rapporte que le premier à avoir réuni le Coran dans un [seul] codex est Sālim, le client d'Abū Ḥudhayfa. (*Muqaddimāt* : 186)

Et comme si pour donner une garantie divine à cette version confirmant que le Coran a été, en grande partie, compilé et consigné du vivant même du Prophète, Ibn 'Āshūr rappelle que cette consignation a été ordonnée par Dieu lui-même :

> C'est pour cette raison que le Prophète avait chargé, parmi ses Compagnons, des scribes qui écrivaient ce qui lui était révélé et ce depuis le début de sa descente. Parmi les premiers scribes, il y a 'Abd Allāh b. Sa'd b. Abī Sarḥ, 'Abd Allāh b. 'Amr b. al-'Āṣ et Mu'āwiya b. Abī Sufyān. (*Muqaddimāt* : 162)

Enfin, Ibn 'Āshūr fait appel à un autre argument qui corrobore celui de l'antériorité de l'oralité par rapport à l'écrit.

> L'ordre des versets, récités par le Prophète, dans les sourates, ne diffère pas de celui inscrit dans le codex, qui se trouve entre les mains des Musulmans aujourd'hui. Cette lecture a fait l'unanimité des *ḥuffāẓ* (Lit. ceux qui connaissent par cœur), parmi les Compagnons, conformément aux dernières récitations que le Prophète avait faitespendant les dernières années de sa vie bénie. (*Muqaddimāt* : 163)

Aussi, l'auteur confirme-t-il que le Prophète ordonna, de bonne heure, sous un décret divin, l'écriture des versets révélés. Et c'est ainsi que les sourates ont été transcrites, en totalité ou partiellement, sur des supports épars (feuilles de palmiers, morceaux de parchemin, de cuir, pierres plates, et omoplates) et que plusieurs Compagnons possédaient déjà leurs propres codex (*muṣḥaf*, pl. *maṣāḥif*).

2 Premier codex d'Abū Bakr (632–634)

Rares et peut-être à usage personnel, ces codex, dont on n'a gardé aucune trace, ne faisaient pas référence dans les milieux des Compagnons qui commençaient à se disperser dans la Péninsule arabique ou à tomber dans les batailles de *Ridda*. Suite à des concertations avec 'Umar et d'autres Compagnons, le premier calife, Abū Bakr prit la décision (politique) de réunir le Coran dans un même et unique codex. Ibn 'Āshūr écrit :

> Lorsque le Coran fut rassemblé/réuni/écrit il n'a pas été réuni dans un livre ordonné ; ils ont plutôt mis chaque sourate dans un feuillet unique. Et c'est pour cette raison, qu'ils les ont appelées les *qarāṭīs* (feuillets). Dans le *Muwaṭṭa'* d'Ibn Wahb qu'il tient de Mālik : Ibn

ʿUmar dit : Abū Bakr avait réuni le Coran dans des feuillets. Ces feuillets étaient chez Abū Bakr, ensuite auprès de ʿUmar, ensuite auprès de Ḥafṣa, fille de ʿUmar et mère des Croyants, puisqu'elle était la testamentaire de son père sur son patrimoine. (*Muqaddimāt* : 185)

Nous devons nous arrêter ici sur le terme *qarāṭīs*, qui est le pluriel de *qirṭās*. Comme le mot a été cité dans Q al-Anʿām 6:7 et 91, Ibn ʿĀshūr en a donné une courte analyse sémantique. Il écrit :

Qirṭās [se prononce] avec un « i » *(kesra)*, selon la version éloquente. On a rapporté avec « u » [*qurṭās*], mais c'est faible. Il s'agit du nom de la feuille sur laquelle on écrit. Il pourrait être de cuir, papyrus et de papier/ il n'est pas spécifique aux papiers, car on appelle *qirṭās* aussi le cuir (. . .). Al-Jawālīqī (m. 528/1144) dit : « On a autrefois employé le mot *qirṭās*. On dit que ce terme n'est pas d'origine arabe. Ni al-Rāghib, ni *Lisān al-ʿArab* ni *al-Qāmūs* ne l'ont précisé. Al-Khafājī l'avait introduit dans son « *Shifā' al-ʿalīl* ». On n'a pas précisé de quelle langue, ce mot a été emprunté. Peut-être qu'il est emprunté au latin. Pour cette raison, le nom de la feuille, dans la langue de certains [peuples], aujourd'hui est : *karṭā* [carte]. (*Taḥrīr* 7:141)

Aussi, le règne d'Abū Bakr a connu, au niveau de la consignation, l'emploi des mots comme : *muṣḥaf* et *ṣuḥuf*.[4] Cette indication nécessite cependant un examen particulier sur le plan sémantique et historique.[5] Il est en effet nécessaire de connaître la nature exacte de ces feuilles, leur évolution et les modalités de leur entrée et circulation dans la Péninsule arabique et tout autre détail susceptible d'éclairer l'emploi de ces matériaux. Malheureusement, Ibn ʿĀshūr ne pose pas ces questions et se contente de reproduire cette indication, par ailleurs très répandue dans les ouvrages de la Tradition musulmane.

Cela dit, l'auteur des *Muqaddimāt* mentionne deux détails non sans importance que l'on ne retrouve pas dans tous les autres ouvrages de cette Tradition : le fait d'écrire une sourate par feuille. Le second détail concerne la dénomination de ce codex, réunis de feuillets. Il écrit :

Lorsqu'Abū Bakr ordonna de compiler le Coran et de le consigner sur le papier, il dit aux Compagnons : cherchez-en un nom. Certains dirent : appelez-le : *Injīl*. Ils désapprouvèrent ceci à cause des Chrétiens. D'autres dirent : appelez-le *Sifr*. Ils désapprouvèrent également [cet avis]

---

4 On se reportera aux travaux de Casanova sur les sens des mots : *muṣḥaf* et *ṣuḥuf*. Cf. Paul Casanova, *Mohammed et la fin du monde, étude critique sur l'Islam primitif*, 2 vols. (Paris: P. Geuthner, 1911–1913), 1:121.

5 Al-Azharī écrit : « Le *Muṣḥaf* a été appelé ainsi, car il a été plié : c'est-à-dire : il a été fait de telle sorte qu'il réunisse, entre les deux couvertures, les feuilles écrites ». Al-Fīrūz Abādī (1329–1414), quant à lui, précise qu'il est possible de prononcer ce mot de trois manières différentes :1) *M<u>u</u>ṣḥaf* : participe passif de *aṣḥafa*= réunir ; 2) *M<u>a</u>ṣḥaf* : lieu de feuille, [nom de lieu désignant] le lieu où l'on rassemble les feuilles; et 3) *M<u>i</u>ṣḥaf*: [nom d'outil] qui [permet de] rassembler les feuilles. *Lisān al-ʿArab*, s.v. QRṬS.

à cause des Juifs qui appelaient la Torah *sifr*. Ibn Mas'ūd dit alors: J'ai vu un livre en Abyssinie qu'on appelle *muṣḥaf*. Ils l'ont appelé : *muṣḥaf*. (*Muqaddimāt* : 163)

Comme la méthode d'Ibn ʿĀshūr consiste, aussi, à poursuivre tout doute (*shubha*) possible et à le faire dissiper, il s'attaque à une tradition, certes minoritaire et peu répandue, mais qui risque d'altérer son récit. Selon cet avis, le Coran aurait été compilé sous le règne du deuxième calife ʿUmar (634–644 CE) :

> [Ibn Ḥajar al-ʿAsqalānī] dit, dans *al-Fatḥ al-Bārī* : « Ceci a été évoqué dans la version de ʿUmāra b. Ghaziyya : Zayd b. Thābit dit : 'Abū Bakr m'a ordonné d'écrire sur les morceaux de cuir et les feuilles de palmier. Après la mort d'Abū Bakr, sous le règne de ʿUmar, j'ai réécrit tout cela dans un seul codex qu'il a gardé. Il est plus juste de dire que le Coran a été compilé, sous le règne d'Abū Bakr, dans un seul codex'. » (*Muqaddimāt* : 185)

La conclusion à laquelle Ibn ʿĀshūr conduit ses développements est la conformité du corpus, compilé à l'époque d'Abū Bakr, au Coran prophétique. Nulle altération ou modification ne l'auraient entaché. Il y a plutôt une parfaite continuité, garantie par l'intégrité des générations de transmetteurs. Il déclare :

> Tout ce que les Musulmans avaient appris par cœur a été retrouvé autant écrit, le jour où Abū Bakr avait ordonné la mise par écrit du codex. (*Muqaddimāt* : 162)

Abū Bakr réunit donc les différentes sourates du Coran dans des *qarāṭīs*, chacune sur une feuille séparée. Cette mission a été confiée à Zayd b. Thābit qui était un scribe/porteur du Coran, et qui a assisté à la toute dernière récitation publique (ʿ*arḍa*) que le Prophète avait faite. Zayd acheva sa mission et remit à Abū Bakr ces *qarāṭīs* contenant l'ensemble de la Révélation. Ces feuilles furent alors gardées chez le premier calife jusqu'à sa mort. Ensuite, elles furent transférées à son successeur ʿUmar. Après la mort de ce dernier, ces feuilles furent léguées à sa fille Ḥafṣa. Ce codex est parfaitement fidèle à la version prophétique.

3 Officialisation de la vulgate (644–656)

Soucieux de mieux mettre en exergue la linéarité historique de son récit, Ibn ʿĀshūr s'efforce de compléter le parcours qu'il retrace et d'y mettre tous les détails dont il dispose. C'est ainsi qu'il évoque le règne de ʿUthmān (644–656) qui a établi un seul codex, à partir des feuillets de Ḥafṣa. Il écrit :

> Lorsque ʿUthmān voulut rassembler le Coran, dans un seul codex, il demanda [les feuilles] à Ḥafṣa qui les lui a envoyées. Quand ces feuilles furent recopiées dans un seul codex, il les lui rendit. (*Muqaddimāt* : 185)

Dans un autre passage, et à l'occasion du commentaire de Q al-Nisāʾ 4:162, Ibn ʿĀshūr développe cette thèse :

> Certains ont prétendu que le cas direct du mot *muqīmīn* et autres, est une des manifestations du propos de ʿUthmān aux scribes des *muṣḥafs* lorsqu'ils les ont finis et qu'il les a lus : 'Vous avez bien fait ! Je vois cependant quelques *laḥn* (erreurs linguistiques) que les Arabes corrigeront avec leur langue'. Ce propos est pure illusion, un récit qui n'est pas authentique. Je ne pense pas que ce récit rapporté par ʿĀʾisha et Abān b. Uthmān soit authentique. Il semblerait que l'interprétation du dire de ʿUthmān est ce qui s'est passé dans l'écriture du *muṣḥaf* comme les alif-s soustraits. (*Taḥrīr*, 6:30)

Ibn ʿĀshūr évoque ensuite les méthodes de recension faites par la commission de ʿUthmān en insistant sur la conformité de leur écrit à l'oralité, c'est-à-dire à ce que ses membres connaissaient déjà par cœur. Il précise :

> Le codex [de ʿUthmān] n'a été écrit qu'en suivant les lectures les plus célèbres, celles entendues et transmises depuis l'époque du Prophète et les Récitateurs, parmi ses Compagnons. La mémorisation du Coran dans les poitrines [mémoires] des lecteurs précédait sa mise par écrit dans les codex. Ce qui a été consigné dans les premiers codex l'avait été en se référant à la mémoire des Scribes. Le codex de ʿUthmān n'a été consigné que de l'ensemble des [contenus] appris par ceux qui le connaissaient par cœur et ce qui a été écrit par les scribes pendant la période de la Révélation. (*Taḥrīr*, 16:252)

Lorsqu'il s'attaque à la question épineuse de l'ordre des sourates, tout au long du codex de ʿUthmān, Ibn ʿĀshūr penche vers la thèse qui diminue au maximum le degré de l'intervention humaine et garantit le caractère sacré du Coran, établi du vivant même du Prophète. Cette démarche vise à bannir l'arbitraire de leur ordre et à confirmer qu'il reprenait celui connu à l'époque fondatrice de l'islam. Ibn ʿĀshūr précise :

> Nul doute que Zayd b. Thābit et ʿUthmān b. ʿAffān, qui furent parmi les plus grands mémorisants (*ḥuffāẓ*) des Compagnons, ont suivi, dans la mesure du possible, l'ordre de la récitation des sourates par le Prophète, ainsi que l'ordre [suivi] par les mémorisants que le Prophète connaissait bien. Zayd b. Thābit était parmi les plus grands mémorisants du Coran. Il a côtoyé le Prophète tout sa vie à Médine. Il n'a pas hésité à ordonner les sourates conformément à l'ordre selon lequel récitait le Prophète lorsqu'il a recopié les codex sous le règne de ʿUthmān. (*Muqaddimāt* : 185)

Pour achever son récit, Ibn ʿĀshūr décrit la manière dont le codex ʿuthmānien s'est imposé, à travers l'empire musulman naissant, au long de la Péninsule arabique et de l'Iraq. Il reprit la version traditionnaliste qui ne pose aucune difficulté pour sa théorie. Investit de sa mission de souverain de tous les musulmans, le calife envoie un exemplaire aux grandes cités de l'Islam. Cet envoi constitue, en effet, la toute dernière étape qui couronne son œuvre d'unification. Ibn ʿĀshūr rajoute :

> Les connaisseurs de la langue arabe ont lu le Coran selon les dialectes des Arabes avec qui ils vivaient dans les villes de garnison (*amṣār*) où des exemplaires du codex ont été envoyés : Médine, la Mecque, Kūfa, Baṣra, Shām (Le Levant) et peut-être aussi (*qīla*) : Le Yémen et le Bahreïn. (*Muqaddimāt* : 185)

Aussi, la règne d'Uthmān (644–656) est considérée comme une phase cruciale dans la mise par écrit du Coran, mais aussi dans l'unification de sa texture. Désormais, l'empire califal possède son texte clos et officiel. Par son geste, ʿUthmān impose son codex officiel (vulgate) en envoyant ces cinq (sept selon une autre version) exemplaires et en brûlant les autres feuillets et codex.[6]

Animé par un double souci, Ibn ʿĀshūr évoque enfin le règne du quatrième calife, ʿAlī. Celai faisant, il voulait d'une part couper court aux doutes quant à l'existence d'une version chiʿīte qu'aurait possédée ʿAlī ; de l'autre, il tentait de corroborer le principe de l'unanimité absolue qu'il a développé. En effet, malgré la divergence politique qui aurait opposé ʿAlī au troisième calife ʿUthmān, le récit ʿĀshūrien tend à mettre en évidence le consensus qui s'est établi parmi les Compagnons. ʿAlī aurait suivi et respecté la vulgate officielle. Ici, Ibn ʿĀshūr rapporte une annonce de Shams al-Dīn al-Iṣfāhānī (674–749/1276–1349) qui confirme, dans la cinquième introduction de son exégèse, que :

> Tout au long de sa vie, ʿAlī récitait le *muṣḥaf* de ʿUthmān et le considérait comme guide. (*Muqaddimat* : 119)

Dans cette première partie, nous avons délibérément laissé les textes d'Ibn ʿĀshūr parler, car nous avons voulu, simplement, reprendre linéairement le cadre qu'il a retracé en attendant d'en opérer une vision critique. Pour compléter ce cadre, nous pensons qu'il est judicieux de rappeler, succinctement, les cas de commentaires pratiques où la consignation du Coran a été évoquée.

II Trois versets problématiques

Lorsqu'il s'attaque aux versets ayant suscités des polémiques à la fois auprès des savants traditionnalistes et des orientalistes modernes, Ibn ʿĀshūr tente d'en résoudre les ambigüités en évoquant le processus de la mise par écrit au VIIe siècle. Nous nous contentons ici de rappeler ces trois exemples, tirés de son Commentaire, *al-Taḥrīr*, pour illustrer la manière dont il a tâché de dépasser les « contradictions ».

6 Jalāl ad-Dīn as-Suyūṭī, *Al-Itqān fī ʿulūm al-qurʾān*, 2 vols. (Le Caire: al-Maktaba at-Tawfīqiyya, 1995), 1:176.

II.1 Q al-Nisāʾ 4:162

lākini al-rāsikhūna fī al-ʿilmi minhum wa-l-muʾminūna yuʾminūna bi-mā unzila ilayka wa-mā unzila min qablika wa-l-muqīmīna al-ṣalāta wa-l-muʾtūna al-zakāta wa-l-muʾminūna bi-Allāhi wa-l-yawmi al-ākhiri ūlāʾika sa-nuʾtīhim ajr[an]ʿazīm[an]» (Q al-Nisāʾ 4:162).

Mais ceux d'entre eux qui sont enracinés dans la connaissance, ainsi que les croyants, (tous) ont foi en ce qu'on a fait descendre sur toi et en ce qu'on a fait descendre avant toi. Et quant à ceux qui accomplissent la Ṣalāt, paient la Zakāt et croient en Allah et au Jour dernier, ceux-là Nous leur donnerons une énorme récompense.

Ce verset pose un manifeste problème de déclinaison. Le sujet : *al-muqīmīn,* qui devrait, en principe, prendre le cas sujet et s'écrire ainsi : *al-muqīmūn,* à l'instar des quatre autres sujets de cette phrase, *al-rāsikhūna, al-mu'minūna, al-mu'tūna* et encore une fois *al-mu'minūna.* Certains y ont vu une simple erreur d'étourderie ; d'autres en déduisent que le Coran a été rédigé par des humains, lesquels ont commis cette erreur flagrante.

Ibn ʿĀshūr rejette, purement et simplement, la variante : *al-muqīmūn* et la considère comme rare, voire déviante (*shādhdha*) et défend que ce choix est opéré par Dieu pour des raisons stylistiques. Il écrit :

[Il n'est pas possible] de réfuter une lecture majoritaire, ayant fait l'unanimité par une lecture rare. (*Taḥrīr*, 4:29)

II.2 Q al-Māʾidah 5:69

*inna-l-ladhīna āmanū wa-l-ladhīna hādū wa-**l-ṣābiʾūna** wa-l-naṣārā man āmana bi-Allāhi wa-l-yawmi al-ākhiri wa-ʿamila ṣāliḥ[an] fa-lā khawfa ʿalayhim wa-lā hum yaḥzanūn[a].*

Ceux qui croient : Les Juifs, les Sabéens et les Chrétiens, – quiconque croient en Dieu et au dernier jour et fait le bien- n'éprouveront plus aucune crainte et ils ne seront pas affligés.

À son tour, ce verset pose, à peu-près, le même problème de déclinaison. Le mot *al-ṣābiʾūna* qui devrait prendre le cas direct, impliqué par *inna* qui introduit la phrase, prend ici, curieusement, le cas sujet en contradiction apparente avec la règle grammaticale. Catégorique, Ibn ʿĀshūr confirme que le verset a été ainsi révélé. Mettre *al-ṣābiʾūna* au cas sujet relève des raisons rhétoriques. Il écrit :

Il faudrait ensuite être sûr que ce mot a été révélé ainsi. Et c'est ainsi que le prophète l'avait prononcé. Et c'est ainsi que les Musulmans l'avaient reçu et lu. Et c'est ainsi qu'il a été noté/ écrit dans les codex. Ils sont des Arabes purs. Ceci est pour nous un principe qui nous permet de connaitre un style parmi les styles que les arabes emploient dans la coordination, bien qu'il soit un emploi peu récurrent, mais il est tellement éloquent et concis (*Taḥrīr*, 6:270).

II.3 Q Ṭā Hā 20:63

> *In(na) hādhāni la-sāḥirāni*
> Certes, ce sont deux magiciens…

Le doute que suscite ce verset est la présence du pronom relatif duel (*hādhāni/ hādhayni*) au cas sujet, alors que, théoriquement, il doit prendre le cas direct, impliqué par la particule *inna*, qui entraine nécessairement l'accusatif. S'agit-il d'une erreur d'orthographe ? D'une preuve indéniable que le Coran a été écrit par des humains faillibles ? Ibn ʿĀshūr présente une autre explication (*Taḥrīr*, 16:252 *passim*). Par la même occasion, il répond aux traditions musulmanes disant qu'il s'agit, simplement, d'une faute d'orthographe. Il la réfute catégoriquement en se référant à la méthode des *muḥaddithūn* (traditionistes). Il écrit :

> On croyait que les Musulmans avaient retenu la lecture du Coran des codex ; ceci est une idiotie. Car le codex a été consigné après que les Musulmans aient lu le Coran plus de vingt ans dans les terres de l'islam. Les codex ont été écrits en se référant à la mémorisation des *ḥuffāẓ* (lit. ceux qui connaissent par cœur). Les Musulmans n'ont pris le Coran que de la bouche des *ḥuffāẓ* avant qu'il ne soit consigné dans les codex et ce depuis lors jusqu'à nos jours. S'il y avait, dans certains [écrits] une erreur d'orthographe, les lecteurs ne l'auraient jamais suivi ; ce serait à l'instar des *alif-s* soustraits dans plusieurs mots, comme l'*alīf* de *ṣalāt, zakāt, ḥayāt* et le *wāw* dans le mot *ribā*… qu'ils ont tous lus avec des *alif-s*. (*Taḥrīr*, 16:254)

Dans ces trois cas de figure, Ibn ʿĀshūr n'a fait que mettre en pratique le récit qu'il a défendu dans ses *Prolégomènes* : reconnaître la Vulgate de ʿUthmān comme la seule référence consensuelle et justifier toute « incohérence » par des explications rhétoriques. Cependant, nous pensons que son récit et ses trois applications s'inscrivent dans un cadre, plus général, que nous tentons à présent d'expliciter.

III Théorie générale

Que ce soit dans ses *Prolégomènes* ou dans son *Exégèse*, Ibn ʿĀshūr retrace l'histoire de la consignation coranique selon un cadre théorique qu'il présente comme solide, linéaire et cohérent. Il s'efforce de dessiner un cadre chronologique continu en se référant à toute source traditionaliste susceptible de préserver intacte la stabilité du texte coranique et *a fortiori* son caractère divin. Si Ibn ʿĀshūr a passé sous silence certaines traditions ou récits « dérangeants » sur lesquels s'appuient les orientalistes hyper sceptiques, c'est qu'il les rejette d'un point de vue traditionnaliste, ne les considérant pas comme authentiques. En effet, il applique la méthode et les catégories des *muḥaddithūn* (traditionistes) pour admettre ou rejeter ces versions. Appartenant à l'école malékite, rite plutôt rigoureux et réticent quant à l'acceptation des hadiths, il n'hésite pas à réfuter les traditions apocryphes qui mettraient en péril le caractère sacré de la Parole d'Allah[7]. Il les réfute en critiquant non seulement la chaine de transmission, mais aussi leur capacité de nuire à la cohérence du récit consensuel. À titre d'exemple, il rejette la tradition attribuée à ʿĀ'isha disant que le Coran contient trois fautes d'orthographe en avançant que la chaine de transmission n'est pas établie/prouvée. Il écrit :

> Il ne faut point se fier à l'allégation rapportée que l'écriture de *hādhān* est une erreur commise par le scribe du codex. Leur *riwāya* (transmission) remonte à Abān b. ʿUthmān b. ʿAffān qu'il tient de son père et de ʿUrwa b. al-Zubayr. Dans cela nulle chaine authentique n'est notée. (*Taḥrīr*, 16:254)

D'un autre côté, Ibn ʿĀshūr fait appel à la notion de *ijmāʿ* (consensus), qui relève de la méthodologie de droit musulman (*uṣūl al-fiqh*). Il l'applique ensuite à la vie des Compagnons du Prophète qui se sont tous mis d'accord sur la recension de ʿUthmān. Dès lors, leur consensus présente un gage, garantissant la conformité du codex (sur lequel ils sont tous tombés d'accord) à l'unique version orale, mémorisée qu'ils connaissaient tous et à l'unisson.

Cependant, ce consensus n'est pas absolu ni général. Ibn ʿĀshūr ne dissimule pas la présence des quelques divergences, par ailleurs mineures, notamment celle affichées par Ibn Masʿūd (m. 650). Il décrit ce phénomène comme un *shudhūdh*, terme signifiant : le caractère rare/minoritaire/déviant qui pourrait qualifier une position. Selon la tradition, Ibn Masʿūd possède sa propre version chronologique avec des variantes qui, selon Blachère[8], n'ont aucune incidence sur la cohérence du corpus coranique. Il affirme : « On ne peut réfuter la lecture du *jumhūr*, ayant fait l'unanimité, par une lecture rare ». (*Taḥrīr*, 6:29)

Ibn ʿĀshūr renforce l'argument du consensus par un autre argument qui en découle : la piété des Pieux prédécesseurs. En évoquant l'autorité d'al-Zamakhsharī, il cite une « preuve » de facture logique : les Pieux prédécesseurs, qu'ils soient des dévots ou des savants, sont plus attachés à la pureté du Coran que toute autre génération. S'ils avaient constaté la moindre faille, ils l'auraient immédiatement soulignée et réparée. Il cite cet exégète en disant :

---

7 Mohammed Arkoun, « Coran : sens coranique » in Muhammad Ali-Amir Moezzi, *Dictionnaire du Coran* (Paris: Robert Laffont, 2007), 186.

8 Ibn ʿĀshūr et Régis Blachère (1900–1973) partagent, semble-t-il, le même récit chronologique. Les deux hommes se connaissaient et se respectaient. Y-a-t-il une influence de l'un sur l'autre ? On pourra ainsi comparer la chronologie ʿĀshūrienne et celle de Régis Blachère dans son ouvrage *Introduction au Coran* (Paris: Maisonneuve Larose, 1991), 45–50.

> L'auteur d'al-*Kashshāf* [al-Zamakhsharī] dit : « Ils [les Anciens] furent plus enthousiastes, plus fiers de l'islam et plus volontaires de rejeter les critiques pour laisser, dans le Livre de Dieu, une brèche que les successeurs colmateraient ou un trou qu'ils combleraient. (*Taḥrīr*, 6:30)

Tout en maintenant cette défense, à caractère « logique », il confirme :

> Il est très peu probable qu'un scribe se trompe d'un mot, entre ses semblables, et y commette spécifiquement la faute sans toucher à celui d'avant ou celui d'après. Il est encore moins probable que la faute touche, dans une série identique des mots, dont la flexion se fait par les lettres remplaçant les marques casuelles comme le duel [*āni* ou *ayni*] et le pluriel [*ūna* et *īna*]. (*Taḥrīr*, 6:30)

Les seuls cas où Ibn ʿĀshūr admet les « fautes » d'orthographe sont les *alif*-s soustraits. À l'oral, les seuls cas où il accepte les divergences sont les variantes dialectales ou les *lahja-s*, c'est-à-dire les variantes phonétiques, comme la prononciation ou pas de la *hamza* dans les mots qui en contiennent, ou l'*imāla* (une manière lâche de prononcer le a long= ā). Il écrit :

> Dans ces cités, il y avait des lecteurs parmi les Compagnons, avant même l'avènement du codex de ʿUthmān. Chaque groupe récitait avec l'arabe [ici le dialecte] de son peuple, avec les manières de prononciation, et non par le rajout des lettres ou le manque, non dans les différences de *iʿrāb* (système grammatical de l'Arabe) sans contredire le codex de ʿUthmān. (*Muqaddimāt* : 118)

Ce récit sert implicitement la thèse ashʿarīte de l'inimitabilité du Coran. Cette thèse est le principe directeur qui régit toute l'œuvre exégétique d'Ibn ʿĀshūr ainsi que sa théorie générale. Dans chaque verset commenté, il s'efforce de défendre le caractère divin de la parole coranique, de prouver l'absence de toute intervention humaine et la pureté absolue de sa composition sans lesquelles le Coran perdra son inimitabilité. C'est ainsi qu'il évince tout doute susceptible d'ébranler ce dogme et ce en proposant un cadre linéaire et clair. D'ailleurs, c'est pour cette raison précise, qu'Ibn ʿĀshūr met en évidence un argument théologique, basé sur une définition précise du Coran :

> Le Coran est le discours, *kalām*, révélé par Allah, comme parole arabe à Muḥammad, par l'intermédiaire de Jibrīl ; à condition de le transmettre à la Communauté dans la forme qui lui a été révélée… (*Muqaddimāt* : 157)

Cette stratégie consiste à montrer que le Coran n'est qu'une copie conforme à l'original, la Parole divine révélée au Prophète. L'écrit n'est autre que la fixation de la parole insufflée dans son cœur par Jibrīl. La mise à l'écrit se réduit alors à une simple représentation graphique, par les lettres arabes, du vouloir- dire divin. Aussi, Ibn ʿĀshūr se réfère-t-il à un ensemble hétéroclite de textes et d'auteurs qui appartiennent à des époques et des aires très différentes. L'histoire et l'historicité de ces références ne revêtaient, à ses yeux, aucune importance tant qu'elles ne touchaient pas à la cohérence du récit qu'il tissait sur l'authenticité du Coran et sur sa véracité. Il s'appuie en outre sur les ouvrages de *tafsīr*, de hadith, de biographie prophétique et même de théologie dès lors que ces ouvrages, bien qu'écrits à des périodes différentes, permettent de colmater toutes les brèches. Cependant, il faudrait noter que le choix de ses sources est très rigoureux : il s'est contenté des savants *muḥaqqiq* (savants qui ne se réfèrent pas aux informations transmises, mais à leur rationalité et leur logique intérieure).

IV Conclusion

Le récit d'Ibn ʿĀshūr se démarque, relativement, de la version traditionnelle puisqu'il ne l'admet pas dans sa totalité. Nous l'avons vu, il en choisit les éléments qui corroborent sa reconstruction à la fois chronologique et théologique en respectant des faits unanimement admis et admissibles et en privilégiant l'intégrité morale des Compagnons. Si laconique soit-il, cet exposé des avis ʿĀshūriens nécessitera un examen minutieux de traduction et des sémantismes historiques propres à son champ lexical. Car, pour établir son récit, d'Ibn ʿĀshūr, à l'instar de ses prédécesseurs, emploie une terminologie dont on doit retrouver les significations précises, correspondant aux signifiés de l'époque. En effet, les termes clefs de l'écriture du Coran doivent être définis selon leurs contextes d'origine. À titre d'exemple, on doit savoir à quoi réfère, exactement, des lexies comme : *ṣuḥuf, ṣaḥīfa, muṣḥaf, qarāṭīs, kitāb, jamʿ,* et *ḥifẓ* pour ne citer que les plus importants. Il convient également d'inaugurer la description précise des matériaux de l'époque[9] et ce afin d'étudier la qualité des feuilles d'encre, de gomme, et couleur qui se trouvaient dans la Péninsule arabique à cette époque. Sans cette histoire, ces récits resteront énigmatiques.

9 Fernand Braudel, *Civilisation matérielle, économie et capitalisme, XVe et XVIIIe siècles* (Paris: Armand Colin, 1979).

Mokdad Arfa Mensia

12 Deux grandes théories sur *mutashābih al-Qurʾān* dans l'Islam classique: Ibn Taymiyyah et Ibn Khaldūn

Introduction

On pourrait voir dans l'extrême variété des doctrines qui ont été exprimées historiquement au cours de la longue tradition intellectuelle de l'Islam une exploration et une expérimentation de possibilités théoriques multiples. On pourrait appliquer ce schéma de repérage de cas historiques aux différents cas de figure où l'on a cherché à mettre en rapport la religion, considérée dans son origine supposée transcendante, et la représentation de la raison, considérée dans son objectivité inhérente à l'homme, conformément à un canon de validation. La mise en rapport des deux domaines s'est faite souvent moyennant deux opérations : le compte rendu de la représentation que ceux qui se réclament de chacune se font de l'autre (et c'est ce dont on omet parfois la mise en évidence), et conséquemment ensuite, l'interprétation par celle-là de la doctrine de celle-ci.

Du côté des traditions de pensée, il s'est souvent agi de doctrines, c'est-à-dire de systèmes de vérités compatibles et solidaires, de grilles matérielles de lecture ou formes pleines en quelque sorte, par lesquelles on a considéré la révélation, avec son produit essentiel, le discours religieux, dont le Coran est donné comme l'expression privilégiée. Les doctrines de traditions historiques : philosophique, théologique, mystique ou autres, ont soumis le Coran à leur système théorique. Il faudrait peut-être admettre que le Coran s'y prête apparemment bien : connaît-on un système doctrinal qui a cherché à apprivoiser le Coran suivant sa vision et l'interpréter en conséquence dans ses détails les plus subtils sans que le Coran ne s'y soit prêté, avec plus ou moins d'heur, admettant toutes ces sollicitations herméneutiques. Il suffit de citer le commentaire d'Abū ʿAlī al-Jubbāʾī,[1] celui d'al-Zamakhsharī,[2] celui d'Ibn Sīnā sur quelques sourates, le *Laṭāʾif al-Ishārāt* du grand théoricien ashʿarite du

---

1 Daniel Gimaret, *Une lecture muʿtazilite du Coran : le Tafsīr d'Abū ʿAlī al Djubbāʾī (m. 303/915) partiellement reconstitué à partir de ses citateurs* (Louvain/Paris: Peeters, 1994) ; Rosalind Ward Gwynne, *Muḥammad Ibn-ʿAbd-al-Wahhāb al-Ǧubbāʾī, The tafsīr of Abū ʿAlī al-Jubbāʾī: first steps toward a reconstruction* (Seattle: University of Washington Press, 1982).

2 Al-Zamakhsharī, *al-Kashshāf ʿan ḥaqāʾiq ghawāmiḍ al-tanzīl* (Beyrouth: Dār al-kitāb al-ʿarabī, 3e éd., 1407/1986).

https://doi.org/10.1515/9783111051567-013

Soufisme al-Qushayrī,[3] le grand commentaire théologico-philosophique de Fakhr al-Dīn al-Rāzī,[4] le commentaire panthéistique de ʿAbd al-Razzāq al-Qāshānī attribué faussement à Ibn ʿArabī de Murcie,[5] allant jusqu'à celui de Mullā Ṣadrā Shīrāzī connu, lui aussi, sous le nom de *al-Tafsīr al-kabīr*.

En faisant abstraction du problème de l'orthodoxie et de la prétention à l'orthodoxie, dont se sont chargés des gardiens vigilants et qu'ils n'ont cessé d'invoquer dans le procédé classique de légitimation, on pourrait se livrer à un jeu de projection, où l'on peut placer d'un côté un lecteur, de l'autre le texte, et disposer successivement des sortes de diaphane doctrinal intermédiaire entre les deux. On produira ainsi les animations polychromes les plus variées.

Nous proposons de nous livrer ici à ce jeu, de manière circonscrite sur le fameux thème du *mutashābih al-Qur'ān* (l'« ambigu » dans le Coran).[6] Pourquoi ce thème précisément ? Parce que sa problématisation et ses différentes solutions ou théories sont indissociables de celles du *muḥkam* (clair, défini et précis), du *ẓāhir* (manifeste) et du *mu'awwal* (ce qui est interprété effectivement ou ce qui est susceptible de l'être). *Ẓāhir*, *mu'awwal*, *muḥkam* et *mutashābih* sont des termes corrélatifs et constituent un quartet technique des plus discutés dans la longue tradition exégétique du Coran. On aura ainsi essayé de fournir quelques réponses historiques à la question suivante : pourquoi faut-il que le discours coranique comporte de l'ambigu, alors qu'il est fait à l'adresse des humains et devrait par conséquent leur être compréhensible ?

Nous évoquerons à cet effet deux grandes figures d'obédience différente dans l'Islam classique : Ibn Taymiyyah (m. 728 /1328) et Ibn Khaldūn (m. 808 /1406). Pourquoi précisément ces deux figures ? Ce sont deux personnages emblématiques ou figures de proue à plus d'un titre. Ils arrivent après que les différentes traditions intellectuelles, religieuses et spirituelles ont été façonnées par de longs parcours et marquées par des tournants majeurs suivant l'aptitude des maîtres à penser et à innover dans la discipline ou dans l'école. Dans une large mesure, cette période est celle des arrivées (*nihāyāt*) ou couronnements de parcours théoriques, scientifiques et herméneutiques. Ces deux penseurs ont donc parlé à une phase assez cruciale, chacun d'eux prenant la défense d'une position doctrinale majeure, menant son entreprise sous son étendard.

3 Al-Qushayrī, *Tafsīr al-Qushayrī al-musammā Laṭā'if al-ishārāt* (Beyrouth: Dār al-kutub al-ʿilmiyya, 2e éd., 2007).

4 Fakhr al-Dīn al-Rāzī, *al-Tafsīr al-kabīr aw Mafātīḥ al-ghayb* (Beyrouth: Dār al-fikr, 1401/1981).

5 Ibn ʿArabī, *Tafsīr al-Qur'ān*, ed. Muṣṭafā Ghālib (Beyrouth: Dār al-Andalus, 1978).

6 Voir l'étude déjà ancienne de Leah Kinberg, "*Muḥkamāt* and *Mutashābihāt* (Koran 3/7): Implication of a Koranic Pair of Terms in Medieval Exegesis", *Arabica* 35:2 (1988), 143–172.

Notre bref exposé sera fait à partir de deux livres : *al-Iklīl fī-l-mutashābih wa-l-ta'wīl*[7] pour Ibn Taymiyyah et le chapitre sur *al-mutashābih* dans la *Muqaddima* d'Ibn Khaldūn.[8]

Ce travail continue un autre que nous avons fait sur le même sujet, celui sur la théorie philosophique d'Ibn Rushd (m. 595/1198) sur *al-mutashābih*. Nous avons jugé utile de reprendre l'essentiel de cette étude pour être à même d'apprécier des solutions contrastées.[9]

Bref rappel : théorie d'Ibn Rushd

Le souci majeur d'Ibn Rushd (désormais IR) est de rétablir la vraie philosophie, celle d'Aristote, et d'en assurer la défense contre ses détracteurs avec, à leur tête, al-Ghazālī. Parallèlement, il veut aussi rétablir la vraie religion, dans sa dimension manifeste (*ẓāhir*) qui est celle d'origine, contre toutes les interprétations indues. Dans ce dessein, il entreprend de définir les vrais rapports entre la philosophie et la religion. Il est de ce fait amené à traiter de la problématique herméneutique, à savoir celle du rapport existant entre l'expression manifeste (*ẓāhir*) du Coran et son expression cachée (*bāṭin*). Il entend résoudre par là-même la problématique du *mutashābih*, la solution de celle-ci dérivant de celle-là, puisque *al-mutashābih*, au cas où son existence est reconnue, demanderait un *ta'wīl* et se ramènerait donc à la dimension *bāṭin* du Coran.

A l'origine, et comme il se doit, il y a une théorie philosophique de la religion conformément à laquelle celle-ci est définie quant à son objet, son statut, sa fonction et ses deux dimensions manifeste et cachée. Dans sa majorité, sa compréhension manifeste doit prédominer pour qu'elle assure sa fonction politique et que le grand public puisse saisir le message à lui adressé. Cette expression manifeste est en accord avec la vérité apodictique philosophique que seuls les philosophes

---

7 Ibn Taymiyyah, *al-Iklīl fī-l-mutashābih wa-l-ta'wīl*, ed. Muḥammad al-Shaymī Shaḥḥāta (al-Iskandariyya: Dār al-Īmān, s.d.). Le présent travail se limitera ici à ce petit opuscule, bien que, comme c'est souvent le cas chez Ibn Taymiyyah, l'étude d'un thème donné demande la consultation de la plupart de ses autres ouvrages, à cause des reprises fréquentes.

8 Ibn Khaldūn, *al-Muqaddimah*, ed. 'Alī 'Abd al-Wāḥid Wāfī, 3 vols. (7e éd., Le Caire: Dār nahḍat Miṣr li-l-nashr, 2014), 3:978–988 : "*Faṣl fī-l-kashf 'an al-mutashābih min al-Kitāb wa-l-Sunna*. . .".

9 Voir notre étude faite à partir du livre d'Ibn Rushd, *al-Kashf 'an manāhij al-adilla fī ' aqā'id al-milla* : " al-Fahm al-falsafī li-mutashābih al-shar' 'alā ra'y Ibn Rushd ", in *Les Conférences de Beït al-Hikma*, Académie Tunisienne des Sciences, des Lettres et des Arts, 2016–2017, Partie arabe, Carthage 2018, 7–38.

peuvent posséder et doivent monopoliser, puisque la première est une élaboration imagée de la seconde.

C'est sur le fond de l'articulation métaphysique et épistémologique de deux mondes que cette élaboration de la religion se fait. L'un des deux mondes, le visible (*ʿālam al-shahāda*) est accessible à la connaissance sensible et à l'observation immédiate de l'homme, le second, l'invisible (*ʿālam al-ghayb*), n'est saisi que par la raison. Pour exprimer au public les vérités qui lui sont cachées et qui, néanmoins, sont nécessaires à son salut, le Législateur, emprunte au premier des images sensibles pour symboliser les vérités abstraites du second en respectant, autant que faire se peut, une symétrie entre les éléments correspondants des deux mondes.

En conformité avec cette théorie philosophique de la religion et de la manière dont le Coran a été élaboré, IR nie totalement l'existence du *mutashābih*. Dans son discours à l'adresse du public et dans le travail de symbolisation, l'auteur du Coran prend en compte les cas de symétrie et d'asymétrie entre les deux mondes et du niveau intellectuel limité de ce public. Dans le but d'assurer le maximum de clarté à son message, Il suit une pédagogie parfaite. Donc, il ne peut y avoir de *mutashābih* dans l'élaboration originelle du Coran et son auteur n'a aucunement formulé des paroles qu'il voulait être ambigües et qui induiraient par là-même une incertitude quant à leur signification réelle.

Non seulement le Coran est interprété conséquemment selon la doctrine philosophique, mais il est mis dans un moule logique. A cet effet, IR analyse les versets coraniques et les traduit en forme syllogistique pour montrer que le *mutashābih* leur est étranger. Le fameux verset et le plus débattu relativement aux versets ambigus (Q Āl ʿImrān 3:7)[10] est compris selon cette grille théorique et technique et IR fait correspondre à la classification tripartite des attitudes que les hommes ont de ce verset, sa fameuse classification des hommes en savants, hommes du commun et dialecticiens, identifiés par lui aux théologiens de l'Islam (*mutakallimūn*). Ce sont eux qui soutiennent indûment l'existence du *mutashābih* dans le Coran et interprètent celui-ci en conséquence, le contredisant par là-même dans son contenu et sa méthode et allant de la sorte à l'encontre de l'intention du législateur qui est celle d'adresser au public un discours qui lui soit parfaitement accessible. Ils ont trahi cette intention manifeste et ce message explicite, en dévoilent au pauvre public des aspects de la loi religieuse que l'auteur du Coran a voulu lui cacher et, ce faisant, ils ont étendu l'interprétation au-delà des limites tracées par lui. Pour la dimension

10 Q Āl ʿImrān 3:7 : *"huwa lladhī anzala ʿalayka l-kitāba minhu āyātun muḥkamātun hunna ummu l-kitābi wa-ukharu mutashābihātun fa-ammā lladhīna fī qulūbihim zayghun fa-yattabiʿūna mā tashābaha minhu btighāʾa l-fitnati wa-btighāʾa taʾwīlihī wa-mā yaʿlamu taʾwīlahū illā llāhu wa-l-rāsikhūna fī l-ʿilmi yaqūlūna āmannā bihī kullun min ʿindi rabbinā wa-mā yadhdhakkaru illā ulū l-albābi"*.

dogmatique de la loi religieuse, cette attribution de l'existence réelle au *mutashābih* a entraîné les conséquences les plus néfastes.

IR veut donc en finir en quelque sorte avec cette question du *mutashābih*. Mais s'il dénie à ce dernier l'existence réelle dans le Coran, il explique néanmoins comment on en vient à en débattre, voire à lui reconnaître une certaine existence. Il indique les conditions qui rendent possible sa génération dans l'esprit des gens lorsqu'ils lisent le Coran. L'origine de cette méprise se trouve, encore une fois, dans l'action originelle de l'élaboration du discours coranique. Les deux mondes sensible et intelligible ne sont pas toujours en parfaite symétrie. Des fois, les symboles directs des idées cachées ne se trouvent pas dans le premier ; c'est-à-dire qu'il n'y pas le vis-à-vis exact, le symbole sensible correspondant à l'idée en question. Par défaut, l'artisan du discours emprunte alors un symbole éloigné et donc le rapport à l'idée échappe à premier abord.

Heureusement, et grâce à une double limitation, ces cas sont réduits à un nombre infime : d'un côté, peu de versets sont susceptibles d'être pris pour des *mutashābihāt*, d'un autre côté, cela n'arrive que pour peu de gens. Le *mutashābih* n'ayant pas d'existence propre, il relève de la catégorie du relatif, c'est-à-dire qu'il apparaît en fonction du niveau de compréhension selon lequel on veut saisir le discours coranique.

Là encore, il incombe au seul philosophe de retrouver la formulation originelle de la loi religieuse faite à l'adresse du public et expliciter les versets qui sont susceptibles d'être pris pour des *mutashābihāt* et d'interpréter conformément à la vérité scientifique les rares cas où le Coran s'oppose à ce que la raison démonstrative exige. Nous retombons là sur la vocation première de l'interprétation (*ta'wīl*).

I Ibn Taymiyyah

1- *Positionnement historique et éléments de la doctrine*

a- Positionnement historique

Ibn Taymiyyah (désormais IT) occupe une place importante dans le courant traditionaliste qui prône le retour au message religieux originel transmis grâce à la vigilance de ses gardiens fidèles et éclairé par le témoignage averti de ses interprètes autorisés.[11] Il se proclame de la tradition constituée à partir et autour du *Salaf* (ancêtres, prédécesseurs) et des Imams. Il ne faut cependant pas imaginer que, relativement à une question donnée, ces prédécesseurs aient tous la même

---

11 Voir l'article de Farīda Zumurru, "Al-Ta'wīl ʿind Ibn Taymiyyah." Site internet http://saidbengrad.free.fr/al/n11/7.htm, consulté le 5 janvier 2020.

doctrine héritée et unifiée. IT les présente dans leur unité et dans leur diversité. Ce témoignage rétrospectif lui sert souvent à confirmer ou infirmer telle ou telle théorie qui leur est postérieure.

IT entend revenir de manière plus spécifique à la pensée d'Aḥmad Ibn Ḥanbal (m. 241/855), en rendre compte dans son authenticité en la débarrassant des incompréhensions dont elle a, pense-t-il, longtemps souffert. Ce faisant, il entreprend d'examiner les traditions intellectuelles, religieuses et spirituelles majeures et les jauger à l'aune de ce sens aigu de l'adhésion à la tradition et mesurer leur part de science, leur degré de fidélité ou de trahison au dogme, de conformité ou non à la tradition et, par voie de conséquence, leur part de responsabilité dans les grands maux que la communauté musulmane a encourus.

b- Eléments de la doctrine

Avec son souci d'orthodoxie, IT cherche à rétablir, dans son herméneutique, le sens originel des mots par-delà les divers sens qui leur ont été donnés historiquement et qui les ont chargés de contenus qu'il considère comme étrangers et imposés de manière indue (*taslīṭ*). Ceci a eu pour effet d'en gauchir ou altérer le sens (*taḥrīf*). La tâche pressante est de retrouver le noyau premier et les témoignages immédiats qui gravitent dans sa sphère proche.

Mais, en ce qui le concerne, la doctrine qu'il professe ne saurait être ramenée simplement à celle du *Salaf* dont il se proclame. Au sein de l'école traditionaliste, sa position se montre très évoluée et son herméneutique intègre bien des théories extérieures au texte. Ces dernières sont considérées comme des vérités scientifiques, car science (*ʿilm*) et foi (*īmān*) sont à ses yeux indissociables, et la première n'est aucunement supérieure à la seconde, contrairement à l'attitude dominante chez certains théologiens (i.e. les Muʿtazilites).[12] Il y a un parfait accord entre l'enseignement vrai de la tradition bien établie (*ṣaḥīḥ al-manqūl*) et le témoignage explicite de la raison (*ṣarīḥ al-maʿqūl*), suivant le titre de l'une des œuvres majeures d'IT.[13]

---

12 Ibn Taymiyyah, *al-Iklīl fī-l-mutashābih wa-l-ta'wīl*, 7 (dorénavant : *Iklīl*).

13 Ibn Taymiyyah, *Dar' taʿāruḍ al-ʿaql wa-l-naql aw muwāfaqa ṣaḥīḥ al-manqūl wa ṣarīḥ al-maʿqūl*, (al-Madīna, ?, 1411/1991). Cf., par exemple, Jon Hoover, *Ibn Taymiyyah's Theodicy of Perpetual Optimism* (Leiden/Boston: Brill, 2007), 29–32; Jon Hoover, "Ḥanbalī Theology: Ibn Taymiyyah," in *The Oxford Handbook of Islamic Theology*, Sabine Schmidtke (ed.), (Oxford: Oxford University Press, 2016), 636; Frank Griffel, "Ibn Taymiyyah and His Ashʿarite Opponents on Reason and Revelation: Similarities, Differences, and a Vicious Circle", *The Muslim World*, 108:1 (2018), 11–39, 30–39.

IT puise ces vérités « scientifiques » dans les sciences de tout ordre, non seulement les sciences considérées comme instrumentales, mais aussi les sciences traditionnelles, les sciences rationnelles : philosophie, anthropologie, médecine, et les théories de tout ordre : sur l'être, sur Dieu, sur l'homme, sur la science, etc. . . Il en use pour monter sa propre théorie, c'est-à-dire la solution qu'il apporte à cette problématique que soulèvent les catégories coraniques en question.[14]

- Il y a d'abord les théories philosophiques portant sur les rapports entre la langue, la pensée et le réel. C'est aussi une théorie de la compréhension et de la connaissance scientifique. On peut toujours renvoyer, comme à une toile de fond, à la longue tradition philosophique qui remonte au *Peri Hermeneias* d'Aristote (*De Interpretatione, Kitāb al-ʿibāra*). Mais ce renvoi historique ne suffit pas pour rendre compte de la théorie élaborée par IT.
- Il y a ensuite l'outillage théorique linguistique et les théories sur la langue. IT mène son enquête, fort d'une excellente connaissance du lexique arabe et de son histoire, de l'étymologie et des théories des linguistes.

– *Lexique, étymologie, et histoire du lexique*
A l'instar d'un petit dictionnaire, une citation est toujours fournie à l'appui de telle ou telle définition ou interprétation à fin de l'illustrer. Et, comme pour la lexicographie moderne, un usage historique du lexique est observé et une attention particulière est accordée à cette dimension dans la Tradition, chez *al-Salaf*. Un recours méticuleux est fait aux théories étymologiques sur les procédés, modes ou niveaux de dérivation des mots (*al-ishtiqāq*) : « petite » (*al-ṣaghīr*), grande (*al-kabīr*), et plus grande (*al-akbar*).

– *Théories sur la langue et la signification*
* *Discours informatif et discours poïétique.* IT reprend la fameuse distinction entre *inshā'* et *ikhbār*, c'est-à-dire entre le discours qui est produit par le locuteur de son propre chef, poïétique en quelque sorte, et qui contient le commandement (*amr*) divin, l'ordre intimé par Dieu (*inshā'*), et le discours qui informe relativement à quelque chose (*ikhbār*).

* *Emission et réception du discours.* IT reprend aussi les théories des linguistes arabes sur l'émission et la réception du discours, sur sa signification et sa compréhension. Il se conforme aux théories de ces linguistes relatives à l'action de signification intentionnelle du locuteur et la modalité de la réception par le destinataire

14 IT indique souvent les clés ou points nodaux dans la problématique et dans sa solution par ce qu'il appelle *nukta* (*wa nuktatu dhālika*), la raison théorique ultime qui rend compte du reste (*Iklīl*, 41, 45).

ou interlocuteur. Ces théories stipulent que le sens du mot n'existe pas en tant que sens donné au préalable et saisi de manière inchangée. Il est déterminé dans une large mesure par l'intention du locuteur qui l'adresse à l'auditeur selon un usage intentionnel particulier.

C'est en rapport avec ces doctrines qu'IT prend position dans le fameux différend opposant le réalisme qui a prévalu chez les philosophes et le nominalisme qui a prévalu chez la majorité des mutakallimūn. Il élabore sa conception du rapport entre le nom et le nommé (*al-ism wa-l-musammā*). Pour lui, les choses ont bien des vérités et il n'est nullement question de les nier. Dieu, aussi, a Sa vérité propre, mais l'homme ne la saisit pas et de l'essence de Dieu il ne peut avoir connaissance. De Ses attributs et de Ses aspects, il n'a de connaissance que dans les limites de ce que le locuteur divin cherche à lui faire comprendre. Pour ce faire, Dieu procède par approximation et illustre ses propos par des exemples.[15]

L'ensemble de l'enquête et des résultats théoriques auxquels elle aboutit sont conséquents avec la conception nominaliste ou plutôt semi-nominaliste d'IT, c'est-à-dire celle qui admet l'existence des universaux dans l'esprit mais non plus dans la réalité qui lui est extérieure.

2- *Méthode générale et démarche*

a- *Méthode*

Il s'agit de l'ensemble des procédés qui donnent des résultats théoriques qui sont censés fournir la solution à la problématique. La démarche d'IT consiste, pour la bonne compréhension des termes coraniques, à éviter de partir avec un sens pré-établi ou préconçu, sens investi en fonction d'une théorie ou d'une doctrine qu'il juge étrangère au texte. Cette option méthodologique est certainement le fruit ou l'expression de son attachement à la tradition avérée (*ṣaḥīḥ al-manqūl*). Il mène l'instruction de l'enquête en véritable sémanticien. Pour un terme coranique donné, il procède par le repérage et le relevé exhaustif de ses occurrences coraniques, selon son usage effectif dans son contexte spécifique, et tel qu'il est utilisé concrètement dans les versets. Puis, il met ces occurrences en relation. Ce n'est qu'après qu'il dégage la signification du mot, alors différenciée et modulée selon les occurrences en question. A la fin, IT utilise cette signification pour démontrer le bien-fondé ou non de telle ou telle compréhension historique du texte coranique.

15 Ibid., 28.

b- *Démarche*
IT commence d'abord par la citation d'un verset, puis il repère et passe en revue les différentes significations du même mot au gré de l'intention du locuteur qui imprime une variation d'usages concrets. En gros, il effectue une double opération : de regroupement ou rapprochement et de distinction ou séparation, en indiquant les passages (*mawāḍiʿ*) respectifs des termes précis.

– *Rapprochement de sens*
IT regroupe les versets où le terme est utilisé dans des sens comparables ou équivalents, soit pour affirmer une proximité de signification, soit pour apporter un complément de précision dans cette même signification :
- Citer à la suite d'un verset dans lequel un terme est utilisé dans un sens particulier, un autre verset qui confirme le sens déjà dégagé (*naẓīru hādhihi al-āya*).[16] « C'est ce qu'Il [Dieu] dit ailleurs. . . », ou bien : « Ce à quoi Son autre parole est conforme » (*ka-mā qāla. . . wa-ʿalā hādhā qawluhu. . .*), ou encore : « C'est conformément à ce sens qu'Il a dit. . . ».
- Chercher l'équivalence de signification entre deux versets différents, quand l'usage du terme dans l'un est analogue à celui dans l'autre (*wa hādhā bi-manzilati. . .*). « L'équivalent de ce verset est tel autre verset : . . . ».
- Rappeler un usage antérieur du terme dans le but de confirmer une compréhension donnée de ce terme ou lui apporter un complément de précision (*jaʿala . . ., tout en informant que. . .*).

– *Différenciation de sens*
IT cite les occurrences où un usage diversifié est fait selon le sens voulu par le Locuteur divin :
- « *Jaʿala* »[17] qui signifie littéralement que Dieu a fait du terme en question. . ., Il l'a investi de tel sens . . .Il l'a utilisé dans tel ou tel sens précis.
- « Dans ce passage-ci (*hunā*), Dieu a fait du *muḥkam* etc. . . ».
- « Dans ce verset-ci, Dieu dit que. . ., alors que dans ce verset-là, Il dit que. . . . ».[18]
- « Des fois, Dieu fait de (*x*) le contraire de (*y*), d'autres fois, Il en fait l'opposé de (*z*).
- « Dieu a informé (*akhbara*) que. . . » ou bien : « Dieu a donc informé que (*fa-akhbara*) ».

16 Ibid., 7.
17 Ibid., 6.
18 Ibid., 7.

En résumé, l'essentiel de la méthode d'IT est de passer en revue et classer, à partir d'un recensement exhaustif des occurrences, les usages coraniques d'un même terme et leur mise en relation, en les unifiant ou en les distinguant selon que sa signification *intentionnelle* est une ou qu'elle est plurielle.

3- *Apports de la démarche et conséquences pour* al-mutashābih
a- *Les apports de la démarche*
Cet examen minutieux et différencié de tous les actes divins de signification aboutit à des résultats très appréciables en ce qu'ils permettent de (ou contribuent à) résoudre la problématique en question. Cela se traduit par plus de précision conceptuelle et définitionnelle, par une rétrospective des doctrines herméneutiques historiques et permet, versets à l'appui, de faire l'arbitrage entre elles.

– *Précision conceptuelle.* Le recensement des différentes occurrences du terme nous révèle son usage concret par le locuteur selon son intention précise. Cet usage a été offusqué historiquement par l'illusion nourrie par les interprètes de tout bord de détenir au préalable le sens des mots.
– *Rétrospective historique des doctrines herméneutiques.* L'analyse de ces occurrences concrètes permet d'expliquer telle ou telle position doctrinale des exégètes, d'exposer la raison qui se trouve derrière son adoption et qui en rend compte : « C'est pourquoi les savants [religieux] ont dit que... » (*wa-li-hādhā qāla al-ʿulamā'*).
– *Arbitrage dans les différends herméneutiques.* La méthode permet de résoudre des apories que le texte a soulevées et posées aux exégètes en divers lieux et occasions et propose ainsi une interprétation plausible et conséquente. Elle est utilisée dans l'arbitrage des différends herméneutiques : « *fī qawlihi dalīlun...* ».[19]

b- *Conséquences pratiques pour le discours coranique et pour* al-mutashābih
La solution de cette problématique des catégories coraniques, dont celle du *mu'awwal* (interprété ou interprétable) et celle du *mutashābih*, repose sur l'articulation trilogique mot / image mentale / réalité extérieure. Le mot renvoie à l'entité mentale ou image scientifique, qui renvoie à la réalité extérieure.[20] Appliqué au discours coranique, ce schéma donne ce qui suit : le point de départ est le terme coranique (*lafẓ*), son explication (*maʿrifatu tafsīrihi*) est la connaissance de l'image

19 Ibid.
20 "Le terme (*al-lafẓ*)... l'idée mentale (*al-maʿnā al-dhihnī*) ou l'image scientifique (*al-ṣūra al-ʿilmiyya*)... la réalité externe (*al-ḥaqīqa al-khārijiyya*)." Ibid., 21.

mentale et c'est cela la science (*ṣūra ʿilmiyya*). Son interprétation (*ta'wīl*) est la réalité extérieure (*al-ḥaqīqa al-khārijiyya*), qui est en l'occurrence l'essence concrète, objet précis de l'information divine.

A cette trilogie philosophique IT associe la dichotomie analysée plus haut, celle de *inshā'* (création, construction) qui est un discours créé par le locuteur de son propre chef, sans dépendre du rapport à la réalité externe, tel un ordre qu'il donne et où le seul rapport est qu'il est adressé à autrui, et celle de *ikhbār* (information, mise au courant) qui est un discours, certes produit par le locuteur, mais avec une référence intentionnelle à la réalité dont il veut informer. Et donc, si les deux relèvent de la parole ou du discours (*kalām*), la différence réside dans le type de rapport que chacun a à la réalité externe ; et on peut remarquer que dans le premier cas le discours est susceptible d'obéissance ou de désobéissance et dans le second cas de vérité ou de fausseté. Cette dichotomie va permettre à IT de préciser la définition du *ta'wīl* de manière pertinente en disant que, relativement au commandement divin, le *ta'wīl* n'est autre que l'acte même ordonné par Dieu, puisque l'acte de locution n'est pas dédoublé d'une référence extérieure et ne renvoie qu'à lui-même; mais relativement à l'information (*ikhbār*), l'interprétation est l'essence concrète, lorsqu'elle vient à se produire effectivement, parce que l'acte de locution renvoie à autre chose qui en est distincte.[21] C'est la production ou la réalisation de ce dont le Coran a depuis le début et à l'avance annoncé l'avènement. Le *ta'wīl* dans les deux cas se réfère à une essence concrète : seulement, dans le cas du *inshā'* c'est l'exécution par l'homme de l'acte même commandé par Dieu et cela relève de la catégorie philosophique de pratique, alors que dans le cas du *ikhbār* c'est la production même de la chose sur laquelle porte l'information, comme un objet ou un événement, et cela a trait plutôt à la théorétique.

« L'information, dit IT, a une image scientifique dans l'esprit et a une réalité extérieure. Connaître son exégèse c'est connaître l'image scientifique, et l'interpréter c'est saisir et exprimer sa réalité extérieure ».[22] Et donc : connaître l'information c'est connaître l'exégèse du Coran et connaître l'objet même de l'information c'est connaître son interprétation.[23] Si bien qu'en ce qui concerne *al-mutashābih*,

---

21 Text : *"al-ta'wīlu majī'u mā akhbara bihi al-Qurʾānu bi-wuqūʿihi min al-qiyāmati wa ashrāṭihā."* Ibid., 16.

22 Text: *"al-khabaru li-maʿnāhu ṣuratun ʿilmiyyatun wujūduhā fī nafsi-l-ʿālimi kadhihni-l-insāni mathalan, wa-li-dhālika al-maʿnā ḥaqīqatun thābitatun fī-l-khāriji ʿani-l-ʿilmi. Wa-l-lafẓu innamā yadullu ibtidā'an ʿalā al-maʿnā al-dhihnī, thumma tatawassaṭu dhālika aw tadullu [? thumma bi-ṭassuṭi dhālika yadullu] ʿalā al-ḥaqīqati al-khārijiyyati fa-l-ta'wīlu huwa al-ḥaqīqatu al-khārijiyyatu, wa-ammā maʿrifatu tafsīrihi fa-huwa maʿrifatu al-ṣūratu al-ʿilmiyyatu."* Ibid., 21.

23 Text: *"Maʿrifatu al-khabari hiya maʿrifatu tafsīri al-Qurʾāni wa-maʿrifatu al-mukhbiri hiya maʿrifatu ta'wīlihi."* Ibid., 21.

les hommes de foi et de science peuvent en avoir la science, à savoir son image mentale, sans qu'ils aient encore reçu son *ta'wīl*, à savoir sa production dans la réalité.[24]

Et donc, quand Dieu, parlant du *mutashābih*, dit que Lui seul connaît son interprétation (« *lā yaʿlamu ta'wīlahu illā Allāh* »),[25] Il ne dit cependant pas que Lui seul connaît son explication et son sens et ne nie aucunement aux humains l'aptitude à cette explication et la connaissance du sens du *mutashābih* (*lam yanfi ʿilmahum bi máʿnāhu wa tafsīrahu*). IT voit là une incitation à la méditation (*tadabbur*). Celle-ci porte aussi bien sur le *muḥkam* que sur le *mutashābih*.

> Au fait, Dieu a fait descendre le Coran afin qu'il soit [pour les humains] objet de science, de compréhension, d'intelligence, de méditation et pour qu'ils réfléchissent et sur son *muḥkam* et sur son *mutashābih*, même si l'interprétation [véritable de ce dernier] ne leur est pas connue.[26]

c- *Détermination relationnelle du* mutashābih

Comme on le sait, *al-mutashābih* est utilisé dans le Coran en rapport indissociable avec *al-muḥkam* et c'est en tant que tel qu'IT en traite, toujours au sein de la problématique du *ta'wīl*. Pour chacune de ses occurrences, il détermine l'origine ou l'auteur du *mutashābih* et en définit la signification par un jeu d'opérations relationnelles qu'il relève dans le texte coranique. Il y aurait ainsi trois opérations : une de simple distinction, une autre d'opposition et une troisième d'identification. Cette dernière étant double, la signification du *mutashābih* se définira ainsi par quatre facettes.

- Identification du *mutashābih* au *muḥkam*. Dans certains endroits,[27] Dieu a fait de tous les versets, univoques et ambigus, des versets univoques.[28] Dans ce cas, *muḥkam* et *mutashābih* sont tous deux inspirés par Dieu.
- Distinction voire opposition établie par Dieu entre *mutashābih* et *muḥkam*. Dans le fameux verset (Q Āl-ʿImrān 3:7), *al-mutashābih* relève de ce qui est inspiré par Dieu.[29] Il signifie alors ce qui est susceptible de deux sens, comme

24 Text: "*Yumkinu ʿan yuḥīṭa ahl-l-ʿilmi wa-l-īmāni bi-ʿilmihi wa lammā ya'tihim ta'wīluhu.*" Ibid., 21.

25 Q Āl ʿImrān 3:7.

26 *Iklīl*, 21.

27 Q Hūd 11:1: "*'-l-r kitābun uḥkimat āyātuhū thumma fuṣṣilat min ladun ḥakīmin khabīrin*" ; Q al-Ḥajj 22:52: "*wa-mā arsalnā min qablika min rasūlin wa-lā nabiyyin ʿillā idhā tamannā alqā al-shayṭānu fī umniyyatihī fa-yansakhu llāhu mā yulqī al-shayṭānu thumma yuḥkimu llāhu āyātihī wa-llāhu ʿalīmun ḥakīmun.*"

28 *Iklīl*, 10.

29 Q Āl ʿImrān 3:7: "*huwa lladhī anzala ʿalayka l-kitāba minhu āyātun muḥkamātun hunna ummu l-kitābi wa-ukharu mutashābihātun. . . kullun min ʿindi rabbinā wa-mā yadhdhakkaru illā ulū l-albābi.*"

ce qui est général (*ʿāmm*), ce qui est absolu (*muṭlaq*) et ce qui est ambigu. A l'opposé, le *muḥkam* est ce qui est précis, explicite et déterminé. Il est rendu tel (*iḥkām*) dans trois conditions:

  - Il est révélé (*tanzīl*) tel quel d'emblée et dès le début,
  - La validité de ce statut privilégié est maintenue, c'est-à-dire qu'il ne sera pas abrogé ultérieurement,
  - Son interprétation exacte, c'est-à-dire sa vérité concrète, est donnée, à l'exclusion d'autre chose.

- Identification du *mutashābih* à l'abrogé (*mansūkh*). Explicitons d'abord cette notion de *mansūkh*. Elle a une double acception technique :
  - Soit un terme ou une disposition dont on abandonne, pour une raison probante, le sens manifeste au profit d'un autre sens. Exemples : quelque chose de général qui demande à être restreint à un cas particulier (*takhṣīṣ al-ʿāmm*), ou quelque chose d'absolu qui a besoin d'être déterminé et spécifié (*taqyīd al-muṭlaq*).[30]
  - Soit quelque chose d'ambigu (*mujmal*) dont le sens qu'on lui a désigné doit être écarté pour qu'il recouvre son sens intentionnel visé et voulu par l'auteur du discours.

Revenons maintenant à l'identification en question, celle du *mutashābih* à l'abrogé (*mansūkh*). Elle est obtenue par déduction. Des fois, Dieu fait du *muḥkam* l'opposé (*muqābil*) du *mutashābih*, d'autres fois, Il en fait l'opposé de l'abrogé.[31] On oppose bien *muḥkam* à *mansūkh*, comme on oppose tout aussi bien *muḥkam* à *mutashābih*.[32] Et donc, dans cette double opposition au *muḥkam*, on peut substituer *mutashābih* au *mansūkh*. C'est-à-dire que, étant donné que *muḥkam* s'oppose des fois au *mutashābih* et des fois au *mansūkh*, on peut mettre en rapport les deux oppositions (*mutashābih* et *mansūkh*) à *muḥkam* qui sont séparées et les rendre toutes deux identiques : *mutashābih* devient de la sorte l'équivalent du *mansūkh*.[33]

---

30 "Dans la terminologie du Salaf, *al-mansūkh* comprend tout [terme] à sens manifeste, dont on abandonne ce sens manifeste à cause d'une contre-indication, comme la spécification de quelque chose de général ou la détermination de quelque chose d'indéterminé". *Iklīl*, 9.

31 Ibid., 8.

32 Ibid., 10.

33 La mise en opposition entre *muḥkam* et *mansūkh* (abrogé) fournit la raison pour laquelle certains exégètes anciens ont identifié *muḥkam* à l'abrogeant (*nāsikh*) et l'ambigu à l'abrogé (*mansūkh*). Ibid., 8.

Al-mutashābih étant identifié à l'abrogé, il aura lui aussi sa double acception : quelque chose dont les deux sens, manifeste et ambigu, sont inacceptables.

Maintenant, cet abrogé d'où-provient-il ? Il a une double origine : il est soit soufflé par Satan (il souffle quelque chose que Dieu abroge par la suite),[34] soit inspiré par Dieu (Qui établit une disposition quelconque, puis la rend caduque).[35]

Détermination relationnelle *du mutashābih*

Tableaux 1 : Détermination relationnelle du *mutashābih*.

Relation	Identifié à	Distingué simplement de	Opposé à	Identifié par voie de conséquence à	
	muḥkam			*mansūkh* :	
	sens déterminé, cas restreint			ambivalent : sens manifeste non valide	indéterminé : sens absolu non valide
Origine	Inspiré par Dieu	Inspiré par Dieu	Inspiré par Dieu	Inspiré par Dieu ou soufflé par Satan	

II Ibn Khaldūn

1- *Positionnement historique d'Ibn Khaldūn, son discours sur* al-mutashābih *et sa méthode*

A- Positionnement historique

Ibn Khaldūn (désormais IKh) se réclame lui aussi du traditionalisme auquel il ajoute son appartenance à l'Ashʿarisme. Chose qu'on lui a toujours concédée bien volontiers. Néanmoins cette appartenance doit être restreinte à ce qui a trait à sa théorie sur le dogme, c'est-à-dire sa théologie. Même cette adhésion à l'Ashʿarisme se limite souvent à son approbation des méthodes argumentatives, avec leur matière théorique et leur forme logique, suivies dans l'École, pour appuyer la doctrine théologique qu'il attribue au *Salaf*, désignation qui comprend les Compagnons du Pro-

34 Q al-Ḥajj 22: 52: "*wa-mā arsalnā min qablika min rasūlin wa-lā nabiyyin illā idhā tamannā alqā al-shayṭānu fī umniyyatihī fa-yansakhu llāhu mā yulqī al-shayṭānu thumma yuḥkimu llāhu āyātihī wa-llāhu ʿalīmun ḥakīmun.*" Satan joue un rôle maléfique en interférant dans la récitation faite par les messagers et les prophètes. Dieu veille et vient abroger cette inspiration. Les deux activités rivales sont associées. L'attitude vigilante est de savoir les distinguer.

35 *Iklīl*, 8.

phètes, leurs successeurs (*al-Tābiʿūn*) et les savants de la Tradition. Mais, pour cette obédience, que pouvait bien signifier être ashʿarite à cette époque tardive à laquelle appartient IKh, c'est-à-dire après que le corps de la doctrine a connu d'énormes mutations théoriques et méthodologiques, tant et si bien qu'il n'était plus ce qu'il avait été du temps du maître fondateur al-Ashʿarī, ni de celui de ses grands successeurs et théoriciens ? D'ailleurs, de l'évolution de l'Ashʿarisme en particulier et de *ʿilm al-kalām* en général, IKh brosse, de la main d'un maître, un admirable tableau subtil et instructif. Dans sa dogmatique sur *al-tawḥīd* (affirmation et intériorisation de l'unicité de Dieu), il abandonne la théorie asharite au profit d'une vision franchement mysticisée dans sa teneur.[36] Héritier d'une longue histoire intellectuelle religieuse et spirituelle, il dispose d'un complexe philosophico-théologico-mystique, varié, riche et évolué.[37] Nous le voyons l'utiliser pour élaborer sa propre solution de la présente problématique du *mutashābih*.

B- Discours d'IKh sur al-mutashābih

Certes, *al-mutashābih* en tant que notion coranique relève de la science de l'exégèse (*tafsīr*), mais, comme question, il concerne en sa substance le dogme (*ʿaqīda*). Le lieu est donc théologique par excellence et les choix exégétiques s'appuient sur les orientations théologiques. Et c'est dans son livre *al-Muqaddimah* qu'IKh en traite. Il l'évoque d'abord dans le fameux chapitre 10 du livre VI, celui sur *ʿilm al-kalām* (« Théologie ») où il fait du différend dont *al-mutashābih* a fait historiquement l'objet, le facteur décisif dans la genèse de cette science islamique.[38] En outre, il lui réserve, à lui seul, un traitement et lui consacre le chapitre intitulé : «Du dévoile-

36 Ibn Khaldūn, *al-Muqaddimah*, 3:964–972: § *ʿIlm al-Kalām*. Voir notre étude en langue arabe " *Laṭīfa Ibn Khaldūn fī-l-tawḥīd* (*al-Muqaddimah*, Partie 6, § 10 *Fī ʿIlm al-Kalām*) », in *Les Conférences de Beït al-Hikma*, Académie tunisienne des Sciences, des Lettres et des Arts, 2018–2019, Carthage 2020, partie arabe, 7–56.

37 Nous pensons que les chercheurs ne soulignent pas suffisamment son rapport à al-Ghazālī. Sur le présent thème, il s'inspire de lui en partie, tout en s'en démarquant.

38 Une idée similaire est exprimée dans le titre même du chapitre réservé à question (*Faṣl fī kashf al-ghiṭāʾ ʿan al-mutashābih min al-Kitāb wa'l-Sunna. . .*) : l'existence du *mutashābih* dans le Coran et la Tradition du Prophète a été à l'origine d'un différend relatif aux dogmes et qui a donné naissance aux sectes orthodoxes et hétérodoxes (IKh, *al-Muqaddimah*, 3:980–981). En exposant les différentes positions sur les attributs de Dieu qui risquent d'être interprétés de manière anthropomorphiste et qui relèvent donc des *mutashābihāt*, IKh est amené à faire l'histoire du *Kalām*: les doctrines muʿtazilites d'abord, ensuite celle d'al-Ashʿarī, en établissant le rapport de cette dernière à l'orthodoxie et en en décrivant l'évolution doctrinale.

ment du *mutashābih* dans le Coran et dans la Tradition prophétique et de l'apparition pour cette cause des sectes orthodoxes et hétérodoxes en matière de dogme».[39]

La structure de ce chapitre, qu'il serait utile de dégager, semble être la suivante :

a- L'existence du mutashābih *et ses différents types*
- *Al-mutashābih* et le discours religieux : Coran et Tradition du Prophète.
- Énumération rapide des *mutashābihāt* dans ce discours religieux.
- Exégèse du verset (Q Āl ʿImrān 3:7) où il est question du *muḥkam* (clair, explicite et défini), du *mutashābih* et de l'attitude à adopter à leur égard. Signification et critères des deux notions et doctrine des savants de la Tradition.

b- Examen des différentes doctrines sur les types du mutashābih[40] *et distinction de ce qui l'est véritablement de ce qui ne l'est pas.*
- L'Heure de la fin du monde (*al-sāʿa*), ses signes annonciateurs et leur chronologie (*ashrāṭuhā wa awqātu al-indhārāt*), le nombre des anges de l'Enfer (*zabāniya*). L'avis d'IKh.
- Les lettres distinctes et isolées (*muqaṭṭaʿa*) placées en tête de certaines sourates. L'avis d'IKh.
- La révélation (*waḥy*), les anges, l'esprit humain (*rūḥ*), les jinns. L'avis d'IKh.
- Liste additive ajoutée par certains. L'avis d'IKh et celui des *mutakallimūn.*
- Certains attributs de Dieu qui, s'ils sont pris dans leur sens manifeste, donnent l'illusion de Son infériorité ou de Son incapacité. L'avis d'IKh.

c- Examen des doctrines sur ces attributs à risque anthropomorphiste et arbitrage entre elles :[41]
- Typologie des attributs divins.
- Doctrine du *Salaf* sur les attributs ambigus.
- Apparition du désaccord entre les sectes.
- La doctrine des Muʿtazila, son évolution et la naissance de ʿ*ilm al-Kalām.*
- L'avènement d'al-Ashʿarī : la doctrine et l'œuvre.

---

39 Ibid., 3:978–988 : "*Fī kashf al-ghiṭāʾ ʿan al-mutashābih min al-Kitāb wa-l-Sunna wa mā ḥadatha min ajli dhālika min ṭawāʾif al-sunniyya wa-l-mubtadiʿa fī al-iʿtiqādāt.*"

40 IKh expose pour tout cas susceptible d'être pris pour un *mutashābih*, les différentes doctrines, tout en se prononçant sur chaque cas.

41 Dans cet exposé, IKh suit l'ordre suivant : al-Salaf, al-Mutakallimūn (les Théologiens) orthodoxes (al-Ashʿarī) et les *muḥaddithūn* (Traditionistes), et les hétérodoxes innovateurs (*mubtadʿa*): les Muʿtazilites et al-Mujassima (corporéistes, certains *Muḥaddithūn mushabbiha* (Traditionistes anthropomorphistes).

d- Explicitation des expressions mutashābiha. *Deux doctrines :*
- Avis des Ash'arites.
- Avis d'IKh et explication (*tawḍīḥ*) pour dévoiler le mystère du *mutashābih.*

C- Méthode d'approche

IKh décrit l'opération par laquelle il nous livre la vérité sur *al-mutashābih* comme une « levée du voile » (*kashf al-ḥijāb,* le fait de dévoiler, retirer le voile).[42] On peut prendre cette expression dans son sens ordinaire et, d'ailleurs le chapitre en question a pour titre une expression similaire (*kashf al-ghiṭā',* qui signifie littéralement le fait de retirer la couverture qui offusque la réalité, pour la dévoiler). On peut rapprocher ce sens d'un sens particulier ou technique utilisé ailleurs (*kashf ḥijāb al-ḥiss*),[43] comme dépassement de la connaissance immédiate d'ordre sensible, obstacle à la connaissance véritable qui, elle, est d'ordre intellectuel, puis spirituel. C'est pourquoi, pensons-nous, la méthode suivie par IKh pour traiter de la présente problématique est associée à sa doctrine philosophique.

IKh avertit qu'il se limite à un aperçu succinct (*nubdha*), juste de quoi donner une idée sur *al-mutashābih,* car, ajoute-t-il, s'il s'étalait là-dessus, les esprits ne pourraient le suivre dans ses développements considérables. La question est donc jugée autrement plus profonde, plus ardue et plus complexe. Il demande donc d'invoquer le secours de Dieu pour trouver le bon chemin et comprendre Son Livre et le discours de Ses Prophètes, et atteindre ainsi la certitude de l'unicité de Dieu (*tawḥīd*) et assurer le salut (*najāt*).[44]

Sa méthode consiste à : (a) combiner Tradition scripturaire et théorie rationnelle, pour (b) délimiter le *mutashābih* et désigner les vrais *mutashābihāt* et (c) arbitrer entre les doctrines en la matière et expliciter ce mystère insondable.

a- Combiner Traditions et théorie

Coran et Tradition du Prophète. IKh met à contribution la Tradition scripturaire et la théorie rationnelle. Il cite le verset (Q Āl 'Imrān 3:7) indiqué précédemment, le commente et passe en revue les différentes doctrines des savants de la tradition relatives à la dichotomie : *muḥkam* et *mutashābih.*

---

42 IKh, *al-Muqaddimah,* 3:985.

43 Dans le chapitre de la *Muqaddima* réservé à *'ilm al-Taṣawwuf.* Ibid., 989–1002, 991, 992, 997.

44 IKh, *al-Muqaddimah,* 3:988.

b- Délimitation du mutashābih *et désignation des vrais* mutashābihāt
IKh passe en revue toutes les questions réputées comme étant des *mutashābihāt* et les passe au crible des critères précis qui permettent de les désigner avec certitude.

c- *Examen des doctrines, arbitrage entre elles et explicitation du* mutashābih
Il discute les différentes doctrines sur chaque type des *mutashābihāt*, en indiquant ce qui distingue chaque doctrine des autres.[45] Ce faisant, il se prononce sur la problématique et examine dans quelle mesure chacune de ces questions constitue véritablement un *mutashābih*. Il finit par les circonscrire et les limiter à deux seulement. Nous y reviendrons.

2- *Enseignement coranique et examen critique des mutashābihāt*
Pour comprendre véritablement *al-mutashābih*, IKh exploite donc aussi bien les ressources de la Tradition scripturaire que la théorie rationnelle. Avec toutes les informations qu'elle nous rapporte, l'Écriture authentiquement transmise (Coran et Tradition du prophète) constitue une source d'intelligibilité de la question étudiée. La véracité de ce qu'elle nous apprend sur la question ne souffre pas le moindre doute.

A- L'enseignement du Coran

a- Le discours religieux comporte intrinsèquement et nécessairement de l'ambigu (*mutashābih*), désigné et nommé en tant que tel par Dieu Lui-même. Il comprend différents types (*aṣnāf*) : 1- les attributs et les noms de Dieu, 2-l'esprit (*rūḥ*) propre aux humains, 3- la révélation, 4- les anges qui sont des intermédiaires entre Lui et Ses Messagers à nous, 5- la résurrection et ses signes annonciateurs (mais sans la désignation de dates précises), 6- les lettres placées au début de certaines sourates et dont la signification nous échappe.
b- Dans le verset en question (Q Āl 'Imrān 3:7), le Coran nous enseigne les choses suivantes :
  - La division des versets en *muḥkam* et en *mutashābih*. Les savants de la Tradition (*al-Salaf*) ont compris ce verset en considérant les versets *muḥkamāt* comme étant ceux dont le sens est clair, explicite et dont l'énoncé est précis et défini. Quant aux versets *mutashābihāt*, ils avaient pour les définir différentes expressions.[46]

---

45 Ibid., 3:978–985.

46 Les différentes définitions des versets *mutashābihāt* :
- Ceux qui ont besoin d'examen et d'explicitation pour en établir le sens précis, sens qui échappe au premier abord parce que ces versets s'opposent à d'autres ou à la raison (avis d'Ibn ʿAbbās, Mujāhid, ʿIkrima, Abū Bakr al-Bāqillānī et al-Juwaynī).

- *Al-muḥkam* constitue la majeure partie du Coran, le *mutashābih* en constitue une partie mineure et peut d'ailleurs être ramené au *muḥkam.*
- Dieu blâme ceux qui privilégient le *mutashābih* au *muḥkam* en l'interprétant selon leur fantaisie ou en lui donnant un sens qui n'est pas conforme au sens habituel que lui donne la langue arabe. Leur intention est mauvaise : semer les troubles et la confusion chez les croyants. Dieu interdit donc d'adopter le *mutashābih* et de s'y attacher.
- L'interprétation vraie (*ta'wīl*) du *mutashābih* n'est pas connue des humains. Seul Dieu la possède. Il loue les savants qui se limitent à croire en ces *mutashābihāt*, sans chercher vainement à en découvrir le sens.[47]

B- Examen critique des doctrines sur al-mutashābihāt

Cherchant à distinguer ce qui est *mutashābih* véritable de ce qui ne l'est pas, IKh examine de manière critique les types des *mutashābihāt* et les différentes doctrines, en appliquant des critères qui permettent cette distinction et la délimitation des *mutashābihāt* avec certitude.

a - *Signification et critères du* muḥkam *et du* mutashābih

La condition qui rend le *mutashābih* possible est la suivante : il ne l'est tel que par ce qu'il est donné et compris selon sa signification manifeste (*ẓāhir*). Son caractère obscur est dû à un ensemble de propriétés qui se combinent et s'interfèrent. L'analyse permet de les distinguer les unes des autres et de les utiliser comme critères pour décider de ce qui est *mutashābih* véritable.

- Un critère d'ordre sémantique : l'acception dans son sens apparent (*ẓāhir*) d'un mot vague ou ambigu (*lafẓ mujmal*) ou d'une expression dont la signification véritable est obscure et nous reste cachée (*al-ẓawāhir al-khafiyya . . . al-dalāla*). C'est quelque chose dont la vérité (*ḥaqīqatuhu*) n'est pas à la portée de l'entendement (*mā huwa muta'adhdhirun 'an al-fahm*).
- Un critère d'ordre textuel : un verset peut être *mutashābih* lorsqu'il est en opposition (*ta'āruḍ*) avec un autre verset.
- Un critère d'ordre rationnel. Prise dans son sens *ẓāhir*, une affirmation est problématique quant à l'aptitude d'être démontrée (*al-ẓawāhir al-khafiyya al-adilla*) : elle ne peut être établie ni soutenue selon les normes de la raison.

– Ceux dont le sens est impossible à saisir (al-Thawrī, al-Sha'bī et d'autres savants de la Tradition).

47 IKh, *al-Muqaddimah*, 3:978–979.

- Un critère qui relève du vécu et de l'expérience humaine et sociale : c'est tout ce qui déroge aux habitudes et au cours ordinaire des choses (*mukhālif li-l-ʿādāt* . . .). Il est l'opposé de ce qui a une expression propre, qui est habituel et communément connu (*mutaʿārif*. . .).[48]

b - *Examen critique des* mutashābihāt

- L'Heure de la fin du monde (*al-sāʿa*), ses signes annonciateurs et leur chronologie (*ashrāṭuhā wa awqātu al-indhārāt*), le nombre des anges de l'Enfer (*zabāniya*). Pour IKh, cela ne relève pas du *mutashābih*, car cela ne comporte pas d'expression vague ni autre chose qui le rende tel. Ce sont des dates d'événements futurs dont Dieu dit explicitement que Lui seul les connaît.
- Les lettres distinctes et isolées (*muqaṭṭaʿa*) placées en tête de certaines sourates. Cela n'est pas non plus du *mutashābih*. La raison en est que leur vérité est que ce sont des lettres de l'alphabet, il est fort probable que leur usage à la tête de certaines sourates soit intentionnel.[49]
- La révélation (*waḥy*), les anges, l'esprit humain (*rūḥ*), les jinns : ce sont des *mutashābihāt*. Leur caractère ambigu vient de ce que leur signification véritable nous reste cachée.
- Liste additive. D'aucuns ajoutent à cela la description de la Résurrection (*aḥwāl al-qiyāma*), le Paradis, l'Enfer, l'Imposteur (*al-Dajjāl*), les dissensions (*fitan*), les circonstances de la fin du monde (*ashrāṭ*) et ses signes annonciateurs. Pour IKh, c'est vraisemblable, mais, dit-il, la majorité des savants (*jumhūr*) ne sont pas d'accord pour les considérer comme tels, surtout les mutakallimūn qui, à cet effet, n'ont pas manqué de leur donner une signification précise. Pour les circonstances et les signes annonciateurs de la fin du monde et de la résurrection, nous avons vu qu'IKh ne les compte pas parmi les *mutashābihāt*.
- Certains attributs que Dieu s'est donné Lui-même ou par la voix de Son Prophète et qui, pris dans leur sens manifeste, donnent l'illusion que Dieu est frappé d'infériorité ou d'incapacité. Pour IKh, ils relèvent du *mutashābih* à cause de cette interprétation illusoire qu'ils occasionnent.

L'examen critique des *mutashābihāt* permet de cerner celles qui le sont véritablement. Elles se limitent à deux ensembles : celui des attributs divins qui sont

48 Ibid., 3:979–980.
49 Martin Nguyen, "Exegesis of the *ḥurūf al-muqaṭṭaʿa*: Polyvalency in Sunnī Traditions of Qur'anic Interpretation," in *Journal of Qur'anic Studies* 14:2 (2012): 1–28, simple indication pour Ibn Khaldūn, 7.

ambigus et celui des expressions qui, prises selon leur sens manifeste (*ẓāhir*), ne nous livrent pas leur signification réelle.[50]

- Les attributs et noms divins qui se prêtent à une compréhension anthropomorphiste. IKh reprend la typologie des attributs divins consacrée dans le *ʿilm al-kalām*. Il y a les attributs de Divinité, les attributs de perfection, et les attributs pouvant donner l'illusion de l'existence chez Dieu d'une infériorité ou d'une imperfection. Il n'est pas question ici d'exposer les doctrines des sectes sur la problématique des attributs divins faite par IKh, ni de faire état de sa propre solution. On se limitera à dire que pour les attributs ambigus, il prône un retour à l'attitude du *Salaf* : agréer ces attributs tels quels dans leur sens manifeste, ne pas chercher à les interpréter (*ta'wīl*) avec la prétention de dégager leur signification véritable et s'en remettre à Dieu (*tafwīḍ*).[51]
- Les expressions dont la signification réelle nous échappe quand nous les prenons dans leur sens manifeste (*ẓāhir*). Elles portent sur la révélation prophétique, les anges, l'esprit humain, les jinns, l'Entre-deux-mondes, les états descriptifs de la résurrection, l'Imposteur (*Dajjāl*), les dissensions (*fitan*) et les événements et états de la fin des temps.

Pour ce second ensemble de questions, IKh révèle une position doctrinale curieuse. Tout en invoquant la solution ashʿarite qui consiste à nier que ces questions relèvent du *mutashābih*, il s'en démarque. En effet, dit-il, interprétés dans leurs détails, selon la rationalisation du dogme faite à la manière ashʿarite, ces items ne constituent pas des *mutashābihāt*. Mais, bien qu'il tienne à rappeler encore à ce propos que les Asʿharites sont bien les gens de l'orthodoxie (*wa hum ahl al-Sunna*), il semble se dégager de leur doctrine en considérant ces questions comme relevant bien des *mutashābihāt*. Mais dans ce cas, dit-il, il nous faut alors nous expliquer là-dessus, c'est-à-dire montrer en quoi elles constituent bien des *mutashābihāt*. Dans cette explicitation (*tawḍīḥ*), il procède par ce dévoilement (*kashf al-ḥijāb*) mentionné plus haut, c'est-à-dire la méthode sous-tendue par la théorie par laquelle il entend dévoiler le secret du *mutashābih*.[52]

3- *Éléments de la doctrine d'IKh et théorie sur* al-mutashābih

A- *Éléments de la doctrine*

Pour cette théorie d'IKh sur *al-mutashābih*, il serait utile de rappeler brièvement quelques idées relatives à sa métaphysique, à sa théorie de la connaissance et à

---

50 Idem.

51 IKh, *al-Muqaddimah*, 3:980–985.

52 Ibid., 3:985.

son anthropologie, c'est-à-dire ses trois théories assez complexes sur l'être, le connaître et l'homme avec sa psychologie. Pour IKh, l'être est d'une immensité et d'une diversité telles qu'il dépasse de loin ce que l'homme peut en connaître par sa seule faculté rationnelle naturelle. C'est sur l'étendue immense de l'être et sur sa dimension insondable que repose à ses yeux le bien-fondé de la religion. Dieu, disposant de la science englobante et enveloppante de tous les êtres dans leur ordre causal infini et inextricable, de leurs principes et de leurs finalités, est le mieux placé pour connaître parfaitement le bonheur et le salut véritables des hommes. C'est dans le but de les en informer et leur montrer la voie du salut, qu'Il leur adresse Son message par l'entremise des prophètes, message contenant les commandements relatifs aux actes à accomplir et aux dogmes à épouser.[53]

B- *Théorie sur* al-mutashābih

Deux idées maîtresses sont invoquées ici pour saisir la vérité sur *al-mutashābih* : la théorie des quatre mondes (*aṭwār*) de l'humain (*al-ʿālam al-basharī*) et les saisies spécifiques qu'ont les hommes lors de leur passage ou séjour dans chacun de ces mondes, saisies elles-mêmes tributaires d'une théorie de l'âme humaine.

a- Les quatre conditions ou états ou mondes de l'existence humaine

Même si une seule essence l'unifie, le monde humain comporte différentes phases ou zones dont chacune jouit d'une spécificité telle qu'elle donne l'air de ne pas relever de la même nature humaine que les autres. Ces *aṭwār* sont plus des états-phases que des périodes successives. Ils sont au nombre de quatre : (1°) l'existence corporelle, (2°) le monde du sommeil, (3°) celui de la prophétie, (4°) le séjour dans l'Entre-deux-mondes. Les deux premiers sont communs à tous les humains, bien que les objets de l'un soient distincts de ceux de l'autre. Dans le quatrième monde, qui commence avec la mort, les entités individuelles (*ashkhāṣ*) attendent la résurrection dans ce fameux lieu connu sous le nom de *barzakh*. Pour IKh, l'existence de ces mondes est certaine : pour chacun d'eux, il y a un témoin (*shāhid*) qui atteste son existence ou une preuve qui établit sa véracité.

53 Ibid., 3:966–968.

b- Les saisies (madārik) *par l'homme propres à chaque état*
Dans les deux premiers mondes, ceux de la vie d'ici-bas, que l'homme soit en état de veille ou en état de sommeil, la saisie reste de nature sensible, bien que, rappelons-le, les objets saisis dans l'un soient distincts de ceux qui sont saisis dans l'autre. Les premiers sont saisis par la sensation, les seconds sont produits par l'imagination. Le 3e, celui propre aux prophètes, comporte lui aussi une saisie sensible, mais elle n'est pas compréhensible pour nous, son essence ou vérité nous échappe. Par ces saisies prophétiques, IKh rend compte de la résurrection et des informations rapportées par la tradition. Le 4e monde, celui du *barzakh* dans lequel résident les morts, sert comme authentification théorique de la tradition scripturaire. Il permet de rendre compte des informations rapportées par celle-ci. En en démontrant la véracité, IKh affirme ainsi la saisie sensible des représentations rapportées par la tradition. La saisie sensible n'est plus ainsi cantonnée au monde de l'ici-bas. Au fait, les saisies disponibles dans les quatre mondes sont modulables. D'un monde à l'autre, elles varient en force et en netteté. Les objets sont saisis dans l'ici-bas avec beaucoup moins de netteté et de force qu'elles ne le sont après la mort.[54]

Par cette disposition théorique des mondes et par la variation de la saisie propre à chacun, IKh entend rendre compte ainsi du *mutashābih*. Ce sont les réalités telles qu'elles se présentent aux humains selon une gradation en opacité ou en transparence et en fonction de l'étape considérée dans la traversée cognitive, spirituelle et existentielle de l'être humain, qui établissent l'existence du *mutashābih* coranique, en explique la nature et en dévoile la portée immense (*ghawr*). La nature ambigüe des *mutashābihāt* vient du mode de présence de l'objet saisi au sujet connaissant, mode qui varie en fonction des quatre mondes de l'humain. Une réalité relevant de l'un de ces quatre mondes a le statut de *mutashābih* lorsque sa saisie se fait à partir d'un monde autre que celui dont elle relève et, normalement, le caractère ambigu avec lequel cette réalité se présente aux humains est atténué, voire dissipé, lorsque la réalité en question est saisie dans son monde respectif.

Remarques finales

Notre interrogation a porté sur l'opportunité de la question du *mutashābih* et sur la raison pour laquelle son existence même est envisageable, du moment qu'elle dénote soit une différenciation ou dénivellation sémantique introduite dans le message religieux par son émetteur, soit une saisie plus ou moins inadéquate de

---

54 Ibid., 3:985–988.

la part de son destinataire. Ce qui devrait poser au Coran un double problème : interne, celui de la cohérence du discours, et externe, celui de son intelligibilité pour l'homme. Nous avons eu là trois réponses : la réponse « réduite » d'IR qui entend rester dans les limites de la rationalité philosophique, la réponse « proportionnée » ou « sobre » d'IT qui entend se mouvoir dans les limites du texte avec une rationalité « mesurée » et, enfin, l'aperçu « limité » d'IKh qui renvoie à une vaste théorie alliant une rationalité mysticisée et des enseignements de la tradition.

Chacune de ces réponses s'est donc élaborée au sein de la problématique classique : la nature de ce qu'on désigne sous le nom de tradition (*naql*, *samʿ*), de ce qu'on appelle raison (*ʿaql*) et de leurs rapports. Elle est tributaire de la conception que chaque auteur se fait de cet ensemble. Nos auteurs ont tous admis une forme d'accord (*jamʿ*, *ittiṣāl*, *muwāfaqa*) entre les deux termes, mais en les définissant de manière différente et en en délimitant les champs et les prérogatives de manière inégale.

Ces solutions sont autant de cas de figure spécifiques.

IR conçoit la raison philosophique comme le moyen par excellence et indispensable de la connaissance de la vérité. La Tradition ne constitue pas tant une source de connaissance suffisante par elle-même qu'une matière interprétable selon la grille des certitudes philosophiques. C'est donc dans ce sens que sagesse philosophique et Loi révélée sont accordées. L'herméneutique philosophique appelle le ẓāhirisme théologique et exégétique, si bien que le Coran n'a que deux dimensions : l'une est manifeste, faite à l'adresse du public, l'autre est objet obligatoire de l'interprétation véritable, réservée au seul philosophe. Il n'y a pas lieu pour une troisième dimension, celle du *mutashābih*.

IT aussi part du présupposé de la parfaite adéquation entre la tradition et la raison. Son rigorisme fidéiste lui fait adopter l'autre présupposé qui est la totale homogénéité du texte, la permanence de la révélation et l'identité du message, sa cohérence absolue, même avec la modulation sémantique opérée au gré de l'intentionnalité divine. En cherchant à dégager le donné initial du texte et de la tradition en les débarrassant de la surcharge des théories, il assigne au *mutashābih* les deux usages qu'il juge appropriés : comme objet de méditation et de connaissance « valide » par la raison humaine « épurée » et comme objet de connaissance parfaitement adéquate par la raison divine.

Enfin, IKh adopte une vision mystique complexe et exploite les sources autonomes de la tradition sans chercher à les subordonner à la seule raison. Sa théorie sur la question n'est conforme ni à la pure doctrine philosophique développée depuis Ibn Sīnā, ni à la pure tradition théologique du *kalām* ashʿarite. Il entend livrer un aperçu succinct du *mutashābih* sans le soustraire totalement à la raison, mais sans que celle-ci puisse prétendre à en épuiser le mystère, mystère insondable qui est indissociable de celui de la religion, dans son origine, sa manifestation et le rôle joué dans l'existence et la destinée humaines.

Maintenant, que penser de ces solutions ?

Quand il s'agit de juger de leur portée et de leurs limites, la prudence est de mise. Même si certains aspects ne sauraient résister à la critique moderne, d'autres peuvent toujours garder quelque plausibilité, encore faudrait-il pouvoir les évacuer de ce qui semble irrecevable au goût de la rationalité moderne.[55]

Nous dirions que de ces trois grandes figures, celle qu'on a toujours considérée comme rationaliste, c'est-à-dire IR, nous montre bien comment ce qu'on considérait alors comme science, c'est-à-dire la pensée d'ascendance hellène, aussi bien du point de vue de son contenu matériel que du point de vue de sa règlementation méthodologique, c'est-à-dire sa logique, était à l'œuvre dans la lecture du texte coranique. Ce faisant, le rationalisme d'IR lui fait adopter une position assez extrême : la négation pure et simple que le Coran comporte du *mutashābih*. Ce n'est pas sans naïveté qu'on croit que le Législateur divin a conçu son discours par voie d'élaboration imaginative en parfaite conformité avec la connaissance philosophique et suivant une réglementation logique à l'épreuve de toute faille. C'est un faux problème que de chercher dans le discours religieux les vérités scientifiques, même symbolisées ? De toute façon, ces vérités ont beau être scientifiques, elles restent inscrites dans l'histoire.

Quant à IT, on peut lui concéder qu'on ait tout le long de l'histoire projeté sur le texte coranique ce que l'on pourrait juger comme lui étant étranger. La critique sévère des doctrines, qu'il stigmatise comme autant d'hérésies, peut aider à dégager et typifier les différentes sortes d'obédiences théoriques que les différentes doctrines ont plaquées, comme grilles herméneutiques, dans la lecture du Coran. Pour son effort d'épuration ou nettoyage, on peut lui concéder le fait de se tenir dans une certaine proximité du Texte. Mais cela est solidaire d'une attitude de controverse et de polémique trop prononcée et qui accuse les autres de déviation, d'hérésie, d'athéisme (*mulḥida*). On admet difficilement de nos jours qu'on condamne la majorité des sollicitations historiques du texte coranique dans leur extrême diversité.

Enfin, si la solution d'IKh puise dans un vaste fonds qui prétend dépasser infiniment les vérités de la science rationnelle, et ouvre *al-mutashābih* et la religion sur des horizons herméneutiques infinis, sa solution reste surchargée de théories complexes proclamant ce qui échappe à la raison humaine. Oui, on peut lui concéder que les possibilités herméneutiques du texte coranique ne sont pas épuisables par ce que l'on considère comme science à une époque donnée, mais les constructions

---

55 Comme l'existence de deux mondes visible et occulte et plus ou moins symétriques chez IR, l'intervention de Satan pour brouiller la compréhension du texte coranique et la rendre ambigüe chez IT, la multiplicité des mondes et leur agencement complexe chez IKh.

théoriques qu'il invoque pour rendre compte du *mutashābih* sont peu plausibles et invérifiables au regard de la rationalité moderne.

Mais des trois grandes théories : celle d'obédience historique philosophique (IR), celle d'obédience mystico-philosophique (IKh) et celle d'obédience orthodoxe (IT), la troisième semble la plus dégagée des partis pris théoriques ou idéologiques. En revanche, elle semble repousser l'immense richesse de la médiation humaine de la culture et de l'histoire.[56]

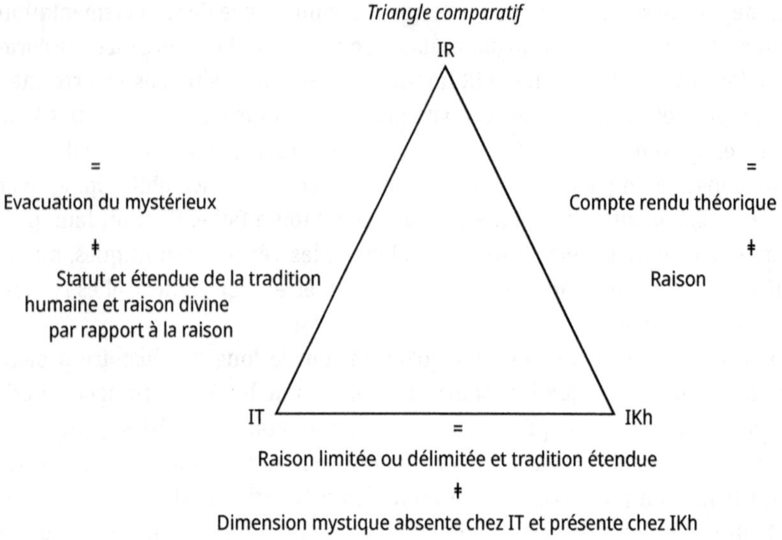

Figure 9 : Triangle comparatif.

56 Sans perdre de vue la différence entre les perspectives épistémologiques, les contextes théoriques et historiques, nous verrons une méthode comparable chez le grand historien japonais de la métaphysique et de la mystique philosophique musulmanes Toshihiko Izutsu. Dans son livre *The Concept of Belief in Islamic Theology : A Semantic Analysis of Iman and Islam* (Tokyo: Keio Institue of Cultural and Linguistics Studies, 1965), il procède par la délimitation du champ sémantique dans lequel un terme coranique déterminé se meut, il cherche à en dégager le sens ou aspects de la signification, voulus par l'auteur du texte, par induction à partir des occurrences dans les versets.

إيمان المخينيني

13 المنظور الأخلاقي في الدّراسات القرآنيّة: قراءة في فكر طه عبد الرّحمان

مقدّمة

لسنا نرى فائدة في التنبيه إلى أهميّة الموضوع المثار في هذا الملتقى، ولسنا نتوقّع إضافة في التّذكير بقيمة أن نتدارس قضيّة الدّراسات القرآنيّة من وجهات نظر عدّة ومن زوايا نظر مختلفة إلى حدّ التّضاد أحيانا، لكون ذلك عندنا من البداهات غير المتقبّلة شكّا ولا المتطلّبة جدالا.

وفي المقابل يهمّنا أن نتفكّر في الأسباب الدّافعة إلى إثارة هذا الموضوع مجدّدا وإلى التّفكير في قضيّة تدوولت سلفا وصيغت حولها مصنّفات ومجلّدات واتّخذت فيها مواقف متباينة.

فأيّ جديد نبحث عنه في طرحها؟ وأيّ آراء لم تقل بخصوصها؟

في ضوء هذا التساؤل الذي أثرنا نعتبر أنّ الحديث عن المنظور الأخلاقيّ في الدّراسات القرآنيّة قد يتيح لنا بعض فرص للتفكير في زاوية نظر ليست رائجة في هذا الحقل المعرفيّ بشكل لافت ولا حاضرة حضورا كثيفا في أعمال المنشغلين به. ولعلّ ذلك ما حدا بطه عبد الرّحمان في البدء إلى صوغ رؤية نقديّة تقويميّة لما ألّف في هذا المجال ثمّ إلى التّأسيس لبديل تأويليّ- إيتيقيّ هدف من ورائه إلى سدّ شغور كبير في الدّراسات القرآنيّة بعامّة بفرعها الاستشراقي المتموقع خارج المجال التّداولي الإسلاميّ من جهة، وفرعها العربيّ الإسلاميّ المتموقع داخل هذا المجال من جهة أخرى.

وبيانا لذلك تفيدنا قراءة تفكيكيّة للعنوان في تبيّن نقاط اهتمام مركزيّة في عملنا، ذلك أنّ الانشغال بالمنظور الأخلاقيّ في الدّراسات القرآنيّة إنّما يفترض وجود منظورات أخرى تباشر النّصّ القرآنيّ وتعمل على بلوغ نتائج معيّنة من قراءته في متنه العقديّ و التشريعيّ، أو في تاريخيّته الحافّة، من ذلك المنظور الأنثروبولوجيّ أو السّوسيولوجيّ أو الفيلولوجيّ أو التّاريخانيّ، وبديهيّ أن تؤثّر المناهج بوصفها مقدّمات نظريّة ما قبليّة ومصادرات مبدئيّة في نتائج قراءة النّصّ القرآنيّ وبلورة أفهام عدّة بخصوص القضايا المتعلّقة به.س

وانطلاقا من ذلك نصادر على أن المنظور الأخلاقيّ يتضمّن خصوصيّة تأويليّة مختلفة عن بقيّة المجالات المعرفيّة التي تباشر النّصّ القرآنيّ، وهو ما راهن عليه الفيلسوف المغربيّ طه عبد الرّحمان في مؤلّفات له عدّة حيث أكّد أنّ الطّرح الإيتيقيّ للمتن القرآنيّ يمثّل المسار الدّقيق المؤدّي إلى عمق المعنى القرآنيّ والقائد إلى نواته الأصليّة. وذلك خلافا للأطروحات التي تنشغل بالمستويات الدّهرانيّة الصّرفة كما يصطلح عليها، بما هي مستويات من الدّراسة لا تكاد تجاوز سطح العبارة الوحيانيّة حسب تقديره.

إنّ اللاّفت في تخيّر المنظور الأخلاقيّ دون الحقول المعرفيّة الأخرى، إنّما يتضمّن سعيا من قبل المفكّر طه عبد الرحمان في بعض مؤلّفاته،[1] إلى صياغة البعد الرّوحيّ للنّداء الإيمانيّ - بوصفه فضاء خاصّا من المعنى- ضمن حيّز البعد الفلسفيّ للسّؤال - بوصفه فضاء كليّا للمعنى.

1 لطه عبد الرحمان مؤلّفات عدّة يركّز فيها على البعد الأخلاقي في تصوّره لبناء حداثة إسلاميّة أصيلة. من ذلك كتابه **سؤال الأخلاق، مساهمة في النقد الأخلاقيّ للحداثة الغربيّة**، المركز الثقافي العربيّ، المغرب ط1، 2000؛ و**روح الدّين، من ضيق العلمانيّة إلى سعة الائتمانيّة**، المركز الثّقافيّ العربيّ، المغرب ط3، 2013؛ و**العمل الدّينيّ وتجديد العقل**، المركز الثّقافيّ العربيّ، المغرب ط 4، 2006. وغير هذه المؤلّفات كثير، إلاّ أنّنا سنركّز دراستنا في هذا المقال على ثلاثة مؤلّفات أساسيّة له هي : **روح الحداثة، المدخل إلى تأسيس** الحداثة الإسلاميّة، المركز الثّقافي العربيّ، المغرب ط1، 2006؛ و**فقه الفلسفة 1-- الفلسفة والترجمة**، المركز الثّقافي العربيّ، ط 4، 2013؛ و**سؤال العمل، بحث عن الأصول العلميّة في الفكر والعلم**، المركز الثّقافيّ العربيّ، المغرب، 2012.

https://doi.org/10.1515/9783111051567-014

حينئذ يجدر بنا استشكال العلاقة بين خصوصيّة المعنى الأخلاقيّ المستنبط من المتن القرآنيّ بما هو خطاب التّجذّر في التجربة التّديّنيّة وكليّة المعنى الإنسانيّ المنبثق من الهاجس الفلسفيّ بما هو متخارج عن النسق التّديّني المخصوص.

هذا في تقديرنا عمق الرّهان الدّقيق الذي يسعى طه عبد الرّحمان إلى بلورته في عدد من مؤلّفاته، وهو عندنا عمق الموضوع الذي نعمل على التّفكّر في مرتكزاته وتجلّياته ورهاناته ضمن هذه القراءة. وعلى ذلك يتوزّع الاهتمام على محاور ثلاثة رئيسة هي:

1. في الموقف النّقديّ من واقع الدّراسات القرآنيّة.
2. القراءة الطّهائيّة أو مشروع الإبداع المأصول- الموصول.
3. في نقد النّقد ونقد البديل.

1. الموقف النّقديّ من الدّراسات القرآنيّة

1- المصادرات الأساسيّة

يبني طه عبد الرّحمان طرحه على أساس منطقي صريح يدعو من خلاله القارئ إلى التّسليم بجملة من المصادرات النّظريّة الأساسيّة التي يتطلّب قبولها في نظره الاقتناع البديهيّ بنتائجها ومقتضياتها. ومن بين المصادرات التي يوظّفها في نقده للدّراسات القرآنيّة ما يلي:

المصادرة الأولى

تتمثّل في وجوب الفصل بين روح الحداثة وواقعة الحداثة. أمّا روح الحداثة فتتضمّن البعد الكليّ- الشّموليّ للخطاب الإنسانيّ. وهي روح متقوّمة بمبادئ ثلاثة: مبدأ الرّشد، مبدأ النّقد، مبدأ الشّمول.

وأمّا واقعة الحداثة فيقصد بها التّطبيق الغربيّ للمبادئ الحداثيّة بما يفترضه فعل التّطبيق من محدوديّة نظريّة في فهم مبادئ الحداثة وآفاقها، ومن محدوديّة إجرائيّة في البعد الإجرائيّ التّفعيليّ.

يقول طه عبد الرّحمان: "فالرّأي الذي نرتضيه هو أنّ الحداثة عبارة عن إمكانات متعدّدة، وليست كما رسخ في الأذهان، إمكانا واحدا. وينهض دليلا على ذلك أنّ المشهد الحداثيّ الغربيّ ليس بالتّجانس المظنون، بل فيه من التّنوّع ما يجوز معه الكلام عن حداثات كثيرة، لا حداثة واحدة".[2] هذا التّشظّي الفعليّ في إجراء المفهوم الحداثيّ النّظريّ قائد إلى نتيجة أكيدة وهي أنّه ليس ثمّة تجانس أو وحدة في المستوى التّنظيريّ فضلا عن المستوى التّطبيقيّ، إلى درجة نفي أن يكون تيّار ما بعد الحداثة ضديدا لروح الحداثة لكونه إمكانا من إمكاناتها المحتملة الدّالّة على لا اكتماليّة مشروعها.

المصادرة الثّانية

إنّ نقد إجراءات الحداثة وتطبيقاتها ليس تخارجا عن مطالبها الإنسانيّة ولا تنصلا منها أو تجاوزا لها، إنّما هو تجذّر بدئيّ في أصولها الأولى. فأن نمارس النّقد على الطّرح الغربيّ للحداثة فليس ذلك انفلاتا من الرّهان الحداثيّ بما هو مطمح إنسانيّ، إنّما هو انتماء أصيل إليه. وهو بداية الطّريق في اتّجاه تجاوز التّقليد والاتّباع نحو الإبداع المفهوميّ المجرّد والقيميّ- الإجرائيّ.

أمّا التّقليد فيصنّف طه عبد الرّحمان أصحابه إلى صنفين: "مقلّدة المتقدّمين" و"مقلّدة المتأخّرين". أمّا مقلّدة المتقدّمين فهم الذين يقومون بردّ المفاهيم المنقولة إلى المفاهيم المأصولة، بمعنى ردّ كلّ المفاهيم الوافدة أو المنقولة عن الغرب إلى مجال الثّقافة الإسلاميّة القديمة.[3]

---

2 طه عبد الرحمان، روح الحداثة، ص 16، 17.

3 ويوضح عبد الرّحمان ما يقصده بهذه التّسمية بقوله : "أمّا مقلّدة المتقدّمين، فيتعاطون إسقاط المفاهيم الإسلاميّة التقليديّة على المفاهيم الغربيّة الحديثة، كأن يسقطوا مفهوم "الشّورى" على مفهوم "الديمقراطيّة" أو مفهوم "الأمّة" على مفهوم الدّولة أو مفهوم "الرّبا" على مفهوم "الفائدة". . ."، نفسه، ص، ص11، 12.

وأمّا "مقلّدة المتأخّرين" فهم الذين يقومون بردّ المفاهيم المأصولة إلى المفاهيم المنقولة.[4]

وفي كلتي الحالتين لا يقوم هؤلاء المقلّدة بتحصيل أسباب إنتاج المفاهيم ولا بالتمكّن من شروط إجرائها وتفعيلها.[5] في حين أنّ التّمكّن من شروط الإنتاج الأولي للأصول المفهوميّة هو الضّامن الأوحد لتملّكها والتّمكّن من آفاقها ومن استثمار إمكاناتها.

المصادرة الثالثة

إنّ تطبيق مبادئ الحداثة في الواقع الغربيّ ليس المقصود به الجانب المادّي التّقنيّ فحسب، إنّما هو المستوى الأداتيّ عامّة بما في ذلك مجموع المدارس الفكريّة والطّروحات الإبيستيمولوجيّة والفلسفيّة، وجملة المناهج والأدوات المفاهيميّة الموظّفة في إطارها لبلوغ غايات معرفيّة معيّنة. لأجل ذلك يذهب طه عبد الرّحمان إلى أنّ الدّراسات القرآنيّة الحديثة هي نتاج من نتاجات هذه المناهج الغربيّة التي لا تمثّل إلاّ إمكانا من إمكانات تطبيق المبادئ الحداثيّة الأصول. وأنّ ما يصاغ من نقد لهذه المناهج إنّما ينتج عنه بداهة نقد لنتاجاتها الفرعيّة بما فيها هذا الاختصاص المعرفيّ الدّقيق. وهذا النّقد لا ينبع من خارج مدار الحداثة إنّما هو صادر عن نواته، منبثق من عمقه الأصيل.

المصادرة الرّابعة

إنّه من زاوية فلسفيّة تأويليّة بحتة، يقتضي كلّ نصّ مقصود بالقراءة أن لا يجرّده مؤوّله من طبيعته ليكسبه طبيعة أخرى يفرضها المنهج الذي هو بصدد تطبيقه لأنّ ذلك يعدّ انزياحا تأويليّا صريحا ومكشوفا ومخلاّ بشرط الإصغاء إلى معناه الأصيل. هذا المبدأ التّأويليّ يلحّ طه عبد الرّحمان عليه بشكل لافت في قراءته للنّصّ القرآنيّ وفي نقده للدّراسات المجرّدة له من طبيعته الوحيانيّة المخصوصة لإكسابه صيغة تاريخانيّة صرفة. من هنا كان "المنظور الأخلاقي" في قراءة القرآن تثبيتا لطبيعة النّصّ العميقة كما تمثّلها طه عبد الرّحمان وتأوّلها بنحو يراهن على أن يكون فلسفيّا تداوليّا شاملا التزاما بمبدإ الشّمول الحداثي، في غير تفريط في قاعدة أنّ "لكلّ مجال تداوليّ مقتضياته التّطبيقيّة الخاصّة."[6]

2- المباحث النّقديّة

يميّز طه عبد الرّحمان في مجال الدّراسات القرآنيّة بين القراءات التّأسيسيّة (العلوم القرآنيّة التّراثيّة القديمة)، والقراءات التّجديديّة (في فترة الإصلاح والنّهضة) والقراءات الحداثيّة. وينبّه إلى أنّ حديثه سيركّز على القسم الثّالث من هذه الدّراسات بغاية الكشف عن دلائل قصورها وتقصيرها وذلك عبر الاشتغال على مبحثين نقديّين رئيسين. أحدهما يختصّ بالمستوى الاصطلاحيّ- المفاهيميّ، وثانيهما بالمستوى النّقليّ التّرجمي وما ينطوي عليه من إشكالات تأويليّة في علاقة بالمتن القرآني.

2.1- في نقد الاستراتيجيّات الثلاث:

لئن كانت الغاية من الدّراسات التّأسيسيّة والدّراسات التّجديديّة الإصلاحيّة إنتاج قراءة اعتقاديّة صريحة في علاقة بالنّصّ القرآنيّ، فإنّ الدّراسات الحداثيّة النقديّة في تصوّر هذا المفكّر تجري إلى غاية ضديدة وهي الغاية الانتقاديّة[7] المتبلورة عبر استراتيجيّات ثلاث، هي الأنسنة والعقلنة والأرخنة، وكلّ منها تتضمّن هدفا نقديّا وآليّة تنسيقيّة،

---

4 إنّهم "يتعاطون إسقاط المفاهيم الغربيّة المنقولة على المفاهيم الإسلاميّة المأصولة كأن يسقطوا مفهوم "العلمانيّة" على مفهوم "العلم بالدنيا" ومفهوم "القطيعة" على مفهوم "الجبّ" ومفهوم "الحرب الدّينيّة" على مفهوم "الفتح"، ويتوسّلون في هذه الإسقاطات المختلفة بخطاب يريدون أن تكون له صبغة عقليّة استدلاليّة، لكنّهم يتعثّرون، (. . .) في القيام بشروطها، وهكذا يصيرون على التدريج إلى ردّ المفاهيم المأصولة إلى المفاهيم المنقولة، فينتهون بمحو خصوصيّة المفاهيم المأصولة"، نفسه، ص12.

5 "ظاهر أنّ كلا النوعين من المقلّدة لا إبداع عنده، إذ مقلّدة المتقدّمين يتّبعون ما أبدعه السّلف من غير تحصيل الأسباب التي جعلتهم يبدعون ما أبدعوه، ومقلّدة المتأخّرين يتّبعون ما أبدعه الغرب من غير تحصيل الأسباب التي جعلتهم يبدعون ما أبدعوه"، نفسه، ص12.

6 روح الحداثة، ص34.

7 يرى أصحاب هذا الاتجاه حسب طه عبد الرحمان أنّ "الوجه الذي تحقّق به قراءة القرآن حداثيّتها هو أن تكون قراءة انتقاديّة لا اعتقاديّة"، نفسه، ص177.

وعمليّات منهجيّة مخصوصة[8]. ولتوضيح ذلك نعرض هذه الأفكار في جدول نتبيّن فيه فهم طه عبد الرّحمان لاستراتيجيّات القراءة الحداثيّة للقرآن وموقفه منها.

الاستراتيجيّات الحداثيّة النّقديّة	مقتضياتها	موقف طه عبد الرّحمان منها[9]
1- الأنسنة	رفع عائق القدسيّة عن النّصّ: - نقل الآيات من الوضع الإلهيّ إلى الوضع البشريّ - التّركيز على السّياق الثّقافيّ والفيلولوجيّ وتغييب كلّ الأبعاد الموازية في الخطاب القرآنيّ.	1- فقدان القدرة على نقد الوسيلة المنقولة بما يكفل وجاهة إجرائيّتها على النّصّ القرآنيّ. 2- ضعف توظيف الآليّات المنهجيّة المنقولة جرّاء ضعف امتلاك أسباب إنتاجها الأولى والتّورّط في إشكال الإكراهات اللّغويّة التّعسّفيّة.
2- العقلنة	رفع عائق الغيبيّة: - نقل مناهج علوم الأديان الأخرى إلى مجال الدّراسات القرآنيّة، وتعميم النّظر إلى الكتب الدّينيّة والمماثلة بينها على اختلاف سياقات نقلها وتدوينها. - توظيف النّظريّات النّقديّة والفلسفيّة المستحدثة بشكل مفروض على النّصّ أحيانا في غير اكتراث بمآلات بعض تلك النّظريّات والمناهج المتجاوزة أو الآفلة أصلا.	3- الإصرار على الاشتغال بآليّات متجاوزة معرفيّا وتاريخيّا. 4- تهويل النّتائج المتوصّل إليها وغياب الجرأة على المراجعة التّأويليّة الدّائمة.
3- الأرخنة	رفع عائق الحكميّة: - وصل الآيات بظروف بيئتها وزمنها وسياقاتها المختلفة ومعارضة القول بلازمانيّة الخطاب الوحيانيّ - إجراء الفصل بين صيغة الحكم الاعتباريّة الخاصّة وصيغة القانون الإلزاميّة العامّة. - استبدال الطّبيعة الوحيانيّة للنّصّ القرآنيّ بطبيعة تاريخانيّة وقلبه إلى مجرّد وثيقة تاريخيّة. وتعميم صفة التّأريخيّة على المستويين التّشريعيّ والعقديّ، وحصر النّداء القرآنيّ الأخلاقيّ في البعد الباطني الفرداني.	5- إعلاء سلطة المنهج على صوت النّصّ وبلوغ نتائج من جنس المقدّمات النّظريّة الأولى ممّا يجعل من فعل الدّراسة عودا على بدء وضربا من دوران الفكر حول ذاته. وتبعا لذلك تكون الدّراسات القرآنيّة الحديثة المتّبعة لهذا المسلك النّقديّ الصّرف مكرّرة لبعضها البعض على مستوى مصادرات البحث وحيثيّاته واستتباعاته، بوصفها صادرة عن نسق تأويليّ متكلّس.

نخلص من هذا الجدول إلى ما يلي:

1. اعتبر المؤلّف أنّ الدّراسات الحداثيّة النّقديّة التي اشتغلت على النّصّ القرآنيّ إنّما كانت تشتغل وفق استر اتيجيّات نقديّة مضبوطة وتسعى إلى هدف بعينه وتتأسّس على آليّة تنسيقيّة مخصوصة وتوظّف مكتسبات منهجيّة محدّدة.

بمعنى أنّه إن لم يقع التّفطّن عند قراءة مشاريع هذه الدّراسات إلى هذه الدّقائق فستعتبر قراءة قاصرة على تمثّل الأسس العميقة لمثل هذا الخطاب.

2. أكّد طه عبد الرّحمان أنّ الاستراتيجيّات التي انبنت عليها الدّراسات القرآنيّة النّقديّة إنّما ترمي إلى رفع ما اعتبرته عوائق حائلة دون تفكيك طبيعة هذا النّصّ. وهي ثلاثة عوائق: عائق القدسيّة، عائق الغيبيّة وعائق الحكميّة. واعتبرت من ثمّ أنّه بنزع كلّ هذه الخصائص، يصير المتن القرآنيّ متنا كغيره من المتون الخاضعة لسلطة المنهج المعرفيّ المعتمد.

---

8 نفسه، ص178.

9 راجع للتوسّع، نفسه، ص، ص190، 193.

3. في نقده لهذه المقاربة يذهب المفكّر إلى أنّ عمق الإشكال التّأويليّ فيها كامن في أنّها تفرّط في طبيعة النّصّ لتفرض عليه في المقابل طبيعة المنهج المتبنّى. وكأنّ نتائج القراءة سابقة عن فعل القراءة ذاته. علاوة على أنّها في نظره قراءة كاشفة عن ضرب من التّقليد والتّكلّس في الرّؤية وعدم الإحاطة بأسباب إنتاجها الأولى، ممّا أفضى إلى الانسلاخ عن روح الحداثة وإلى الاقتصار على تقليد تطبيقها الغربيّ.

هذا النّقد الذي يوجّهه طه عبد الرّحمان للدّراسات القرآنيّة النّقديّة عموما يوازيه نقد لفرع معرفيّ دقيق منضو تحت هذا الاختصاص الجامع، نعني به فرع التّرجمة. فأيّ موقف له من واقع التّرجمة في مجال الدّراسات الحداثيّة القرآنيّة النّقديّة؟

2.2- الترجمة وإشكاليّتا التّحصيل والتّوصيل:

لطه عبد الرّحمان جملة من الانتقادات بخصوص تطبيق آليّات منهجيّة بعينها في فرع ترجمة النّصّ القرآنيّ بما هو اختصاص من جملة اختصاصات الدّراسات القرآنيّة. وهو يميّز في هذا الإطار بين أنواع ثلاثة من النّقل التّرجميّ هي: التّرجمة التّحصيليّة والتّرجمة التّوصيليّة والتّرجمة التّأصيليّة. أمّا النّوعان الأوّلان فيتّخذ منهما موقفا نقديّا. وأمّا النّوع الثّالث فيمثّل البديل المقترح من قبله.

– **التّرجمة التّحصيليّة:** هي التّرجمة التي "تختصّ بنقل الأصل لفظا بلفظ واقعة في "الحرفيّة اللّفظيّة ummah بمعنى أنّها فعل النّقل المتمسك ب"تمام الصّورة التّعبيريّة" والمقتصر على الحرفيّة اللّفظيّة في غير اعتبار[10]، للمجال التّداوليّ للنّاقل ولا للمنقول. وهو ما ينتج ضربا من الانفصال أو الاغتراب عن المعنى الكليّ المترجم ومقاصديّته الشّاملة في ظلّ استحواذ الهمّ اللّغويّ- التّركيبيّ عليه. حينئذ لا يعدو فعل التّرجمة أن يكون تحصيلا لفظيّا خارجيّا لبنية النّصّ اللّسانيّة.

– **التّرجمة التّوصيليّة**: هي الترجمة التي "تختصّ بنقل الأصل معنى بمعنى، واقعة في "الحرفيّة المضمونيّة"››[11] ضرب من محاكاة مضمون النّصّ الأصليّ على نحو كاشف عن ضرب من التّبعيّة للأصول المعنويّة للنّصّ المنقول إليه في إغفال للأصول المعنويّة الخاصّة بالمنقول. وهو ما يؤدّي إلى إسقاط كلّ ما من شأنه أن يتصادم مع مقتضيات المجال التّداوليّ المنقول إليه ويتعارض مع موجّهاته الكبرى.

هذا المسلك الثّاني في التّرجمة يؤدّي بدوره إلى اغتراب نسبيّ عن النّصّ المترجم وذلك بفعل التّصرّف الخفيّ في معناه بفصله عن مجاله التّداوليّ المنتج ووصله بالمجال التّداوليّ المنقول إليه.

يخلص طه عبد الرّحمان بعد تفصيل الحديث عن هذين المسلكين في ترجمة النّصّ القرآنيّ إلى أنّ اتّباعهما من قبل عدد من المترجمين قد أفضى إلى إنتاج نصوص ناقلة للقرآن على نحو انزياحيّ قاصر عن بلوغ دلالاته المخصوصة. لأجل ذلك يؤكّد أنّ جلّ ترجمات القرآن ليست قرآنا، إنّما هي نصوص قارئة له في ضوء منهج مضبوط النتائج ما قبليّا.

أمّا مسلك التّرجمة التّأصيليّة فهو ما يقدّمه عبد الرّحمان بديلا في سياق مشروعه الأشمل الذي أسماه "الإبداع المأصول- الموصول" في مقابل القراءة المقلّدة لواقعة الحداثة.

3- المنظور الأخلاقيّ بديلا ضمن مشروع الإبداع المأصول الموصول

ننبّه بدءا إلى أساسين انطلق منهما الفيلسوف المغربيّ

---

10 طه عبد الرّحمان، سؤال العمل، ص195.

11 نفسه، ص195.

1- إنّ مقتضى الحداثة الإسلاميّة في تصوّره يتضادّ ومقتضى الحداثة الغربيّة في علاقة بالتّراث الدّينيّ. وبيان ذلك أنّ هذا التّراث الذي ارتبط بتاريخ التّسلّط الكنسيّ في الواقع الغربيّ ما قبل الحداثيّ[12] ليس من جنس التّراث الذي ارتبط في السّياق الإسلاميّ بتاريخ التّنامي الحضاري.

ويخلص طه عبد الرّحمان من ذلك إلى أنّ من مقتضيات الإبداع الحداثيّ الغربيّ أن يكون مفصولا في علاقة بالتّراث الدّينيّ. وعلى خلاف ذلك فإنّ من مقتضيات الإبداع الحداثيّ الإسلاميّ أن يكون مأصولا- موصولا في علاقته بالمكتسب التّراثيّ.[13] واستنادا إلى هذا الفهم يعتبر المؤلّف أنّ ما أنجز في سياق الدّراسات القرآنيّة الحديثة من قراءات اتّخذت لها من التقليد النّقديّ الغربيّ نموذجا إنّما لا تعبّر إلاّ عن وجه مفصول منقول من الإبداع وهو ما لا يتلاءم ومقتضيات روح الحداثة.

2. إنّه لا مجال للحديث عن طرح إسلاميّ لروح الحداثة ما لم تتبلور قراءة جديدة للقرآن. ومقتضى هذا الموقف أنّ هذا النّصّ هو الذي تأسّس عليه الفعل الحداثيّ الإسلاميّ الأوّل السّابق، وهو الذي باستئناف فهمه ينبغي أن يتقوّم الفعل الحداثيّ الإسلاميّ الثّاني اللاّحق تاريخيّا. ودليل ذلك قول المفكّر طه عبد الرحمان إنّه

> لا دخول للمسلمين إلى الحداثة إلاّ بحصول قراءة جديدة للقرآن الكريم، ذلك أنّ القرآن كما هو معلوم هو سرّ وجود الأمّة المسلمة وسرّ صنعها للتّاريخ. فإذا كان هذا الوجود والتّاريخ ابتدآ مع "البيان النبويّ" أو قل "القراءة النبويّة" للقرآن، فدشّنت بذلك الفعل الحداثيّ الإسلاميّ الأوّل، إن جاز هذا التعبير في حقّها، فإنّ استئناف هذا الوجود لعطائه ومواصلة هذا التّاريخ لمساره، وبالتّالي تدشين الفعل الحداثيّ الإسلاميّ الثاني، كلّ هذا لا يتحقّق إلاّ بإحداث قراءة أخرى تجدّد الصّلة بهذه القراءة النبويّة[14].

ويلحّ هذا المفكّر على أنّ فعل الاستئناف ها هنا يفترض أن يكون تأصيليّا بدرجة عميقة ولا يكون كذلك إذا اقتصر في المتن القرآنيّ على مجال الظّواهر الظّنّيـة إنّما يتحقّق مطلب التّعمّق في الدّلالة القرآنيّة خاصّة وأساسا اعتمادا على المنظور الأخلاقيّ- القيميّ الذي يمثّل حقيقة المجال الدّلاليّ الوحيانيّ- اليقينيّ. فطه عبد الرّحمان إذن لا يدعو إلى تغيير نتائج القراءة القرآنيّة فحسب بل إلى قلب مسلّماتها النّظريّة الأولى ومقدّماتها القبليّة المؤسّسة.

1- البدائل المفاهيميّة:

يقابل طه عبد الرّحمان استراتيجيّات الدّراسات القرآنيّة النّقديّة (الأنسنة، العقلنة، الأرخنة) باستراتيجيّات القراءة الحداثيّة المبدعة على حدّ تعبيره. ويفيدنا لتحصيل فهمها بشكل دقيق وموجز أن ننتظم معطياتها في جدول توضيحيّ.

أسس القراءة المبدعة	مقتضياتها واستتباعاتها
1. خطة التّأنيس المبدعة	☒ هي عمليّة نقل الآيات القرآنيّة من الوضع الإلهيّ إلى الوضع البشريّ تكريما للذّات الإنسانيّة **دون محو للقدسيّة.** **وفعل التّكريم يتمّ عبر:** ➢ التّوجّه إلى الإنسان بالخطاب ➢ انسجام الكرامة البشريّة مع مبدإ القدسيّة ➢ نفي القول بتضادّ حقيقتي الاعتقاد والانتقاد. فالالتزام التّديّني غير قاض بتاتا بتفريط الإنسان في اقتداره على الانتقاد واتّخاذ المسافة ممّا يصاغ من آراء وفق مكتسبه الثّقافي ماضيا وحاضرا. ☒ الخطاب الآياتي ذو بعدين: بعد الشّكل التعبيري وبعد المضمون التبليغي وهما بعدان موجّهان إلى الإنسان على وجه مخصوص واستيعاب ذلك قاض بالمحوريّة الإنسانيّة في الكون بشكل ينسجم تماما مع روح الحداثة ورهاناتها الكبرى.

12 راجع روح الحداثة، ص189.
13 نفسه، ص195.
14 نفسه، ص193.

أسس القراءة المبدعة	مقتضياتها واستتباعاتها
2. خطّة التعقيل المبدعة	☒ القصد من ورائها "توسيع العقل" **دون محو للغيبيّة وفعل التّوسيع يتمّ عبر**: ➢ التّعامل العلميّ مع الآي في انسجام مع التفاعل الدّينيّ- القيميّ، ممّا يحقّق ازدواج الماديّ والمعنويّ في الوعي البشريّ. ➢ استثمار العقل لما يفيده من الغيبيّة بدل انشغاله بدفع ما يضرّه منها. ممّا يقضي باستبدال الوعي السّالب بوعي موجب ➢ وصل أفق الإدراك العقليّ بأفق الإدراك الرّوحيّ.
3. خطّة التّأريخ المبدع	☒ القصد من ورائها ترسيخ الأخلاق **دون محو الحكميّة، وفعل التّرسيخ يتمّ عبر**: ➢ وصل الآيات القرآنيّة بظرفيّتها التّاريخيّة ترسيخا للمقصد القيميّ منها. ممّا يرفع الوقائع إلى منزلة العلامات الكونيّة فيصير السّياق إطلاقيّا وفقا لفلسفة الخاتميّة التي تجعل النّداء الوحيانيّ لازمانيّا. ➢ الارتقاء بمبدإ الحكميّة ليشمل الوجهين القانونيّ والأخلاقيّ مع تقرير تبعيّة الوجه القانونيّ للوجه الأخلاقيّ. ➢ جلب المنفعة من شرط الحكميّة بدل درء المفسدة وردّ الضّرر أي استبدال التّأريخ السّالب بالتّأريخ الموجب وتعويض التّاريخيّة الماضويّة بالتّاريخيّة المستقبليّة بحيث يكون الخطاب القرآنيّ في راهنيّته الدّائمة بحكم إطلاقيّته القيميّة.

يتبيّن من خلال ما يقترحه طه عبد الرحمان من مقاربة بديلة تقلب مفاهيم الأنسنة والعقلنة والأرخنة إلى صياغات مضادّة، أنّ القراءة الحداثيّة المبدعة كما ينظّر لها، تتطلّب استيفاء شرطين رئيسين: "أحدهما "رعاية قوّة التّفاعل الدّينيّ مع النصّ القرآنيّ"، أو بعبارة أدقّ "ترشيد التفاعل الدّينيّ"، والآخر "إعادة إبداع الفعل الحداثيّ المنقول"أو قل "تجديد الفعل الحداثيّ"".[15]

<u>2- آفاق التّرجمة التّأصيليّة ومقتضيات النّقل القرآنيّ:</u>

للترجمة التّأصيليّة حسب طه عبد الرّحمان مقوّمات ثلاثة:

أ-قلب التّصوّر القديم لطبيعة العلاقة بين الأصل والنّقل: حيث يقع الاختلاف في سياق ترجمة أيّ نصّ بشريّ حول أيّهما أجدر بالحفظ والإظهار أهو الأصل بما هو صوت الآخر المنقول أم النّقل بما هو صوت الذّات النّاقلة؟ أمّا حين يتعلّق الأمر بالقول القرآنيّ فإنّ طرفي عمليّتي النّقل يتّخذان أبعادا أخرى مختلفة تماما حيث يصير النّصّ محلّ الذّات ومجال حضورها في ذاتها على نحو ينتفي معه كلّ تخارج. حينئذ يستحيل فعل التّرجمة نقلا للذّات إلى النّصّ القرآنيّ وليس نقلا لهذا النّصّ إلى الذّات.

ب- العمل على الاقتباس من القرآن: عبر الانشداد الكليّ إلى معناه ممّا يجعل التّرجمة حدث فهم لا مجرّد نقل من لسان إلى آخر.

ت- التّحصيل القلبيّ للتّرجمة: فاستيعاب المعنى القرآنيّ في تقدير طه عبد الرّحمان لا يكون فقط عبر تعقّله إنّما خاصّة عبر استقباله القلبيّ.

نخلص من هذا الطّرح إلى استنتاجات ثلاثة:

1. إنّ البديل الذي يرى فيه طه عبد الرّحمان سبيلا إلى تجديد مقاربة الدّراسات القرآنيّة يقوم أساسا على قلب فلسفيّ منطقيّ لجملة الأسس النّظريّة بوصفها المحرّكات الدّاخليّة التي أدّت إلى نتائج القراءات المتداولة في هذا الاختصاص.

2. انشغل هذا المفكّر بقضيّة النّقل اللّسانيّ القرآنيّ من وجهة نظر تداوليّة تعمّق فيها البعد الصّوفيّ الإشاريّ وتجذّر بشكل لافت.

15 نفسه، ص195.

3. إنّ الموقف النّقديّ لطه عبد الرّحمان وكذا موقفه البديل قد تأسّسا على خلفيّة حركة ارتداديّة للحقيقة بمعنى أنّ حقيقة الآخر هي غير ملزمة لي. لتتشكّل في المقابل حقيقة الذّات على أساس ترنسندنتاليّ معلن وصريح. هذه النّتيجة الثّالثة تفتح لنا باب المراجعة النّقديّة بإلحاح.

1- نقد النّقد ونقد البديل

1. في نقد النّقد

❖ اشتغل الفيلسوف المغربيّ طه عبد الرّحمان في طرحه بخطّة منطقيّة موغلة في التّجريد وبنى في ضوئها استناجات اعتبرها حقائق مطلقة تستمدّ قيمتها من ذاتها. وفي الظّنّ أنّه من الضّروريّ تعقّب هذه الاحتمالات الفرضيّة الأولى وعدّها بدورها رؤية مخصوصة لما ينبغي أن تكونه المصادرة النّظريّة إذ ليست معطيات ثابتة عند الجميع. إنّ طه عبد الرّحمان لا يعتبر مصادراته النّظريّة إمكانا من إمكانات الحقيقة إنّما يرى فيها الحقيقة عينها التي لا جدال حولها. وهاهنا ينكشف استشكال معنى الحقيقة في ذاتها. إذ ليس ثمّة حقائق إنّما هناك فقط تأويلات نيتشه (Nietzsche). وهو بذلك إنّما يقابل مصادرات الدّراسات القرآنيّة النّقديّة الحديثة بمصادرات ضديدة من منطلق نسق مغلق هو نسق براديغم الوعي الخاصّ به والذي شيّده منطقيّا وصاغه في جهاز مفاهيميّ منمّق. واستتباعا من ذلك اختزل منطق المصادرات النّظريّة الكلّيّة في منطق مصادراته النّظريّة الجزئيّة. هاهنا ننبّه إلى المشكل الأوّل: مشكل الاختزاليّة النّظريّة.

❖ لم يخرج نقد طه عبد الرّحمان لاستراتيجيّات الدّراسات القرآنيّة الحديثة من الإطار النّظريّ المنتج لهذه الاستراتيجيّات والمؤصل لها. وذاك وجه أوّل في الإشكال، ينضاف إليه ربط هذا الجهاز المفاهيميّ الحداثيّ قصرا بالظّرفيّة التّاريخيّة الغربيّة المخصوصة القائمة على واقع الصراع مع الكنيسة واختزال فلسفة الخطاب الحداثيّ في ثنائيّة الدّينيّ واللاّدينيّ. وهذا وجه الإشكال الثّاني. حيث يصحّ لدينا أن ننبّه إلى مشكل الانتقائيّة التّاريخيّة.

❖ إنّ نظريّة طه عبد الرّحمان في التّرجمة والتّمييز فيها بين الفعل التّحصيليّ والفعل التّوصيليّ والفعل التّأصيليّ تندرج ضمن سعيه النّقديّ إلى تفنيد وجاهة التّرجمات القرآنيّة وحصرها ضمن الفعلين الأوّلين بحيث لا تعدو هذه المحاولات أن تكون تحصيلا أو توصيلا وفي الحالتين هي لا ترقى في ظنّه إلى عمق فلسفة النّقل التّداولي التّأصيليّ. أمّا وجه الإشكال في هذا حسب فهمنا فكامن في البعدين التّنظيريّ والتّصنيفيّ إذ ليس الفعل التّحصيليّ ولا التّوصيليّ بمفصولين عن أداء المعنى الكليّ للنّصّ أو الإقامة التّأويليّة في معناه. وهنا يصحّ لدينا أن ننبّه إلى مشكل التّصنيفيّة المنطقيّة التّعسّفيّة.

وبذلك نكون قد وقفنا على وجوه إشكاليّة ثلاثة في نقد النّقد الطّهائيّ وهي:

- ✓ إشكال الاختزاليّة النّظريّة
- ✓ إشكال الانتقائيّة التّاريخيّة
- ✓ إشكال التصنيفيّة المنطقيّة.

2. في نقد البديل:

❖ إنّ الاستعاضة عن خطط الأنسنة والعقلنة والأرخنة بمصطلحات مقابلة مضافا إليها نعت "مبدعة" هو ضرب من استعارة البديل التّأويليّ من واقعة الغرب الحداثيّة نفسها وهو ما بنى طه عبد الرّحمان نظريّا مشروعه على نقيضه وبذلك فإنّ أطروحته حول الإبداع مأصولا وموصولا تستوجب عودة نقديّة لمرتكزاتها النّظريّة الأولى.

❖ إنّ الشّروط التي يضعها طه عبد الرّحمان بغاية بلورة جديدة لاختصاص الدّراسات القرآنيّة تراهن على صوغ قراءة حداثيّة مغايرة عبر استئناف سؤال الأخلاق على خلفيّة تداوليّة قاضية بنقل المعنى القرآنيّ من حيّز -الخصوصيّ الإيمانيّ إلى فضاء الكليّ الفلسفيّ- الإنسانيّ وساعية إلى استنبات الأفق الحداثيّ ضمن أفق الإيتيقيّ الكليّ.

وبهذا الطّرح نفهم ما قصده المؤلّف من التّمييز بين "الكونيّة السّياقيّة" و"الكونيّة الإطلاقيّة". إلاّ أنّ تعارضا لافتا في عبارة الكونيّة السّياقيّة يجدر التّنبيه إليه. ذلك أنّ الإسهام الخصوصيّ في الكونيّ لا يبرّر ادّعاء احتواء الكليّ جزئيّا. لكون ذلك مؤدّ بالضّرورة إلى جعل الهاجس الهووي طاغيا على مطلب الكوني إن لم يكن ضديدا له على أرضيّة تقابل الهويّة مع الغيريّة.

❖ إنّ مقتضيات التّأصيل في مجال التّرجمة القرآنيّة كما يضبطها طه عبد الرّحمان يطغى فيها النّفس الصّوفيّ-العرفانيّ إلى درجة حديث الكاتب عن الإذن الغيبيّ الخصوصيّ بالتّرجمة وعن الاستقبال القلبيّ للنّداء القرآنيّ بدلا عن الاستقبال العقليّ. ومعلوم أنّ مثل هذه الشّروط ليس بالإمكان ضبطها بمعيار إبيستيمولوجيّ دقيق ولا تأكيد ثبوتيّة حصولها من عدمه. فضلا عن إيغالها في التّجريد وتغييب المستوى التّاريخيّ العينيّ بالدّعوة إلى نمط من الزّمانيّة مخصوص أو قل إلى نمط من اللّازمانيّة مؤدّ إلى التّخارج عن أفق الإنسانيّة الرّاهنة.[16]

وكأنّنا بطه عبد الرّحمان ينغمس في عالم من الإشكالات اللّغويّة والكفايات المنطقيّة الصّوريّة في حلّ من مشكلات الحداثة المتأصلة في عالم الوقائع والظّواهر.

خاتمة

إنّ استئناف التّفكير في مرتكزات نظريّة أخرى للدراسات القرآنيّة في مشروع طه عبد الرّحمان أساسه اعتبار الحداثة مشروعا غير مكتمل وعدّ الإسهام الثّقافيّ السّياقيّ فيه من زاوية الانتماء إلى المجال التّداوليّ الإسلاميّ أمرا متحتّما وضروريّا. وفي سياقه يتمّ الخروج من طور الفحص الأنثروبولوجيّ- التّاريخيّ إلى طور المطارحة الفلسفيّة لحقيقة العمق الإيتيقيّ في النّصّ المقدّس.

إلاّ أنّ هذا المطلب يقتضي أن تستأنف تأويليّة مسألة النّحن لا على نحو تكراريّ للذّات أو إقصائيّ للآخر أو إطلاقيّ للحقيقة، إنّما على خلفيّة جعل جوهر التّجربة التّأويليّة الحديثة مغامرة في كلّ لحظة تقتضي الكشف عن لا نهائيّة المعنى الذي هو فينا.

16 راجع للتوسّع فتحي المسكيني، **الهويّة والزّمان، تأويلات فينومينولوجيّة لمسألة النحن**، دار الطّليعة للطباعة والنشر، بيروت، ط1، 2001. ص، ص64، 65.

محمد بوهلال

14 تيبولوجيا القرآن في جواهر القرآن للغزالي (ت505/1111) سؤال القرآن ماضيا وحاضرا

يُحَيِّرُ عقلَ الباحث المستقلّ وضميرَ المؤمن المعاصر سؤالٌ راهِنٌ يتعلّق بالقرآن: ما الذي بَقِيَ فاعلا ومؤثّرا من هذا النصّ المقدَّس في عالَمٍ مُعَوْلَمٍ تَحْكُمُهُ المصالح الضخمة والخطابات السياسيّة والإعلاميّة والفكريّة القادرة على تبرير كلّ شيء؟ ما الذي بقي منه قابلا للحوار العميق والاستلهام والثقة به في زمنٍ من أبرز علاماتِهِ واقعةُ الإرهابِ التي يتمّ ربطها في كثير من الأحايين بالإسلام وبكتابه المقدّس؟

إنّ الوضع الذي يبدو عليه القرآن راهنا هو وضع التنافر مع البيئة الثقافيّة والسياسيّة السائدة ووضعُ التقابُلِ مع ما كان عليه في الماضي. ففي الماضي مثّل القرآن كتابا محوريّا في الثقافة الإسلاميّة، وارتبط به كلّ شيء تقريبا في تلك الثقافة وفي المجتمعات التي سادتها. ارتبطت به بنيتها العقديّة، علومها، تشريعاتها، آدابها، فنونها، السلوك اليومي للأفراد فيها. . . وكلّ شيء ذُكر في القرآن تمتّع بوضعٍ «سعيدٍ» وامتلك مقاما شرعيّا. حتّى إبليس «الرجيم» أصبح جزءا أساسيّا من الثقافة والحياة.

اتُّخِذ القرآن في العصر الوسيط موضوعا للدرس من أجل الفهم. لكن لم تكن هذه هي الغاية الوحيدة من درسه. فقد كان الدارسون يَسْعَوْنَ إلى فهمه من أجل تكريسه والامتثال لمضامينه واستمداد المعرفة منه.

أمّا اليوم، فرغم وجود نسخة من القرآن ربّما في كلّ بيت تسكنه عائلة مسلمة، فإنّ هذا الكتاب لم يعد يؤثّر في الدراسات العلميّة، مثل علوم البلاغة واللسان والقانون والتاريخ والفلسفة وغيرها. ولم يعد يؤثّر أخلاقيّا في السلوك العامّ السياسي والاقتصادي والاجتماعي لمعظم المسلمين. وبات تأثيره في مجال التشريعات العمليّة محدودا وفي تناقص، رغم بعض الظهورات السياسيّة والاجتماعيّة هنا وهناك. وهي ظهورات عَرَضِيَّةٌ ليس لها على الأرجح مستقبلٌ لأنّها تضع نفسها مقابل العالم كلِّه.

هذا لا يعني أنّ الاهتمام بالقرآن قد تراجع، بل قد يكون في تزايُد. وما تَعَدُّدُ المؤتمرات العلميّة التي تتّخذه موضوعا لها، وانشغالُ أعدادٍ متزايدة من الباحثين والمختصّين بدراسته واستشكالِهِ إلاّ دليلٌ على تَوَسُّعِ الاهتمامِ به. يسمح لنا ذلك بالقول إنّه توجد دراسات قرآنيّة اليوم، بقدر ما كان يوجد منها في العصر الوسيط أو أزيدَ، مع اختلافٍ جوهري بين النمطين من الدراسةِ في مستويَيْ المنهج والغايات.

خِلافًا للدرس في العصر الوسيط، تَخدِمُ الدراساتُ الحديثةُ للقرآن غاياتٍ معرفيّةً ونقديّةً مِنْ أهمّها معرفةُ نشأةِ القرآنِ وتاريخِهِ والمؤثّراتِ اللغويّة والثقافيّة العربيّة والمجاورة في مُفْرَدَاتِ خطابِهِ وموضوعاتِهِ وتعاليمِهِ استنادا إلى معطيات التاريخ الموثَّقة، وتبيُّنُ تأثيرِ أُفُقِ نظرِ النبيِّ محمّدٍ والشخصيّاتِ والنصوصِ الملهِمة للنبي في تشكيل هذا النصّ باعتبار أنّ لكلّ نصٍّ مؤلِّفًا مفرَدا أو جمعا، والوقوفُ على الفجوة الواسعة في كثير من الأحيان بين تأويلات القدامى لآياته وما يمكن فهمُهُ منها إذا استَعْمَلْنَا أدواتِ تحليلِ اللغةِ والخطابِ الحديثةِ المستندةِ إلى طيفٍ واسعٍ من العلوم الإنسانيّة والطبيعيّة. كلُّ ذلك دونَ أيّ التزامٍ عَقَدي أو سلوكي تجاه القرآن.

هذا فرق جوهري بين الدرس القديم والدرس الحديث. لكنْ رغم اختلافِ الدرسَيْن، ثمّة نقطةٌ مشتركةٌ بينهما، هي اتّخاذُ القرآن في كليهما موضوعًا للبحث، وإخضاعُهُ لما تخضع له النصوص والخطابات والأفكار المعبَّر عنها باللسان من تحليلٍ وتفكيك. غيرَ أنّ أدواتِ القدامى وأهدافَهُمْ ومقارباتِهِمْ الخادمةَ لتلك الأهدافِ تختلف، بسبب أوضاع المعرفة والنظام الاجتماعي والسياسي في عصرهم، عن أدوات المُحْدَثِين وأهدافِهِمْ ومقارباتِهِمْ.

لم يكنْ القرآنُ وحدَهُ موضوعًا للدراسة في العصر الوسيط. بل كان ذلك هو حالَ المقدّساتِ كلِّها. اللهُ نفسُهُ كان موضوعا للدراسة: يُبْحَثُ فيه ويُتَخاصَمُ في ماهيته وذاته وصفاته وفي الأدلّة عليها، كما يُبحث في أيّ موضوعٍ دنيوي. وهذا يؤكّد أنّه رغم الفوارق النوعيّة لا توجد قطيعة كلّيّة بين الدراسات القديمة والدراسات الحديثة.

https://doi.org/10.1515/9783111051567-015

من هذا المنطلق نسعى إلى دراسة ما نسمّيه بالفهم التيبولوجي للقرآن لدى الغزالي باعتباره فهما يسمح بإعادة النظر في وضع القرآن في حياة المؤمن المعاصر، وحلِّ بعض معضلات التديّن في مجتمعات تعيش علاقة أزمة مع موروثها الديني وتعبيراته التاريخيّة المختلفة.

مشكلات قراءة فكر الغزالي

كثيرا ما يُنظَرُ إلى الغزالي سلبيّا ويقدَّمُ في هذه الصورة: هاجَمَ الفلسفة، استنقصَ من العقل، شكّك في السببيّة، كرّس الغنوص. . . وانتهى البعض في موقفه السلبي من الغزالي إلى رفع شعار التحرّر من تأثيره. وهناك من دعا إلى إهماله ونسيانه وعدم إطّلاع الأجيال المعاصرة على فكره.[1] في مقابل هذه المواقف، أرى أنّ التقدّم الثقافي والاجتماعي لا يتمّ بمعزلٍ عن العودة المعرفيّة إلى القدامى ومحاورتِهِمْ محاورةً جدّيّة، وأنّ تجاوزَهُمْ -وهو أمر مطلوب وقد نادى به بعض القدامى أنفُسُهُمْ- لا يكون بالحطّ منهم، وإنّما ببناء فكر أرقى ممّا بَنَوْا.

عَمَّ نبحث في فكر الغزالي اليوم؟ وماذا يمكن أن نجد لديه؟ نبحثُ عن أدلّةٍ تُدينُهُ وتُدينُ أهلَ السنّة وربّما عصرَهُ بأكمله؟ نبحث عن منظومات سلوك فقهي وزهدي وصوفي جاهزة للتطبيق؟ نبحث عن نموذجٍ لِتَوَاؤُمِ العقلِ والنقلِ والسياسةِ والروحانيّةِ؟

تُثير أيُّ دراسةٍ للغزالي مشاكلَ أوّليّةً لَئِنْ جازَ أنْ نَعتبرَهَا محلولةً بفضلِ عديدِ الدراساتِ، فمن الضروري أنْ نكونَ واعين بها دائما. ذلك أنّ قراءةَ الغزالي تُوقِعُ حَقًّا في الالتباس وسوءِ الفهم، وتُتيحُ مؤلّفاتُهُ الصحيحةُ النسبةِ والمشكوكُ فيها والمنحولةُ لِكُلِّ شخصٍ أنْ يجدَ فيها ضَالَّتَهُ. نخصّ بالذكر في هذا المقام مشكلتين جوهريّتين مترابطتين.

- الأولى مشكلة صحّة ما يُنسب إلى الغزالي من مؤلّفات، ومدى تعبيرِها عن أفكاره الشخصيّة. وقد كتب عديدُ المختصّين في الغزالي كتبا ومقالات في الموضوع لا بدّ من الاطّلاع عليها أوّلا حتّى تتسنّى لنا معرفةُ صحيحِ النسبةِ من المؤلّفات مِنْ منحولِها. ومن أهمّ من يمكن تسميته في هذا المقام مونغمري وات (Montgomery Watt)، جورج حوراني (George Hourani)، عبد الرحمان بدوي، حوّاء لازاروس يافه (Hava Lazarus-Yafeh)، محمّد بوهلال.[2]

- الثانية مشكلة التناقض الداخلي في رؤية الغزالي الفكريّة، وتظهر خاصّة عند مقابَلةِ كتاباته الصوفيّة والعرفانيّة بكتاباته الأصوليّة والكلاميّة والسياسيّة. وهذا مشكل حاول باحثون أمثال كوجيرو ناكامورا (K. Nakamura) وريشارد فرانك (R. Frank)[3] وماري برناند (Marie Bernand)[4] أن يقدّموا له حلولا مقنعة استنادا إلى فكرتَيْ الغموض المفتعَل قصد التمويه والتحويل اللغوي للمفاهيم المرفوضة سنّيّا.

تحيل المشكلتان إلى سؤال منهجي: كيف نقرأ الغزالي؟ فالرجل يحمل عدّة صفات في نفس الوقت: هو فقيه ومتكلّم وأصولي وصوفي ومنظّر سياسي وسنّي أشعري وغنوصي وكوني. ما نفهمه من ذلك ليس فقط كونَ الغزالي متعدّدَ الاختصاصات. فهذا أمر لم يكن مقصورا عليه. بل الأكثر أهمّيّة من ذلك -وهذه هي وجهة نظرنا- أنّ الغزالي -مِثْلَ

1 انظر: محمّد بوهلال، **الغيب والشهادة في فكر الغزالي**، نشر كلّيّة الآداب سوسة ودار محمّد علي الحامّي تونس، ط1، 2003، ص ص15–28.

2 للاطّلاع التفصيلي والنقدي على هذه المؤلّفات، راجع: محمّد بوهلال، **الغيب والشهادة في فكر الغزالي**، رسالة دكتورا دولة مرقونة بكلّيّة الآداب بمنّوبة، جامعة منّوبة، الباب الأوّل «مؤلّفات الغزالي»، ص ص19–75. (هذه الرسالة مطبوعة في نشرتين لم تتضمّنا البابَ المذكور).

3 انظر في ذلك: محمّد بوهلال، **الغيب والشهادة في فكر الغزالي**، ص ص641–642.

4 Marie Bernand, «Al-Ghazâlî artisan de la fusion des systèmes de pensée», *Journal Asiatique* 278:3–4 (1990): 223–251.

الجاحظ- بَنَى رؤى وتجاربَ متعدّدةً تعبيرا عن عالم متعدّدٍ وثقافةٍ تتّسم بالاختلاف. بلغت جملةُ هذه الرؤى المختلفة حالةً من الانسجام والانصهار الغامضَيْنِ في رؤية تيبولوجيّة تصنيفيّة طبّقها الغزالي على كلّ شيء. على العالَم والنفس والعلوم والملائكة وأنواع الإيمان وآيات القرآن، إلخ. . .

لكيْ نفهمَ أهمّيّةَ هذه الرؤيةِ التصنيفيّة، يجب أنْ نتبيّنَ أوّلاً خاصّيّةَ الفلسفةِ السائدة في عصر الغزالي. نعني بذلك الموقفَ المعرفي والديني الشائع لدى صانِعِي المعرفة الدينيّة في المجتمعات الإسلاميّة في العصر الوسيط.

الفلسفة السائدة في عصر الغزالي

تعبّر عن هذه الفلسفة النظرةُ النسقيّة إلى الدين المتجلّية في فكرة الكلّيّة والشموليّة والانتظام التي انبنت عليها كتبُ الحديث بأبوابها الفقهيّة الشاملة، وكتبُ التفسير الحريصةُ على تناول جملة القرآن بالتفسير من أوّل آية إلى آخر آية، وعلمُ الكلامِ وأصولِ الفقه والتصوّفِ التي قَدَّمَتْ مجتمعةً ما يُعتقَد أنّه أجوبةٌ دينيّة عن كلِّ ما يَحتاج المؤمن إلى معرفته واعتقاده وفعله وتركه. لكنّ هذه النظرة النسقيّة تصطدم بالنموذج غير النسقي لانتظام السُّوَرِ في المصحَف وانتظام الآيات في السور، كما تصطدم بِعَديدِ الآيات التي لا تتناغم مع تلك النظرة النسقيّة وبالطابع الإشاري والرمزي لقسم هامّ من الخطاب القرآني.

للتغلّبِ على هذه الصعوبة وإنقاذِ تلك النظرة الدينيّة النسقيّة، احتاج المفسّرون والأخباريّون والفقهاء إلى مادّةٍ إضافيّةٍ غزيرةٍ وجدوها في كتبِ الحديثِ العديدةِ المتأخّرةِ الظهورِ مُقَارَنَةً بِزَمَنِ الوحي (ومع ذلك عَدُّوهَا من الوحي)، ووجدوها في آليّة القياس التي توسّعوا كثيرا في تطبيقها مستفيدين من مفهومٍ فضفاضٍ للقياس يتعدّى المفهوم الذي وضعه له أرسطو بَنَوْهُ على الاستعمال اللغوي الواسع. بفضل هاتين الوسيلتين (الحديث والقياس)، لم يَبْقَ شيءٌ لا يغطّيه الدين ولا يتناوله ولا يقول فيه قولا حاسما. كانت هذه هي الميزةَ الأولى للمعرفة الدينيّة في العصر الوسيط. وكان من نتائجها المباشرةِ إضفاءُ طابعٍ هيمني شمولي على الدين انتقلت بعض سماته إلى الدولة الحديثة التي باتت تحتكرُ وظيفةَ التشريعِ العمومي وممارسةِ العنف القانوني والتفرّدِ بحقّ إعلانِ الحرب والسلم.

فلسفة الغزالي المضادّة

لم يندرج الغزالي في هذه الفلسفة العامّة المميّزة للعصر الوسيط. بل أراد أن يكون تجسيدا لِوَعْيِ الفكرِ الديني بحاجته الماسّة إلى إعادة ترتيب أولويّاته ومسائله وبنيته بعد أن اختلط فيه الحابل بالنابل بسبب امتزاج أفكار الناس وآرائهم بما يُعتقَد أنّه الدين الإلهي. وكانت المهمّة الجوهريّة التي تكفّل الغزالي بها هي إعادة تعريف المجال الديني وتمييزه عمّا سواه، وذلك بإخضاع القرآن والمعرفة الدينيّة ومستويات الوجود لعمليّة تيبولوجيّة معياريّة. وكان المفهوم الذي استعمله في ذلك هو مفهوم الجوهر أو الجوهري، مقابل القشر، ومفهوم الذات أو الفرد، مقابل الغير أو العموم. هذا المشروع الذي أراده الغزالي إحياءً لعلومٍ دينيّةٍ باتَتْ تشكو من الانحراف ومهدّدةٍ بالموت، قاده إلى رفض النسقيّة في الدين، وتبنّي موقف تمايزي تفاضلي ترتيبي.

إنّ النسقيّة في الدين لا توجد إلاّ في الكتب: في علم الكلام وأصول الفقه والتفسير. أمّا الواقع فنجد فيه نزعة الانتقاء والاصطفاء والاختيار، لأنّ ما يبقى من الشيء هو ما يلفت انتباه الناس وينفعهم وينجح في حملهم على التفكير والفعل.

لئن كتب الغزالي في نطاق الفكر النسقي عدّة كتب كلاميّة وفقهيّة وأصوليّة، فلقد كان دائما واعيا بحدود ما يَكتب في هذه المجالات. وتَمَثَّلَ النقدُ الجوهري الذي وجّهه إلى الفكر النسقي في الإقرار بكونه فكرا يتعارض مع المعنى الحقيقي للدين. صحيح أنّه نقد الأنساق أيضا من جهة كونها مضيعةً للوقت وإسرافا غيرَ مبرَّرٍ في الاعتناء

بالتفاصيل. لكنّ أهمّ نقد وجّهه إليها هو كَوْنُهَا لا تُحقّق الغايةَ والمقصد من الدين الذي هو وصول الإنسان إلى الله بِقدْرِ ما تُبعده عنه وتحقّق له الوصول إلى الدنيا والتكسّبَ بواسطتها.

يعني تطبيق هذا الموقف على المعرفة الدينيّة السائدة إخراجَ علمَيْ الفقه والكلام من دائرة المعرفة بالدين، وردَّهُما إلى المعرفة بشؤون الدنيا التي هي مجرّد طريق يسافر المؤمن عبرها إلى الآخرة. لذلك صنّفهما الغزالي عِلْمَيْنِ دنيويَّيْنِ بامتياز يحدث ضمنهما التنافس والتكالب كما يحدثان في أمور المال والجاه. وبناء عليه أقرّ بأنّ المعرفة الدينيّة السائدة عند المسلمين أخطأت فهمَ الدينِ ومغزاهُ الجوهري. إذْ ظنّ المسلمون أنّ فقه الدين الذي تكلّم عليه النبي هو علم الفقه، بينما المعنى المقصود من مفردة الفقه في الحديث المنسوب إليه هو علم طريق الآخرة.[5]

تطبيق فلسفة المراتب على القرآن

اعتمد الغزالي في كتابه **جواهر القرآن** معجما استعاريّا صوفيّا مِنْ مفرداتِهِ البارزةِ الغرائبُ والعجائب، الساحل، الجزائر البعيدة، البحار والمحيطات، الاستغناء واجتناء الأطايب، الحرمان، إدمان النظر، الدرر واليواقيت، الملوك، علوم الأوّلين والآخرين، المسك والعنبر، الياقوت والزبرجد. . . يضع هذا المعجمُ القارئَ في عالَمٍ خيالي يقوم على مفاهيم الأقصى والأعلى والأبعد، ويقدّم له صورة كيميائيّة سحريّة عن القرآن ترى فيه أسرارا ورموزا ومحتويات تستوجب الغَوْصَ العميقَ لإدراك «لبابه الأصفى». وهو بذلك يغري قارئه بالمغامرة في هذا العالم العجيب. فالذين أقدموا على الغوص في لُجَجِ بحر القرآن ظفروا بالكبريت الأحمر والياقوت الأكهب والدرّ الأزهر والزبرجد الأخضر والعنبر الأشهب والعود الرطب الأنضر والترياق الأكبر والمسك الأذفر،[6] أي بكلّ ما يحيل على النادر الثمين وعلى الحياة الباذخة الحالمة في قصور القرون الوسطى. إنّها لغة شديدة المادّيّة شديدة الدنيويّة، لكنّها مطبَّقَةً على القرآن تفيد معاني روحانيّة وتأخذ متقبِّلها في سَفَرٍ لا نهاية له.

إنّ نظريّة مراتب القرآن معتمَدة في **الإحياء**، لكنّ الغزالي جعلها في **الجواهر** الأساسَ العامَّ الذي نظر من خلاله إلى القرآن مُفَاضِلاً بين آياته، مصنِّفا علومَهُ على أساسها. فعندَهُ أنَّ كلَّ العلومِ التي تهتمّ بلغة القرآن وجوانبِهِ الشكليّة قشورٌ وأصدافٌ، فسمّاها «علوم الصَّدَف». وميّز فيها بين قشورٍ خارجيّة هي القراءات، وقشورٍ داخليّة هي علم التفسير الظاهري.[7] وأجرى هذا التقسيم الذي طبّقه على علوم القرآن على علوم الحديث أيضا[8].

ويقابل «علومَ الصَّدَف» ما سمّاه الغزالي بـ«علوم اللُّبَاب» التي تخضع بدورها لمبدإ التفاوت والتفاضل. ففيها طبقتان: الطبقة السفلى، وهي ثلاثة أقسام: الأوّل قَصص القرآن ويتكفّل به القُصّاص، والثاني محاججة الكفّار ويتكفّل به المتكلّمون، والثالث الحدود والأحكام ويتكفّل به الفقهاء.[9] أمّا الطبقة العليا فهي ما تعلّق بـ«العلم بالله واليوم الآخر لأنّه علم المقصد». وأدناها ما تعلّق بالفقه والكلام. ووصف الغزالي الذين اقتصرت بضاعتهم على هذين العلمين بكون «درجتهم نازلة جدّا».[10] واعترف بخطئه حين توسّع فيهما ردحا من العمر أكثر من اللازم:

---

5 انظر: محمّد بوهلال، **الغيب والشهادة في فكر الغزالي**، ص ص623–629.

6 الغزالي، **جواهر القرآن ودرره**، تحقيق لجنة إحياء التراث العربي، دار الآفاق الجديدة - دار الجيل، بيروت، ط6، 1988، ص ص8–9.

7 **نفسه**، ص 18–20.

8 **نفسه**، ص18.

9 **نفسه**، ص 20–22.

10 **نفسه**، ص23.

وقد ضيّعنا شطرا صالحا من العمر في تصنيف الخلاف فيه، وصرفنا قدرا صالحا منه إلى تصانيف المذهب وترتيبه إلى بسيط ووسيط ووجيز مع إيغال وإفراط في التشعيب والتفريع. وفي القدْر الذي أودعناه كتابَ "خلاصة المختصر" كفايةٌ، وهو تصنيف رابع، وهو أصغر التصانيف.[11]

يدرك الغزالي أنّه بهذا التصنيف يَهُزُّ مسلّمةً دينيّة عامّة تتمثّل في تقديس جملة القرآن وإعلاء جميع آياته. لذلك استند في الإطاحة بهذه المسلّمة إلى نظريّة أنطولوجيّة مقبولة فلسفيّا وصوفيّا تُقِرُّ بأنّ الملكوت هو اللبّ، والعالَمَ المادّي مجرَّدُ قشرٍ خارجي: «عالم الحسّ والتخييل. . . هو النتيجة الأخيرة من نتائج عالم الملكوت، وهو القشر الأقصى عن اللبّ الأصفى. ومن لم يُجَاوِزْ هذه الدرجةَ فكأنّه لم يشاهد من الرمّان إلّا قشرته».[12]

واستند أيضا إلى سلطة النقل، فتساءل عن تفاوت الآيات: «كيف يكون بعضها أشرف من بعض؟»، وأجاب:

> اعْلَمْ أنّ نور البصيرة إن كان لا يرشدك إلى الفرق بين آية الكرسي وآية المداينات وبين سورة الإخلاص وسورة تبّت، وترتاع من اعتقاد الفَرْقِ نفسُكَ الجوّارةُ المستغرقة بالتقليد، فقلِّدْ صاحبَ الرسالة صلواتُ الله وسلامه عليه، فهو الذي أُنزل عليه القرآن، وقد دلّت الأخبار على شَرَفِ بعض الآيات وعلى تضعيف الأجر في بعض السُّوَرِ المنزلة.[13]

وفي نفس السياق استعرض الغزالي عدّة أحاديث، منها حديث «"فاتحةُ الكتابِ" أفضل القرآن»، وحديث «"آية" الكرسي سيّدة آيِ القرآن»»، وحديث «"يس" قلب القرآن، و"قل هو الله أحد" تَعْدِلُ ثلث القرآن»، إلخ . . .[14]

تترتّب على هذه الرؤية التصنيفيّة نتيجتان عمليّتان:

الأولى هي تمحيص الدين للتبتّل والانقطاع إلى الله. فـ«السلوك إلى الله. . . يكون بالإقبال عليه والإعراض عن غيره. . . وهذا هو السَّفَرُ إلى الله».[15] وهذا يعني إخراجَ الشأن الدنيوي كلِّهِ من مجال الدين الخالص.

والثانية هي التشريع للفهم الذاتي للدين. فقد ربط الغزالي بوضوحٍ الخلاصَ الروحي بالفرديّة والفهم الذاتي: «سنجمع لك الآيات المرشدة إلى طريق السلوك لتتفكّر فيها جملةً، فعساك ينفتح لك ما ينبغي أن ينفتح».[16] من أجل هذه الغاية، ضمّن الغزالي كتابَ الجواهر عددا واسعا من الآيات مُرَتَّبَةً بحسب الأصناف والرتب التي ذكرها، وترك مهمّة فهمها واستلهامها للمؤمن.

مراجعة مفهوم الوحي

رغم هذه النتائج التي تُقرّبنا من الفكر الديني الحديث المتصالح مع العلمانيّة والديمقراطيّة، تظلّ نظريّة الغزالي نظريّةً وسيطة تقف عند حدود العصر الوسيط لا تتجاوزها. فقد ظلّ فكرُهُ يُغَذِّي الوهمَ بأنّ القرآن هو منبع كلّ المعارف، لا الدينيّة فحسب، بل الطبيعيّة أيضا، تحت عنوانٍ ميتافيزيقي فضفاضٍ هو أفعال الله. والعبارة الجامعة التي استعملها في هذا الباب هي قوله: «وفي القرآن مَجَامِعُ عِلْمِ الأوّلين والآخرين».[17]

مع ذلك نستطيع أن نستلهم من عموم نظر الغزالي إلى القرآن في كتابه «جواهر القرآن» ومن خصائص الخطاب القرآني ذاته الأمرين التاليين:

---

11 نفسه، ص22.
12 نفسه، ص12.
13 نفسه، ص37.
14 نفسه، ص37–38.
15 نفسه، ص12.
16 نفسه، ص 14.
17 نفسه، ص 27، 28.

- **الأوّل** أنّ مضمون القرآن مضمون إشاري رمزي إيحائي، يقتصد في العبارة كثيرا ويعوّل على البلاغة والتأثير الوجداني. فخاصّيّته الجوهريّة أنّه وحي، وحي للنبي ولكلّ من يقرأه ويأخذ به. والوحي لا يكون خطابا تحليليّا وصفيّا شاملا. فهذا من عمل العقل المتفكّر، وليس من عمل الوحي الملقي في النفس شعورا أو خاطرة أو هاجسا.

لذلك لا نصادف في القرآن عقيدة مكتملة كالتي تقول بها الفِرَق الكلاميّة، ولا منظومة فقهيّة شاملة كالمنظومات التي نُلفيها في المصنّفات الفقهيّة الجامعة، ولا نظريّة في الأخلاق ذاتَ أسُسٍ ومنطلقات ونتائج صريحة. . . حتّى القصص القرآني غيرُ مكتمل من جهة المعطيات السرديّة، لذلك نجد في أخبار القصّاص من المعطيات ما لا نجده في القرآن. هذا يفسّر لِمَ ذهبت كلّ الجهود التفسيريّة والكلاميّة والأصوليّة والفقهيّة الوسيطة في اتّجاه ضبط معنى القرآن وحصره والسيطرة عليه وإظهار أنّه خطاب دالّ على معان نهائيّة تتطلّب التصديق والعمل، ولِمَ تمّ وضعه في رباط لا ينفصم مع كتب الحديث والتفسير وعلوم القرآن والعقائد.

من وجهة نظرنا، تصلح هذه الإشارات واللمع والبوارق والإثارات القرآنيّة أن تكون حافزا ومنطلقا لآراء ووجهات نظر ونظريّات في المجال الديني يبنيها العقل الفلسفي المتعاقد مع الضمير الديني، فتعكس فهما واستيحاء من القرآن، أي فلسفة دين، كالذي نجده في تجديد التفكير الديني في الإسلام لمحمّد إقبال وفي أعمال كبار اللاهوتيّين التجديديّين في عصرنا. لم يعد ممكنا عقليّا أن تكون إشارات القرآن ولطائفه أساسا لمنظومات فقهيّة وعقدية إلزاميّة صارمة، كما فُهِم في الماضي.

- **الثاني** أنّ الديني متميّز عمّا سواه، لكنّه يؤثّر فيه ويتأثّر به، استنادا إلى قاعدة حاكمة للاجتماع الإنساني: التأثير المتبادَل بين مختلِف الظواهر مهما بدت لنا مستقلّة ومتباعدة. وتَمَيُّزُ الدينِ مرتبط بمقصده: الدين هو التوجّه إلى الله، كان هذا واضحا إلى أقصى حدّ لدى الغزالي. والتوجُّهُ إلى الله في الطرح الغزالي لا يكون بحمل دنيانا معنا إليه، بل بالتخفّف منها. الدين هو التجرُّدُ من الدنيا والرحلةُ إلى الله بقلب سليم وبدن خفيف وعمل صالح وعبادة مخلصة.

تطبيقا لهذا المبدإ على مسألة الحكم السياسي، لم يَعُدَّ الغزالي الحُكْمَ جزءا من الدين، بل رآه أعلق بشهوات الدنيا. فهو في نظر الصوفي العارف المُشْرَئِبّ إلى الآخرة لَعِبٌ كلعب الصبيان. هذه النظرة لا تسمح باعتبار الحُكْمِ جزءا جوهريّا من الدين، فضلا عن اعتباره الجزءَ الأكثرَ جوهريّةً منه كما يعتقد الشيعة وأنصار الإسلام السياسي. يقول الغزالي مخاطِبا المؤمن العادي:

> واعلم أنّ هذه الشهوة [شهوة لقاء الله ومعرفة جلاله] خُلِقَتْ للعارفين ولم تُخْلَقْ لك، كما خُلِقَتْ شهوة الجاه [لك] ولم تخلق للصبيان، وإنّما للصبيان شهوة اللعب فقط. فأنت تتعجّب من الصبيان في عكوفهم على لذّة اللعب وخلوّهم عن لذّة الرئاسة. والعارف يتعجّب منك في عكوفك على لذّة الجاه والرئاسة، فإنّ الدنيا بحذافيرها عند العارف لهو ولع.[18]

لا نفهم من هذا القول أنّ الغزالي يوجّه إلى الجميع دعوةً لتبنّي موقفٍ زهدي شامل وتطليق الدنيا طلاقا بائنا. فذلك من شأنه أن يعطّل عمل الحكومات ويوقِفَ شؤونَ الحياة ويُحِلَّ الفوضى مَحَلَّ النظام. بل نفهم منه سَيْرَ قلّة من الناس في طريق يسمّيها الغزالي سفرا ورحلة،[19] يُكْسِبهم السيرُ فيها صفات روحيّة وأخلاقيّة تشكّل مصدر إلهام للجمهور الواسع. وهذا هو في الجوهر معنى الوحي والنبوّة. هذه القلّة من الناس تساعد جمهور المؤمنين على أن يكون لهم ضمير حيّ طاهر يَحْجِزُهُمْ عن السقوط في أفعال الشرّ ويدفعهم في اتّجاه أفعال الخير. هذا الرأيُ إذا أخذناه في معناهُ العامّ يمكنه أن يعطِيَنَا منطلَقًا جيّدا لصياغةٍ جديدة للفكر الديني في اللحظة الراهنة.

---

18 **نفسه**، ص 50.
19 **نفسه**، ص 15–16.

عبد الرحمن حللي

15 الإمام الشافعي وتقعيد قراءة النصوص: دراسة في نشأة مصطلح "السياق" في مدونة الشافعي

-1-

الشافعي: الجدل في دوره التأسيسي للمنهج

تعد شخصية الإمام الشافعي (ت 204هـ/820م) من أهم الشخصيات التي ثار حولها الجدل في التاريخ الإسلامي، بدءاً من عصره ووصولاً إلى العصر الحديث، فمكانته العلمية في العلوم الإسلامية وتأثيره في مسارها أمر ظاهر لا يُختلف فيه، فقد آلَ تكوينه العلمي ورحلاته إلى اليمن والحجاز والعراق ومصر، واختلافاته مع المدارس الفقهية في بيئاتها الجغرافية المختلفة، إلى تميزه واختلافه عن المدارس المستقرة في عصره، فلم يكن الشافعي من مدرسة أهل الحديث ولا من مدرسة أهل الرأي اللتين تتلمذ على روادهما، بل "مزج طريقة أهل الحجاز بطريقة أهل العراق واختص بمذهب،"[1] فتمكن بخلفيته الكلامية المبكرة أن يقدم نمطاً جديداً من التنظير للفقه. وحسب وصف الفخر الرازي[2] فإن الشافعي الذي كان عارفاً بالسنة وقوانينها، وآداب النظر والجدل مع فصاحة اللسان قد جسر الفجوة بين أهل الحديث الذين كانوا عاجزين عن النظر والجدل، وأهل الرأي الذين كانوا فارغين عن معرفة الآثار والسنن. فترك الشافعي أثره بمن جاء بعده حتى من غير أتباعه، بل ومن أتباع أسلافه، لا سيما على المستوى النظري في أصول الفقه التي عُدَّ أول من صنف فيها. يصف ابن خلدون (ت:808ه/1406م) الحاجة إلى هذا العلم بقوله

> فلما انقرض السلف وذهب الصدر الأول وانقلبت العلوم كلها صناعة. . . احتاج الفقهاء والمجتهدون إلى تحصيل هذه القوانين والقواعد لاستفادة الأحكام من الأدلة فكتبوها فناً قائماً برأسه سموه أصول الفقه. وكان أول من كتب فيه الشافعي رضي الله تعالى عنه. أملى فيه رسالته المشهورة تكلم فيها في الأوامر والنواهي والبيان والخبر والنسخ و حكم العلة المنصوصة من القياس.[3]

حتى قرنت مكانته في الشريعة بمكانة أرسطو في الفلسفة والمنطق،[4] فكان أثره واضحاً في جميع المذاهب الفقهية على مستوى القضايا الأصولية الكلية.

1 ابن خلدون، عبد الرحمن، **المقدمة**، تحقيق: علي عبد الواحد وافي، القاهرة: دار نهضة مصر، ط:7، 2014م، ج3 ص951.

2 الرازي، فخر الدين، **مناقب الإمام الشافعي**، تحقيق: أحمد حجازي السقا، القاهرة: مكتبة الكليات الأزهرية، ط:1، 1986م، ص66؛ وانظر: محمد أبو زهرة، **الشافعي: حياته وعصره وآراؤه الفقهية**، القاهرة: دار الفكر العربي، ط: د.ت، ص11.

3 ابن خلدون، عبد الرحمن، **المقدمة**، م. س، ج 3 ص962.

4 يقول الفخر الرازي: "واعلم أن نسبة الشافعي، إلى علم أصول الفقه، كنسبة أرسطاطاليس الحكيم، إلى علم المنطق، وكنسبة الخليل بن أحمد إلى علم العروض"، **مناقب الإمام الشافعي**، م. س، ص156، ويضيف "الناس كانوا قبل الإمام الشافعي يتكلمون في مسائل الفقه ويعترضون ويستدلون. ولكن ما كان لهم قانون كلي يرجع إليه في معرفة الدلائل الشرعية، وفي كيفية معارضاتها وترجيحاتها، فاستنبط الشافعي علم أصول الفقه، ووضع للخلق قانوناً كلياً، يرجع إليه في معرفة مراتب أدلة الشرع" م. س، ص157.

Note: This article has been published within the framework of the Hessian Ministry for Science and Art funded by LOEWE research hub “Religious Positioning: Modalities and Constellations in Jewish, Christian and Muslim Contexts” at Goethe University Frankfurt.

https://doi.org/10.1515/9783111051567-016

هذه المكانة العلمية المركزية للشافعي تفسر الكم الكبير من المصنفات التي كتبت عن شخصيته،[5] ولئن غلب عليها الطابع المناقبي ثناءً عليه من أتباع مذهبه بالخصوص، فإن فصولاً من محتوياتها تكشف عن كثرة الاختلاف في شخصية الشافعي من نواح عدة اقتضت إبراز مواقفه والدفاع عنها، هذا الاختلاف يؤكد مكانته العلمية التي تمحورت بالخصوص حول عمله التأسيسي في أصول الفقه والمتمثل في كتابه "الرسالة" التي يرجع إليها الفضل في تقنين أصول التشريع وترسيخ مكانة السنة فيه، والتنظير لقواعد البيان. وقد تجاوز أثر "رسالة" الشافعي علوم الفقه وأصوله على اختلاف مذاهبه، فتركت أثراً في مختلف العلوم، فتولى شرحها المتكلمون، وتوطنت مصطلحاتها في أكثر من علم، وحتى المصنفات الفلسفية تأثرت بها، فاستوحى منها أبو نصر الفارابي (ت: 339 هـ/850م) الكثير في كتابه "الملة"،[6] ومكانة الشافعي في اللغة معروفة، حتى وصفه أحمد بن حنبل بأنه "فيلسوف في أربعة أشياء: في اللغة، واختلاف الناس، والفقه، والمعاني."[7]

الجدل حول الشافعي في الفكر الحديث:

أثير النقاش في العصر الحديث حول مركزية الشافعي ورسالته ومكانته، فنافح مصطفى عبد الرازق (ت:1946م) عن مكانة أصول الفقه في الفلسفة الإسلامية، وأكدَّ بالخصوص على مكانة الشافعي ورسالته،[8] وهو ما تابعه فيه محمد عابد الجابري (ت:2010م)، الذي يرى أن "مهمة أصول الفقه هي التشريع للعقل"،[9] وأن "القواعد التي وضعها الشافعي لا تقل أهمية بالنسبة لتكوين العقل العربي الإسلامي عن (قواعد المنهج) التي وضعها ديكارت بالنسبة لتكوين الفكر الفرنسي خاصة والعقلانية الأوربية الحديثة عامة"،[10] مؤكداً على "تأثير منهج اللغويين والنحاة في الرسالة شكلاً ومضموناً" ومعتبراً أنه "من العبث البحث في المنطق اليوناني أو في الطب والتنجيم عن السلطة المرجعية التي اعتمدها الشافعي في عمله."[11]

من جانب آخر ذهب أوائل المستشرقين الذين درسوا التشريع الإسلامي، مثل غولدزيهر (ت:1921م) - رغم أنه لم يكن اطلع على الرسالة لأنها لم تطبع في حياته-، وشاخت(ت:1969م)، إلى اعتبار الإمام الشافعي مؤسس علم "أصول الفقه"، بل ذهب كولسون (ت:1986م) إلى وصف الشافعي بأنه "عملاق لا يطاول في تاريخ التشريع الإسلامي"، ويضيف "كان منهجه إبعاد دواعي الاختلاف بإقامة نظرية متماسكة تحدد المصادر التي يجب استمداد الأحكام الفقهية منها"، وأنه "لا تكمن عبقرية ابتكار هذه النظرية في تقديم تصورات جديدة تماماً، بل في إعطاء

---

5 أحصيت أكثر من ثمانين كتاباً في بيان مناقب الشافعي وفضائله، وكتب أخرى ألفت في رحلاته ومحنته ونسبه وتلامذته، انظر: الصومعي البيضاني، محمد بن علي، مبحث "الكتب المؤلفة في مناقب الإمام الشافعي" ضمن مقدمات تحقيق كتاب **آداب الشافعي ومناقبه**، لأبي حاتم الرازي (ت327هـ)، د. ط، د. ت، ص31–33؛ والهاشمي الأمير، إبراهيم بن منصور، **المصنفات التي ألفت في مناقب الإمام الشافعي**، بحث منشور على شبكة الانترنت، تاريخ الزيارة 13.12.2017،

http://www.ahlalhdeeth.com/vb/showthread.php?t=221873

6 Mokdad Arfa Mensia, "Al-Fārābī et la Science des Uṣūl al-Fiqh", *Arabic Sciences and Philosophy*, 21:1 (2017): 139–163.

7 فخر الدين الرازي، م. س ، ص63

8 عبد الرازق، **مصطفى، تمهيد لتاريخ الفلسفة الإسلامية**، تقديم: محمد حلمي عبد الوهاب، القاهرة: مكتبة الاسكندرية ودار الكتاب المصري، ط:1، 2011، ص42، وعن مكانة الشافعي انظر: ص317 وما بعدها، وكان أعدَّ رسالة الدكتوراه عن "الإمام الشافعي أكبر مشرعي الإسلام" في فرنسا 1912 ولم يتمكن من مناقشتها بسبب الحرب العالمية الأولى، ونشر لاحقاً كتاباً عن الإمام الشافعي، صدر ضمن سلسلة أعلام الإسلام سنة1945م، يبدو أنه طبع ضمن الأعمال الكاملة للشيخ مصطفى عبد الرازق دراسة وتحقيق عصمت نصار، القاهرة : دار الهداية للطبعة والتوزيع، ٢٠١٣م.

9 الجابري، محمد عابد، **تكوين العقل العربي**، بيروت: مركز دراسات الوحدة العربية، ط:9، 2009، ص100، 105.

10 م.س، ص100.

11 م.س، ص103.

الأفكار القائمة دلالة وبروزاً جديدين، ثم صهرها داخل خطة تطرد."[12] ويؤكد جورج مقدسي (ت2002م) ما سبقه إليه غولدزيهر وشاخت من ريادة الشافعي في أصول الفقه، ويرى أن مقصد الشافعي من كتابه الرسالة، هو إبداع علم يمكن أن يواجه به علم الكلام الذي كان ينحو منحى عقلانياً معتزلياً، وإبراز مكانة الشرع كعلم مصدره الكتاب والسنة والإجماع والقياس،[13] بينما يرفض وائل حلاق عزو تأسيس أصول الفقه إلى الشافعي، ويرى أنه كان أول من أكد على اشتمال الوحي على تقييم لأفعال العباد وأرسى مرجعية السنة، وأرسى توفيقاً بين أهل الرأي وأهل الحديث، إلا أن دوره في أصول الفقه هذا كان سيبقى هامشياً لولا جهود آخرين من بعده، وأن علم أصول الفقه لا يدين للشافعي نفسه بقدر ما يدين للمذهب الشافعي ورواده ابن سريج (ت:306هـ/ 918م)، والصيرفي (ت:330 هـ/942م)، والقفال (365ه/976م).[14] وبدءاً من التسعينيات يظهر اتجاه آخر في الدراسات الغربية يميل إلى التشكيك في صحة نسبة "الرسالة" إلى عصرها، ويرى أنها تطورت، وينسبها إلى نهاية القرن الثالث الهجري أو القرن الرابع، مستنداً إلى عدم ظهور شروح لها أو اهتمام بها طيلة القرن الثالث، وإلى مقارنات بينها وبين نصوص أخرى، أو إلى تحليل داخلي لمحتواها.[15]

محاكمة الشافعي في الفكر العربي المعاصر:

في السياق العربي المعاصر لم تعد مكانة الشافعي التأسيسية في أصول الفقه موضوع تساؤل، إنما ستُقرأ محاولة الإمام الشافعي في كتابه "الرسالة" بهواجس حداثوية أو سياسية تستدعي التاريخ للإدانة أو البراءة من مشكلات لا يزال الفكر العربي ينوء بعبئها التاريخي. فرأى عبد المجيد الصغير[16] أن كتاب "الرسالة" ردّ ضمني على الرسالة في الصحابة لابن المقفع (ت:142ه/757م) التي دعا من خلالها إلى مسلك سياسي يحصر الشأن الديني بالسلطان، فجاءت رسالة الشافعي لتضع معايير لسلطة علمية تكون مرجعاً للسلطة السياسية وغيرها فيما يتصل بالشأن الديني وفهم النص، فكان "من بين أهداف ذلك الشغف بوضع الأصول عند الشافعي، نزع الطابع الشخصي المحض عن مجال تقنين الأحكام وإصدار الفتاوى والأوامر، مع إضفاء الشمولية عليها قدر الإمكان. ثم بالتالي عدم الاحتكام في عملية التقنين والضبط لغير ما هو مشترك ومجمع عليه بين المختلفين، مما يعتبر مصدراً أصلياً في التشريع،"[17] فيما رأى محمد أركون (ت:2010م) العكس من ذلك، وأن "رسالة" الشافعي نفسها استجابة لحاجة سياسية كان عبر عنها ابن المقفع فـ"كان عمله [الشافعي] عبارة عن رد فعل ضد عمل الفقهاء في القرن الأول الهجري، هؤلاء

---

12 كولسون، ن.ج.، في **تاريخ التشريع الإسلامي**، (*A History of Islamic Law*, by N.J. Coulson) ترجمة: محمد أحمد سراج، بيروت: المؤسسة الجامعية للدراسات والنشر، ط:1، 1992، ص83.

13 George Makdisi, "The Juridical Theology of Shâfi'î: Origins and Significance of *Uṣûl al-Fiqh*", *Studia Islamica*, 59 (1984), 5–47.

14 انظر: حلاق، وائل، **نشأة الفقه الإسلامي وتطوره**، ترجمة: رياض الميلادي، بيروت: دار المدار الإسلامي، ط:1، 2007، ص169–170، 182، وأيضاً:

Wael B. Hallaq, "Was al-Shafi'i the Master Architect of Islamic Jurisprudence?", *International Journal of Middle East Studies*, 25:4 (1993), 587–605.

15 See: N. Calder, *Studies in Early Muslim Jurisprudence* (Oxford: Clarendon Press, 1993) 223–243; C. Melchert, *The Formation of the Sunni Schools of Law, 9th–10th Centuries C.E.* (Leiden: Brill, 1997), 68; C. Melchert, "Qur'ānic abrogation across the ninth century: Shāfiʿī, Abū ʿUbayd, Muḥāsibī and Ibn Qutaybah", in Bernard G. Weiss (ed.), *Studies in Islamic Legal Theory* (Leiden: Brill, 2002), 96; Joseph E. Lowry, "The Legal Hermeneutics of al-Shāfiʿī and Ibn Qutayba: A Reconsideration," *Islamic Law and Society* 11: 1 (2004), 1–41; Joseph E. Lowry, *Early Islamic Legal Theory*: *The Risāla of Muhammad ibn Idris al- Shāfiʿī* (Leiden: Brill 2007); Pavel Pavlovitch, "The Islamic penalty for adultery in the third century ah and al-Shāfiʿī's Risāla", *Bulletin of the School of Oriental and African Studies*, 75:3 (2012), 473–497.

16 الصغير، عبد المجيد، **الفكر الأصولي وإشكالية السلطة العلمية في الإسلام**، بيروت: دار المنتخب العربي –ط:1، 1994، ص157.

17 م.س، ص164.

الفقهاء الذين كانوا يعتمدون على آرائهم الشخصية في حل المشكلات المستحدثة، وكثرت هذه الآراء الشخصية لدرجة اضطرت الخلافة والحكومة المركزية لأن توحد الشريعة، كما يبين لنا ذلك بوضوح ما كتبه ابن المقفع في رسالة الصحابة. ولذلك فكر الشافعي وقال لا بد من أن نبرهن على كل رأي نأتي به كخاتمة مجتهدين، بالاعتماد على النص القرآني والسنة،"[18] وأياً يكن فإن "السعي إلى تقنين الفقهي وتحريره من قبضة السياسي هو بذاته عمل ذو دلالة سياسية."[19] وتابع نصر حامد أبو زيد (ت:2010م) بعيداً في مسلك الإدانة والمحاكمة، فجعل من الشافعي مشجباً يحمله مسؤولية ما يراه انحداراً في الثقافة الإسلامية نحو منزع ظاهري يعلي من سلطة النص ويحجم الرأي، واتجه إلى تفسير قومي لحالة الشافعي ترجع إلى قرشيته، فكان الشافعي –حسب أبي زيد- "الفقيه الوحيد من فقهاء عصره الذي تعاون مع السلطة السياسية مختاراً راضياً" وانحاز إلى الأمويين لتشبثهم بالعروبة خلاف موقف الفقهاء الآخرين منهم، وتابع ولاءه للسلطة مع العباسيين مع لومهم لاستنادهم إلى الفارسية، ويربط هذه الخلفية بنسب الشافعي وموقفه من عربية القرآن وقوله بالقرشية في الخلافة.[20] وعلى عكس هذه القراءة تتجه قراءة أخرى للإدانة من وجهة نظر أخرى بادعاء تحول الشافعي من الاعتزال إلى التسنن بعد لقائه بالرشيد، والتحاقه بالسلطة وتحوله من كونه معارضاً معتزلياً إلى منظّر رسميّ للمذهبيّة السنيّة الكابحة لإمكانات التسامح في الثقافة العربيّة الإسلاميّة، فنجح الشافعي –حسب هذه القراءة- في توفير البنية الاستدلاليّة اللازمة لحجّيّة كلّ المقولات التي كرّسها أصحاب الحديث، وهذا النجاح ليس عائداً فقط إلى دعم السلطة لخطابه، بل هو عائد وبدرجة أهمّ إلى بنية ذلك الخطاب، وإلى خطط التشكيل الوظيفيّ للدلالات حتّى بدت من البداهة بمكان. فأقام الشافعي -المعتزليّ سابقاً- بناء فكريّاً مخصوصاً ارتقت فيه المواقف من وضع الرأي الخاصّ إلى وضع حقائق الدين.[21] وفي قراءة أخرى تتابع مسلك إدانة الشافعي يقول علي مبروك (ت: 2016م):

> يبدو أن تأسيس الشافعي لعلم أصول الفقه وتدشينه للفعل المعرفي المصاحب هذا التأسيس قد ارتبط -جوهرياً- بالسعي الحثيث إلى القطع كلياً مع الاختلاف، وإقصائه، ومعه الرأي، من الحقل الفقهي، الذي يبدو أنه كان -قبل الشافعي- ساحة مفتوحة لكل من الرأي والاختلاف"[22]، مع ربط بجوانب في شخصية الشافعي نفسه مكنت من "التثبيت الكامل لسلطة الأصل ومركزيته نصاً وشخصاً وقبيلة.[23]

الشافعي بين تقعيد الاختلاف ونفيه:

إن الاتجاه الحداثوي لاتهام الشافعي برفض الاختلاف والتسامح والقضاء عليه، وتحميله مسؤولية نمط من القراءة ساد في التراث الإسلامي يعكس نزعة أدلجة مبالغ فيها، تتجاهل السياقات التاريخية والعوامل الموضوعية التي وفرت لمدونة الشافعي أن تحظى بمكانة التأسيس والتأثير، وما كان لها أن تكون كذلك لولا المتابعة التاريخية لمشروعه المنهجي، والتي رسَّخت قانون التقليد الفقهي في كل المذاهب، وطورت قواعد علم جديد في قراءة النصوص هو الجدير بالتحليل والنظر. فضبط قواعد للاختلاف ليس نفياً له، إنما هو تفريق بين ما يستند من الأقوال إلى دليل معترف به بين المختلفين وبين إبداء الرأي من غير سند علمي لأسباب شخصية أو سياسية أو طائفية. ولا يمكن بحال أن يفهم من عمل الشافعي أنه ينفي الاختلاف أو يرفض التسامح مع المختلفين، لاسيما إذا لاحظنا أن الشافعي نفسه والذي قنَّن قواعد النظر الفقهي كان أشهر أئمة المذاهب تغييراً لآرائه، فالرسالة نفسها أعاد تصنيفها

---

18 حوار مع محمد أركون، مجلة **مواقف** – بيروت، العدد: 40، شتاء 1981 ص44–45.

19 مبروك، علي، **ما وراء تأسيس الأصول: مساهمة في نزع أقنعة القداسة**، القاهرة: دار رؤية، ط:1، 2007، ص117.

20 أبو زيد، نصر حامد، **الإمام الشافعي وتأسيس الأيديولجية الوسطية**، القاهرة: مكتبة مدبولي، 1996م، ص62–63.

21 انظر: الوريمي، ناجية، الرشيد ومصادرة الاختلاف الفكري: محاكمة الشافعي وتحوله الفكري، بحث محكم منشور قسم الدراسات الدينية بموقع مؤمنون بلا حدود 2016/6/30، و"بنية خطاب الشافعي وآليات التأسيس"، 2017/8/24، http://www.mominoun.com/articles/categories/4

22 مبروك، علي، **ما وراء تأسيس الأصول: مساهمة في نزع أقنعة القداسة**، م.س، ص72.

23 م.س، ص87.

مرتين. واختلفت آراؤه مع تنقله بين الأقاليم، فعُرف بالمذهب القديم والمذهب الجديد، بل إن المصادر تنقل تنازع شخصيته من قبل أكثر من فرقة واتجاه، وادعاء انتسابه إليهم، وقد اشتهرت مقولاته في احترام المخالف له واتباع الدليل[24]. ومن يقرأ مدونة الشافعي يلحظ احترامه لمخالفيه واللغة النسبية في التعبير عن آرائه، وأنه وإن كان واعياً بالدور التأسيسي الذي يقوم به وهو تقنين أصول التشريع وقواعد بيان النصوص، إلا أن حاله يؤكد في الآن نفسه أنه لا يلغي الاختلاف وإنما يحاول ضبطه بقواعد وأسس منهجية كلية متفق عليها، وتستند بشكل أساسي إلى قوانين اللغة وأساليبها عندما يتعلق الأمر بفهم النصوص. فلم يكن باعثه تقرير مذهبه والجدل عنه، وإنما "ضبط أساليب الاجتهاد، ووضع حدود رسوم للمجتهدين."[25]

فالشافعي يرى أن لكل لغة نظاماً يفهم به خطابها، ويختلف من لغة إلى أخرى، و"فكرة الشافعي عن اللغة مرتبطة بفكرته عن العربية"[26]، وإن كان هذا مفهوماً من عنايته باللغة العربية وتقريره أساليبها، فقد نسب السيوطي (ت:910 هـ/ 1505م) هذا المعنى إلى الشافعي قولاً صريحاً: "ولم ينزل القرآن ولا أتت السنة إلا على مصطلح العرب ومذاهبهم في المحاورة والتخاطب والاحتجاج والاستدلال لا على مصطلح يونان، ولكل قوم لغة واصطلاح."[27] وإصراره على عربية القرآن يتنزل في هذا السياق، فهو

> لا يقصد ببحثه مسألة كون القرآن عربياً مجرد البحث النظري أو الاعتقادي، كما فعل من بعده من علماء الأصول، بل يقصد بهذا البحث أن يكون مقدمة نتيجتها التنبيه إلى أن استنباط الأحكام من القرآن يجب أن يكون قائماً على تفهم الأساليب العربية، لأن القرآن جاء على منهاجها وإن كان أعلى منها، وعلى طريقة العرب في البيان والإيضاح.[28]

فشغلت مباحث البيان الحيز الأهم من رسالته، بوصفها تقريراً لأساليب العرب، وابتكر الشافعي مصطلحات في تقنين هذه الأساليب أصبحت عمدة في علوم اللغة وقراءة النصوص من بعده.

ففي كتابه "الرسالة" نعثر على أقدم استعمال اصطلاحي لمفهوم "التأويل" دالاً على رأي المجتهد في فهم النصوص المستند إلى احتمال يقتضيه.[29] هذا المستند الذي يشترطه الشافعي لصحة التأويل كان الدافع الأساسي لتنظير الشافعي في كتبه لقواعد يفهم من خلالها النص ويعمل بظاهره أو يُعدل عنه. ولعل أبرز الاصطلاحات المفتاحية التي ابتكرها الشافعي في قراءة النصوص مصطلح "السياق" الذي سيغدو مركزياً في علوم اللغة وأصول الفقه وقواعد قراءة النصوص.

إن أهمية دراسة مصطلح "السياق" من خلال مدونة الشافعي ترجع إلى كونها مهد نشأته المبكرة، واقترانه فيها

---

24 من ذلك ما ورد في كتابه (جماع العلم): "وليست تدخلني أنفة من إظهار الانتقال: عما كنت أرى إلى غيره إذا بانت الحجة فيه بل أتدين بأن علي الرجوع عما كنت أرى إلى ما رأيت الحق." الشافعي، محمد بن إدريس (المتوفى: 204هـ)، **الأم** (جماع العلم)، م.س، 11/9، جماع العلم، : دار الأثار، ط:1، 2002م، ص: 9.

25 أبو زهرة، م.س، ص331

26 الزهار، حسنة عبد الحكيم عبد الله، اللغة عند الإمام الشافعي ممثلة للغة عند الأصوليين: دراسة لغوية، **صحيفة دار العلوم**، العدد:16، ديسمبر 2000م، ص 81–140.

27 السيوطي، جلال الدين، **صون المنطق والكلام عن فني المنطق والكلام**، تحقيق: علي سامي النشار وسعاد علي عبد الرازق، القاهرة: مجمع البحوث الإسلامية، سلسلة إحياء التراث الإسلامي، ط:2، د.ت، ج1 ص48.

28 أبو زهرة، م.س، ص192–193

29 انظر: حللي، عبد الرحمن، التفسير والتأويل في علوم القرآن: دراسة في المفهوم، **مجلة التجديد**، الجامعة الإسلامية العالمية- ماليزيا، العدد: 30، 2011م، ص11–35.

بتنظيره لقواعد التأويل وأسس فهم النصوص. ويعزز هذه الأهمية أن الدراسات اللسانية الحديثة أولت "السياق" مكانة أساسية في فهم النصوص، وتابعتها الدراسات (العربية) المعاصرة. وقام بعض الباحثين[30] بمقارنة الدراسات السياقية اللسانية بالدراسات الدلالية في علم أصول العربية، لكن محاولته كانت متجهة إلى ما استقرت عليه النظريات الأصولية في فهم النصوص ما بعد القرن الرابع الهجري / العاشر الميلادي، ولم يبحث في نشأة المصطلح، أو المقاربات التأويلية المبكرة. وكذلك الدراسات العربية المتأخرة التي اهتمت بموضوع السياق، إنما اعتمدت في أغلبها على "السياق" كما استقر موضوعه في علوم البلاغة وأصول الفقه ومباحث الدلالات.

ومما يلفت النظر ويؤكد على فرادة الشافعي في ابتكار هذا المصطلح أنا لا نجد أياً من المصادر المنسوبة إلى الفقهاء أو المفسرين أو اللغويين أو الأدباء من معاصري الشافعي ومن بعده يتضمن استخدام لفظ "السياق" كمصطلح تأويلي حتى عودة المصطلح إلى الظهور وبكثرة مع محمد بن جرير الطبري (ت:310 هـ/ 923م)، في تفسيره المسمى جامع البيان في تأويل القرآن.[31]

دلالة مصطلح "السياق" في مدونة الشافعي سيكون موضوع الفقرة التالية من هذا البحث، وبيان الجوانب الوظيفية له في التأويل، وطبيعة العلاقة بين معنى "السياق" آنذاك والتي تعني السياق النصي "،والمفاهيم الأخرى الموازية له Linguistic context" أو"Verbal Context(اللفظي أو اللغوي)" والتي ينطبق عليها حديثاً تسمية الجانب الأخر من مفهوم السياق كسياق الحال أو السياق غير اللغوي سنحاول تحليل موارد "السياق" في مدونة الشافعي، والموارد الشبيهة "context of situation" أو"the non-linguistic "context."[32] التي لم يُسَمَّ فيها السياق كأداة في ضبط الدلالة.

30 Mohamed Mohamed Yunis Ali, *Medieval Islamic Pragmatics: Sunni Legal Theorists' Models of Textual Communication* (London: Curzon Press-Routledge, 2000).

31 تتبعت المصادر المنسوبة إلى الأعلام الآتية: مقاتل 150ه - مالك بن أنس 179ه - أبو يوسف 182ه - محمد بن الحسن الشيباني 189ه - يحيى بن سلام 200ه- الفراء 207ه - أبو عبيدة 209ه- الأخفش 215ه - القاسم بن سلام 224ه - أحمد بن حنبل 241ه - المحاسبي 243ه - ابن السكيت 244ه - الجاحظ 255ه - ابن قتيبة 276ه - الجهضمي 282ه -التستتري 283ه -المبرد 285ه، فلم أجد سوى استخدام فريد لأبي عُبيد القاسم بن سلاّم (ت: 224هـ / 838م) في كتابه "غريب الحديث" يستند فيه إلى "السياق" ترجيحاً لبعض المعاني، وعبارته "وَلَكِن الحَدِيث الأول لَيْسَ يَجِيء سِيَاقه وَلَا لَفظه على هَذَا التَّفْسِير وَلَا على هَذَا يحملهُ النَّاس" أبو عُبيد القاسم بن سلاّم(ت: 224هـ)، **غريب الحديث**، تحقيق: د. محمد عبد المعيد خان، مطبعة دائرة المعارف العثمانية، حيدر آباد- الدكن1964 م، ج3 ص 31، لكن غياب المصطلح لا يعني بالضرورة عدم وجود فكرته.

32 عرفت المصادر العربية نوعي السياق تطبيقاً، لكن اصطلاحاً كان السياق أقرب إلى نوع السياق اللغوي Linguistic context، أما ما يحيل إلى السياق غير اللغوي فكان يعبر عنه بـ"الحال" و"المقام " وكان حضوره في المصادر اللغوية والبلاغية. ويرجع اصطلاح سياق الحال context of situation في الدراسات اللسانية الحديثة إلى مدرسة لندن (the London School، وكان رائد هذاالاتجاه John Rupert Firth (d. 1960) الذي أكد على الوظيفة الاجتماعية للغة، كما ضم الاتجاه أسماء مثل Halliday Michael وآخرين، انظر:

Encyclopedia of Language & Linguistics (Oxford: Elsevier, 2006): "V Rebori, Firth and the London School", 482–483, "J. Leon, Firth, John Rupert (1890–1960)", 484.

-2-

تحليل موارد ذكر مصطلح "السياق" في مدونة الشافعي:

عُدَّ كتاب "الرسالة" أقدم كتاب في علم أصول الفقه، وبه عُدَّ الشافعي مؤسس هذا العلم. وكان الشافعي قد ألفه مرتين، الأولى كانت جواباً لطلب عبد الرحمن بن مهدي (ت: 198ه/814م) (من موطنه في العراق حيث غلبة أهل الرأي) من الشافعي (المقيم في الحجاز آنذاك حيث غلبة أهل الحديث) أن يضع له كتاباً فيه معاني القرآن ويجمع قبول الأخبار فيه، وحجة الإجماع وبيان الناسخ والمنسوخ من القرآن والسنة. فأرسل له نسخة أولى، ثم أعاد تصنيفه لاحقاً عندما استقر في مصر، وكان مقدمة لكتابه "الأم" الذي يشتمل على فروع الفقه. ولا يخطئ قارئ "الأم" الصلة الوثيقة بينه وبين "الرسالة" لا سيما من حيث الاصطلاحات وتوظيف الأسس والمبادئ التي نظَّرَ لها في كتابه "الرسالة". ويلحق بالأم رسائل مثل "جماع العلم"، و"اختلاف الحديث"، و"إبطال الاستحسان"، وغيرها، وقد طبعت جميعها مع "الرسالة" محققة ومفهرسة في أحد عشر مجلداً.[33] وسأعتمد على مجموع هذه الكتب في تتبع استخدام الشافعي لمصطلح السياق.

"مصطلح "السياق" في كتاب "الرسالة":

بعد الاستقراء لاحظت تكرار لفظ السياق في كتاب "الرسالة" أربع مرات في موضعين، الأول كان تنظيراً وتمثيلاً لدور السياق في تحديد دلالة الألفاظ ووظيفته في البيان، والثاني استدلالاً بالسياق في ضبط استنباط الحكم من الآيات. ويأتي تنظير الشافعي للسياق عقب تقريره المطول "أن القُرَآن نزل بلسان العرب دون غيره"، وأنه "لا يعلم مِن إيضاح جُمَل عِلْم الكتاب أحد، جهِل سَعَة لسان العرب، وكثرةَ وجوهه، وجِماعَ معانيه، وتفرقَها،"[34] ثم بين أنواع الخطاب الذي تعرفه العرب والذي نزل القرآن على أساليبهم فيه. وخصَّ السياق بوصفه محدداً لدلالة النوع الرابع من أنواع الخطاب وهو الظاهر الذي "يُعْرَف في سِياقه أنَّه يُراد به غيرُ ظاهره."[35] وقد أفرد له لاحقاً عنواناً مستقلاً "باب: الصِّنْف الذي يُبَيِّن سياقُه معناه."[36] ويتضح من خلال ما أورده أن ما يعنيه هو السياق اللغوي / النصي بوصفه قرينة تحدد دلالة النص وتوضح مدى اعتبار ظاهره أو إهماله، أو أن ظاهر بعض الألفاظ في النص غير مقصود، أو "الصنف الذي يدل لفظه على باطنه، دون ظاهره."[37] وأورد كأمثلة له ثلاث آيات [الأنبياء:12، الأعراف:163، يوسف:81–82] ورد فيها لفظ "القرية" ولم يكن مدلولها مقصوداً، لورود ألفاظ أخرى في سياق الآيات تجعل ظاهر لفظ القرية غير مقصود، وأن المراد "أهل القرية"، وهو ما عرف لاحقاً بالمجاز أو دلالة

---

33 طبعت **الرسالة** مفردة بتحقيق: أحمد شاكر، بيروت: دار الكتب العلمية، (مصورة عن طبعة مكتبة الحلبي، ط:1، 1940م)، وسأعتمد هذه الطبعة إضافة إلى النسخة المطبوعة مع كتاب **الأم**، تحقيق: رفعت فوزي عبد المطلب، المنصورة(مصر): دار الوفاء، ط:1، 2001م، في توثيق ما يتصل بالرسالة.

34 الشافعي، **الرسالة**، تحقيق: أحمد شاكر، بيروت: دار الكتب العلمية، (مصورة عن طبعة مكتبه الحلبي، ط:1، 1940م)، ص50؛ **كتاب الأم**، تحقيق: رفعت فوزي عبد المطلب، المنصورة: دار الوفاء، ط:1، 2001م، وسأرمز إلى هذه الطبعة باسم المحقق، ط فوزي:20/1.

35 قال الشافعي: "فإنما خاطب الله بكتابه العربَ بلسانها، على ما تَعْرِف مِن معانيها، وكان مما تعرف من معانيها: اتساعُ لسانها، وأنَّ فِطْرَتَه أنْ يخاطِبَ بالشيء منه **عامًّا، ظاهِرًا، يُراد به العام الظاهر**، ويُسْتغنى بأوَّل هذا منه عن آخِره. **وعاماً ظاهراً يراد به العام، ويَدْخُلُه الخاصُّ**، فيُسْتَدلُّ على هذا ببَعْض ما خوطِبَ به فيه؛ **وعاماً ظاهراً، يُراد به الخاص. وظاهراً يُعْرَف في سِياقه أنَّه يُراد به غيرُ ظاهره**. فكلُّ هذا موجود عِلْمُه في أول الكلام، أوْ وَسَطِهِ، أو آخِرَه. وتَبْتَدِئ الشيءَ من كلامها يُبَيِّنُ أوَّلُ لفظها فيه عن آخره. وتبتدئ الشيء يبين آخر لفظِها منه عن أوَّلِهِ." الشافعي، **الرسالة**، م.س، ص 51–52، ط فوزي 22/1.

36 الشافعي، **الرسالة**، م.س، ص 62، ط فوزي 27/1.

37 الشافعي، **الرسالة**، م.س، ص 64 ط فوزي 28/1.

المقتضى، والتي يحددها السياق. فالسياق هنا "ما يسبق أو يلحق ما هو موضوع بيان أو تأويل، أو جملة العناصر المقالية المحيطة بالآية أو الجملة موضوع الدراسة،"[38] وهو ما عبر عنه لاحقاً بالسباق واللحاق.

واستعمل الشافعي في الموضع الثاني من "الرسالة" عبارة "سياق الكلام"[39] في نفي ادعاء احتمالٍ في فهم الآية يخالف ظاهرها، وذلك أثناء تقريره دلالة آية الإيلاء كمثال لما اختلف فيه في "ما ليس فيه نصُّ سنة مما دل عليه القُرآن نصاً واستنباطاً، أو دلَّ عليه القياس،" وبعد نقده المخالف له في المسألة بأن "سياق الكلام" في الآية لا يدل عليه، وأنه ينبغي العمل بظاهر الآية، الذي هو الأصل، ويقرر المبدأ العام بقوله "والقُرآن على ظاهره، حتى تأتي دلالة منه أو سنة أو إجماع بأنه على باطن دون ظاهر."[40] وكأنه يعيد تأكيد ما سبق وذكره في مطلع "الرسالة" أن الظاهر لا يعدل عنه إلا بقرينة منها السياق (وهو ما أشار إليه بقوله "دلالة منه")، بل يذهب أكثر إلى اعتبار السياق شاهداً للظاهر، فيعرض سؤال المعترض على استدلاله بالظاهر" قال: فما في سياق الآية ما يدل على ما وصفتَ؟"،[41] ويجيب عليه.

إذاً يقرر الشافعي أن للسياق وظيفتين: الأولى: صرف المعنى عن ظاهر اللفظ إلى معنى باطن يدل عليه سياق الكلام. الثاني: تأكيد السياق المعنى الظاهر ما لم يدل سياق آخر على صرف اللفظ عن ظاهره. هذا وثمة علاقة وثيقة بين مصطلح "السياق" ومصطلح "الظاهر" في مدونة الشافعي سأشير إليها لاحقاً.

وواضح من تقرير الشافعي لهذا المعنى أنه يتحدث عن السياق اللغوي / النصي، على أنه لا يحصر صرف دلالة القرآن عن الظاهر به، بل يضيف إليه السنة أو الإجماع، ووهو ما يمكن أن يكون تعبيراً عن السياق غير النصي وإن لم يسم سياقاً.

مصطلح "السياق" في كتاب "الأم":

تنظير الشافعي للسياق في الرسالة سيبدو أوضح عند الاعتماد عليه كأداة استدلالية في كتابه "الأم"، سواء في فهم النص القرآني أو الحديثي أو الكلام بشكل عام، فيستخدمه كأداة لغوية تساعد في فهم النص. وهذا يفسر إيراده في الرسالة عقب التأكيد على خضوع فهم النص لأساليب العرب وعلى عربية القرآن.

استخدم الشافعي مصطلح السياق في كتاب "الأم" نحو عشرين مرة، معظمها تتصل بتقرير استنباط بعض الأحكام من النص القرآني، ولدى التأمل فيها نجد اتساقاً في توظيفه له مع ما ذكره في كتابه "الرسالة"، فهو أداة تأويلية يمكن من خلالها تأكيد دلالة ظاهر النص أو العدول عنه إلى أحد احتمالاته، أو تحديد دلالات فعل الأمر، أو قصد المتكلم، أو دلالة الأدوات النحوية، كما نجده في مواطن يقارن بين سياقات آيات مختلفة، أو بين سياق النص اللغوي وظرف نزوله (السياق التاريخي)، وسنفصل هذه الاستخدامات.

السياق وظاهر النص:

تبدو الوظيفة الأبرز للسياق من خلال مدونة الشافعي هي ضبط دلالة النص، أو أجزاء منه تحتمل أكثر من معنى، وبالأخص ما يتصل بتقرير المعنى الظاهر أو نفيه، فتأكيد دلالة ظاهر النص هي الوظيفة الأساسية لمصطلح السياق عند الشافعي، وحيث كان السياق تأكيداً للظاهر فقد يؤكد عموم الدلالة أو خصوصها، أو إطلاقها أو تقييدها بحالات أو شروط. فمن أمثلة دلالة السياق على العموم، تعميم إباحة التيمم للمريض والمسافر، فيشمل كل ما يقع عليه اسم السفر. ويصرح بهذه الدلالة بقوله: "وَكَانَ ظَاهِرُ الْقُرْآنِ أَنَّ كُلَّ مُسَافِرٍ سَفَرًا بَعِيدًا أَوْ قَرِيبًا يَتَيَمَّمُ،"[42] وكذلك تعميم ما يشمله الاستثناء لأول الكلام وآخره استناداً إلى السياق، كقبول شهادة المحدود بالقذف والتائب منه.[43] ومن

---

38 أحمد، محمد إبراهيم، السياق والتناص بين علم لغة النص وعلم أصول الفقه، **حوليات آداب عين شمس**، المجلد:40، اكتوبر -ديسمبر 2012، ص 169–193.

39 الشافعي، **الرسالة**، م.س، ص 579 ط فوزي 267/1.

40 نفسه، ص 580 ط فوزي 268/1.

41 نفسه، ص 581، ط فوزي 268/1.

42 الشافعي، **الأم**، م.س، 2/96–97.

43 نفسه، 8/ 110.

أمثلة تقييده الدلالة بالظاهر الذي دل عليه سياق الآيات، تحديد جنس الشهود بحسب موضوع الشهادة عملاً بسياق الآيات الظاهر الذي فرق بين حالة وأخرى،[44] وتقييد مشروعية صلاة الخوف بالقتال المباح "لِأَنَّ اللَّهَ عَزَّ وَجَلَّ أَمَرَ بِهَا فِي قِتَالِ الْمُشْرِكِينَ فَقَالَ فِي سِيَاقِ الْآيَةِ {وَدَّ الَّذِينَ كَفَرُوا لَوْ تَغْفُلُونَ عَنْ أَسْلِحَتِكُمْ وَأَمْتِعَتِكُمْ} [النساء: 102] الْآيَةُ".[45] وكثيراً ما يستخدم الشافعي السياق في ضبط الدلالة دون أن يسميه، كتقييد ظاهر الأمر بمطلق اعتزال النساء في المحيض باعتزال خاص دل عليه جزء الآية الثاني {وَلا تَقْرَبُوهُنَّ حَتَّى يَطْهُرْنَ} [البقرة: 222].[46]

وهذا يحيلنا إلى مصطلح "الظاهر" في مدونة الشافعي، والذي تنوع استعماله، لكن الغالب فيه الإحالة إلى معنى قانوني يدل على الجزم في سياق الأوامر والنواهي.[47] لكن من المهم ملاحظته أنه في مواطن كثيرة من استعماله لفظ الظاهر يقصد به دلالة السياق النصي، فنجده في المسألة الواحدة يسمي الشاهد نفسه لما يستدل به السياق في مكان، وفي مكان آخر يسميه الظاهر. ففي الاستدلال لعموم ما يشمله الاستثناء [النور: 5] سماه في موضع السياق،[48] وفي موضع آخر "ظَاهِرِ الْكِتَابِ."[49] ويستخدم الشافعي في مواضع أخرى عبارات تتضمن لفظ "الظاهر" ويبدو أنه يقصد بها السياق، كقوله "وأشْبَهُ الأمريْن بظاهر الآية"،[50] "وَالَّذِي يُشْبِهُ ظَاهِرُ الْآيَةِ"،[51] "وَالَّذِي هُوَ أَشْبَهُ بِظَاهِرِ الْقُرْآنِ"،[52] "وَهَذَا يُشْبِهُ وَاَللَّهُ تَعَالَى أَعْلَمُ ظَاهِرَ الْقُرْآنِ،"[53] "وَهَذَا أَشْبَهُ بِظَاهِرِ الْكِتَابِ."[54] فموارد هذه العبارات توحي أنه يلمح إلى ما يدل عليه سياق النص محل الشاهد. ويدعم هذا ما أشار إليه في "الرسالة" من وظيفة السياق وأنها تأكيد الظاهر أو العدول عنه. كما أنه قد يطلق عبارة "ظاهر القرآن" ويقصد ما يدل عليه السياق من عموم اللفظ [55] أو إطلاقه.[56]

السياق ومقصد النص:

قد يعبر بالسياق ويقصد به موضوع النص الأساسي الذي يدل عليه ظاهر الآية كقوله "{وَاللائِي لَمْ يَحِضْنَ وَأُولاتُ الأَحْمَالِ أَجَلُهُنَّ أَنْ يَضَعْنَ حَمْلَهُنَّ} [الطلاق: 4]، فَاحْتَمَلَتْ الْآيَةُ أَنْ تَكُونَ فِي الْمُطَلَّقَةِ لَا تَحِيضُ خَاصَّةً، لِأَنَّهَا سِيَاقُهَا،"[57] أو ما يدل عليه ظاهر متن الحديث الذي يخلو من القيد الذي تتضمنه رواية أخرى ويقابل السند، ومنه تعبيره "بِهَذَا الْإِسْنَادِ وَالسِّيَاقِ"[58] واصفاً مضمون إحدى روايتين بالسياق مقابل الأخرى، أو للإشارة إلى دلالة أو مضمون حديث ورواية أخرى، فيصفه بالسياق.[59] وكذلك فيما يخص الأخبار التاريخية،[60] وهو أحد معاني

---

44 نفسه، 8/ 191.

45 نفسه، 2/.469.

46 نفسه، م.س، 6/43–44

47 Amr Osman, *The Ẓāhirī Madhhab (3rd/9th–10th/16th Century): A Textualist Theory of Islamic Law* (Leiden: Brill 2014), 137, 272.

48 الشافعي، **الأم**، م.س، 8/ 110.

49 نفسه، 8/ 66.

50 الشافعي، **الرسالة**، م.س، 165، ط فوزي 1/ 70.

51 الشافعي، **الأم**، م.س، 6/ 298.

52 نفسه، 3/ 326.

53 نفسه، 6/536.

54 نفسه، 6/ 407.

55 "وَقَالَ اللَّهُ عَزَّ وَجَلَّ {وَالسَّارِقُ وَالسَّارِقَةُ فَاقْطَعُوا أَيْدِيَهُمَا} [المائدة: 38] وَقَالَ عَزَّ ذِكْرُهُ {الزَّانِيَةُ وَالزَّانِي فَاجْلِدُوا كُلَّ وَاحِدٍ مِنْهُمَا مِائَةَ جَلْدَةٍ} [النور: 2] فَلَوْ صِرْنَا إلَى ظَاهِرِ الْقُرْآنِ قَطَعْنَا مَنْ لَزِمَهُ اسْمُ سَرِقَةٍ وَضَرَبْنَا كُلَّ مَنْ لَزِمَهُ اسْمُ زِنًا"، الشافعي، **الأم**، م.س، 9/50.

56 " قَالَ اللَّهُ تَبَارَكَ وَتَعَالَى {فَتَحْرِيرُ رَقَبَةٍ مُؤْمِنَةٍ} [النساء: 92] (قَالَ الشَّافِعِيُّ) : فَكَانَ ظَاهِرُ الْآيَةِ أَنَّ كُلَّ رَقَبَةٍ مُجْزِئَةٌ عَمْيَاءَ وَقَطْعَاءَ وَمَعِيبَةً مَا كَانَ الْعَيْبُ إذَا كَانَتْ فِيهِ الْحَيَاةُ لِأَنَّهَا رَقَبَةٌ"، الشافعي، **الأم**، م.س، 6/710.

57 نفسه، 5/ 215.

58 الشافعي، **الأم**، م.س، 2/ 139.

59 نفسه، 5/ 339 ، 9/305.

60 نفسه، 5/692.

السياق التي انتشرت لاحقاً في أصول الفقه وهو ما سيق الكلام لأجله.[61] ويستخدم هذا المعنى لضبط الحكم المستنبط من النص بما يتناسب مع مقصد إيراده، وضربوا له مثلاً بتحريم البيع أثناء النداء لصلاة الجمعة،[62] وأن المقصود به الحث على تلبية النداء وليس بيان أحكام البيع.

وظائف أخرى للسياق:

من خلال كتاب "الأم" نلحظ وظائف عدة يقوم بها السياق. فهو يحدد دلالة فعل الأمر. فمن خلال سياق الآية يمكن بيان الدلالة التكليفية لفعل الأمر، فمثلاً الأمر بالإشهاد في الدَّين للإباحة بدلالة سياق آية كتابة الدين على ترك بديله وهو الرهن عند ائتمان المدين،[63] وكذلك تحديد كونه أمراً على سبيل فرض الكفاية.[64] كما يساعد السياق في تحديد دلالة الأدوات النحوية كدلالة الواو على العطف أو الاستئناف،[65] أو ضبط الفتوى في الأيمان كالطلاق.[66] كما لوحظ أن الشافعي يعتبر أن ما يدل عليه ظاهر السياق أصلاً يقاس عليه، كتحديده وجوب الصلاة ببلوغ الحلم قياساً على وجوب الاستئذان عند بلوغ الحلم "فِي سِيَاقِ الْآيَةِ (وَإِذَا بَلَغَ الْأَطْفَالُ مِنْكُمُ الْحُلُمَ فَلْيَسْتَأْذِنُوا) [النور: 59]."[67] وفي مواطن أخرى يستحضر سياق الآية شاهداً للموضوع الفقهي ذي الصلة، كربط صلاة العيد بآية إكمال العدة والتكبير في سياق شهر رمضان.[68]

السياق الكلي والسياق الجزئي:

مما يلفت النظر في مدونة الشافعي أنه لا يكتفي في تحديد دلالة الآية على سياقها الموضعي (السباق واللحاق)، إنما يوسع ذلك إلى عموم النص كالآيات ذات الموضوع أو الألفاظ المتشابهة، فيقارن بين السياقين والموضوعين، ويبني الحكم استناداً إلى سياق كلٍ وتشابهه مع الآخر. وكأنه يرى في القرآن سياقاً كلياً حاكماً على السياقات الجزئية، بحيث لا يمكن أن يفهم جزء من النص من غير فهم نظائره في القرآن، ومقارنة سياقات المواضع المختلفة، فمثلاً في جوابه عن تساؤل عن تفريقه في معنى بلوغ الأجل في العدة، وأنه يفسره فِي الْمُطَلَّقَاتِ بالقرب {فَإِذَا بَلَغْنَ أَجَلَهُنَّ فَأَمْسِكُوهُنَّ بِمَعْرُوفٍ أَوْ فَارِقُوهُنَّ بِمَعْرُوفٍ} [الطلاق: 2]، وفِي الْمُتَوَفَّى عَنْهَا زَوْجُهَا بالانقضاء {فَإِذَا بَلَغْنَ أَجَلَهُنَّ فَلا جُنَاحَ عَلَيْكُمْ فِيمَا فَعَلْنَ فِي أَنْفُسِهِنَّ بِالْمَعْرُوفِ} [البقرة: 234] وَالْكَلَامُ فِيهِمَا وَاحِدٌ، قال:

> فَكَانَ سِيَاقُ الْكَلَامِ فِي الْآيَتَيْنِ دَلِيلًا عَلَى فَرْقٍ بَيْنَهُمَا لِقَوْلِ اللَّهِ تَبَارَكَ وَتَعَالَى فِي الطَّلَاقِ {فَإِذَا بَلَغْنَ أَجَلَهُنَّ فَأَمْسِكُوهُنَّ بِمَعْرُوفٍ أَوْ فَارِقُوهُنَّ بِمَعْرُوفٍ} [الطلاق: 2] وَقَالَ {وَلا تُمْسِكُوهُنَّ ضِرَارًا لِتَعْتَدُوا} [البقرة: 231] فَلَا يُؤْمَرُ بِالْإِمْسَاكِ إلَّا مَنْ يَجُوزُ لَهُ الْإِمْسَاكُ فِي الْعِدَّةِ فِيمَنْ لَيْسَ لَهُنَّ أَنْ يَفْعَلْنَ فِي أَنْفُسِهِنَّ مَا شِئْنَ فِي الْعِدَّةِ حَتَّى تَنْقَضِيَ الْعِدَّةُ وَهُوَ كَلَامٌ عَرَبِيٌّ هَذَا مِنْ أَبْيَنِهِ وَأَقَلِّهِ خَفَاءً لِأَنَّ الْآيَتَيْنِ تَدُلَّانِ عَلَى افْتِرَاقِهِمَا بِسِيَاقِ الْكَلَامِ فِيهِمَا. وَمِثْلُ قَوْلِ اللَّهِ تَعَالَى ذِكْرُهُ فِي الْمُتَوَفَّى فِي قَوْلِهِ تَعَالَى {وَلا تَعْزِمُوا عُقْدَةَ النِّكَاحِ حَتَّى يَبْلُغَ الْكِتَابُ أَجَلَهُ} [البقرة: 235] حَتَّى تَنْقَضِيَ عِدَّتُهَا فَيَحِلَّ نِكَاحُهَا.[69]

هذه المقارنة بين سياقي الآيتين تدل على أنه يفترض أن النص القرآني سياق كلي ينبغي مراعاته عند فهم السياقات

---

61 أحمد، محمد إبراهيم، **السياق والتناص بين علم لغة النص وعلم أصول الفقه**، م.س، ص 169–193.

62 انظر: الغزالي، أبو حامد، (ت: 505 ه/1111م)، **شفاء الغليل في بيان الشبه والمخيل ومسالك التعليل**، تحقيق: حمد الكبيسي. بغداد: مطبعة الإرشاد ، ط:1، 1971 م، ص: 51–53.

63 "ثُمَّ قَالَ فِي سِيَاقِ الْآيَةِ {وَإِنْ كُنْتُمْ عَلَى سَفَرٍ وَلَمْ تَجِدُوا كَاتِبًا فَرِهَانٌ مَقْبُوضَةٌ فَإِنْ أَمِنَ بَعْضُكُمْ بَعْضًا فَلْيُؤَدِّ الَّذِي اؤْتُمِنَ أَمَانَتَهُ} [البقرة: 283] فَلَمَّا أَمَرَ إذَا لَمْ يَجِدُوا كَاتِبًا بِالرَّهْنِ ثُمَّ أَبَاحَ تَرْكَ الرَّهْنِ وَقَالَ {فَإِنْ أَمِنَ بَعْضُكُمْ بَعْضًا} [البقرة: 283] دَلَّ عَلَى أَنَّ الْأَمْرَ الْأَوَّلَ دَلَالَةٌ عَلَى الْحَضِّ لَا فَرْضٌ مِنْهُ يَعْصِي مَنْ تَرَكَهُ وَاَللَّهُ أَعْلَمُ."، الشافعي، **الأم**، م.س، 4/ 180.

64 "فَلَمَّا احْتَمَلَ هَذَيْنِ الْمَعْنَيَيْنِ مَعًا [فرض الكفاية وفرض العين]، وَكَانَ فِي سِيَاقِ الْآيَةِ {وَلا يَأْبَ الشُّهَدَاءُ إِذَا مَا دُعُوا} [البقرة: 282] كَانَ فِيهَا كَالدَّلِيلِ عَلَى أَنَّهُ نُهِيَ الشُّهَدَاءُ الْمَدْعُوُّونَ كُلُّهُمْ أَنْ يَأْبَوْا"، الشافعي، **الأم**، م.س، 8/207–208.

65 الشافعي، **الأم**، م.س، 2/415.

66 نفسه، 6/474.

67 نفسه، 2/151.

68 نفسه، 2/481.

69 نفسه، 6/304.

الجزئية بمقارنة دلالاتها فتُثبت التشابه أو الاختلاف. لذلك نجده في مواضع أخرى يربط بين سياقين داخل النص، فيثبت بأحدهما شيئاً وينفي بالآخر شيئاً آخر، ويكون الجامع بينهما دلالة على حكم يتصل بأصل فقهي. فمثلاً ينفي إمكانية خروج الشخص عن ملكيته لغير مالك (التسييب) في المملوكات استناداً إلى ظاهر سياق الآية {مَا جَعَلَ اللَّهُ مِنْ بَحِيرَةٍ وَلا سَائِبَةٍ وَلا وَصِيلَةٍ وَلا حَامٍ} [المائدة: 103]، ويثبت بسياق آيات تحرير الرقاب إمكان التسييب في المعتَق فيملك نفسه ويصبح حراً.[70]

هذه المقارنة للسياقات المتعددة في غير مكان في القرآن لضبط دلالة كل منها، وإن بدت من خلال أمثلة تطبيقية في مدونة الشافعي فإنها تكشف عن إدراك مبكر للنظر إلى القرآن سياقا واحدا لا يمكن فهم أجزائه إلا من خلال مقارنتها ببعضها، وهي الفكرة التي نظَّر لها الشاطبي (ت:790ه/1388م) لاحقاً في الموافقات، وأصبحت أحد المعاني غير الشائعة للسياق الموسع عند الأصوليين.[71]

السياق النصي والسياق التاريخي:

لم يطلق الشافعي اصطلاح السياق سوى على السياق النصي اللغوي، ويقصد به جملة ما يشتمل عليه النص وما يسبق اللفظ وما يلحق به، وما يشتمل عليه النص من موضوع، أو المعنى المقصود بالكلام، ووظيفة السياق الرئيسة -كما أشرنا- تأكيد ظاهر النص أو العدول عنه لاحتمال من احتمالاته. لكن ذلك لم يلغ لدى الشافعي أهمية المعطيات الأخرى من خارج النص وإمكانية تأثيرها على عدم العمل بالسياق الظاهر طالما هناك احتمال آخر يرجح خلافه. وتتعدد الأسباب الخارجية التي تجعل الشافعي يعدل عن دلالة السياق الظاهر، فنجده مثلاً اعتمد على الإجماع في ترجيح نفي احتمال يشهد له ظاهر السياق.[72] ولا يخفى تأصيل الشافعي لدور السنة -وهي بالنسبة للقرآن معطى من خارجه- في العدول عن السياق الظاهر للنص والعمل بما اقتضته دلالة السنة من معنى جديد، فمثلاً في موضوع الزكاة يقول "ولولا دِلالةُ السُّنَّةِ كان ظاهرُ القُرآن أنَّ الأمْوالَ كلَّها سَوَاءٌ، وأنَّ الزكاةَ في جَمِيعِهَا دون بعْضٍ."[73] وأمثلة ذلك كثيرة في بيانه أن السنة تلغي العموم أو الإطلاق في السياق القرآني الظاهر، وتضبط الدلالة بما هو أضيق وأخص.

هذا المنهج في اعتبار ما هو خارج النص في بيان الدلالة يقود إلى التساؤل عن مدى مراعاة الشافعي السياق التاريخي المعلوم لديه من خارج النص، وإمكانية تأثيره في فهم النص. وقد وجدت ذلك واضحاً في موارد توظيفه للسياق النصي، فيضيف إليه دلالة السياق التاريخي ليكمل الاستدلال، فمثلاً في تقريره اعتبار ما تم من عقود بالتراضي مع المحاربين وإثبات ما يترتب عليها من حقوق، استند إلى نوعين من السياق: الأول السياق النصي الدال على ثبوت رأس المال وإلغاء الربا في آية حرمة الربا، وقد سماه "سياقاً"، والثاني لم يسمه سياقاً وهو السياق غير النصي أو التاريخي أو سياق الحال (في الاصطلاح الحديث) وهو ثبوت التعامل بالربا في الجاهلية (وهو معروف من سبب النزول خارج النص).[74] فهو بهذا المثال قد جمع بين السياقين النصي والتاريخي في تحرير دلالة النص وبناء الحكم وهو اعتبار آثار العقود الجارية بالتراضي مع المحاربين وهو معنى لا يفيده سياق النص القرآني دون مراعاة الحال التاريخي.

---

70 نفسه، 7/ 460– 465.

71 محمد إبراهيم أحمد، السياق والتناص بين علم لغة النص وعلم أصول الفقه، م.س، ص 169–193.

72 "زَعَمَ بَعْضُ أَهْلِ التَّفْسِيرِ أَنَّ قَوْلَ اللَّهِ عَزَّ وَجَلَّ {مَا جَعَلَ اللَّهُ لِرَجُلٍ مِنْ قَلْبَيْنِ فِي جَوْفِهِ} [الأحزاب: 4] مَا جَعَلَ اللَّهُ لِرَجُلٍ مِنْ أَبَوَيْنِ فِي الْإِسْلَامِ، **وَاسْتَدَلَّ بِسِيَاقِ الْآيَةِ** قَوْلِ اللَّهِ عَزَّ وَجَلَّ {ادْعُوهُمْ لآبَائِهِمْ هُوَ أَقْسَطُ عِنْدَ اللَّهِ} [الأحزاب: 5] قَالَ فَتَحْتَمِلُ هَذِهِ الْآيَةُ مَعْنًى غَيْرَ هَذَا؟ قُلْنَا نَعَمْ زَعَمَ بَعْضُ أَهْلِ التَّفْسِيرِ أَنَّ مَعْنَاهَا غَيْرُ هَذَا قَالَ فَلَكَ بِهِ حُجَّةٌ تَثْبُتُ قُلْنَا أَمَا حَتَّى نَسْتَطِيعَ أَنْ نَقُولَ هُوَ هَكَذَا غَيْرُ شَكٍّ فَلَا لِأَنَّهُ مُحْتَمِلٌ غَيْرَهُ، وَلَمْ يَقُلْ هَذَا أَحَدٌ يَلْزَمُ قَوْلُهُ. وَلَكِنَّهُ إذَا **كَانَ يَحْتَمِلُ، وَكَانَ مَعْنَى الْإِجْمَاعِ** أَنَّ الِابْنَ إذَا وَرِثَ مِيرَاثَ ابْنٍ كَامِلٍ فَكَذَلِكَ يَرِثُهُ الْأَبُ مِيرَاثَ أَبٍ كَامِلٍ لَمْ يَسْتَقِمْ فِيهِ إلَّا هَذَا الْقَوْلُ" الشافعي، الأم، م.س، 7/ 610.

73 الشافعي، **الرسالة**، م.س، 196، ط فوزي، 1 / 85.

74 "أَرْبَى أَهْلُ الْجَاهِلِيَّةِ فِي الْجَاهِلِيَّةِ ثُمَّ سَأَلُوا رَسُولَ اللَّهِ - صَلَّى اللَّهُ عَلَيْهِ وَسَلَّمَ - فَأَنْزَلَ اللَّهُ تَبَارَكَ وَتَعَالَى {اتَّقُوا اللَّهَ وَذَرُوا مَا بَقِيَ مِنَ الرِّبَا إِنْ كُنْتُمْ مُؤْمِنِينَ} [البقرة: 278] وَقَالَ فِي سِيَاقِ الْآيَةِ {وَإِنْ تُبْتُمْ فَلَكُمْ رُءُوسُ أَمْوَالِكُمْ} [البقرة: 279] فَلَمْ يُبْطِلْ عَنْهُمْ رُءُوسَ أَمْوَالِهِمْ إذَا لَمْ يَتَقَابَضُوا وَقَدْ كَانُوا مُقِرِّينَ بِهَا وَمُسْتَيْقِنِينَ فِي الْفَضْلِ فِيهَا " الشافعي، **الأم**، م.س، 708/5.

بطبيعة الحال لا يمكن أن يكون هذا الجمع موضع إشكال لدى الشافعي لكون السياقين (النصي والتاريخي) يتكاملان ولا يتعارضان، ولأن السياق التاريخي نفسه هو بمثابة نص آخر (سبب النزول بحكم الحديث المرفوع) ينبغي اعتباره في فهم النص الأصل (القرآن).

إن هذه الأمثلة تشير إلى أن الشافعي إذ يؤصل لاعتبار السياق معياراً في إقرار ظاهر النص أو العدول عنه، لا يراه معياراً وحيداً، ولا تقريراً للفهم الحرفي للدلالة اللغوية، إنما يرى أن السياق قرينة ينبغي أخذها بالاعتبار في فهم النص. وهي واحدة من أمور كثيرة ينبغي مراعاتها في الفهم، منها ما يرتبط بسياق الحال أو المقام (كأسباب النزول)، أو النص النبوي، أو الاجماع، أو غير ذلك مما يقتضي أن يعدل في فهم النص عما يقتضيه سياقه الظاهر. وبتعبير آخر فإن فهم النص من منظور الشافعي عملية اجتهادية من أدواتها السياق لكنه ليس حَكَماً وحيداً فيها.

لم يكن الشافعي استثناء في الاهتمام بما يؤثر بالدلالة مما يحيط بالنص (السياق غير النصي)، فقد كان النحويون واللغويون واعين بهذه المؤثرات، وكانت تدل على هذا المعنى لديهم اصطلاحات أخرى فـ"مفهوم السياق في معنى الظرف الخارجي يرادفه في التراث العربي كلاً من المقام والحال والموقف."[75] ويعدً "الكتاب" لسيبويه (ت:180ه/796م) شاهداً مبكراً على الاهتمام بسياق الحال في المجال اللغوي. يقول أسعد خلف العوادي:

> لم يصرح سيبويه بمصطلح سياق الحال، ولكنه عبر عن مفهومه من خلال ألفاظ عدة تكرر ذكرها في سائر أجزاء الكتاب، ومعظم هذه الألفاظ تدور حول الكلام والمتكلم والمخاطب. وهناك ألفاظ أخرى نحو التباس وملتبس ونية، وهي تتصل بمدى التفاهم والتواصل الذي يتم بين المتكلم والمخاطب أو انعدام هذا التفاهم". كما "استعمل سيبويه مصطلحاً تكرر في أكثر من موضع وهو مصطلح (الحال) ويعد أقدم مصطلح في التراث العربي والنحوي يقترب من مفهوم سياق الحال، ولعل هذا المصطلح عند سيبويه يرجع إلى أستاذه الخليل.[76]

هذا الاهتمام بسياق الحال والمقام عند سيبويه واضع قواعد "علم النحو" لن يكون غائباً عند معاصره الشافعي واضع "علم الأصول" الذي بادر إلى وضع اصطلاح "السياق" المتصل بالنص، واكتفى بما هو معهود عند الفقهاء والمفسرين من اصطلاحات تدل على مراعاة أحوال النزول ومعهود المخاطبين.

لقد اعتنى الباحثون اللغويون المعاصرون بدراسة نوعي السياق وأثرهما في المعنى والدلالة مع المقارنة بالدراسات اللسانية الحديثة، كما تمت المقارنة بالسياق عند الأصوليين أو المفسرين في بعضها، لكن أكثرها كان أسيراً لما استقرت عليه الدراسات الأصولية المتأخرة. أما الدراسات التي انفردت بدراسة السياق في علم الأصول أو التفسير على قلتها لم تعتن بنشأة المفهوم أو تطوره، ولا بتحرير مفهومه عند الشافعي نفسه، كما لم تعن بتحرير أثر سياق الحال أو المقام في الاستنباط، رغم إشارتها إلى اعتباره.[77]

الخاتمة:

لئن انتهى عالم اللسانيات جون لاينز في كتابه "اللغة والمعنى والسياق" وهو يتحدث عن السياق في علم اللغة الحديث، إلى القول: "ولا يمكن إذن إعطاء جواب بسيط عن السؤال (ما هو السياق؟)،"[78] فإن الجواب عن سؤال ما هو السياق عند الشافعي؟ لن يكون بهذه البساطة والسهولة من باب أولى، لاسيما وقد اختلف الأصوليون حتى عصر متأخر في تقرير رأي الشافعي في دور السياق، فيخصص الشوكاني (ت: 1250ه/1834) مسألة "فِي التَّخْصِيصِ بِالسِّيَاقِ" ينقل فيها "تردد قول الشافعي في ذلك، وأطلق الصيرفي جواز التخصيص به"، ويضيف "وكلام الشافعي في الرسالة يقتضيه"، ثم ينتهي إلى أن "الحق: أن دلالة السياق إن قامت مقام القرائن القوية المقتضية لتعيين المراد، كان

---

75 البركاوي، عبد الفتاح، **دلالة السياق بين التراث وعلم اللغة الحديث**، دار المنار للطبع والنشر والتوزيع, 1991م، ص30.

76 اسعد خلف العوادي، **سياق الحال في كتاب سيبويه: دراسة في النحو والدلالة**، عمان: دار الحامد، ط:1، 2011م، ص231.

77 انظر مثلاً: العنزي، سعد بن مقبل، **دلالة السياق عند الأصوليين**، رسالة ماجستير مقدمة في جامعة أم القرى ١٤٢٨ هـ، ص83، 165.

78 لاينز، جون، **اللغة والمعنى والسياق**، ترجمة: عباس صادق الوهاب، بغداد: دار الشؤون الثقافية العامة، ط:1، 1987م، ص242.

المخصص هو ما اشتمل عليه من ذلك، وإن لم يكن السياق بهذه المنزلة ولا أفاد هذا المفاد فليس بمخصص."[79] هذا الاختلاف في دور السياق لدى الشافعي لا يلغي محورية المصطلح في تنظير الشافعي، وإن كان هو الأقدم في ابتكاره وتوظيفه، فهو كذلك الأدق والأوضح في دلالاته حتى بالمقارنة بمن استخدمه من بعده. ففي كتب التراث العربي لاسيما اللغوي منها "لم يوضع له تعريف محدد، ولم يجر له في كتب الاصطلاح ذكر، واستخدام القدماء لمصطلح السياق كان استخداماً عاماً، ولم يكن يحمل المفهوم الاصطلاحي الذي أصبح شائعاً بين علماء اللغة المحدثين بعد ذلك."[80]

رغم ما ذكرت من صعوبات، فإن التأمل فيما قدمته من تحليل لموارد توظيف الشافعي الصريح للسياق، يُمكِّن من الكشف عن رؤية الشافعي في التعامل مع النص. فهو ينطلق من نظامه اللغوي الذي تنزل به، ويمكن أن نستخلص من كلامه وتطبيقاته مراتب ينبغي مراعاتها في فهم النص:

أولا: فهم النص من خلال سياقه اللغوي المباشر، لمعرفة مجمل معناه أو مفرداته أو دلالاته عموماً أو خصوصاً أو تقييداً، فيؤكد السياق ظاهرها، أو ينفيه مرجحاً احتمالاً غير ظاهر.

ثانياً: مقارنة سياق النص الجزئي بسياقات أخرى شبيهة في القرآن ككل، سواء أكانت مما يتصل بالموضوع نفسه أو موضوع مشابه يشترك معه في جانب ما حتى لو كان لفظياً.

ثالثاً: مقارنة ما دل عليه سياق النص بما هو معهود تاريخياً في عصر النزول أو قبله (السياق التاريخي)، مما له صلة في استكمال دلالة ما أرشد إليه السياق النصي أو تقييده، وقد تكون هذه الدلالة التاريخية سبباً للنزول أو خبراً منقولاً أو قضية محل إجماع.

هذه المراتب في فهم النص تدل على أن السياق عند الشافعي هو شاهد وقرينة على المعنى إثباتاً للظاهر أو نفياً له، لكنه لا يستقل بتحديد الدلالة، إنما يتعزز بالسياقات الأخرى، أو تنازعه في الدلالة فيجتهد القارئ مقارناً بين السياقات النصية، ولا تقل السياقات التاريخية أهمية عنها، فتنبغي مراعاتها لاستكمال دلالة النص.

وبكلمة يمكن القول: إن وضع الشافعي لقواعد قراءة النصوص لا يلغي الاختلاف في فهمها بل يؤكده، وما هي إلا أدوات تضبط الدلالة، ولا يكاد يختلف الشافعي الأصولي عن سيبويه النحوي إلا في موضوع ما يضعان القواعد له، فالأول يضبط المعنى الشرعي، والثاني يضبط المعنى اللغوي، فابتكر الأول مصطلح "السياق" وابتكر الثاني مصطلح "الحال"، وكان كلاهما واعياً بشكل غير مباشر بما وضعه الآخر وأثره في مجاله. إلا أن دراسة السياق غير النصي (سياق الحال) لدى الشافعي لا تكفي فيها دراسة موارد مصطلح "السياق" في مدونته، وهي محوجة إلى دراسة تطبيقية أوسع نأمل أن ننجزها لاحقاً.

---

79 الشوكاني، محمد بن علي، **إرشاد الفحول إلي تحقيق الحق من علم الأصول**، تحقيق: الشيخ أحمد عزو عناية، بيروت: دار الكتاب العربي، ط:1، - 1999م 1/ 397–398.

80 أبو شبانة خلف، عبد الله علي، **أثر السياق في تفسير المعنى بين النحاة والأصوليين**، مجلة كلية التربية- جامعة المنصورة، العدد:71، سبتمبر 2009م، 132–184.

Bibliography

Primary Sources

ʿAbduh, Muḥammad and Rashīd Riḍā. *Tafsīr al-qurʾān al-ḥakīm [Tafsīr al-manār]*. Cairo: Dār al-Manār, 1323/1906.

Aphrahat. *The Demonstrations of Aphrahat, the Persian Sage*. Ed. Lehto Adam. Piscataway, NJ: Gorgias Press, 2010.

"Apocalypse d'Abraham." Trans. Belkis Philonenko-Sayar and Marc Philonenko. Ed. André Dupont Sommer et al. *La Bible: Écrits intertestamentaires*. Paris: Gallimard, 1987.

Aṭṭār, Farīd al-Dīn. *Il Poema Celeste*. Ed. and trans. Maria Teresa Ganata. Milan: Bibliotheca Universale Rizzoli, 1990.

al-Azraqī, Abū al-Walīd Muḥammad b. ʿAbd Allāh. *Akhbār Makkah*. 2 vols. Ed. Rushdī Ṣāliḥ Malḥas. Beirut: Dār al-Andalus, 1388/1969.

al-Baqlī, Abū Muḥammad Ṣadr al-Dīn Rūzbihān b. Abī Naṣr. *ʿArāʾis al-bayān fī ḥaqāʾiq al-qurʾān*. Ed. Aḥmad Farīd al-Mazīdī. Beirut: Dār al-Kutub al-ʿIlmiyya, 1428/2008.

Le Coran. Trans. Denise Masson. Paris: Gallimard, 1967.

al-Fākihī, Muḥammad b. Isḥāq. *Akhbār Makkah fī qadīm al-dahr wa-ḥadīthihi*. 7 vols. Ed. ʿAbd al-Malik b. ʿAbd Allāh b. Duhaysh. 5th Impr. Mecca: Maktabat al-Asadī, 1430/2009.

al-Ghazālī, Abū Ḥāmid. *Jawāhir al-qurʾān wa duraruhu*. Ed. Lajnat Iḥyāʾ al-Turāth al-ʿArabī. 6th ed. Beirut: Dār al-Āfāq al-Jadīda-Dār al-Jīl, 1408/1988.

al-Ghazālī, Abū Ḥāmid. *Mīzān al-ʿamal*. Ed. Muḥammad Muṣṭafā Abū al-ʿAlā. Cairo: Maktabat al-Jundī, 1392/1973. Trans. Massimo Campanini, *La Bilancia Dell'azione*. Ed. Altri Scritti. Turin: Utet, 2005.

al-Ghazālī, Abū Ḥāmid. *Shifāʾ al-ghalīl fī bayān al-shabah wa-l-mukhayyal wa masālik al-taʿlīl*. Ed. Ḥamad al-Kabīsī. Baghdad: Maṭbaʿat al-Irshād, 1390/1971.

al-Ghazālī, Abū Ḥāmid. *The Ninety-Nine Beautiful Names of God*. Trans. David Burrell and Nazih Daher. Cambridge: Islamic Texts Society, 1997.

Ḥājj Ḥamad, Muḥammad Abū al-Qāsim. *al-ʿĀlamiyya al-islāmiyya al-thāniya*. Beirut: Dār Ibn Ḥazm, 1416/1996.

Des Heiligen Ephraem des Syrers Sermones. III. vol. 320. Corpus Scriptorum Christianorum Orientalium. Trans. Edmund Beck. Louvain: Secrétariat Du Corpus Scriptorum Christianorum Orientalium, 1972.

Ibn ʿArabī. Muḥyī-l-Dīn. *Fuṣūṣ al-ḥikam*. 12 vols. Ed. Abū al-ʿAlā ʿAfīfī. Beirut: Dār al-Kitāb al-ʿArabī, N.D.

Ibn ʿAshūr, Muḥammad al-Ṭāhir. *Tafsīr al-taḥrīr wa-l-tanwīr*. Tunis: al-Dār al-Tūnisiyya li-l-Nashr, 1392/1973.

Ibn ʿAshūr, Muḥammad al-Ṭāhir. *al-Taḥrīr wa-l-Tanwīr*. 12 vols. Dār Saḥnūn: Tunis, 1417/1997.

Ibn Ḥumayr. *Muqaddimāt al-marāshid fī ʿilm al-ʿaqāʾid: nuṣūṣ min al-turāth al-ashʿarī al-maghribī*. al-Qāhira: Maktabat al-Thaqāfa al-Dīnīya, 1432/2011.

Ibn Kathīr, ʿImād al-Dīn. *Tafsīr al-qurʾān al-ʿaẓīm*. 8 vols. Beirut: al-Kitāb al-ʿĀlamī li-l-Nashr, 1433/2012.

Ibn Khaldūn. *al-Muqaddima*. Ed. ʿAlī ʿAbd al-Wāḥid Wāfī. Cairo: Dār Nahḍa Miṣr li-l-Nashr, 7th ed., 1435/2014.

Ibn Manẓūr, *Lisān al-ʿArab*. Beirut: Dār Ṣādir, 1417/1997.

Ibn Qutayba, ʿAbd Allāh b. Muslim. *Tafsīr gharīb al-qurʾān*. Ed. Aḥmad Saqr. Beirut: al-Maktabah al-ʿIlmīyah, 1427/2007.

Ibn Rushd, Abū-l-Walīd Muḥammad. *Al-Kashf ʿan manāhij al-adilla fī ʿaqāʾid al-milla*. Ed. Maḥmūd Qāsim. Cairo: Maktabat al-Anglū-Miṣriyya, 2nd ed., 1964.

https://doi.org/10.1515/9783111051567-017

Ibn Sallām, Abū ʿUbayd al-Qāsim. *Gharīb al-ḥadīth*. Ed. Muḥammad ʿAbd al-Muʿīd Khān, Ḥaydar Ābād. Deccan: Maṭbaʿat Dāʾirat al-Maʿārif al-ʿUthmāniyya, 1383/1964.

Ibn Taymiyyah, Aḥmad Taqī al-Dīn. *A Muslim Theologian's Response to Christianity: Ibn Taymiyya's al-Jawāb al-Ṣaḥīḥ*, Trans. Thomas F. Michel. Delmar, N.Y: Caravan Books, 1984.

Ibn Taymiyyah, Aḥmad Taqī al-Dīn. *al-Iklīl fī al-mutashābih wa-l-taʾwīl*. Ed. Muḥammad al-Shaymī Shaḥḥāta. Alexandria: Dār al-Īmān, n.d.

Ibn Taymiyyah, Aḥmad Taqī al-Dīn. *al-Jawāb al-ṣaḥīḥ li-man baddal dīn al-masīḥ*. 7 vols. Ed. ʿAlī Ḥasan b. Nāṣir, ʿAbd al-ʿAzīz b. Ibrāhīm al-ʿAskar and Ḥamadān b. Muḥammad al-Ḥamadān. Riyad: Dār al-ʿĀṣima, 2nd ed. 1419/1999.

al-Iṣfahānī, al-Rāghib. *Mufradāt alfāẓ al-qurʾān*. Damascus: Dār al-Qalam, 1432/2011.

Jāmī. *Yusuf and Zulaikha*. Trans. and abridged David Pendlebury. London: Octagon Press, 1980.

al-Kāshānī, ʿAbd al-Razzāq, *Tafsīr al-shaykh al-akbar al-ʿārif biʾllāh taʿālā al-ʿallāmah Muḥyī al-Dīn b. al-ʿArabī*. Cairo: Muṣṭafā al-Bābī al-Ḥalabī, 1316/1899.

al-Khūlī, Amīn. *Manāhij al-tajdīd fī al-naḥw wa-l-balāgha wa-l-tafsīr wa-l-adab*. Cairo: Dār al-Maʿrifa, 1380/1961.

al-Maghribī, ʿAlī ʿAbd al-Fattāḥ. *al-Firaq al-kalāmīya: madkhal wa dirāsa*. Cairo: Maktabat Wahba, 1406/1986.

al-Marāghī, Aḥmad Muṣṭafā. *Tafsīr al-Marāghī*. Cairo: Muṣṭafā al-Bābī al-Ḥalabī wa-Awlāduh, 1365/1946.

al-Marwazī, Nuʿaym b. Ḥammād. *Kitāb al-fitan*. Ed. Suhayl Zakkār. Makkah: al-Maktabah al-Tijārīyah, 1411/1991.

Muqātil b. Sulaymān, Abū al-Ḥasan. *Tafsīr Muqātil b. Sulaymān*. Ed. Aḥmad Farīd. 3 vols. Beirut: Dār al-Kutub al-ʿIlmīyah, 1423/2003.

Parisot Ioannes, Aphraatis Sapientis Persae Demonstrationes. vol. 1, Patrologia Syriaca 1.1. Paris: Firmin-Didot, 1894.

The Qurʾān: A New Annotated Translation. Trans. Arthur J. Droge. Bristol, Ct.: Equinox Publishing, Ltd., 2013.

The Qurʾān: Translated into English. Trans Alan Jones. Cambridge: Gibb Memorial Trust, 2007.

al-Qushayrī, Abū al-Qāsim. *Tafsīr al-Qushayrī al-musammā Laṭāʾif al-Ishārāt*. Beirut: Dār al-Kutub al-ʿIlmiyya, 2nd ed., 1427/2007.

al-Rāzī, Fakhr al-Dīn. *Khalq al-qurʾān bayna al-muʿtazila wa ahl al-sunna*. Beirut: Dār al-Jīl, 1412/1992.

al-Rāzī, Fakhr al-Dīn. *Manāqib al-imām al-Shāfiʿī*. Ed. Aḥmad Ḥijāzī al-Saqqā. Cairo: Maktabat al-Kulliyyāt al-Azhariyya, 1406/1986.

al-Rāzī, Fakhr al-Dīn. *al-Tafsīr al-kabīr aw mafātīḥ al-ghayb*. Beirut: Dār al-Fikr, 1401/1981.

al-Rāzī, Fakhr al-Dīn. *al-Tafsīr al-kabīr aw mafātīḥ al-ghayb*. 32 vols. in 16. Beirut: Dār al-Kutub al-ʿIlmīyah, 1410/1990.

al-Rāzī, Fakhr al-Dīn. *Traité sur les noms divins*. Introduction, traduction et annotation Maurice Gloton. Paris: Dervy-Livres, 1986.

Sallāmī, Cheikh Muḥammad Mukhtār. *Nahj al-Bayān fī Tafsīr al-Qurʾān*. Tunis: Imprimerie al-Tafsīr al-Fannī/Dār Saḥnūn, 1436/2015.

al-Ṣanʿānī, Abū Bakr ʿAbd al-Razzāq b. Hammām. *al-Muṣannaf*. 12 vols. Ed. Ḥabīb al-Raḥmān al-Aʿẓamī. Beirut: al-Majlis al-ʿIlmī, 1403/1983.

Sarug, Jacob de. *Homilies of Mar Jacob of Sarug. Homiliae Selectae Mar-Jacobi Sarugensis*. vol. 1. Ed. Bedjan Paul. Piscataway, NJ: Gorgias Press, 2006.

al-Shāfiʿī, Abū ʿAbdallāh Muḥammad b. Idrīs. *al-Risāla*. Ed. Rifaʿat Fawzī ʿAbd al-Muṭṭalib. al-Manṣūra: Dār al-Wafāʾ, 1421/2001.

al-Shawkānī, Muḥammad b. ʿAlī. *Fatḥ al-qadīr al-jāmiʿ bayn fannay al-riwāya wa-l-dirāya min ʿilm al-tafsīr.* Ed. ʿAbd al-Raḥmān ʿUmayra. Cairo: Dār al-Wafā', 1419/1994.
al-Shawkānī, Muḥammad b. ʿAlī. *Irshād al-fuḥūl ilā taḥqīq al-ḥaqq min ʿilm al-uṣūl.* Ed. al-Shaykh Aḥmad ʿAzzū ʿInāya. Beirut: Dār al-Kitāb al-ʿArabī, 1999.
The Study Quran. A New Translation and Commentary. Ed. Seyyed Hossein Nasr. New York: Harper Collins Publishers, 2015.
al-Suyūṭī, Jalāl al-Dīn. *Al-itqān fī ʿulūm al-qurʾān.* 2 vols. Cairo: al-Maktaba at-Tawfīqiyya, 1415/1995.
al-Suyūṭī, Jalāl al-Dīn. *Ṣawn al-manṭiq wa-l-kalām ʿan fannay al-manṭiq wa-l-kalām.* Ed. ʿAlī Sāmī al-Nashshār wa Suʿād ʿAlī ʿAbd al-Rāziq. Cairo: Majmaʿ al-Buḥūth al-Islāmiyya, 2nd ed., n.d.
al-Suyūṭī, Jalāl al-Dīn. *Tafsīr al-jalālayn.* Trans. Feras Hamza. Amman, Jordan: Royal Aal al-Bayt Institute for Islamic Thought, 2007.
al-Ṭabarī, Abū Jaʿfar Muḥammad b. Jarīr. *Tafsīr al-Ṭabarī al-musammā jāmiʿ al-bayān fī taʾwīl al-Qurʾān.* 12 vols. Beirut: Dār al-Kutub al-ʿIlmīyah, 1412/1992.
al-Ṭabarī, Abū Jaʿfar Muḥammad b. Jarīr. *Taʾrīkh al-rusul wa-l-mulūk.* 15 vols. Ed. M.J. De Goeje et al. Leiden: Brill, 1879–1901.
al-Ṭabarī, Muḥibb al-Dīn. *al-Qirā li-qāṣid umm al-qurā.* Ed. Muṣṭafā al-Saqqā. Cairo: Maktabah wa-Maṭbaʿah Muṣṭafā al-Bābī al-Ḥalabī wa-Awlādihi, 1970.
al-Zamakhsharī, Abū al-Qāsim Maḥmūd b. ʿUmar. *al-Kashshāf ʿan ḥaqāʾiq al-tanzīl.* Beirut: Dār al-Kitāb al-ʿArabī, 3rd ed., 1406/1986.

Secondary Sources

Abdel Haleem, Muhammad. "Grammatical Shift for Rhetorical Purposes: *Iltifāt* and Related Features in the Qur'ān." *Bulletin of the School of Oriental and African Studies* 55:3 (1992): 407–432.
Abdel Haleem, Muhammad. "Qur'ān." In *Encyclopedia of Arabic Language and Linguistics.* Ed. Kees Verstegh. Leiden, Boston: Brill, 2006, 21–31.
ʿAbduh, Muḥammad. *al-Aʿmāl al-kāmila.* Ed. Muḥammad ʿAmāra. Beirut: Dār al-Shurūq, 1373/1954.
Abrahamov, Benyamin. *Anthropomorphism and Interpretation of the Qur'ān in the Theology of al-Qāsim Ibn Ibrāhīm: 'Kitab al-Mustarshid'.* Leiden: Brill, 1996.
Abrahamov, Benyamin. *Islamic Theology: Traditionalism and Rationalism.* Edinburgh: Edinburgh University Press, 2004.
Abrahamov, Benyamin. "Theology." In *The Blackwell Companion to the Qurʾān.* Ed. Andrew Rippin. Malden, MA: Blackwell Publishing, 2006, 420–433.
Abū Rīdah, Muḥammad ʿAbd al-Hādī. *Ibrāhīm Ibn Sayyār al-Naẓẓām wa-ārāʾuhu al-kalāmīyah al-falsafīyah.* Cairo: Maṭbaʿat Lajnat al-Taʾlīf wa-l-Tarjamah wa-l-Nashr, 1365/1946.
Adamson, Peter. *Philosophy in the Islamic World: A History of Philosophy Without any Gaps.* 3 vols. Oxford: Oxford University Press, 2016.
Ambros, Arne A. and Stephan Procházka. *A Concise Dictionary of Koranic Arabic.* Wiesbaden: Reichert, 2004.
Amīn, Aḥmad. *Ḍuḥā al-islām.* 3 vols. Cairo: al-Hayʾah al-Miṣrīyah al-ʿĀmmah li-l-Kitāb, 1417/1997.
Andrae, Tor. *Mohammed, sein Leben und sein Glaube.* Göttingen: Vandenhoeck & Ruprecht, 1932. Translated into English from the original German: *Muhammad: The Man and His Faith.* Trans. Theophil Menzel. London and New York: Routledge, 2008, 1st ed. 1936.
Andrae, Tor. *Les Origines de l'Islam et le Christianisme.* Paris: Librairie d'Amérique et d'Orient – Adrien-Maisonneuve, 1955.

Arberry, Arthur J. *Revelation and Reason in Islam*. London: Routledge, 2008.
Azaiez, Mehdi. *Le Contre-discours coranique*. Berlin: De Gruyter, 2015.
Azaiez, Mehdi ed., and Sabrina Mervin (collab.), *Le Coran. Nouvelles Approches*. Paris: CNRS éditions, 2013.
Bauckham, Richard. "Eschatology." in *The Oxford Handbook of Systematic Theology*. Ed. John Webster, Kathryn Tanner, and Iain Torrance. Oxford: Oxford University Press, 2007, 306–322.
Bauer, Thomas. *Die Kultur der Ambiguität: Eine andere Geschichte des Islam*. Berlin: Verlag der Weltreligionen, 2004.
Bell, Richard. *The Origin of Islam in Its Christian Environment*. London: Cass, 1968.
Bellamy, James. A. "The Mysterious Letters of the Koran: Old Abbreviations of the Basmalah." *Journal of the American Oriental Society* 93:3 (1973): 267–285.
Ben Taïbi, Mustapha. *Quelques façons de lire le texte coranique*. Limoges: Lambert-Lucas, 2009.
Berger, Lutz. *Islamische Theologie*. Vienna: Facultas.wuv, 2010.
Berque, Jacques. "Yûsuf ou la sourate sémiotique." In *Exigences et perspectives de la sémiotique. Recueil d'hommages pour A.J. Greimas. / Aims and Prospects of Semiotics: Essays in honor of A.J. Greimas*. Ed. Herman Parret and Hans-George Ruprecht. Amsterdam: John Benjamins Publishing Company, 1985, 847–861.
Berque, Jacques and Jean-Paul Charnay. *L'ambivalence dans la culture arabe*. Paris: Éditions Anthropos, 1968.
Blachère, Régis. *Introduction au Coran*. Paris: Maisonneuve et Larose, 1991.
Boccali, Giulano and Maria Angelillo. *Arte e letteratura nelle società in Asia*. Rome: Bulzoni, 2016.
Boer, Tjitze J. and Edward R. Jones. *The History of Philosophy in Islam*. New York: Dover Publications, 1967.
Boisliveau, Anne-Sylvie. *Le Coran par lui-même. Vocabulaire et argumentation du discours coranique autoréférentiel*. Leiden: Brill, 2014.
Borges, Jorge Luis. "Averroes Search." In *Labyrinths: Selected Stories & Other Writings*. Ed. Donald A. Yates and James E. Irby. New York: New Directions, 1962.
Bouman, Johan. *Le conflit autour du Coran et la solution d'al-Bāqillānī*. Amsterdam: Jacob Van Campen, 1959.
Brady, David. "The Book of Revelation and the Qurʾān: Is There a Possible Literary Connection?". *Journal of Semitic Studies* 23:2 (1978): 216–225.
Braudel, Fernand. *Civilisation matérielle, économie et capitalisme, XVe et XVIIIe siècles*. Paris: Armand Colin, 1979.
Burge, Stephen R., "Scattered Pearls: Exploring al-Suyūṭī's Hermeneutics and Use of Sources in *al-Durr al-Manthūr fī'l-Tafsīr bi'l-Maʾthūr*," *Journal of the Royal Asiatic Society* 24 (2014): 251–296.
Burton, John. *The Collection of the Qurʾān*. Cambridge: Cambridge University Press, 1977.
Burton, John. "Linguistic Errors in the Qurʾān," *Journal of Semitic Studies* 33:2 (1988): 181–196.
Burton, John. *The Sources of Islamic Law: Theories of Abrogation*. Edinburgh: Edinburgh University Press, 1990.
Calder, Norman. "*Tafsīr* from Ṭabarī to Ibn Kathīr: Problems in the Description of a Genre, Illustrated with Reference to the Story of Abraham." In *Approaches to the Qurʾān*. Ed. Abdul-Kader Shareef and Gerald. R. Hawting. London: Taylor & Francis, 1993, 101–140.
Calder, Norman. "The *Saʿy* and the *Jabīn*: Some Notes on Qurʾān 37:102–3." *Journal of Semitic Studies* 31 (1986): 17–26.
Cameron, Averil. "Late Antique Apocalyptic: A Context for the Qur'an?" In *Apocalypticism and Eschatology in Late Antiquity: Encounters in the Abrahamic Religions, 6th–8th Centuries*. Ed. Hagit Amirav, Emmanouela Grypeou and Guy Stroumsa. Leuven: Peeters, 2017, 1–20.

Casanova, Paul. *Mohammed et la fin du monde, étude critique sur l'Islam primitif.* Paris: P. Geuthner, 1911–1913.

Caspar, Robert. *A Historical Introduction to Islamic Theology: Muḥammad and the Classical Period.* Rome: Pontificio Istituto di Studi Arabi e d'Islamistica, 1998.

Chabbi, Jacqueline. *Les trois piliers de l'islam : Lecture anthropologique du Coran.* Paris: Le Seuil, 2016.

Christiansen, Johanne Louise. "Asketiske Praksisser I Koranen: Vigilien Som Case." *Religionsvidenskabeligt Tidsskrift* 64 (2016): 156–172.

Cook, David. *Studies in Muslim Apocalyptic.* Princeton, NJ: Darwin Press, Inc., 2002.

Cook, Michael A. "The Origins of *Kalām.*" *Bulletin of the School of Oriental and African Studies*, 43:1 (1980): 32–43.

Corbin, Henry. *History of Islamic Philosophy.* Trans. Liadain Sherrard. London: Kegan Paul, 1993.

Cragg, Kenneth. *The Mind of the Qur'ān.* London: Allen & Unwin, 1973.

Crone, Patricia. "Pagan Arabs as God-Fearers." In idem, *The Qur'ānic Pagans and Related Matters.* Ed. Hanna Siurua. Leiden: Brill, 2016, 315–339.

Crone, Patricia. "The Religion of the Qur'ānic Pagans: God and the Lesser Deities." *Arabica* 57 (2010): 151–200.

Crone, Patricia and Michael Cook. *Hagarism: The Making of the Islamic World.* Cambridge: Cambridge University Press, 1977.

Cuomo, Camilla. *Images sacrées et représentations dans les traditions islamiques.* Unpublished Phd Thesis. Lyon : University of Lyon 3, 2011.

Cuypers, Michel. "Structure et interprétation de la sourate Joseph." In *Studi del quinto convegno RBS: Rhetorica Biblica et Semitica XI.* Ed. Roland Meynet and Jacek Oniszczuk. Leuven: Peters, 2017, 295–309.

Dallal, Ahmad. "Appropriating the Past: Twentieth-Century Reconstruction of Pre-Modern Islamic Thought." *Islamic Law and Society* 7 (2000): 325–358.

Danesghar, Majid. *Studying the Qur'ān in the Muslim Academy.* Oxford: Oxford University Press, 2020.

Demichelis, Marco. "The *Miḥna*: Deconstruction and reconsideration of the Mu'tazilite role in the 'Inquisition.'" *Annali di scienze religiose* 5 (2012): 257–286.

Dictionnaire du Coran. Ed. Mohammad-Ali Amir-Moezzi. Paris: Robert Laffont, 2007.

Donner, Fred M. "Arabic *Fatḥ* as 'Conquest' and its Origin in Islamic Tradition." *al-'Uṣūr al-Wusṭā* 24 (2016): 1–14.

Donner, Fred M. "From Believers to Muslims: Confessional Self-Identity in the Early Islamic Community." *al-Abḥāth* 50–51 (2002): 9–53.

Donner, Fred M. *Muhammad and the Believers: At the Origins of Islam.* Cambridge, MA: Harvard University Press, 2010.

Donner, Fred M. *Narratives of Islamic Origins: The Beginnings of Islamic Historical Writing.* Princeton: The Darwin Press, Inc., 1998.

Dugat, Gustave. *Histoire des philosophes et des théologiens musulmans de 632 à 1258 J.-C.: Scènes de la vie religieuse en Orient.* Paris: Maisonneuve & Cie, 1878.

Eco, Umberto. *Lector in Fabula ou la coopération interprétative dans les textes narratifs.* Paris: Grasset, 1985.

Eco, Umberto. *Les limites de l'interprétation.* Paris: Grasset, 1992.

El-Badawi, Emran Iqbal. *The Qur'ān and the Aramaic Gospel Traditions.* London: Routledge, 2014.

Encyclopaedia of Islam. 2nd ed. 11 vols. Leiden: Brill, 1954–2002.

Fakhry, Majid. "Philosophy and the Qur'ān." In *Encyclopaedia of the Qur'ān*, Vol. 4. Ed. Jane Dammen McAuliffe. Leiden: Brill, 2004, 68–90.

Fattal, Antoine. *Le statut légal des non-musulmans en pays d'islam.* Beirut: Dar al-Machreq, 1995.

Fierro, Maribel. "*Idra'ū l-ḥudūd bi-l-shubuhāt*: When Lawful Violence Meets Doubt." *Hawwa* 5:2–3 (2007): 208–238.
Firestone, Reuven. *Jihād: The Origin of Holy War in Islam*. Oxford: Oxford University Press, 1999.
Firestone, Reuven. "The Qur'ān and the Bible: Some Modern Studies of their Relationship." In *Bible and Qur'ān: Essays in Scriptural Intertextuality*. Ed. John C. Reeves. Atlanta: Society of Biblical Literature, 2013, 1–22.
Fontana, Vittoria M. *La Miniatura Islamica*. Rome: Edizioni Lavoro, 1998.
Friedmann, Yohanan. *Tolerance and Coercion in Islam: Interfaith Relations in the Muslim Tradition*. New York: Cambridge University Press, 2006.
Gaudefroy-Demombynes, Maurice. *Le pèlerinage à la Mekke. Étude d'histoire religieuse*. Paris: Paul Geuthner, 1923.
Geffré, Claude. *Croire et interpréter. Le tournant herméneutique de la théologie*. Paris: Cerf, 2001.
Gesenius, Wilhelm. *Gesenius' Hebrew-Chaldee Lexicon to the Old Testament*. Grand Rapids, MI: Baker Book House, 1988.
Gilliot, Claude. "Des indices d'un proto-lectionnaire dans le 'lectionnaire arabe' dit Coran." *Comptes rendus des séances de l'Académie des Inscriptions et Belles-Lettres*, 155, 1 (2011): 455–472.
Gilliot, Claude. "Les débuts de l'exégèse coranique," *REMMM* 58 (1990): 82–100.
Gilliot, Claude. "Reconsidering the Authorship of the Qur'ān: Is the Qur'ān Partly the Fruit of a Progressive and Collective Work?" In *The Qur'ān in its Historical Context*. Ed. Gabriel Said Reynolds. London: Routledge, 2007, 88–108.
Gimaret, Daniel. *Les Noms Divins en Islam*. Paris: Cerf, 1988.
Ginzberg, Louis. *The Legends of the Jews*. 7 vols. Philadelphia: The Jewish Publication Society of America, 1909.
Goldziher, Ignaz. *The Ẓāhirīs: Their Doctrine and their History. A Contribution to the History of Islamic Theology*. Trans. Wolfgang Behn. Leiden: Brill, 2008.
Gonzalez, Valérie. *Beauty and Islam: Aesthetics in Islamic Art and Architecture*. London: I.B. Tauris and the Institute of Ismaili Studies, 2001.
Graham, William A. *Divine Word and Prophetic Word in Early Islam: A Reconsideration of the Sources, with Special Reference to the Divine Saying or Ḥadīth Qudsī*. The Hague: Mouton, 1977.
Griffith, Sidney H. *The Bible in Arabic: The Scriptures of the "People of the Book" in the Language of Islam*. Princeton: Princeton University Press, 2013.
Griffith, Sidney H. "Christian Lore and the Arabic Qur'ān: The 'Companions of the Cave' in *Sūrat al-Kahf* and in Syriac Christian Tradition." In *The Qur'ān in Its Historical Context*. Ed. Gabriel Said Reynolds. London and New York: Routledge, 2008, 109–137.
Griffith, Sidney H. "'Syriacisms' in the Arabic Qur'ān: Who Were 'Those who said that Allah is third of three, according to al-Ma'idah 73'?" In *Christmas in the Koran: Luxenberg, Syriac, and the Near Eastern and Judeo-Christian Background of Islam*. Ed. Ibn Warraq. Amherst: Prometheus Books, 2014, 119–144.
Hallaq, Wael B. *An Introduction to Islamic Law*. New York: Cambridge University Press, 2009.
Hawting, Gerald. *The Idea of Idolatry and the Emergence of Islam*. Cambridge: Cambridge University Press, 1999.
Heidegger, Martin. *Nietzsche*. Trans. Franco Volpi. Milan: Adelphi, 1994.
Hoffmann, Thomas. "Poetic-Prophetic Abrogation? An Experimental Reading of Q73." In *Micro-Level Analyses of the Qur'ân*. Ed. Håkan Rydving. Uppsala: Uppsala University Library, 2014, 105–119.
Hoffmann, Thomas. *The Poetic Qur'ān: Studies on Qur'ānic Poeticity*. Wiesbaden: Harrassowitz Verlag, 2007.
Hoover, Jon. *Ibn Taymiyyah's Theodicy of Perpetual Optimism*. Leiden and Boston: Brill, 2007.

Horovitz, Josef. "Jewish Proper Names and Derivatives in the Koran." *Hebrew Union College Annual* 2 (1925): 145–227.
Horovitz, Josef. *Koranische Untersuchungen*. Berlin: De Gruyter, 1926.
Hourani, George F. "Islamic and non-Islamic Origins of Muʿtazilite Ethical Rationalism." *International Journal of Middle East Studies* 7:1 (1976): 59–87.
Hourani, George F. *Reason and Tradition in Islamic Ethics*. Cambridge: Cambridge University Press, 2007.
Hoyland, Robert G. "Early Islam as a Late Antique Religion." In *The Oxford Handbook of Late Antiquity*. Ed. Scott Fitzgerald Johnson. Oxford: Oxford University Press, 2012.
Hoyland, Robert G. *Muslims and Others in Early Islamic Society*. Burlington, VT: Ashgate Publishing, 2004.
Hozien, Muhammad. "Philosophy, Theology and Mysticism in Medieval Islam." *Journal of Islamic Philosophy* 2:1 (2006): 205–206.
Iqbal, Mohamed. *Reconstruire la pensée religieuse en Islam*. Trans. Eva Meyerovitch. Paris: Maisonneuve, 1955.
Iwona, Gajda. *Le royaume monothéiste de Himyar à l'époque monothéiste*. Paris: Académie des Inscriptions et Belles-Lettres, 2009.
Izutsu, Toshihiko. *Ethico-Religious Concepts in the Qur'ān*. Montreal: Mcgill Queens University Press, 2002.
Izutsu, Toshihiko. *God and Man in the Qur'an: Semantics of the Qur'anic Weltanschauung*. Kuala Lumpur: Islamic Book Trust, 2002.
Jadʿān, Fahmī. *al-Miḥna: baḥth fī jadaliyat al-dīnī wa-l-siyāsī fī al-islām*. Beirut: al-Muʾassasah al-ʿArabīyah li-l-Dirāsāt wa-l-Nashr, 1420/2000.
Jaffer, Tariq. "Fakhr al-Dīn al-Rāzī's System of Inquiry." In *Aims, Methods and Contexts of Qur'anic Exegesis: 2nd/8th-9th/15th c.* Ed. Karen Bauer. Oxford: Oxford University Press, 2013.
Jeffery, Arthur. *The Foreign Vocabulary of the Qur'ān*. Baroda: Oriental Institute, 1938. Boston: Brill, 2007.
Kermani, Navid. *God Is Beautiful: The Aesthetic Experience of the Qur'ān*. Cambridge: Polity Press, 2015.
Kinberg, Leah. "*Muḥkamāt* and *Mutashābihāt* (Koran 3/7): Implication of a Koranic Pair of Terms in Medieval Exegesis." *Arabica* 35 (1988): 143–172.
Kister, Meir Jacob. "'Do Not Assimilate Yourselves. . .': *Lā Tashabbahū*." *Jerusalem Studies in Arabic and Islam* 12 (1989): 321–371.
Klar, Marianna. "Qur'ānic Exempla and Late Antique Narratives." In *The Oxford Handbook of Qur'ānic Studies*. Ed. Muhammad Abdel Haleem and Mustafa Shah. Oxford: Oxford University Press, Forthcoming.
Lacoste, Jean-Yves, ed. *Encyclopedia of Christian Theology*, 3 vols. New York: Routledge, 2005.
Lane, Arthur J. "You Can't Tell a Book by Its Author: A Study of Muʿtazilite Theology in al-Zamakhsharī's *Kashshāf*." *Bulletin of the School of Oriental and African Studies* 75:1 (2012): 47–86.
Lauzière, Henri. *The Making of Salafism: Islamic Reform in the Twentieth Century*. New York: Columbia University Press, 2016.
Lawson, Todd. "Duality, Opposition and Typology in the Qur'ān: The Apocalyptic Substrate." *Journal of Qur'ānic Studies* 10:2 (2008): 23–49.
Lawson, Todd, ed. *Reason and Inspiration in Islam: Theology, Philosophy and Mysticism in Muslim Thought: Essays in Honour of Hermann Landolt*. London: I.B. Tauris, 2014.
Le Coran des historiens. 3 vols. Ed. Mohammad-Ali Amir-Moezzi and Guillaume Dye. Paris: Le Cerf, 2019.
Leaman, Oliver. *Aesthetics in Islam: An Introduction*. Edinburgh: Edinburgh University Press, 2004.
Leaman, Oliver. *An Introduction to Classical Islamic Philosophy*. Cambridge: Cambridge University Press, 2004.

Leaman, Oliver. *The Qur'ān: A Philosophical Guide*. London: Bloomsbury Academic, Bloomsbury Publishing, 2016.
Lecker, Michael. "The Jewish Reaction to the Islamic Conquests." In *Dynamics in the History of Religions between Asia and Europe*. Ed. Volkhard Krech and Marion Steinicke. Leiden: Brill, 2012, 177–190.
Lecker, Michael. *Vite Antiche Di Maometto*. Ed. and trans. Roberto Totolli. Milan: Mondadori, 2007.
Leslau, Wolf. *Comparative Dictionary of Ge'ez*. Wiesbaden: Harrassowitz, 1987.
Lowry, Joseph E. "Exculpatory Language in the Qur'an: A Survey of Terms, Themes, and Theologies." *Mélanges de l'Université Saint-Joseph* 66 (2015–2016): 97–120.
Luxenberg, Christoph. *The Syro-Aramaic reading of the Koran: A contribution to the decoding of the language of the Koran*. Berlin: Verlag Hans Schiler, 2007.
Macdonald, Duncan B. "God a Unit or a Unity?: The Answer of Islamic Theology and its Lesson." *The Muslim World* 3:1 (1913): 11–20.
Maghen, Ze'ev. *After Hardship Cometh Ease: The Jews as Backdrop for Muslim Moderation*. Berlin: De Gruyter, 2012.
Mahmoud, Mohamed Taha. *The Second Message of Islam*. Trans. Abdullahi Ahmed A. al-Naʿim. Syracuse: Syracuse University Press, 1987.
Marmura, Michael, ed. *Islamic Theology and Philosophy: Studies in Honor of George F. Hourani*. Albany: State University of New York Press, 1984.
Marsden, Richard and Ann Matter, eds. *The New Cambridge History of the Bible*. Cambridge: Cambridge University Press, 2012.
Mazuz, Haggai. "Menstruation and Differentiation: How Muslims Differentiated Themselves from Jews regarding the Laws of Menstruation." *Der Islam* 87 (2012): 204–223.
McAuliffe Jane D. "The Genre Boundaries of Qur'ānic Commentary." In *With Reverence for the Word: Medieval Scriptural Exegesis in Judaism, Christianity, and Islam*. Ed. Jane Dammen McAuliffe, Barry D. Walfish, and Joseph W. Goering. Oxford: Oxford University Press, 2003, 445–461.
Mingana, Alphonse. "Syriac Influence on the Style of the Ḳur'ān," *John Rylands Library Bulletin* 11 (1927): 77–98.
Mirza, Younos Y. "Ibn Taymiyya as Exegete: Moses' Father-in-Law and the Messengers in Sūrat Yā Sīn." *Journal of Qur'anic Studies* 19 (2017): 39–71.
Muir, William. *The Caliphate: Its Rise, Decline, and Fall. From Original Sources*. New and Revised Edition by T.H. Weir. Edinburgh: John Grant, 1924.
Naef, Silvia. *Y-a-t-il une 'question de l'image' en Islam* ? Paris: Téraèdre, 2004.
Nagel, Tilman. *The History of Islamic Theology: From Muhammad to the Present*. Princeton: Markus Wiener, 2010.
Naṣr Sayyid Ḥusayn. *Qalb al Islām: al-qiyam al khālida min ajl al insāniyya*. Beyrouth: Center of Civilization for the Development of Islamic thought, 2009. Trans. *The Heart of Islam: Enduring Values for Humanity*. New York City: HarperCollins, 2004.
Neuwirth, Angelika. *Der Koran als Text der Spätantike: Ein europäischer Zugang*. Berlin: Verlag der Welreligionen, 2010.
Neuwirth, Angelika. "The Qur'ān and the Bible." In *The New Cambridge History of The Bible*. Ed. Richard Marsden and Ann E. Matter. Cambridge: Cambridge University Press, 2012, 735–752.
Paret, Rudi. "Die Bedeutungsentwicklung von arabisch *Fatḥ*." In *Orientalia Hispanica sive studia F.M. Pareja dicata, Vol I: Arabica-Islamica Pars Prior*. Ed. J.M. Barral. Leiden: Brill, 1974, 537–541.
Parmentier, Élisabeth. *L'écriture vive : Interprétations chrétiennes de la Bible*. Geneva: Labor & Fides, 2004.
Patton, Walter M. *Ahmed ibn Ḥanbal and the Miḥna: A biography of the Imam including an account of the Mohammedan inquisition called the Mihna, 218–234 A.H.* Leiden: E.J. Brill, 1897.

Pink, Johanna. "The Fig, the Olive, and the Cycles of Prophethood: Q 95:1–3 and the Image of History in Early 20th-century Qur'anic exegesis." In *Islamic Studies Today: Articles in Honor of Andrew Rippin*. Ed. Walid Saleh and Majid Daneshgar. Leiden: Brill, 2016, 317–338.

Pink, Johanna. "Where does Modernity Begin? Muḥammad al-Shawkānī and the Tradition of *Tafsīr*." In *Tafsīr and Islamic Intellectual History: Exploring the Boundaries of a Genre*. Ed. Johanna Pink and Andreas Görke. Oxford: Oxford University Press, 2014, 325–362.

The Qur'an Seminar Commentary / Le Qur'an Seminar: A Collaborative Study of 50 Qur'anic Passages / Commentaire collaboratif de 50 passages coraniques. Ed. Mehdi Azaiez, Gabriel Reynolds, Tommaso Tesei and Zafer M. Hamza. Berlin: De Gruyter, 2016.

Rahman, Fazlur. *Major Themes of the Qur'an*. Minneapolis: Bibliotheca Islamica, 1989.

Rappaport, Roy A. *Ecology, Meaning, and Religion*. Richmond, CA: North Atlantic Books, 1979.

Reynolds, Gabriel Said. "On the Presentation of Christianity in the Qur'ān and the Many Aspects of Quranic Rhetoric." *Al-Bayān* 12 (2014): 42–54.

Reynolds, Gabriel Said. "Le problème de la chronologie du Coran." *Arabica* 58 (2011): 477–502.

Reynolds, Gabriel Said. *The Qur'ān and its Biblical Subtext*. London and New York: Routledge, 2010.

Ricoeur, Paul. "Éloge de la lecture et de l'écriture." *Études Théologiques et Religieuses*, 64:3 (1989): 395–405.

Ricoeur, Paul. *Temps et récits*, 3 vols. Paris: Seuil, 1991.

Rippin, Andrew. "Cyberspace and the Qur'ān." In *The Qur'ān: An Encyclopedia*. Ed. Oliver Leaman. London: Routledge, 2006.

Robinson, Neal. *Discovering the Qur'an: A Contemporary Approach to a Veiled Text*. Washington: Georgetown University Press, 2003.

Rubin, Uri. "Al-Ṣamad and the high God: An interpretation of sūra CXII," *Der Islam* 61:2 (1984): 197–217.

Saleh, Walid A. "A Fifteenth-Century Muslim Hebraist: al-Biqāʿī and his Defense of Using the Bible to Interpret the Qur'ān." *Speculum* 83 (2008): 629–654.

Saleh, Walid A. *The Formation of the Classical Tafsīr Tradition: The Qur'ān Commentary of al-Thaʿlabī (d. 427/1035)*. Leiden: Brill, 2004.

Saleh, Walid A. "Ibn Taymiyya and the Rise of Radical Hermeneutics: An Analysis of an Introduction to the Foundations of Qur'ānic Exegesis." In *Ibn Taymiyya and his Times*. Ed. Yossef Rapoport and Shahab Ahmed. Oxford: Oxford University Press, 2010, 123–162.

Saleh, Walid A. "Preliminary Remarks on the Historiography of *Tafsīr* in Arabic: A History of the Book Approach." *Journal of Qur'anic Studies* 12 (2010): 6–40.

Sālim, Muḥammad ʿAzīz Naẓmī. *Ibrāhīm b. Sayyār al-Naẓẓām wa-l-fikr al-naqdī fī al-islām*. Alexandria: Mu'assasat Shabāb al-Jāmiʿah, 1403/1983.

Saroug, Jacques de. *La fin du monde : Homélies eschatologiques*. Ed. Isabelle Isebaert-Cauuet. Paris: Migne, 2005.

Shah, Mustapha. "Trajectories in the Development of Islamic Theological Thought: The Synthesis of Kalam." *Religion Compass* 1:4 (2007): 430–454.

Shaḥrūr, Muḥammad. *al-Kitāb wa-l-Qur'ān*. Damas: al-Ahālī li-l-Ṭibāʿa wa-l-Nashr wa-l-Tawzīʿ, 1410/1990.

Sharma, A. "The Eternality of the Vedas and the Qur'ān: A Comparative Study." *Philosophy East and West* 26:3 (1976): 269–279.

Shihab, Muhammad Quraish. *Tafsir al-mishbāh. Pesan, kesan dan keserasian al-qur'an*. Jakarta: Lentera Hati, 1420/2000.

Shoemaker, Stephen J. *The Apocalypse of Empire: Imperial Eschatology in Late Antiquity and Early Islam*. Philadelphia: University of Pennsylvania Press, 2018.

Shoemaker, Stephen J. *The Death of a Prophet: The End of Muhammad's Life and the Beginnings of Islam*. Philadelphia: University of Pennsylvania Press, 2012.

Shoemaker, Stephen J. "Muḥammad and the Qur'ān." In *The Oxford Handbook of Late Antiquity*. Ed. Scott F. Johnson. Oxford: Oxford University Press, 2012, 1078–1108.
Shoemaker, Stephen J. "'The Reign of God Has Come': Eschatology and Empire in Late Antiquity and Early Islam." *Arabica* 61 (2014): 514–558.
Sinai, Nicolai. "The Eschatological Kerygma of the Early Qur'an." In *Apocalypticism and Eschatology in Late Antiquity: Encounters in the Abrahamic Religions, 6th–8th Centuries*. Ed. Hagit Amirav, Emmanouela Grypeou, and Guy Stroumsa. Leuven: Peeters, 2017, 219–266.
Sinai, Nicolai. *The Qur'an: A Historical-Critical Introduction*. Edinburgh: Edinburgh University Press, 2017.
Sinai, Nicolai. "The Qur'ānic Commentary of Muqātil b. Sulaymān and the Evolution of Early *Tafsīr* Literature." In *Tafsīr and Islamic Intellectual History: Exploring the Boundaries of a Genre*. Ed. Andreas Görke and Johanna Pink. London: Oxford University Press, 2014, 113–143.
Mun'im, Sirry, ed. *New Trends in Qur'ānic Studies: Text, Context, and Interpretation*/ Bristol/USA: Lockwood Press, 2019.
Speyer, Heinrich. *Die biblische Erzählungen im Qoran*. Hildesheim: Georg Olms, 1988.
Tate, W. Randolph. *Biblical Interpretation: An Integrated Approach*. 3rd ed. Grand Rapids, MI: Baker Academic, 2008.
Ṭāhā, ʿAbd al-Raḥmān. *Rūḥ al-ḥadātha: al-madkhal ilā taʾsīs al-ḥadātha al-islāmiyya*. Dār al-Bayḍāʾ: al-Marqaz al-Thaqāfī al-ʿArabī, 1426/2006.
Ṭāhā, ʿAbd al-Raḥmān. *Ṣuʾāl al-amal. Baḥth ʿan al-uṣūl al-ʿilmiyya fī al-fikr wa-l-ʿilm*. Dār al-Bayḍāʾ: al-Marqaz al-Thaqāfī al-ʿArabī, 1433/2012.
Tesei, Tommaso. "The Prophecy of Ḏū-l-Qarnayn (Q 18:83–102) and the Origins of the Qurʾānic Corpus." *Miscellanea Arabica* (2014): 273–290. *The Oxford Handbook of Islamic Theology*. Ed. Sabine Schmidtke. Oxford: Oxford University Press, 2016.
The Oxford Handbook of Islamic Theology. Ed. Sabine Schmidtke. Oxford: Oxford University Press, 2016.
Thomas, David. "Ibn Taymiyya's *Jawāb al-Ṣaḥīḥ li-Man Baddala Dīn al-Masīḥ*." In *Ibn Taymiyya and His Times*. Ed. Yossef Rapoport and Shahab Ahmed. Oxford: Oxford University Press, 2015, 247–265.
Van Bladel, Kevin. "The Alexander Legend in the Qur'ān 18:83–102." In *The Qur'ān in Its Historical Context*. Ed. Gabriel Said Reynolds. London and New York: Routledge, 2008, 175–203.
Vattimo, Gianni. *Il soggetto e la maschera. Nietzsche e il problema della liberazione*. Milan: Bompiani, 1979.
Wansbrough, John. *Quranic Studies: Sources and Methods of Scriptural Interpretation*. Foreword, Translations, and Expanded Notes by Andrew Rippin. Amherst, NY: Prometheus Books, 2004; revised ed. of Oxford: Oxford University Press, 1977.
Wansbrough, John. *The Sectarian Milieu: Content and Composition of Islamic Salvation History*. Foreword, Translations, and Expanded Notes by Gerald Hawting. Amherst, N.Y: Prometheus Books, 2006; revised ed. Oxford University Press, 1978.
Wild, Stefan, ed. *Self-Referentiality in the Qur'ān*. Wiesbaden: Harrassowitz Verlag, 2006.
Williams, Wesley. "Aspects of the Creed of Imam Aḥmad b. Ḥanbal: A Study of Anthropomorphism in Early Islamic Discourse." *International Journal of Middle East Studies* 34:3 (2002): 441–463.
Witztum, Joseph. "Joseph among the Ishmaelites: Q 12 in Light of Syriac Sources." In *New Perspectives on the Qur'ān: The Qur'ān in its Historical Context 2*. Ed. Gabriel Said Reynolds. London and New York: Routledge, 2011, 425–448.
Witztum, Joseph. "The Syriac Milieu of the Quran: The Recasting of Biblical Narratives." Ph.D. Dissertation. Princeton University, 2010.
Wright, William. *A Grammar of the Arabic Language*. 3rd ed. London: Cambridge University Press, 1951.
Zellentin, Holger M. *The Qur'ān's Legal Culture: The Didascalia Apostolorum as a Point of Departure*. Tübingen: Mohr Siebeck, 2013.

Index of Qur'ānic References

Sūrah	Verse	Pages
2 al-Baqarah	51	60
	79	61, 69
	100	99
	109	99
	111	67
	125	59
	133	60
	140	60
	143	97
	158	1, 49–57
	173	98
	198	50
	214	95
	219	97
	230	50
	247	151
	253	98
	286	97
3 Āl-ʿImrān	7	95, 180, 187, 192, 194
	33	67
	49	130, 136
	55	70
	69	99
	84	60
	154	63
4 al-Nisāʾ	10	75
	14	35
	19	94
	69	70
	80	126–128, 135
	92	96
	153	60
	158	70
	162	170, 172
	163	66

https://doi.org/10.1515/9783111051567-018

(continued)

Sūrah	Verse	Pages
5 al-Mā'idah	3	98
	50	63
	69	172
	75	70
	90	97
	110	129–131, 136
6 al-An'ām	7	168
	35	70
	73	43
	84	66
	85	65
	86	65
	158	37
7 al-A'rāf	53	40
	129	95
	152	60
	187	37
8 al-Anfāl	19	35
	50	75
9 al-Tawbah	1–129	2, 101–120
	5	36
10 Yūnus	93	67
11 Hūd	1	188
	49	68
12 Yūsuf	1–111	8, 142
	46	70
13 al-Ra'd	31	43
14 Ibrāhīm	39	60
16 al-Naḥl	6	97, 141
	67	97
	77	27, 43, 46
	90	142
	103	68–69
	111	40

(continued)

Sūrah	Verse	Pages
18 al-Kahf	47	43
	83–102	41–42
	94	43
	99	43
19 Maryam	7	60
	16	65
	17–19	131
	19	60, 69
	41	70
	41–50	70
	48–50	59
	49–50	59
	54	59
	56	69–71
	68	75
	75	45
20 Ṭā hā	63	173
	`85	60
	102	43
21 al-Anbiyā'	1	27, 33, 34, 46
	18	147
	41	65
	72	59
	83–85	66
	85	59, 71
	104	43
22 al-Ḥajj	36	50
	47	50
	52	188, 190
	55–57	46
25 al-Furqān	5	68
	17	75
26 al-Shuʿarā'	105	72
	118	35

(continued)

Sūrah	Verse	Pages
27 al-Naml	1	92
	7	27
	71–72	33–34, 46
	72	27
	82	43, 44
	83	44
	88	43, 44
28 al-Qaṣaṣ	61	75
29 al-ʿAnkabūt	27	59
30 al-Rūm	27	147
31 Luqmān	19	97
	30	73
	34	37
32 al-Sajdah	28–30	35–36
	29	34
	30	37
	32	26, 35
33 al-Aḥzāb	33	27, 63
	63	94
	63–66	47
	66	45
34 Saba'	38	75
	40	75
35 Fāṭir	40	73
36 Yā sīn	30	65
	48–49	47
	49	41
	53	41, 75
37 al-Ṣāffāt	33	40
	102	49
	112–113	59
	123	
	123–132	1, 71
	124	72
	125	73
	127	72, 75

(continued)

Sūrah	Verse	Pages
38 Ṣād	17	65
	41	65
	41–44	66
	41–48	66
	43	66
	45	59, 65
	48	59, 65
39 al-Zumar	3	67
	67	43
	68	43
40 Ghāfir	18	27, 47
	20	73
	36–37	70
41 Fuṣṣilat	53	147
43 al-Zukhruf	22–23	69
	61	28
	85	37
	86	73
46 al-Aḥqāf	21	65
47 Muḥammad	18	47
48 al-Fatḥ	1	35
	10	126–128
	26	63
50 Qāf	20	43
52 al-Ṭūr	7	27
	7–8	47
	10	43
53 al-Najm	57	27, 32, 47
54 al-Qamar	1	27
	1–2	47
	50	43
57 al-Ḥadīd	10	35
	19	70

(continued)

Sūrah	Verse	Pages
68 al-Qalam	32	94
69 al-Ḥāqqah	13	43
	14	43
70 al-Maʿārij	1–3	47
	5–9	47
	6	27, 33
	7	27, 33
73 al-Muzzammil	2	95
74 al-Muddathir	8	43
75 al-Qiyāmah	34–35	33, 48
76 al-Insān	6	131
77 al-Mursalāt	7–16	33, 48
	8	43
78 al-Nabaʾ	40	27, 32–33, 40, 48
81 al-Takwīr	2	43
	3	43
85 al-Burūj	22	148
95 al-Tīn	1–3	133–134, 136–138
106 Quraysh	3	74

Index of Foreign Terms

aesthesis 2
agrammaticality 14, 19–20
aḥad 13–20
aìsthesis 141, 143, 150
akbar 128, 183
akhyār 66
aletheia 142–143, 147
āliha 70, 73
ʿāmm 189
amr 148, 183
amṣār 171
apocalypse (ἀποκάλυψις) 25
aqrab 27, 33, 46
asāṭīr 68
ashrāṭ 196
aṣnāf 194
aṭwār 198
āya 65, 185
aʿyān 148
aʿjamī 68, 162

baraka 162
baṣar 27
basmala 119, 145
bāṭin 150, 179
baʿḍ 98, 136
baʿīd 27, 33, 47
burāq 145

dābba 43–44
dam 51
dh-k-r 65
dhurriya 68
dīn 27, 40, 97–98, 124, 148

ehad 14
eìdolos 150–151
erhelt 39
eschatology (ἔσχατος) 25
eschaton 28, 31, 37–38, 43–44

fa- 96
faḍl 50
fanāʾ 150
farīq 99
faṣl 40, 48
fatḥ 26, 34–36
fayḍ 153
fiqh 50, 55, 153, 174, 220
fitan 196–197
formgeschichte 31

gemeindebildung 46
gharīb 36, 90, 92
ghayb 34, 68, 129, 159, 178, 180
ghulām 60, 69
gottesschauung 151

ḥadīth 28, 50, 55, 141
ḥajj 34, 49–54, 56–57, 188, 190
ḥaqq 142, 146–148, 150
ḥarām 50
ḥawwāriyūn 60
ḥayāt 173
ḥijāb 193, 197
ḥuffāẓ 167, 170, 173
ḥulūl 148
ḥurūf 89, 196
ḥusnā 141–142, 148
huwa 13–18, 33, 127, 180, 187–188, 195

iḥsān 142, 150
iḥṣār 56
ikhbār 183, 187
ikhlāṣ 13–20,
ikhtilāf 67, 71
illā 95–97, 180, 188, 190
imāla 175
injīl 61, 67
inna 49, 54, 70, 75, 127, 172–173
inshāʾ 183, 187
ishtiqāq 183
istahzaʾa 65
ittiḥād 126–127
ittiṣāl 200
iʿjāz 157
iʿrāb 175

https://doi.org/10.1515/9783111051567-019

jāhiliyyah 52–53, 55
jalīl 141
jamāl 141, 150
jamīl 141–142
jamʿ 176, 200
j-m-l 141, 149
jūʿ 74

kabīr 34, 129, 178, 183
kadhdhaba 72
kalām 175, 187, 191, 197, 200
kaʿbah 49, 51, 53
khalaqa 130
khalīfa 157
khawḍ 65
kitāb 67–70, 89, 95, 159, 176–177
k-th-r 99
kufuwan 13, 16
kulturkreis 41

lahw 65
laʾib 65

madārik 199
madhhab 51
manhaj 157
mansūkh 189–190
masīḥ 17, 124
masʾalah 33
mathal 119, 146
mawāḍiʿ 185
maʿṣūm 128
midrash 50, 71
mimesis 146
muʿawwal 178
mubāḥ 52
mubham 92, 95
mubīn 69
mufassirūn 26, 32
muḥaddithūn 173, 192
muḥākāh 146
muqābil 189
Muqaddimah 123, 125, 130, 136–138, 179, 191, 193, 195, 197
muqaṭṭaʿa 192, 196
muṣḥaf 2, 15, 154–155, 168
mushkil 92, 95
mushrikūn 17, 33, 39
mustaḥabb 52
mutashābih 3, 95, 177–182, 186–201
mutashābihāt 92, 181, 191–197, 199
muṭlaq 189
muwāfaqa 182, 200
muʾminūn 30

nabī 70
najāt 193
naql 182, 200
naẓm 101, 102
nihāyāt 178
nubdha 193

phaìnomai 142
phaìnomena 143
pharmakon 8

qāḍī 149
qarāṭīs 167–169, 176
qarīb 27, 32–33, 47
qatl 32
qawl 43
qiyāma 40, 196
q-r-b 27, 40, 43
qul 13–14, 18
qurrāʾ 166
qirṭās 168

ramal 49
rasūl 60, 70
ribā 173
ridda 167
riwāya 138, 174
rūḥ 131–132, 192, 194, 196

ṣaghīr 183
ṣaḥīfa 176
ṣaḥīḥ 124–126, 128–129, 132, 134–135, 138, 182, 184
ṣalāt 6, 173
ṣamad 13, 16, 18–20
samʿ 200
sāʿah 25, 28, 47
sefer 71
shādhdh 172

shayāṭīn 53
shayʾ 129
shema 14, 19
shirk 136, 159
shiʿār 50
shubha 169
siyāq 3
sukhriyya 65
sunnah 51, 53–55
sūrah 8, 13, 15–20, 31, 89, 97, 119

ta'wīl 179, 181–182, 187–188, 195, 197
tābiʿūn 191
tafsīr 33–34, 36, 52–54, 123–124, 128–129, 135–137, 153, 156, 162, 176, 178
taḥrīf 130, 182
tanzīl 177, 189
targum 14
tarhīb 26, 37, 45
taṣwīr 130
ṭawāf 49, 52–56
tawḥīd 191, 193
taʾwīl 33, 52, 137
taʿāruḍ 195
topoi 43, 45, 92
torschlusspanik 37, 45
ṭulaqāʾ 36

ummah 30, 45, 159–160, 207
uṣūl 123, 138, 174

wāḥid 14–15, 17–20, 126
wajh 33
wāw 173
weltanschauung 93, 151
wille 151
w-q-y 73
wujūd 148

yawm 25, 27, 34, 36, 40, 46–48

ẓāhir 150, 178–179, 195, 197
zakāt 118, 173

ʿāda 130
ʿamal 147
ʿibād 131
ʿilm 28, 138, 147, 154, 159, 182, 191, 197
ʿôlām 68
ʿumrah 49, 51–53, 56–57

www.ingramcontent.com/pod-product-compliance
Lightning Source LLC
Chambersburg PA
CBHW050520170426
43201CB00013B/2025